# THE
# BLUE
# ECONOMY

저탄소 녹색성장의 미래

# 블루이코노미

군터 파울리(Gunter Pauli) 지음 | 이은주, 최무길 옮김

# THE BLUE ECONOMY

10 Years, 100 Innovations, 100Million Jobs

가교출판

블루이코노미는...
비즈니스 모델을 그 밑바닥에서부터 뒤집어버림으로써 기업가들이
경제적 프레임워크를 전환할 수 있도록 영감을 고취시킨다.

블루이코노미는...
아주 적은 것으로 보다 많은 것을 공급함으로써,
모든 생명에게 도움을 주는 경제적 지원과 변화다.

블루이코노미는...
물리학의 원칙과 자연의 물리학을 따른다.
우리가 가진 것으로 기본적 필요에 부응하고,
지속 가능성을 유지하고,
고용을 창출하며,
사회 자본을 구축하고,
동시에 시장에서 성공적으로 경쟁한다.

자연의 물리학은 우리에게 어떻게 하면
유를 무로 대체하고,
쓰레기를 원자재로 재활용하고,
더 적은 것으로 더 많은 것을 창출할 수 있는지 보여준다.

블루이코노미는...
다각적 수익을 창출하는 혁신기술들로부터 그 힘을 얻는다.
고용을 창출하고, 사회 자본을 구축하고,
지역의 이용 가능한 것을 활용하며,
기본적 필요에 부응하는 혁신기술들 말이다.

# 블루이코노미에 쏟아진 찬사들

우리가 자연을 모방할 수만 있다면, 결국 우리의 문명은
살아남을 것이다. 블루이코노미는 생존으로 가는 첩경을 밝히고 있다.

−레스터 R. 브라운Lester R. Brown, 지구정책연구소Earth Policy Institute 소장
《플랜 B 4.0: 문명의 구원을 위해 일어나다Plan B 4.0: Mobilizing to Save Civilization》 저자


나는 생태학에 대해 잘 알지 못한다.
하지만 블루이코노미에 들어 있는 풍부한 아이디어와 영감들은
우리가 가장 주목해야 할 것들임에 분명하다.

−엘리 비젤Elie Wiesel, 1986년 노벨 평화상 수상자


군터 파울리는 비전을 가진 영감적인 기업가다. 그는 세계가 필요로 하
는 비즈니스 리더이자 교육자다. 지속 가능한 비즈니스와 사회 기업을
창조하기 위한 그의 개념과 아이디어들은 생태계에 대한 깊은 이해를 바
탕으로 하고 있다. 이 책은 모든 대학과 경영대학의 도서관, 그리고 현
세계에 변화를 불러오고자 하는 모든 기업가들을 위해 쓰였다.

− 헤이즐 헨더슨Hazel Henderson, 에씨컬 마케츠 미디어Ethical Markets Media 사장(미국, 브라질)
《윤리적 시장: 성장하고 있는 그린이코노미Ethical Markets: Growing the Green Economy》(2006) 저자

블루이코노미는 지속 가능한 경제라는 맥락에서 정말로 실현 가능한 비범한 비전을 보여주고 있다. 군터 파울리는 오랫동안 지치지도 않고 생체 모방의 미래를 실현하기 위해 매진해 왔다. 그의 책은 자연의 생태계가 보편적으로 실행하고 있는 지속 가능성에 대한 잠재력을 알리기 위한 그의 진정한 헌신을 통해 일구어진 뛰어난 결과물이다. 우리 같은 투자 전문가들은 언제나 이익을 창출하면서, 동시에 세계가 직면한 가장 큰 도전을 해결할 수 있는 위대하고 독특한 아이디어를 찾는다. 블루이코노미는 진정한 지속 가능성의 기반을 형성할 수 있는, 완전히 새로운 분야의 이상과 잠재적인 해결책을 세밀히 그려내고 있다. 우리는 이 책을 통해, 고용의 문제와 우리의 경제와 사회에 장기적인 부의 창출을 연결하는 군터 파울리의 이론이 현대 사회에 꼭 필요하다는 것을 알 수 있다. 나는 지속 가능한 사업에 대한 얄팍한 개념을 뛰어넘고자 하는 사람이라면 그 누구에게라도 이 책을 권할 것이다. 이제 자연의 심오한 지혜에 기반한, 진정으로 지속 가능한 경제 시스템을 창조할 진짜 기회들로부터 영감을 얻기 바란다.

– 콜린 M. 르 둑Colin M. le Duc, 제너레이션 인베스트먼트 매니지먼트Generation Investment Management LLP(런던) 공동 경영자

# CONTENTS

추천의 말

여러분은 이 책에서 21세기에 탄소 가스 배출량을 줄이고, 효율적으로 자원을 이용하면서도, 경쟁력 있는 경제를 실현할 수 있다는 대단히 흥미로운 전망들을 만나게 될 것이다. 쓰레기를 발생시키지 않는 생태계의 효율성을 모방하면 엄청난 고용 기회가 생긴다는 사실은 고무적이지 않을 수 없다. 장엄하고 다양성이 넘치는 자연계는 이미 인간이 직면한 많은 지속 가능성에 대한 도전들을 창의적이고, 생각지 못한 방법, 심지어는 반직관적인 방법으로 해결했다. 우리가 박테리아에서 연체동물, 파충류에서 포유류까지, 생물체들이 수천 년에 걸쳐 진화시키고 시험해 온 놀라운 화학, 과정, 구조, 그리고 설계의 비결을 풀 수만 있다면, 아마도 우리는 2050년이면 곧 90억에 도달할 지구의 60억 인구가 직면한 많은 도전에 대해 새롭고도 놀라운 변화를 일으킬 해결책들을 찾을 수 있게 될 것이다.

이 책 《블루이코노미》는 이 새롭고 진취적인 분야로 여러분을 초대할 것이다. 세계 각국의 정부와 재계 지도자들은 이 책에서 소개하는 선구적인 혁신기술들에 대해 이해하게 될 것이며, 이 새로운 혁신기술들을 뒷받침하고 있는 첨단과학의 연구개발을 장려하게 될 것이다. 이 책은 일본의 에밀레 이시다Emile Ishida, 독일의 빌헬름 바르틀로트Wilhelm Barthlott, 영국의 앤드류 파커Andrew Parker, 러시아와 미국의 조안나 아이젠버그Joanna Aizenberg, 브라질의 조지 알베르토 비에이라 코스타Jorge Alberto Vieira Costa 등 틀에 박힌 사고와 현상 유지를 거부하며 기술의 최전방에서 활동하는 과학자들의 눈부신 연구업적들을 소개하고 있다.

이들의 연구업적은 생태계가 하는 방식 그대로 우리도 블루이코노미를 통해 재생 가능한 자원과 지속 가능한 방법으로 물리학과 화학, 생물학의 원리들을 이용하는 방법을 찾을 수 있다는 것을 보여주고 있다. 이것은 공상과학이 아니다. 이것은 지금 이곳에서 실제로 발생하고 있는 일이다. 시장 체재를 통해 전달되는 광고 전략과 함께 연구개발을 지원하는 적절한 정책만 있다면 이러한 물질과 방법들은 지구촌의 현안들을 신속히 해결하는 많은 기회들을 제공할 것이다.

블루이코노미에서 제안한 프레임워크가 광범위하게 적용된다면, 생물다양성협약 및 UNEP(유엔환경프로그램)와 IUCN(세계자연보호연맹)과 같은 기구들의 사명과 의제들을 실천해야 하는 확실한 이유가 제시될 것이다. 현재 전에 없이 빠른 속도로 많은 종들이 멸종되고 있다. 많은 과학자들은 세계는 지금 여섯 번째로 종의 멸종을 경험하고 있다고 한다. 이러한 일은 인간의 삶과 지구 행성의 생명유지시스템에 영향을 미치는 생물, 종과 서식지, 생태계가 공헌하고 있는 가치를 깨닫지 못한 현재의 경제모델과 인간의 행태에 의해 일어나고 있다.

생태계 내의 이러한 종들은 국지적, 지역적, 지구적 단계에서 필수적인 서비스를 제공하면서 천만 조 달러에 달하는 우리 경제를 지원하고 있다. 생태계 내의 많은 종들과 순환은 약품, 식량, 물, 바이오연료, 저에너지 소재의 생산 부문에서 놀라운 성과를 거둘 수 있는 단서를 제공한다. 이 혁신기술들은 기후 변화를 완화시키거나 아니면 이런 환경에 대한 적응을 돕는 사회적 조치들이 반드시 필요하다는 것을 보여줄 것이다. 이러한 성취들은 지속 가능한 새로운 사업과 산업을 창조함으로써 훌륭하고 지속 가능한 일자리를 공급할 수 있는 촉매 역할을 할 것이다. 이 책은 100가지 혁신기술들이 1억 개의 일자리를 창출할 수 있는 잠재력이 있다고 추정한다. 그러한 추정은 오늘날 풍력, 태양, 지열 발전소에의 투자가 새로운 화석연료 발전소에 대한 투자를 앞지르고 있고, 재생 가능한 에너지 분야의 고용 수가 석유 및 가스 산업의 고용 수보다 많다는 사실을 고려해볼 때 그 실현 가능성이 매우 높다.

유엔은 2025년이면 10억 8천 명의 인구가 식수가 부족한 지역이나 나라에서 살게 될 것이라고 전망하고 있다. 세계 인구의 3분의 2가 물 부족으로 고통받게 된다는 것이다. 또한 보다 극심한 이상기후로 인해 식수 문제가 더욱 악화될 것으로 예상된다. 이런 문제의 해결책으로 나미브 사막 풍뎅이의 기술을 모방한 집수시스템을 고려해볼 수 있다. 사막의 이 놀라운 생물은 강우량이 연 0.5인 지역에 산다. 그러나 이 곤충은 매달 몇 차례 정도 아침에 사막을 통과하는 강풍에 밀려오는 안개로부터 물을 만들어내는 놀라운 능력을 가지고 있다.

최근 연구원들은 이 풍뎅이의 날개 위에 물을 모아주는 융기부와 물을 흐르게 하는 비늘로 덮인 골짜기에서 영감을 얻어 그와 비슷한 표면을 설계했다. 이러한 비늘을 이용하여 곤충은 물을 모으고, 모아진 물을 인간의 머리털보다도 가는 물줄기를 통해 흐르게 한다. 풍뎅이의 기술을 이용하여 냉각탑으로부터 나오는 수증기에서 물을 모으는 시험 작업이 실시되었다. 처음 시험은 물을 모으는 이 필름이 물 손실의 10퍼센트를 회복할 수 있다는 것을 보여주었다. 이는 열섬효과를 감소시킴으로써 이웃하고 있는 건물들의 에너지 비용을 절감시켜준다. 해마다 약 5만 개의 새로운 냉각탑이 세워지고 있으며, 각 시스템마다 매일 5억 리터 이상의 물이 손실되고 있다. 따라서 10퍼센트 절감효과란 대단한 것이다. 다른 연구자들은 동일한 풍뎅이 기술을 이용하여 자체적으로 물을 모아주는 텐트와 '칩 위의 실험실'(아주 작은 액체 실험이 가능한 실험기기 - 옮긴이) 기기로 사용될 수 있는 시약을 섞어주는 표면을 개발했다.

블루이코노미는 생태계가 양분을 '순환생산' 하는 방식을 모방한 배냉의 한 새로운 농장 및 식품가공 시스템을 소개한다. 이 시스템에 따라 도축장에서 나오는 동물성 쓰레기는 구더기 농장에서 처리되고, 구더기는 다시 물고기 양식과 메추라기의 사료로 이용된다. 농장에서 나오는 바이오 가스로 전기를 만들고 식물들은 물을 정화시킨다. 이 프로젝트는 말하자면 블루이코노미의 소우주인 셈이다. 쓰레기는 재활용되거나 재사용되고, 이 프로젝트를 통해 벌어들이는 달러(유로, 루피, 위안)로 소득과 직업, 그리고 식량 확보를 획득할 수 있다. 현재 이 사업에 250명이 고용되어 있다. 이러한 순환생산 방식의 모델이 모든 아프리카의 도축장과 전 세계의 500만여 도축장에서 사용된다면 50만 개의 일자리가 창출될 것이다.

스위스의 엔지니어 조지 드 메스트럴George de Mestral이 시골길을 산책하다가 옷에 붙어 떨어지지 않는 도꼬마리(국화과의 한해살이풀 - 옮긴이) 씨앗의 갈고리 모양을 연구하여 '벨크로'라고 알려진 발명품을 내놓은 지도 70년이나 흘렀다. 최근에는 짐바브웨의 쇼핑센터, 콜롬비아의 병원, 스웨덴의 학교 그리고 런던의 동물학협회와 같은 건물들이 흰개미 집에서 착안 설계된 구조물을 이용하여 냉방을 하고 있다. 여러 나라의 공과대학은 분자 및 광합성 작용에 기초한, 효율성이 훨씬 높은 태양 전지판을 만들기 위해 치열한 경쟁을 벌이고 있다. 블루이코노미가 강조하는 것은 혁신기술이 보유한 광범위한 잠재력이다. 블루이코노미는 현재 실험실에서 개발 중이거나 상용화 과정에 있는 엄청난 수의 혁신기술들 속에 내재된 획기적인 전환 포인트를 강조해서 보여주고 있다.

세계는 식량, 연료, 환경, 금융, 경제적 위기로 휘청거리고 있다. 생태계 및 생물 다양성이 상실됨에 따라 기후 변화라는 위기와 천연자원의 고갈이라는 재앙이 닥쳐왔다. 이러한 많은 도전들을 체계적으로 다루고, 떠오르고 있는 수많은 기회들을 잡을 준비가 된 블루이코노미는 이제 더 이상 선택사항이 아니다. 우리의 지구는 항상 우리에게 최대의 자원이 되어 왔으며, 이 책은 지역과 지구 전체 생태계의 지속 가능성에 투자하는 것이 오늘날 왜 더 필요하며, 왜 핵심 사안이 되는지 100개의 새로운 이유들을 들어 설명하고 있다. 자연의 논리를 충실하게 따름으로써 우리는 사회와 경제를 그 밑바닥에서부터 획기적으로 변화시킬 수 있다.

레오나르도 다 빈치Leonardo da Vinci는 생태계의 힘과 자연의 물질적 효율을 그의 저서 《코덱스 아틸란티쿠스Codex Atlanticus》(다빈치의 발명품들의 스케치가 들어 있는 수천 장 분량의 저서 - 옮긴이)에서 다음과 같이 간단하게 표현했다. "모든 것은 모든 것으로부터 온다. 모든 것은 모든 것으로 만들어진다. 모든 것은 모든 것으로 변한다. 왜냐하면 원소 안에 존재하는 모든 것은 동일한 원소로 만들어졌기 때문이다."

**아킴 슈타이너**Achim Steiner 유엔 사무차장, UNEP(유엔환경계획) 사무총장
**아쇼크 코호슬라**Ashok Khosla IUCN(세계자연보호연맹) 총재

감사의 말

지구에게 더 많은 것을 요구하지 말자.
지구가 제공하는 것으로 더 많은 것을 하자.
- 군터 파울리Gunter Pauli

자연 생태계의 우아함에 기초하여 새로운 통찰을 얻으려는 나의 시도는 결코 혼자만의 작업이 아니었다. 이 책을 저술하는 동안 오랜 친구들과 가족들, 그리고 예기치 않게 삶 속에서 만난 사람들까지 다양한 사람들로부터 자극과 에너지, 지지를 받았다. 1982년부터, 나와 친구가 된 일본의 유사케 사라야Yusuke Saraya는 종종 나와 함께 생태계가 제공하는 가능성에 대해 연구했다. 나의 친구 야수히로 사카기바라Yasuhiro Sakakibara는 이 프로젝트 초기부터 가장 큰 성원을 보내 왔다. 2006년 내가 프랑스 랭스를 방문했을 때 처음 그와 이 아이디어에 대해 의논했고, 그는 즉시 전폭적인 지원을 약속했다. 이러한 프로젝트는 반드시 사업적으로 의미가 있어야 한다는 조언과 함께 아무런 조건도 없이 자금을 지원해 준 그의 관대함에 개인적으로 감사를 표한다.

로마클럽 회원들이며 나의 친구들인 아쇼크 코호슬라Ashok Khosla, 앤더스 뷔크맨Anders Wijman, 하이토 구굴리노 드 수자Heitor Gurgulino de Souza는 자신들의 영감을 나누어 지적 지원을 제공했으며, 이는 토론을 위한 기반이 되었다. 처음부터 이들은 '녹색' 배터리와 옥수수에 기초한, 플라스틱을 뛰어넘는 실질적인 돌파구를 찾는 나의 노력에 지원을 아끼지 않았다. 지난 25년 동안 나를 지도해주었고 함께 일할 특권을 주었던 조지 레이놀즈Jorge Reynolds는 고래 심장에서 발견한 하나의 기능이 심장질환을 치료해줄 뿐 아니라, 사회 전반에 공헌할 수 있는지 직접 자신의 통찰을 나누어주었다. 조지 레이놀즈의 발명품들은 의료계의 혁신기술적인 진보가 지구 건강을 위한 타개책을 제공하는 동시에 경쟁력 있는 기업을 일으킬 수 있는지에 대해 신선한 시각을 제공했다. 이는 실제로 강력하고도 계획된 것들을 동시에 성취할 수 있게 해준다. 강력하고도 계획된 고의적인 동시성(synchronicity)을 성취케 해준다. 조지는 몰지각한 인간들에 의해 착취당한 라스 가비오타스의 땅을 생태계의 공생의 힘으로 치유하고자 했던 파올로 루가리Paolo Lugari의 꿈이 실현되는 것을 목격한 몇 안 되는 사람들 중 하나다.

자연과 생태계가 성취한 것에 대한 수많은 전문적 기술은 각고의 노력을 들여 수집된 것이다. 조안나 아이젠버그Joanna Aizenberg, 앤드루 파커Andrew Parker, 피터 스타인버그Peter Steinberg, 크리스터 스웨딘Christer Swedin, 조지 알베르토 비에이라 코스타Jorge Alberto Vieira Costa, 그리고 프리츠 볼라스Fritz Vollrath 같은 과학자들이 자신들의 연구에 대한 깊은 통찰과 열정, 명료성을 갖고 설명해주지 않았다면 이 책이 나오는 것은 불가능했을 것이다. 이러한 수고 외에도 이 책의 핵심을 이루고 있는 아이디어를 위해 비전과 기초를 세워주는 풍부한 내용들을 제공한 쿠르트 할베르그Cuet Hallberg, 에밀레 이시다Emile Ishida, 매츠 닐슨Mats Nilsson 그리고 노먼 보이어Norman Voyer 같은 사업가들의 실질적인 노력이 더해졌다. 이어서

나는 파올로 루가리, 갓프리 나무조Godfrey Nzamujo 신부, 존 토드Jhon Todd 그리고 안데르스 나이퀴스트Anders Nyquist같이 시스템을 종합한 사람들의 업적을 살펴보았다. 이러한 기술들을 시스템 안으로 융합하면 경제적 성공이 가능하고, 탁월할 정도로 자연적이고, 매우 복잡하면서도 아주 단순한 결과를 성취할 수 있는 엄청난 힘이 생긴다는 것을 깨달았다. 이런 분들의 열정이 저자로 하여금 진정 가치 있는 것을 향해 나아갈 수 있도록 도와주었다. 100명이 넘는 과학자들과 기업가들이 관대하게 자신들의 시간을 내어주지 않았다면, 생태계 논리를 경제모델에 적용함으로써 지속 가능한 일자리를 창출하고 모든 사람의 기본적 필요를 충족시킬 수 있다는 것을 설명하려 했던 이 책의 목적은 그 적절한 전망을 얻지 못했을 것이다.

모든 악조건에도 불구하고 내가 이러한 노력을 계속할 수 있도록 후원해준 분들이 있다. 당시 나의 파트너였던 사람들이 원대한 목적을 포기하고 개인의 이익을 위해 그들만의 지적재산권을 관리하기로 결정했을 때, 나로 하여금 보다 위대한 목표에 초점을 맞추도록 도와준 사람이 있다. 윤리적 지도력으로 나를 지도해주신 엘리 위젤Elie Wiesel이 그분이다. 이분으로 인해 나는 모든 종들에 대해 갖고 있던 지나치게 낭만적인 견해에서 생태계의 실제적인 힘 그리고 엄청나게 많은 사업적 기회로 관심을 돌리게 되었다. 이처럼 변화무쌍한 세계 속에서 나의 아내 캐서리나 Katherina도 나를 지원한 최고의 후원자였다. 아내의 무조건적인 지지 덕분에 나는 관념화된 사업에 대한 피상적 계산법을 버리고 경제를 재정의하고 지구촌 인류에게 새로운 경제적 틀을 마련해줄 시스템이라는 새로운 비전을 갖는 것이 얼마나 중요한 일인지를 깨닫게 되었다.

세계의 몇몇 단체들로부터 초대를 받아 새롭게 떠오르는 통찰들을 함께 나누었고, 대화도 했으며, 각 제안들을 집중적으로 다루어보기도 했다. 또, 많은 사례들의 우선순위를 정해보기도 했다. 마리온연구소Marion Institute가 조직한 바이오니어스 엣 더 베이Bioneers at the Bay(매사추세츠, 미국), 케냐 나이로비 소재 UNEP(유엔환경계획)의 집행위원회, 독일 본 소재 생물 다양성에 관한 COP, 인도 뉴델리에서의 산업지도자 정상회담, 남아공 스텔렌보쉬 ABSA에서의 은행가와 농부들의 모임, 미국 뉴욕에서 있었던 앨 고어의 기후 변화에 대한 해결책을 위한 전문가 패널, 일본 동경에서의 G8 정상회담에서의 GLOBE 회의, 프랑스 마르세유에서 있었던 LIFT 회의, 브라질에서 있었던 엔지니어연차회의, 싱가포르에서의 APEC CEO 정상회담, 오스트리아 비엔나에서 있었던 UNIDO 총회, 2009년 네덜란드 암스테르담에서 열렸던 로마클럽 연차회의에서의 연설 및 대화를 통해서 나의 통찰력은 더욱 심화되었다.

아마도 지난 10년에 걸쳐 내가 받은 가장 큰 선물은 '갈색 수도사'라고 불리는 독거미에 물린 사건일 것이다. 무려 9주 동안 목발을 짚고 다녔고, 4주 동안은 휠체어 신세를 져야만 했다. 내가 해결책을 찾기 위해 세계 구석구석을 누비고 다니는 것을 막지는 못했지만, 매사추세츠 마리온에서 나는 미래의 나아갈 길에 대해 깊이 성찰할 기회를 얻었다. 마리온연구소의 창설자인 마이클 볼드윈Michael Baldwin과 그의 동료이며 이사회 회원인 피터 딘Peter Dean은 이제 막 지평선 위로 떠오르기 시작한 하나의 새로운 세계에 대해 생각하고 또 생각할 수 있는 기회를 주었다.

바로 이 시기에 피터 딘과 에린 샌본Erin Sanborn은 UNEP 사무총장 아킴 슈타이너가 이 프로젝트를 지원하기로 선택한 뒤 진작 갖추어야 했던 결정적인 에너지 기반을 제공받았다. 떠오르고 있는 블루이코노미를 관찰하는 나의 노력에 대해 지속적인 성원을 아끼지 않는 아킴 슈타이너에게 특별히 감사를 표하고 싶다. 다음으로 감사하고 싶은 사람들은 새 시대를 여는 통찰력 있는 이 책의 개념들을 많은 사람들이 이해할 수 있는 언어로 바꾸어준 편집자들이다. 마타 필딩Martha Fielding과 봅 펠트Bob Felt는 떠오르는 세계에 대한 나의 통찰을 전문가나 이미 블루이코노미를 선택한 사람들뿐만 아니라 보다 광범위한 대중들도 이해할 수 있도록 유려한 문장과 쉬운 개념으로 바꾸어주었다.

로마클럽의 설립자이며 나의 멘토인 아우렐리오 페체이Aurelio Peccei는 1979년 오스트리아 잘츠부르크에서 열렸던 로마클럽 연차회의에 나를 초청했다. 그리고 30년이 지난 후 《성장의 한계Limits to Growth》와 《팩터 포Factor Four》와 같은 기념비적 저술들의 전통에 따라 이 책을 '로마클럽 보고서' 라고 불릴 만한 가치가 있는 책이라고 결정해주었다. 이것은 나를 더욱 겸손하게 만드는 명예라 하겠다. 이러한 기대에 부응하는 책이 만들어진 것에 대해 깊은 감사를 표한다. 내가 가장 바라는 것은 이 책이 로마클럽의 설립자들이 명료하게 설명해준 지속 가능한 사회에 대한 비전과 그러한 사회를 만들어가는 일에 충분히 공헌해주었으면 하는 것이다.

이 책이 세상의 빛을 보도록 도와준 많은 다른 사람들이 있다. 아마 그 중 나에게 가장 큰 영감을 준 사람은 나의 아들 필립-이매뉴얼Philipp-Emmanuel이다. 세상에 갓 태어난 아들은 나의 눈을 활짝 뜨게 해주었고, 나로 하여금 긍정적으로 미래를 바라보도록 했으며, 보다 좋은 미래를 만들어주는 환경을 창조할 책임이 부모에게 있다는 것을 다시 한 번 일깨워주었다. 필립의 형들인 칼-올라프Carl-Olaf와 로렌즈-프레데릭Laurenz-Frederik은 처음으로 이 책을 읽은 독자들이다. 이 책에 쓰인 것이 단지 환상에 불과한 것이 아님을 일깨워준 것은 나의 수양딸 치도의 공로임을 인정한다. 이것은 책 전체를 통해 기술된 대로 실제 일어나고 있는 현실이다. 그리고 바로 그것이 우리가 희망을 품을 수 있는 이유이기도 하다.

머리말

만약 우리가 우리의 아이들에게 오직 우리가 알고 있는 것만을 가르친다면,
그들은 결코 우리보다 더 잘할 수 없다.
– 군터 파울리Gunter Pauli

 1980년대, 월드워치 인스티튜트Worldwatch Institute에서 레스터 브라운 Lester Brown과 그의 팀의 저술들을 탐독할 당시, 나는 세계 환경문제에 관한 이 방대한 자료들을 모든 사람이 이용할 수 있게 하고 싶은 강렬한 열망을 품게 되었다. 워싱턴 DC에서 수집한 자료들을 기초로 한 통계자료와 동향 분석은 너무나 암울했으며, 긍정적인 빛은 거의 비치지 않았다. 때문에 나는 오직 완고하기 그지없는 유럽 재계에 지구환경보고서State of the World와 바이탈 사인즈Vital Signs를 전달할 목적으로 출판사를 설립했다. 당시 나는 6개 회사의 설립자이면서, 동시에 문제의식을 가진 시민이었다. 1990년대 초반 두 아들 칼–올라프Carl-Olaf와 로렌즈–프레데릭 Laurenz-Frederik이 태어나면서, 많은 젊은 엄마, 아빠들이 그러하듯 한 가지 생각이 나의 마음을 관통하며 지나갔다. 그것은 우리가 부모로부터 물려받은 세상보다 더 나은 여건의 세상을 우리 아이들에게 물려주고 싶다는 것이었다. 그러나 20여 년의 세월이 지나, 나의 첫 아들들은 이제 고등학교를 졸업하게 되었고, 나는 그 문제가 헤라클레스에게 맡겨진 임무만큼이나 어려운 일이라는 것을 고백할 수밖에 없게 되었다.

삶이 성숙해지고, 주름이 깊어짐에 따라 심각한 문제들을 인식할 연륜은 쌓여갔다. 그럼에도 불구하고 미래에 대해 걱정만 하고 모든 실수에 대해 그저 유감스러워하는 시민들 중 한 사람으로만 남아 있을 수는 없지 않은가. 우리는 다시 모여 다음 세대가 우리가 이룬 업적을 능가할 수 있도록 그 기초를 놓을 방법을 모색해야 했다. 아마도 우리가 아이들에게 제공할 수 있는 가장 위대한 자유는 그들이 다르게 생각하고, 또한 보다 중요한 것은 다르게 행동할 수 있도록 돕는 일일 것이다. 이것은 가장 위대한 도전일지도 모른다. 우리의 삶의 터전인 이 행성의 건강에 관해서만 나쁜 소식이 들려오는 것이 아니다. 수십 년 만에 처음으로 우리는 경제 시스템 역시 와해되고 있다는 것을 인식하게 되었다.

문제의식을 가진 정책 입안자들, 학자들, 재계 리더들, 국제 공무원들의 비공식 모임인 로마클럽의 초창기 회원으로서 나는 경종을 울릴 필요성에 대해 분명히 인식하고 있었다. 로마클럽이 발표한 보고서, '성장의 한계Limits to Growth'는 인구의 폭발적 증가, 환경의 파괴, 무분별한 산업 성장과 윤리 규범의 붕괴가 일으키는 악순환을 분명하게 그려내고 있다. 월드워치 인스티튜트의 '세계환경 보고서State of the World'를 유럽의 주요 언어로 출간하는 발행인으로서, 또한 지난 30년간 로마클럽의 열성적인 회원으로서, 나는 긍정적인 행위에도 불구하고 부정적인 결과가 나타날 수 있다는 현실을 외면할 수 없었다.

나는 에코버Ecover라는 생분해성 세제를 생산하는 유럽의 기업과 함께 일하게 되었다. 세제업계의 가장 큰 제조업체들까지 석유화학성 계면활성제의 대안으로 생분해성 원료인 야자유 지방산을 채택했다. 하지만 이로 인해 이 대안물에 대한 수요가 급격히 증가하면서, 원료를 생산하기 위해, 특히 인도네시아에서 광활한 열대우림을 야자수 농장으로 바꾸는 일이 발생했다. 열대우림이 파괴되자, 오랑우탄의 서식지도 함께 파괴되었다. 그 결과 나는 생분해성이나, 재생 가능성이라는 단어가 유감스럽게도 지속 가능성이라는 단어의 동의어가 아님을 배우게 되었다.

1991년 한국 서울에서 발표된 이 주제에 관한 나의 첫 논문에서 나는 산업계가 생태계를 모방할 것을 주장했다. 생태계의 지혜는 단지 그것이 제공하는 신선한 물이나 깨끗한 공기, 토지의 재생산, 박테리아의 균형 잡힌 컨트롤, 또는 더 좋은 해결책과 더 높은 효율성을 추구하는 끝없는 진화의 경로 같은 것만은 아니다. 생태계는 우리의 파괴적인 생산과 소비 모델을 변화할 수 있도록 영감을 제공한다. 이 논문은 지속 가능성이 오직 우리의 시스템에서 낭비의 개념을 근절하고, 양분과 에너지의 순환을 시작할 때만 기대할 수 있다고 주장하고 있다.

에코버와의 경험을 통해 그간 갖고 있던 환상이 깨졌다. 이후 일본 정부 주최로 설립된 유엔 대학United Nations University의 총재, 헤이토르 구르굴리노 데 소우자Heitor Gurgulino de Souza 박사로부터 폐기물이나 배기물을 발생시키지 않으면서 일자리를 창출하고, 사회 자본에 기여하는 동시에, 비용을 절감하는 경제 시스템의 모델을 제시하라는 도전 과제를 받았다. 교토의정서가 승인되기 3년 전에 나는 이 과제의 연구를 승낙했다. 그리고 이 학문이 상아탑에서 우리가 어떻게 한 존재에게는 쓸모없는 폐기물

이 다른 존재에게는 먹이가 되는, 자연 생태계의 생산적이고 진화적인
상호작용을 모방할 수 있을지 상상할 기회를 갖게 했다. 3년간의 연구를
마친 뒤, 유엔개발계획United Nations Development Programme과의 협력을 통
해, 과학적으로 타당하고 경제적으로도 가능한 생산과 소비 모델의 가능
성을 증명할 선구적 사례들을 실행하고자 제리ZERI 재단을 스위스에 설
립했다.

전 세계적으로 이루어진 처음 10년 동안의 선구적인 업적을 기념하면
서, 제리ZERI 재단 위원회는 자연계에서 영감을 받아 탄생한 혁신기술들
의 목록을 작성하기 시작했다. 비록 시작은 학술지에 실린, 대중들에게
공개된 과학 문헌을 모으는 것에 불과했다. 그러나 곧 이 연구는 생물종
의 다양성을 극적으로 풍부하게 할 각 종의 뛰어난 지혜를 찾기 위한 낭
만적이고도 황홀한 연구이면서, 기업가들이 일반적으로는 인간성을 적
용하고 구체적으로는 성장과 지속 가능한 방식으로 그들의 생산과 소비
방식을 전환할 수 있도록 자극하는 경제모델을 탐색하는 방향으로 빠르
게 진화해갔다. 이 조사를 시작할 당시, 나는《지속 가능성을 향한 비즈
니스의 방향 전환Steering Businesses Towards Sustainability》이라는 책을 편집하
기 위해 프리초프 카프라Fritjof Capra와 함께 일할 기회를 갖게 되었다. 이
프로젝트를 통해 아이디어들이 봇물처럼 터져 나왔다. 당시 나는 마음으
로만 상상했던 모델들을 실제로 그려낼 수만 있다면, 다음 세대에게 사
업 기회를 주기 위한 나의 연구가 사람들에게 기업가가 되도록 자극하는
일이 될 것이라는 사실을 깨닫게 되었다. 조사팀은 수천 편의 영문 과학
지들에 실린 관련 논문을 샅샅이 훑고 정리해 나갔다. 스페인과 독일, 일

본 등의 논문들도 같은 작업을 통해 자료들을 보충해 나갔다. 나의 임무는 모아진 자료들을 하나씩 조사하면서, 3천 개가 넘는 사례 중 어느 것이 보조금과 세금감면 혜택 없이도 산업과 상업의 지속 가능성을 향해 활용할 수 있을지 살펴보는 것이었다. 나는 과연 어떤 혁신기술이 생태계의 방법대로 시스템화에 적용될 수 있을지 고심했다. 그것은 다양한 존재들이 발전시킨 기술혁신들을 융화하고, 예외 없는 물리학의 법칙이 설명하는 대로 모든 존재하는 불변의 인자들을 보다 효율적으로 이용하는 것이다.

나는 혁신기술을 주창하는 기업가로서, 기업 전략가들, 재정 전문가들, 조사전문 저널리스트들, 공공정책 결정자들로 구성된 팀에 340개의 기술에 대한 목록을 제출했다. 그때는 경기불황이 닥쳐오기 전이라, 세계는 여전히 존재하지도 않는 돈으로 공중누각을 쌓고 있던 중이었다. 2년이 넘는 기간 동안 나는 세계 전역의 발명가들과 기업가들을 만났다. 또, 금융 분석가들과 비즈니스 리포터들, 기업전략 학자들과 수십 번의 회의를 가졌다. 이를 통해 더욱 정확한 판단력으로 100개의 가장 주목할 만한 혁신기술을 최종적으로 선택할 수 있었다. 그 후, 경기불황이 닥쳤다. 2008년 말 유엔은 금융시장의 붕괴로 개발도상국들에서 5천만 개의 일자리가 사라졌다고 발표했으며, 경기불황을 피부로 느낄 수 있었다. 나는 어떤 매혹적인 개념을 과학적 설명과 일치시키는 것만으로는 만족할 수 없었다. 나는 우리가 실험했던 모든 종의 영감적인 지혜 이상의 것을 사람들에게 전달해야 한다고 느꼈다.

새로운 팀이 우리가 수집한 모든 자료들을 완전히 재평가하기 시작했으며, 분류된 혁신기술들을 기준으로 현 경제모델에 종말을 불러온 원인들을 조사했다. 우리는 단기간에 결과와 보너스를 바라는 사고방식에서 한정된 자원의 세계에서 우리가 현재 가진 것으로 사람들의 기본적 필요에 부응할 수 있는 사고방식으로의 전환을 가능하게 하는 신 성장의 불사조를 발견했다. 나는 현재의 지배적 비즈니스 패러다임을 전환할 수 있도록 세계 전역의 기업가들에게 특별한 기회를 제공하는 확실한 모델의 출현을 목격했다. 이것은 진정한 혁신기술이라기보다는 특허권의 보호를 받고 있지만 사실은 생물학적 저작권 침해에 더 가까운 복제나 유전자 조작에 관한 것이 아니다. 이것은 생태계의 확산하는 사고방식과 감성에 관한 것이다. 이 책에 수록된 100가지 혁신기술들은 항상 더 높은 단계의 효율성을 향해 진화하고, 끊임없이 영양과 에너지를 생산하고 아무것도 낭비하지 않으며, 모든 행위자들의 능력을 활용하고 모든 이들의 기본적 필요에 부응하는 생태계의 능력으로부터 영감을 받은 것이다.

이 책 전반을 통해 생태계의 방식에 대한 이러한 통찰들이 구체화되어 블루이코노미의 골격을 세우고 불행의 얼굴을 한 현재의 경제 대격변이 결국 행운이라는 깨달음을 주고 있다. 그것은 마침내 현 경제에 감당하지도 못할 부채를 떠안긴 이 비현실적인 소비주의를 중단하도록 우리에게 경고하고 있다. 소비자들에게 더 많이 소비하도록 권하는 것은 우리 세대는 물론 다음 세대까지도 영원히 갚지 못할 부채를 지는 것이 경제 위기를 벗어나는 방법이라고 사람들을 미혹하는 것이며, 이는 단지 눈속임의 전형적인 수법일 뿐이다. 이러한 비양심적인 접근은 전 세계의 유동자산을 일부 최상류층의 '은행경제bankonomy' 속으로 흡수해버리며, 그 외 다른 사람들은 신용불량자로 만든다. 이러한 작용은 자연과, 인간 그리고 모두의 공유자산으로부터 빌려와 그 상환을 연기하는 것은 고사하고, 아예 갚을 생각조차 하지 않는 파산 경제모델, 곧 레드이코노미Red Economy 모델에 기반하고 있다. 이 만족을 모르는 규모의 경제는 냉정하게 개당 최저 제조원가를 찾아다닌다. 그리고 다른 예상치 않은 결과들은 추상화해 제거해버린다. 2008년의 경제위기는 은행과 기업의 정책 결정자들이 회사 자산을 담보로 어마어마한 규모의 부채를 빌려 결국은 자기파멸을 가져오는 광란적인 기업 인수와 합병으로 성장을 추구한 것이 원인이었다. 이것이 실패한 적자 경제의 이야기다.

그린이코노미Green Economy의 경우, 환경을 보존하는 동시에 동일 수준의 이익, 심지어 더 적은 이익을 위해 기업에게는 더 많은 투자를, 소비자들에게는 더 많은 지불을 요구해 왔다. 경제 성장이 전성기일 때도 이는 이미 힘든 도전이었으며, 경제 침체기에는 실현 가능성이 거의 없는 방법이다. 그린이코노미는 그것이 갖는 많은 선의와 노력에도 불구하고, 그것이 추구했던 실현 가능성을 얻지는 못했다. 하지만 시각을 조금만 달리하면, 우리는 블루이코노미Blue Economy를 통해 단순한 보호의 차원을 넘어, 재생산을 의미하는 지속 가능성이란 화두를 풀 수 있음을 깨닫게 될 것이다. 블루이코노미는 생태계가 자신의 진화 경로를 유지하도록 함으로써 모두가 자연의 끊임없는 창조력, 적응력 그리고 풍요함으로부터 혜택을 누리도록 하는 것이다.

# CHAPTER 1
# 우리시대의 과제를 풀기 위한 영원한 자원

## THE BLUE ECONOMY

어떤 이들은 현실에서의 도피를 꿈꾼다.
하지만 어떤 이들은 현실을 영원히 바꾸길 꿈꾼다.

—소이치로 혼다Soichiro Honda

이 책은 우리가 낡은 구습을 버리고 새로운 것을 수용할 준비만 되어 있다면 실현하기 그리 어렵지 않은 새로운 인식의 도입에 관한 것이다. 이 책은 변화란 이루어내기에 너무 어려운 것이라고 느끼는 사람들에게 울리는 깨달음의 경종이다. 우리 앞에 놓인 이 기회들을 통해 지금 당장 변화를 만들어가야 한다. 바로 지금이어야 한다. 심층 생태학과 퍼머컬쳐Permaculture(Permanent Agriculture와 Permanent Culture의 합성어로, 자연생태 관계를 모방하여 인간의 정착 및 영속적 농업 시스템을 설계하는 접근법 - 옮긴이), 지속 가능성의 개념을 통해 녹색 사고green thinking라는 씨앗이 뿌려졌다. 이러한 개념들 덕분에 우리는 시스템과 상품에 지속 가능한 원료를 사용해야 한다는 것을 깨달았다. 우리는 이제 지속 가능한 방식의 중요성을 이해하기 시작했다. 하지만 이를 어떻게 경제적으로 적용해야 할지 아는 사람은 거의 없다. 만일 우리가 자연의 지혜와 경제성, 단순성을 이해할 수만 있다면 생태계의 논리에 내재된 기능성을 모방할 수 있게 되며, 고도로 세계화된 현 산업과는 비교조차 할 수 없을 정도로 성공할 수 있을 것이다.

## 물리학과 실용성

우리가 살아가는 세계는 물리적이다. 우리 주변의 모든 생명체와 물질들은 정확하고 예측 가능한 물리학의 법칙에 따라 움직인다. 우리의 생산, 소비, 생존의 기본 조건이 물리학의 법칙 및 이론과 불가분의 관계를 갖고 있다는 것은 현대의 물리학 교실에서 그렇게 주목받는 주제가 아니다. 그러나 물리학의 기본 원리를 관찰하면 압력과 온도, 수분 함량의 작은 변화만으로도 유전자 조작과는 비교할 수 없이 우아하고, 단순하며, 효율적인 생산물을 창조할 수 있다는 것을 깨닫게 된다. 생명체의 자연스러운 생태를 조작하는 대신 자연이 물리학을 활용하는 방법에서 영감을 얻도록 하자.

창조가 시작된 찰나의 순간부터 지금까지 우주와 지구, 또 마침내 그 속에서 이루어진 종들의 진화는 온도와 압력이라는 지배적인 힘의 영향 아래에서 이루어졌다. 중력, 전자기, 약한 원자력, 강한 원자력과 같은 기본적인 물리적 힘 안에서 지구의 생물들은 작용과 반작용을 겪으면서, 자신들의 진화의 경험을 놀라운 다양성으로 전환시켰다. 생태계는 수백만의 다양한 종들이 물리학과 생화학의 영역 내에서 작용하고 생물학적으로 진화하면서 발전되었다.

자연의 모든 존재가 자신에게 이익이 되도록 물리학의 활용법을 익혔다는 것은 참으로 놀라운 일이다. 아마도 이것은 자연어의 문법이나 생물학과는 달리 물리학의 법칙에는 예외가 없기 때문일 것이다. 해는 매일 아침 예정대로 떠오르고, 나무에 달려 있던 사과는 언제나 아래로 떨어지며, 기압차가 있는 곳에서는 바람이 형성된다. 화학의 경우 모든 것은 온도와 압력, 촉매에 의해 결정된다. 그러나 수정란을 자신의 몸 안에서 키우는 수컷 해마의 경우가 보여주듯 생물학에는 언제나 예외가 존재한다.

과학자들은 지난 수십억 년간 지구상의 모든 생명체들이 비교적 안정적인 주변의 물과 공기의 온도, 압력 속에서 진화했으며, 그것들에 적응해 왔다고 확신한다. 모든 살아 있는 종들은 그 지역의 것들을 활용하는 법을 익혀 왔다. 물리학의 불변의 법칙에 의해 형성된 모든 종들은 수백만 년 동안 진화의 바다를 항해하면서, 다만 그들이 현재 가진 것과 그들이 가장 잘할 수 있는 것으로 난관을 극복하고 생존하는 법을 익혔다.

인간의 아기가 태어날 때, 독립적인 존재가 되기 위한 그 여정에는 엄청난 압력과 함께, 공기로 호흡하는 세상으로 나가기 위해 겨우 10센티미터의 좁은 통로를 통과해야 하는 위험이 도사리고 있다. 이 통로를 통과할 때 아기의 어깨와 가슴이 압축되면서 폐 속에 들어 있던 액체가 밖으로 배출된다. 폐를 비우고 나서야, 아기는 처음으로 공기를 마실 수 있다. 이러한 압력은 스트레스라는 감각을 경험하게 하는 동시에, 지구에 도착하던 순간의 아름다움을 보게 해준다. 앞으로의 삶을 준비시켜주는 필수적인 과정인 것이다. 참을성 많은 관찰자들

은 나비가 고치에서 벗어날 때 아름다운 날개를 가진 존재로의 완전

한 탈바꿈을 위해 오랜 시간 이어지는 나비의 투쟁이 얼마나 고된 것

인지 볼 수 있을 것이다. 초기의 과학자들은 나비를 관찰하다가 좁고
단단한 보호막에서 빠져나오는 나비를 돕기 위해 고치를 잘라냈다.
하지만 그들은 고통 없이 탄생한 나비는 잘 날 수 없을 뿐 아니라 주
변 환경에 적응을 못하고 얼마 되지 않아 곧 죽게 된다는 것을 발견했
다. 압력은 근육을 긴장시키는 것부터 혈액을 내보내기 위한 심장의
박동과 모든 관절, 들숨과 날숨의 활발한 작용에 이르기까지 형태와
기능의 복잡한 역학을 촉진하는 생명으로의 안내자다.

위기는 새로운 해결책을 찾을 수 있도록 우리를 자극하는 다른 형
태의 압력이다. 마찬가지로 위기는 살아 있다는 것 자체가 얼마나 아
름다운 것인지를 다시 한 번 음미하도록 한다.

## 낭비

수십억 년을 이어 온 종들의 진화 역사에서, 오직 호모 사피엔스라
는 종만이 물리학의 안내로 탄생한 자연의 역동적인 생명의 균형을
지배하려 한다. 우리는 최초의 불꽃으로부터 화석연료 그리고 원자
력에 이르기까지 우리 마음대로 사용하기 위해 에너지에 족쇄를 채
웠다. 우리는 자원을 개발하고 그것을 의도에 따라 빚어냈다. 때로는
대단한 성과를 거두기도 했고, 때로는 별로 그렇지 못했다. 그러나 산

업의 발전으로 인해 지구의 수용능력은 한계에 다다르게 되었다. 낭비벽 심한 세대의 에너지 소비방식으로 인해 결국 아무도 원치 않는 것들이 우리 앞에 놓였으며, 수천 년 이상 이어진 자연계의 업적이 파괴되고 훼손되었다. 우리는 기로에 서 있는 자신을 발견하게 된다. 미래를 위해 무엇을 선택해야 할지 생각해보아야 한다. 지구와 그 속의 종들과 조화를 이루며 살아갈 것인가? 아니면 극악한 소비적, 파괴적 행위를 계속할 것인가? 평화롭고도 생산적으로 공존하는 법을 배울 것인가? 아니면 비생산적인 잔여물과 폐기물 더미에 짓눌려 멸종된, 너무나 많은 다른 종들처럼 결국 우리 자신도 멸종시킬 것인가?

연료와 플라스틱, 건축자재, 일상생활에 사용되는 수많은 석유화학 제품을 합성하는 과정에서 수천 수백 종류의 석유 분자들이 이용된다. 그리고 이런 교만한 성공에 동반하는 부수적 폐기물의 강은 어디에나 산재해 있다. 더 이상 아무것도 감출 수 없다. 우리는 이제 탄소 배출이 기후변화에 미치는 치명적인 영향과 석유 파생 제품으로 인한 엄청난 쓰레기의 누적이라는, 석유 추출 및 정유에 수반되는 환경비용을 목도하고 있다. 플라스틱을 가능하게 만든 공유결합 분자의 개발은 확실히 놀라운 혁신기술이었다. 플라스틱 합성의 화학공정은 온도와 압력뿐만 아니라 촉매 사용에도 매우 주의 깊은 관리를 필요로 하며 결국 분해되기 힘든 슈퍼분자들로 구성된 제품을 양산한다. 엄청나게 느린 속도로 분해되는 플라스틱이 쌓여 형성된 거대한 섬들이 태평양의 광대한 지역을 차지하고 있다. 이제 그렇게 분해된 작은 조각들은 해변의 모래와 뒤섞인다. 대규모의 매립지들은 단단히 응집된 석유 폴리머polymer 덩어리들로 넘쳐나고 있다. 생각해 보라. 플라스틱으로 만들어진 일회용 물병이 전혀 분해되지 않은 채 매립지 안에서 수백~수천 년 후까지도 남아있다는 것을. 우리는 분명 이것보다 더 잘할 수 있다.

농업으로 인한 파생상품 또한 엄청난 폐기물을 발생시킨다. 양조장에서는 보리에서 오직 전분만을 추출해 이용하고 남은 부분은 버린다. 쌀은 오직 낱알을 거두기 위해 재배되며 짚은 그냥 버려진다. 옥수수 역시 오직 낱알만이 거두어져 식품과 플라스틱 또는 연료로 가공된다. 옥수수 낱알을 이용하는데 이와 같은 3가지 공정이 서로 경쟁하고 있기 때문에 자연히 옥수수의 수요가 증가하고 이에 따라 옥수수 가격은 점점 상승하고 있다. 중남미 개발도상국의 많은 주민들은 이제 더 이상 굶주림과 기아를 막아주던 주식 아레파arepas(옥수수로 만든 라틴 아메리카의 전통 빵 – 옮긴이)나 토르티야를 살 경제적 능력이 없다. 커피의 경우도 마찬가지다. 커피는 오직 커피 열매만을 수확하기 위해 재배되며, 나머지는 썩도록 내버려진다. 사탕수수에서 설탕을 생산할 때 전체 당분함량의 오직 17퍼센트만이 이용되며, 나머지는 불태워진다. 종이 생산에는 오직 섬유소만을 이용하며, 이를 위해 벌목된 나무의 70퍼센트 이상이 버려져 소각된다. 처리되지 않은 가축의 배설물이 부패하면서 발생하는 메탄 가스는 온실 가스 중 그 영향력이 최고다. '나머지'를 어떻게 이용할지 모르면 우리는 그것을 그저 폐기한다. 이것은 자연 생태계의 방식과는 완전히 상반되는 방식이다.

산업의 대부분은 엄청난 양의 쓰레기를 발생시킨다. 도시에서 쓰레기 1톤이 발생하면 광산업, 제조업, 유통업에서 발생되는 쓰레기는 71톤에 이른다. 우리에게는 핵폐기물, 중금속으로 오염된 토양, 크롬으로 오염된 지하수, 버려진 플라스틱 용기로 가득 찬 쓰레기 매립지, 이와 같은 문제들도 산재해 있다. 우리가 소비하고 남은 것들은 매우 집중화된 시설로 옮겨져 매립되며, 축적된 양이 너무 많아지면 소각한다. 쓰레기를 소각하는 것이 곧 에너지를 생산하는 것이라는 주장은 타당하지 않다. 대부분의 쓰레기는 소각해도 그 양은 거의 줄어들지 않는다. 소각을 통해 줄어드는 것은 수분함량뿐이기 때문이다. 수분을 제외한 대부분의 다른 요소들은 그대로 남는다.

미국에서는 수거된 쓰레기를 매립지로 운송하는 데 드는 비용만 놀랍게도 연간 500만 달러에 이르는 것으로 추정된다. 여기에 건설업과 농업, 광산업 그리고 제조업에서 발생하는 쓰레기를 수거하고, 운반하고, 분류해서 처리하는 비용까지 더하면, 이 금액은 당황스럽게도 1조 달러에 이른다. 매년 쓰레기를 처리하는 데 낭비하는 비용이 2008년 미국 경제의 전체 경기 부양 비용보다 더 많으며, 또한 부실 은행을 수혈하면서 떠안게 된 유럽정부의 엄청난 적자액보다 더 많은 금액이다. 이와 같이 쓰레기 처리에 사용된 비용은 국민생활을 위한 생산적인 활동이 아니라 비생산적인 활동에 들어가는 돈임이 분명하다. 이로 인해 발생된 직업군이 결코 녹색 일자리로 분류되어서는 안 된다. 쓰레기를 쌓아 놓기 위해 땅을 사용하는 것은 결코 생산적인 것이 아니다. 쓰레기의 유독성 침출수를 처리하고 매립하는 데 엄청난 비용이 소요되며 사회 전체에 그 비용이 부담된다. 그리고 이는 단지 외부비용으로 기업들의 이익은 전혀 줄어들지 않는다.

오늘날의 지배적인 경제모델은 지난 2세기 동안 성장과 소비 그리고 폐기의 끝없는 순환을 촉진했다. 이것은 갚지도 못할 빚을 계속해서 쌓아가는, 이 사회의 물질적 부를 향한 끊임없는 탐욕에 부응하기 위해 만들어진 경제모델이었다. 우리가 주머니 깊숙이 손을 넣어, 은행에서 쉽게 제공받은 신용카드로 종종 필요도 없는 물건을 사는 동안, 개발도상국 국민들의 필수품에 대한 수요는 엄청나게 증가했고 그 수요는 결코 채워지지 못했다. 사람들의 깨끗한 식수와 매일의 식량에 대한 수요는 지구의 공급 능력을 훨씬 넘어섰다. 우리가 이루어낸 것들에도 불구하고 현재의 방법으로는 결코 모두의 필요를 채울 수 없다. 우리의 물질적 생활방식과 욕망은 화석연료, 석탄, 원자력, 심지어 태양광 발전(생산을 위해 많은 에너지를 투입해야 함)과 풍력발전(전기로 작동함)까지도 이용하여 끊임없이 더 많은 에너지를 생산하도록 요구한다. 우리는 더 잘할 수 있다. 아니 반드시 더 잘해야만 한다.

지난 10년간 뛰어난 과학자들과 경제학자들이 선진국들에게 그들의 물적 집중도를 현격히 줄여야 한다고 경고해 왔다. 이런 목소리가 있기 이전에 이미 에른스트 울리히 폰 바이작커는 로마클럽의 보고서로 채택된 그의 저서 《팩터 포Factor Four》에서 물적 자원의 효율성을 높일 필요를 논리적으로 설명했다. 윌리엄 리스의 '생태 발자국ecological footprint'은 재생 가능한 생태적 능력 안에서 인간의 수요를 계산하는 방법을 제시했다. 이미 전문용어로 굳어진 이 개념은 쉬운 은유로 과도한 물질 낭비를 표현하고 있다. 만약 현재의 습관을 바꾸지 않는다면, 현재의 생산과 소비 수준을 유지하고 이제 더 이상 버릴 곳도 없는 쓰레기들을 계속 치우기 위해 지구는 하나 이상의 다른 행성을 필요로 하게 될 것이다. 경제는 허구의 돈이 흐르던 금융시장의 붕괴 때문에 그렇게 간단히 와해되지는 않는다. 물질세계가 있지도 않은 물적 자원과 더 이상 숨길 곳도 없는 쓰레기를 기반으로 작동되고 있기 때문에 경제는 스트레스를 받고 있다. 아마도 가장 먼저 만들어가야 할 변화는 꼭 필요하지 않은 물건, 즉 아무도 원치 않는 쓰레기를 발생시키며 특히 자신과 이 행성의 다른 동료들에게 유독한 폐기물을 떠안기는 상품의 생산과 소비를 중단하는 일일 것이다.

## 어떻게 하면 쓰레기를 활용할 수 있을까

우리가 반드시 깨달아야 할 것은 쓰레기는 해결해야만 하는 문제가 아니라는 점이다. 살아 있는 종들이 더 이상 쓰레기를 발생시키지 않는다면, 그것은 병들어 있거나 이미 죽은 것과 마찬가지다. 우리가 반드시 해결해야 할 문제는 우리가 쓰레기를 낭비하고 있다는 점이다. 쓰레기를 에너지로 사용하는 동시에 생산성 있는 영양분으로 전환시키는 것을 고려해보자. 산업과 가정에 필요한 에너지원을 혈안이 되어 찾아다니는 동안, 생태계는 한 번도 전기를 필요로 하지 않았다. 생태계의 그 어떤 존재도 화석연료나 고압전선 따위를 요구하지 않았으며 자연시스템의 산물을 낭비하지도 않았다. 자연에서는 한 과정에서 발생한 쓰레기가 다른 과정을 위한 양분과 원료 에너지의 원천이 된다. 모든 것들은 양분의 흐름과 함께한다. 따라서 공해라는 환경적 위협뿐만 아니라 '부족'이라는 경제적 위협 역시 자연의 생태계에서 관찰되는 모델들을 적용함으로써 해결책을 찾을 수 있을 것이다. 아마도 우리는 시야를 넓히고 낭비의 개념을 근절함으로써 딜레마를 해결책으로 전환할 수 있을지 모른다.

녹색 화학Green Chemistry을 이용하면, 석유에서 얻어지는 폴리머들을 전분이나, 아미노산, 설탕, 리그닌lignin(목질소), 섬유소 및 그 외 많은 자연 물질에서 추출한 폴리머로 대체할 수 있다. 이제 결과물만이 아닌 과정 전체에 대한 영감을 자연에서 얻을 수 있다. 독성 물질이나 재료를 오염도가 조금 더 낮은 물질로 대체하기보다는 자연 생태계가 어떻게 모든 것을 활용하는지를 배운다면, 우리는 실제로 일자리를 창출할 수 있다. 또, 쓰레기를 토해내는 현 산업보다 월등히 지속 가능한 시스템을 달성할 수 있다. 그것이 자연 색소이든, 건축자재이든, 방수 표면이든 간에 결과적 상품은 환경과의 상호작용을 통해 제품화될 수 있을 뿐 아니라, 경제적 성공과 높은 시장 점유율을 가져다 줄 것이다.

사막의 곤충이나 거미들, 그리고 바다 조류 등에서 영감을 얻은 이 독특한 해결책들은 오늘날 산업표준이 되어버린 유독성 제품들을 진정으로 재생 가능한 원료와 방법으로 생산된 제품으로 대체할 수 있다. 이런 해결책들은 너무나 중요하다. 이것들을 통해 유독성 제품을 줄이는 동시에 우리의 생활 자체가 현저히 개선될 수 있기 때문이다. 유독물질을 쏟아내는 비효율적인 구모델의 산업은 이제 경쟁력을 상실함에 따라 고용능력 역시 상실할 것이다. 가장 이상적인 것은 생산과 소비 그리고 소비 후의 모든 과정이 지속 가능성을 가지는 것이다. 이것이 바로 블루이코노미가 일으킬 근본적인 변화다. 변화의 첫 단계는 쓰레기를 유익한 것으로 전환할 방법을 찾는 것이다. 그 다음은 시스템 내의 다른 이들에게는 전혀 쓸모없기 때문에 광범위하고 저렴하게 구할 수 있는 쓰레기를 찾아내는 일이다. 이것이 바로 자연의 방법이다.

히로유키 후지무라 사장의 주도 아래, 일본에서 에바라 코퍼레이션Ebara Corporation이 버려지는 것이 아무것도 없는 '배출물 제로' 전략에 부응하기 위해 설립되었다. 모든 것, 심지어 쓰레기조차도 가치를 창출한다. 에바라는 자양분과 에너지의 끊임없는 순환이라는 방식으로 플라스틱을 제조할 방법을 찾기 위해, 규슈 공업대학의 요시히토 시라이 교수에게 자금과 지원을 제공했다. 시라이 교수와 그의 팀은 상온과 가까운 온도에서 곰팡이균을 이용하여 식당 음식물쓰레기에서 모은 전분을 폴리락트산polylactic acid으로 전환하는 방법을 발견했다. 실제로 그들은 부엌쓰레기를 원료로 플라스틱을 생산하는 방법을 고안해낸 것이다. 이 방법은 원재료는 비록 농산품에서 기인한 재생 가능한 것일지라도 바이오연료나 생분해성 플라스틱과는 달리, 주요 식량공급량을 결코 감소시키지 않는다. 또, 매립지로 옮겨져 메탄 가스를 발생시킬 일도 없다.

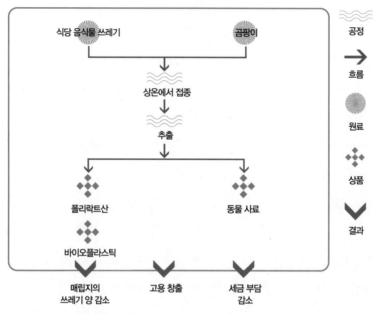

생분해성 비누와 세제 분야에서도 이와 비슷한 성공 사례가 있다. 주로 제약산업에서 이용되던 당을 원료로 한 계면활성제는 야자유를 원료로 한 비누의 이상적인 대안이 될 수 있다. 야자유 생산을 위해 한때 오랑우탄이 뛰놀던 광대한 우림지역이 야자수 농장으로 바뀌었다. 또 다른 방법은 감귤류 과일의 껍질에서 추출되는 알코올성 세제인 디−리몬d-Limone을 이용하는 것이다. 만약 산업계가 감귤류를 몇 달씩 저장하기 위해, 멀리서 운송되어 온 과일을 보전하기 위한 화학약품과 왁스의 사용을 중단한다면, 감귤주스의 생산과정에서 발생하는 쓰레기들을 동물 사료나 펙틴Pectin(젤리 등을 굳힐 때 사용됨)의 원료로 이용할 수 있을 뿐 아니라, 진정으로 친환경적인 생분해성 비누의 원료로써 훨씬 큰 이익을 가져 올 것이다.

종이 제조에도 훌륭한 대안이 있다. 섬유소와 리그닌은 전통적으로 알칼리황산염으로 처리된다. 이러한 전통적 목재 분리공정에서 섬유소 외의 다른 성분은 화학적 방법으로 연소시킨다. 따라서 섬유소만이 이 공정에서 상업적으로 이용될 수 있는 유일한 생산물이다. '블랙리커black liquor'로 알려진 부산물은 모두 소각된다. 라트비아 리가에 위치한 우드 케미스트리 리서치 인스티튜트Wood Chemistry Research Institute(목재화학연구소)의 제니스 그래비티스Janis Gravitis 교수는 섬유소뿐만 아니라 헤미셀룰로오스, 리그닌, 지질 등, 나무의 모든 부분을 상업적으로 이용할 수 있도록 생물정제기술biorefinery을 포함하여 종이 생산의 대안적 공정방법을 연구해 왔다. 과학자들과 산업 기술자들이 양분을 끊임없이 순환생산 하는 과정에 대한 연구를 성공한다면, 한 곳에서 나온 폐기물은 다른 곳에서 쉽게 원료로 이용될 수 있으며, 완벽한 시스템 설계의 성공에 더욱 가까워질 것이다.

해로운 부작용이나 유독성 부산물이 없는 새로운 대안을 활용할 수만 있다면, 과학자들과 기업가들에게 이러한 지속 가능한 제조 공정을 수용하도록 동기를 부여할 적절한 시기는 바로 지금일 것이다. 산업계와 경제계는 우리의 격려를 필요로 한다. 우리의 격려를 통해 그들은 이러한 접근법에 내재된 사업 기회뿐만 아니라 건강과 생명을 위해 환경을 지원하는 것의 가치를 인식할 수 있게 된다.

## '풍요'를 성취하려면

회의론자들은 자연 생태계를 모방한 모델에는 물리쳐야 할 강적이 너무 많아 성공하기 어렵다고 주장한다. 하지만 사실 이 시스템들은 성공하지 않는 게 더 어렵도록 설계되었다. 자연의 시스템은 효율적인 생산과 소비라는 매혹적인 운영모델을 제시한다. 비록 우리가 가장 감탄하고 아름답게 묘사하는 것은 개개의 종들이지만, 지역적 이용이 가능한 자원으로 모두의 기본적 필요를 충족하는 효율적 방법을 제시하는 것은 엄청난 다양성을 보유한 생태계이다.

바로 이것이 경제 역사에서 현재의 시점과는 대조적인 블루이코노미의 기본적인 원리다. 우리는 소유하지도 않은 허구 위에 시스템을 세웠다. 이제 멈추고 뒤돌아보자. 모든 생태계는 자기충족의 상태를 달성했다. 비록 처음에는 부족하다는 인상을 받을지라도, 자세히 살펴보면 실제로는 '풍부함'과 '다양성'이 바로 생태계의 현실을 보여주는 단어라는 것을 알 수 있다. 더욱 풍부해질수록 더 적은 투자로 더 많은 것을 거둘 수 있으며, 생물 종 역시 더욱 다양해진다. 생태계는 몇 명의 지배적인 존재에 의한 독점을 향해 진화하지 않는다. 생태계는 현대 경제학의 창시자 애덤 스미스가 제시한 시장의 조건을 더욱 분명히 드러낸다. 바로 보이지 않는 손이 가리키는 최선의 배분과 자원 활용을 향해 수많은 행위자들이 자신들의 행위를 조심스럽게 조정해 나가는 것 말이다.

공학자들과 농학자들이 완벽한 시스템 모델을 비현실적이라는 이유로 거부한다면, 그들이 이미 실제적인 결과를 성취한 훌륭한 프로젝트들에 대해 잘 알지 못하기 때문일 것이다. 시스템 모델을 통해 우리는 적은 원료로 풍부한 결과를 얻을 수 있다. 에너지 소비는 낮고 대부분의 경우에서 시스템은 요구량 이상을 생산했다. 건강 증진, 식량 확보, 깨끗한 식수 등은 부가적 수익이지만 결코 사소한 것이 아니다. 한 종에서 다른 종으로 이어지는 끊임없는 순환과 물리학의 구조 안에서 이루어지는 양분과 에너지의 순환생산은 산업 분야에서도 분명히 적용될 수 있음을 보여주었다.

모두를 고용할 일자리를 창출할 수 있을 만큼 생산성 높은 블루이코노미 산업들의 도래는 분명해지고 있다. 이 산업들은 자연이 물리학과 생화학이 조화롭게 기능하는 완벽한 시스템들을 건설하는 방법에 기초한다. 이러한 시스템들은 쓰레기나 에너지 손실 없이 넉넉하게 생산하고, 힘들이지 않고 변화하고, 효율적으로 순환한다. 이러한 힘들이 바로 지구상에 존재하는 생명체들의 지표를 결정했던 요인일 뿐 아니라, 생명 형성 그 자체에도 영향을 미쳤다. 이제 단순한 일차원적 시각에서 순환적이고 재생산적인 모델로 시각을 전환함에 따라, 우리의 행위와 습관 역시 모두의 기본적 필요를 충족하는 방향으로 형성되어야 한다. 그렇게 한다면 푸른 지구와 그 속의 모든 생명체들은 최선의 미래를 향해 전진할 수 있을 것이다.

# CHAPTER 2
# 블루이코노미의
# 실현을 위해
# 생태계를 모방함

## THE BLUE ECONOMY

모타나이(소용되지 않으면 아무 소용없다)

─일본 속담

지속 가능성을 실현하는 데 활발한 경제는 필수적이다. 반대의 경우도 역시 마찬가지다. 진정한 지속 가능성 없이 어떤 경제도 그 기능을 계속할 수 없다. 그것을 명심한다면, 이 책을 읽는 동안 병들어가고 있는 현 경제에 대한 해결책은 생태계의 논리를 이해하고 적용하는 데 있다는 것을 자연스럽게 배우게 될 것이다. 자연은 언제나 진정한 경제와 진정한 지속 가능성을 보여주고 있다. 우리가 만약 자연을 모방한 경제를 발전시킨다면, 에너지와 자원을 효율적으로 이용할 수 있을 뿐 아니라, 쓰레기 문제도 해결할 수 있으며, 수백만의 일자리를 창출할 수 있다. 생태계의 모델은 풍요로 가는 열쇠와 또 풍요를 모두와 공유하는 방법을 제공하고 있다. 생태계에서 영감받아 탄생한 경제는 무엇보다도 물리학의 법칙을 드러내는 자연적 순환 에너지처럼, 지역적으로 이용 가능한 것을 활용할 것이다. 물리학은 지구상의 모든 종들이 역동적으로 활용하는 기저의 동력을 묘사한다. 이러한 통찰을 통해 지속 가능성에 이르게 된다. 현 경제의 비효율적 사이클을 생태계의 논리에 따라 전환한다면 모두의 기본적 필요를 충족할 수 있으며, 진정한 경제, 블루이코노미라는 풍요의 경제를 창출할 수 있을 것이다.

생태계와 자연 서식지의 기능적, 물적 효율성을 모방하는 것은 실질적인 방법이다. 이를 통해 경쟁력을 유지하고, 부가가치를 창출하는 동시에, 지속 가능성과 높은 자원 효율성에 도달할 수 있다. 양분과 에너지의 순환생산 역시 모방이 가능한 생태계의 또 다른 우아한 모습이다. 분명한 부족을 충분으로, 나아가 풍요로 전환하는 것은 자연의 방법이다. 다른 동력원 없이 중력이라는 작은 힘에 의해 쏟아지는 폭포수를 자양분의 흐름으로 상상해보라. 이러한 상상은 자양분이 모두의 이익을 위해 어떻게 한 생물학적 왕국에서 다른 왕국의 종으로 이동하는지 이해할 수 있도록 시각적 그림을 제공한다. 흡수된 미네랄들은 미생물들의 먹이가 되고, 미생물들은 식물의 양분이 되며, 식물은 다른 종들의 먹이가 된다. 그리고 이 과정에서 한 존재가 발생시킨 쓰레기는 다른 존재에게 양분이 된다. 에너지와 양분을 순환생산 하면, 에너지와 같은 외부적 투입이 감소되거나 아예 사라지며, 쓰레기와 공해뿐만 아니라 자원의 비효율적 이용이라는 부대비용도 필요 없게 되어, 지속 가능성을 향해 나아갈 수 있게 된다.

세계 전역에서 블루이코노미를 통해 토양뿐만 아니라 지역의 동식물들과 사람에게 유익을 주는 성공을 확실히 입증한 사례들을 찾아볼 수 있다. 식량과 생계수단의 보장, 이들을 수용할 수 있는 유익한 일자리 등이 그것이다. 그 한 예로 라스 가비오타스Las Gaviotas에 거주하는 파올로 루가리Paolo Lugari가 이룩한 콜롬비아 비차다Vichada 사바나 지역의 놀라운 변화 살펴볼 수 있다. 갓프리 나무조Godfrey Nzamujo 신부가 베냉에서 이루어낸 서부 아프리카 지역의 식량과 생계 보장 프로젝트를 연구할 수도 있다. 하칸 알쉬텐Hakan Ahlsten과 고틀란드 Gotland(스웨덴) 섬 주민들이 그들의 땅과 문화를 지속하고 재생하기 위해 가졌던 비전을 따라가볼 수도 있다. 작은 나무들을 화재 위험물질에서 통합적 바이오시스템을 위한 원자재로 전환하려는 피큐리스 푸에블로Picuris Pueblo의 노력을 들여다볼 수도 있다. 이런 바이오시스템

은 원자재를 이용해 지속 가능한 방법으로 일자리와 식량, 연료, 건축
자재를 생산한다. 이러한 사례들은 물리학의 법칙에 따라 기능하는
자연의 순환생산과 에너지원 활용을 모방했다는 공통점이 있다. 각
사례들은 식량과 에너지를 확보하는 동시에 긍정적인 현금 흐름, 물
적 자원의 집중도 감소, 에너지 절약 등 다양한 이익을 창출했다.

# 파라다이스, 돌아오다

파울로 루가리가 한때 우림지역이었던 콜롬비아의 비차다 사바나 지역의 원래 모습을 되살리자고 제안했을 때, 당시의 과학 수준으로 그 일이 가능할 것이라고 생각한 사람은 아무도 없었다. 오리노코 강 서쪽 편을 따라 이어지던 사바나 지역은 쓸모없는 땅이었다. pH(폐하 지수, 수소 이온 농도를 나타내는 지수 – 옮긴이)는 낮았으며, 물은 마실 수 없었고, 쉽게 이용이 가능한 땅이나, 물, 공기도 없었다. 누가 이런 땅을 한 평이라도 사려 하겠는가? 루가리는 이 땅을 1에이커당 2.50 달러에 샀다. 구매자금은 콜롬비아 중앙 모기지 은행의 마리오 칼데론 리베라가 지원했다. 루가리는 경험도, 자금도 없이 오직 창조적인 접근법으로 건조하고 파괴된 사바나 지역을 열대지방의 생물들이 가득한 에덴으로 변화시켜 나갔다. 25년이 지난 현재, 루가리는 2만 에이커에 달하는 원시 열대우림에서 방문객들을 맞이하고 있다. 그의 팀들은 균근균과 카리브 소나무Pinus caribaea 간의 공생관계를 발견해 냈다. 이들의 공생관계를 통해 식재한 묘목들의 92퍼센트가 생존할 수 있었을 뿐 아니라, 그 지역의 물리적 특성마저 변화시켰다. 이런 일들이 어떻게 가능했을까?

캐리비아 소나무의 묘목을 피솔리투스 틴토리우스Pisolithus tinctorius 균(균근균의 일종으로 나무와 공생관계를 이룬다 – 옮긴이)이 풍부한 묘포 에 식재하면 소나무는 태양 자외선으로부터 토양과 뿌리를 보호하는 그늘을 점차 형성한다. 열기에 의한 스트레스가 여전히 높기 때문에 소나무의 잎이 떨어지게 되고 그 잎들은 땅 위에 두꺼운 카펫을 형성한다. 하지만 소나무는 균에 의해 충분한 영양을 공급받고 있기 때문에 성숙한 나무로 성장할 수 있다. 소나무 잎 카펫은 토양의 수분 함량을 증가시키는 동시에, 카펫이 없었다면 쓸려 내려가버렸을 거름성분을 붙잡아두는 역할을 했다. 거름성분들이 땅의 온도를 낮추어준 것 역시 중요한 요인이었다. 비가 내릴 때 땅이 뜨거우면, 다공성多孔性 토양이라도 비가 잘 스며들지 못한다. 온도가 높은 땅에서는 비가 더 쉽게 쓸려 내려가 토양은 이내 침식된다. 비가 내릴 때 땅의 온도가 낮으면, 비를 더 잘 흡수한다. 따라서 비와 토지 사이의 온도 차이를 변화시킴으로써 토양의 투과성이 높아지며, 새로운 씨앗들이 씻겨 내려가지 않고 자랄 수 있는 환경이 조성된다. 숲이 새로이 형성되어감에 따라, 생물종은 더욱 다양해졌으며, 강우량도 보다 풍부해졌다. 마실 수 있는 물이 거의 없던 산성 토양의 건조한 사바나 지역은 이제 단순한 숲이 아니라 풍부한 식수와 식물이 번성하기 좋은, 보다 기름진 땅을 품은 열대 우림이 되었다.

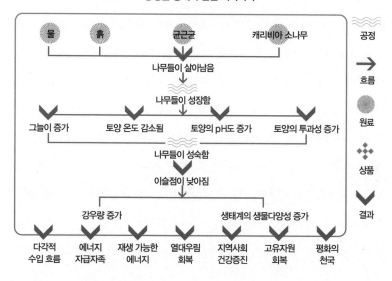

**공생을 통해 우림을 회복하다**

일본의 한 영상 제작팀이 이 놀라운 현상을 기록하기 위해 가비오타스에 도착했을 때, 사바나 지역 위로 구름이 모여들어 떠다니는 것을 보게 되었다. 이 구름들이 숲의 더 시원한 구역으로 들어오자, 곧 신선한 비가 되어 내리는 것을 그들은 경이로운 눈으로 지켜보았다. 푸른 숲은 열을 흡수하는 평야보다 물론 시원하다. 따라서 표면이 시원하면, 구름은 더 낮은 이슬점 덕분에 수분을 빗방울로 바꾼다. 지난 450년간 계속된 화전농법과 가축의 사료를 생산하기 위한 초원 조성을 이제 뒤로하고, 가비오타스의 새로운 파라다이스는 숲 전체를 되살리는 환경을 조성하는 공생이라는 우아한 방법으로 균류와 미세조류, 나무들을 포용했다.

이러한 기상적, 토양적 변화도 놀랍지만, 가장 매력적인 결과는 토지 가치의 엄청난 상승일 것이다. 생산성 있는 땅이 바로 가치 있는 땅이다. 21년 동안 우림으로 변모한 사바나 지역의 가치는 숲이 동반하는 안전한 식수와 식량, 생계 수단만 평가해도 1에이커당 최대 3천 배 가량 상승했다. 이러한 회복 전에는 라스 가비오타스 지역민들에게 고용의 기회가 주어지지 않았다. 안전한 식수와 적절한 의료 서비스가 부족하여 그들은 위장병에 시달렸다. 겨우 한 세대 만에 물은 거의 공짜로 제공되는 공유자원이 되었다. 잉여분의 물은 산 펠레그리노나 에비앙 같은 수입산 물에 지불하는 돈을 주고라도 이곳의 물을 구매하고자 하는 보고타의 부유한 사람들에게 판매된다. 라스 가비오타스 지역은 이제 전에 없던 풍요로움을 경험하고 있다.

JP 모간JP Morgan사(세계 유수의 금융서비스 전문기업 – 옮긴이)의 해리슨 주니어 사장은 이 지역의 건강한 현금 유동성과 전 세계에서 특허를 받은 기술들, 넉넉한 임금, 2천 명의 지역 주민을 위한 공헌에 영감을 받고, 라스 가비오타스를 현 2만 에이커에서 25만 에이커로 확장할 것을 제안했다. 그는 알바로 유리베 콜롬비아 대통령에게 3억 달러 규모의 투자 계획안을 제안했다. 확장이 시작되면, 다음 10년 동안 10만 여 개의 일자리가 창출될 것으로 추정되며, 동시에 벨기에나 네덜란드 정도의 나라가 배출하는 탄소량을 상쇄할 수 있다.

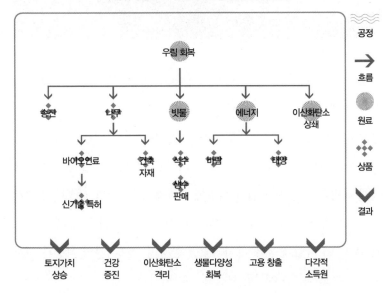

**부족에서 풍요로: 부가가치를 창출하는 순환생산**

정부 서비스와 전통 산업이 지역 주민들에게 이익을 주지 못할 때, 한 사람의 비전과 독창적인 노력이 사람들의 필요를 충족시켜주었다. 생태계의 자연스러운 과정을 모방함으로써 사회와 환경을 보호할 수 있었으며, 이상적인 기업가 정신을 보여줄 수 있었다. 라스 가비오타스의 성공은 압력과 온도, 표면장력, 전도력, 자력 그리고 바람을 발생시키고 나무를 성장시키는 그 외 많은 요인들 간의 상호작용을 보여준다. 우리가 치밀하게 짜인 자연의 역동적인 연결성과 상호작용을 이해할 수만 있다면, 완전히 새로운 접근법이 우리 앞에 그 모습을 드러낼 것이다.

## 아프리카의 식량 확보

도미니크 교회의 갓프리 나무조 신부가 운영하는 서부 아프리카의 손가이 센터Songhai Center는 베냉 공화국의 수도 포르토노보에 위치하고 있다. 파올로 루가리가 라스 가비오타스 회복 사업을 시작한 바로 1년 후인 1985년에 나무조 신부는 기아를 없애고, 아프리카 주민들에게 식량을 제공하기 위한 사업에 착수했다. 베냉의 전 대통령에게서 기부받은 몇 에이커의 습지에서 이 사업은 시작되었다. 25년이 지난 현재, 이 사업을 통해 파괴되었던 환경이 아프리카의 식량과 생계 수단을 확보해주는 확실한 보증으로 바뀌었다.

나무조 신부의 지도 아래, 손가이 센터는 보다 많은 것을 얻기 위해 양분과 에너지의 순환생산이라는 논리적 시스템을 개발했다. 화장실 및 세탁 폐수(모두 회색이나 검은색이다)와 사람과 동물이 배출한 쓰레기들은 모두 수거되어 3개의 구역으로 나뉜 처리장으로 옮겨진다. 그 후 이 지역에서 많이 자생하는 공격적인 수생식물인 부레옥잠을 잘게 썰어 넣는다. 처리장 안에서 뒤섞인 바이오매스는 지역에서 이용할 에너지인 메탄 가스를 발생시킨다. 무기화無機化 과정이 끝나고 남은 물질은 동물성 플랑크톤과 식물성 플랑크톤, 물속의 저생생물의 먹이가 되며, 이것들은 다시 양식장에서 물고기의 먹이가 된다. 이 처리장은 우리 몸이 인체에 해로운 박테리아를 제어하기 위해 고안한 산과 알칼리 전환 스위치를 모방한 것으로, 훌륭한 양생 효과와 많은 가스를 공급할 수 있도록 설계되었다. pH는 처리장 안에서는 산성이었다가 처리장 옆의 조류가 서식하는 못에서는 알칼리성으로 바뀐다. 혐기성 박테리아는 햇빛의 도움을 받아 미세조류가 이산화탄소를 산소로 바꾸는 강력한 전환과정을 돕고, 병원균을 제거하도록 설계된 자연의 시스템을 완성한다. 이처럼 통합된 농업방식과 폐기물 처리 시스템을 고안하는 데 자신의 인생을 바친 조지 찬George Chan 교수는 이러한 결과에 분명 만족할 것이다.

손가이 센터는 위생상 해결해야 할 또 다른 문제에 부딪쳤다. 바로 파리이다. 화학 살충제를 뿌리는 방법도 생각해보았지만, 유기농 농산물 생산에 적합한 환경을 추구했기 때문에 살충제는 적절한 해결책이 될 수 없었다. 나무조 신부는 매우 비범한 전략을 구사했다. 그는 시각을 전환하여 해결책을 파리의 애벌레인 구더기에서 찾아냈다.

손가이 지방의 도살장에서 나오는 폐기물들은 한 뼘 깊이의 시멘트 네모상자 수백 개로 이루어진 특별한 장소에 모아진다. 이곳은 수로로 둘러싸여 있는데, 수로에서 서식하는 잉어들이 이곳을 순찰한다. 또, 망으로 위쪽을 감싸 새들은 안으로 들어올 수 없지만, 파리들은 구멍을 통해 자유롭게 통과할 수 있게 설계되었다. 파리들은 사람들은 먹을 수 없는 도축장 폐기물들을 먹고 활발히 번식한다. 파리들의 잔치가 끝나면 이곳은 한 달에 거의 1톤 가량의 구더기가 생산되는 거대한 구더기 농장으로 바뀐다. 하지만 이곳 외의 다른 곳에서는 한 마리의 파리도 찾아볼 수 없다. 모든 파리들은 영양이 풍부한 맛있는 먹이를 먹으며 살을 찌우고 그 속에서 애벌레를 까는 데 집중한다. 이런 과정 후 반쯤 처리된 폐기물 위로 물이 뿌려지고 구더기들은 거두기 쉽게 수면 위로 떠오른다.

당신은 구더기로 무엇을 할 수 있는가? 이 지역에서는 구더기를 주로 물고기와 메추라기의 값싼 먹이로 이용한다. 메추라기 알과 생선은 모두 식량과 영양의 좋은 공급원이다. 그러나 경제적 가치라는 관점에서 볼 때, 보다 높은 잠재성은 구더기의 효소에 있다. 구더기 효소에는 섬유아세포(섬유성 결합 조직의 중요한 성분을 이루는 세포 – 옮긴이)의 성장을 촉진하여 상처를 치료하는 약효가 있다는 것이 증명되었다. 그렇다면 어떻게 살아 있는 구더기를 물고기와 메추라기의 식량으로 이용하는 동시에 효소를 추출할 수 있을까? 간단하고도 효과적인 해결책이 있다. 구더기를 소금물에 담그면 구더기들은 효소를 토해낸다.

생태계의 우아함을 보여주는 또 다른 방법이 있다. 나무조 신부의 원래 목적은 자연의 방법으로 파리를 제거하여 질병을 줄이는 것이었지만, 자연 치유제인 효소를 공급하는 것으로 그 해결책이 바뀌었다. 생물학과 생화학을 통해 구더기 효소의 치료효과는 이미 분명히 밝혀졌지만, 이 효소들이 현재의 측정기로는 측정할 수 없는 전기적 진동을 생성한다는 새로운 가설이 제기되었다. 이 진동은 세포의 재생을 자극하고 치료를 촉진한다. 구더기들은 전기와 자기장이라는 물리학의 법칙을 치료를 위한 촉진제로 사용하는 법을 익힌 것이다.

이미 세계 전역에서 정부 승인을 받은 구더기 치료법은 특히 당뇨 환자들에게 효과적이다. 구더기를 제거한 좀 더 '순수한' 치료제는 빠른 시일 내에 규정 승인을 받을 것으로 보인다. 아프리카에서 절단 수술을 하는 주된 이유는 상처를 제대로 치료하지 못했기 때문이다. 따라서 구더기 치료제는 아프리카에 무척 반가운 소식이 아닐 수 없다.

## 꿈 위에 떠 있는 섬

천 년 전에 피렌체와 러시아의 거상들은 발트 해 중앙에 위치한 작지만 강한 섬 고틀란드에 교회와 창고를 지었다. 고틀란드의 수도 비스뷔를 찾은 관광객들은 영원히 잊지 못할 인상을 받는다. 도시 주변을 둘러싼 거대한 석벽은 역사적 건물들과 성당들뿐만 아니라 전통을 지키며 살아가는 지역 주민들까지 감싸안는다.

21세기가 도래하자, 섬주민들은 경제의 세계화 물결 속에서 성공할 방법을 찾기 위해 분투했다. 해결책은 관광업뿐인 것 같았다. 매년 백만 명이 조금 못 되는 관광객들이 이 지역을 다녀간다. 관광업은 고틀란드 경제의 가장 큰 수입원이었다. 여름 휴가기간 동안 이 지역 인구는 10배로 늘어나지만 나머지 기간은 파리만 날릴 뿐이었다.

그러나 지역 주민들은 보다 나은 미래를 창조하고 싶었다. 그렇지 않으면 젊은 세대는 가능한 빨리 섬을 떠나려 할 것이기 때문이었다.

그들의 비전은 이 지역의 자원과 조화를 이루고, 위대한 역사적 업적과 유네스코 지정 세계문화유산 도시라는 배경과 어울리는 지속 가능한 지역사회를 설계하는 것이었다. 그들은 스웨덴 왕립 과학회 회원 카를-고란 헤덴 교수를 초빙했고, 학생, 은행가, 정책 입안자, 연구원, 사업가들이 모여 그들의 비전을 이루기 위한 활동에 착수했다.

관광 외에 다른 개발 기회를 찾고 있는 사람이라면 누구나 곧 시골로 눈을 돌릴 것이다. 고틀란드 섬의 그림 같은 교회와 주택들이 점점이 흩어진 농촌 풍경은 지난 수 세기 동안 아름답게 조성된 결과다. 100년 전 사탕무가 들어오자 그들은 성공적으로 새로운 산업을 창출할 수 있었다. 그러나 세계화의 물결이 밀어닥치자, 적절한 규모의 경제를 이루지 못한 설탕 공장은 곧 문을 닫아야 했다. 농사를 계속할 이유가 별로 없었으나, 당근의 경우는 예외였다. 백사장의 모래 풍경으로 유명한 이 섬의 알카리성 토양에서 자란 고틀란드산 당근은 매우 뛰어난 맛을 자랑했다. 당근 생산은 문제가 아니었으나, 바다 한가운데서 생산된 당근을 판매하는 것은 어려운 일이 아닐 수 없었다. 게다가 고틀란드산 당근은 식료품점에서 선호하는 좋은 모양을 갖추지 못했기 때문에 식료품점에서는 많은 양을 주문하지 않았다.

주민들은 양분을 순환생산 하면서 동시에 가치와 고용을 창출하는, 자연의 방식을 따르는 혁신적인 접근법을 선택했다. 지역 은행가 하칸 알쉬텐은 단순한 제품을 제조하자는 아이디어를 환영했다. 바로 오븐에서 갓 구운 당근 케이크였다. 신선하고 풍부한 재료를 쉽게 이용할 수 있다는 점에서 당근 케이크 사업을 무시할 수 없었다. 주민들의 동의가 이루어지자, 맛 좋은 당근 케이크 요리법이 신속히 개발되었다. 구운 뒤 냉동시킨 고틀란드 케이크는 스웨덴 전역뿐만 아니라 아시아와 같은 해외시장에서도 수요가 급증했다. 5년 내에 겨우 5곳이었던 제빵소가 30곳으로 늘어났다.

또 다른 주요사업으로 당근의 분류해 보다 높은 시장 가치를 창출하는 일이 시도되었다. 고틀란드의 성실한 주민이었던 잉베 안데르손은 당근 수확량의 대부분을 정교한 기계장치를 이용해 저장, 분류, 가공할 수 있는 당근 분류 센터를 설계, 건설하는 데 투자했다. 엄청난 양의 당근들이 특별한 기준에 따라 기계로 분류된다. 그리고 꼬마 당근에서부터 길쭉한 당근, 짧고 단단한 당근, 모양이 괴상한 당근까지 각각 종류별로 포장되었다. 놀랍게도 너무 작아서 시장가치가 없다고 여겨지던 꼬마 당근을 세척해 포장판매 하자 일반 당근보다 약 4배 이상 판매되었다. 가장 큰 당근도 분류하여 당근 주스로 가공했다. 당근 주스 시장은 매우 수익성 높은 틈새시장이 되었다. 재미있게도 시장에서 외면만 당하던 가장 큰 당근은 즙이 더 많아 부피당 40퍼센트가량 주스를 더 생산할 수 있었다. 주스를 생산하고 남은 당근 찌꺼기는 버려지지 않고 돼지의 좋은 먹이가 되었다. 그러나 당근을 분류하여 더 높은 가치를 창출하려 했던 시도는 문제에 부딪치게 되었다. 당근은 1년에 걸쳐 나누어 수확할 수 없고 6주라는 짧은 수확기간 동안 한꺼번에 수확되기 때문에 분류 장치가 그 양을 감당할 수 없었던 것이다. 수확된 당근을 12달 동안 보관 처리하기 위해서는 온도를 0도로 유지할 수 있는 냉장창고가 필요했다. 당근을 더 높은 가격에 판매할 수 있다는 것은 확실했기 때문에 사업의 성공 가능성은 높았으나 가공 문제가 해결되자 에너지 소비량이라는 또 다른 문제가 나타났다. 잉베 안데르손은 조사를 통해 얻어진 수치를 검토한 뒤, 위험을 감수하고 제반 설비에 사용되는 에너지 전부를 풍력 발전을 통해 공급하기로 결심했다. 급속냉동 당근 케이크를 포함하여 모든 제품의 보관, 분류, 처리, 포장 그리고 시장판매까지 전 과정에는 풍력 에너지만이 이용되었다. 풍력발전에 투자한 금액은 수출을 통해 빠르게 회수할 수 있었다. 이 사업으로 인해 직·간접적으로 생겨난 일자리가 총 250여 개에 이를 것으로 추정된다. 당근의 재발견은 고용 창출과 비용 절감의 효과를 가져왔으며, 고틀란드 주민들에게 일자리를 창출하고 생계수단을 보장해주는 진보된 방법을 가르쳐주었다.

지역적으로 이용 가능한 것에서 가치를 찾아내면 지속 가능하고 경쟁력 있는 산업을 창조할 수 있다. 그러한 산업들은 심지어 발트 해 중앙의 고립된 섬의 경제라도 움직일 수 있는 힘을 가지고 있다. 이러한 혁신기술을 통해 주민들은 그들의 명예만 드높인 것이 아니었다. 난관을 극복함으로써 고틀란드 주민들은 자신들의 개척정신을 분명히 보여주었다. 당근이 가장 인상적인 경우긴 했지만, 맥주와 빵의 결합 역시 훌륭한 아이디어였다. 고틀란드 양조장은 품질이 매우 뛰어난 맥주를 지역 주민들에게 공급해 왔다. 맥주를 제조하고 남은 보리 찌꺼기는 이 지역의 에스케룬즈 헴바게리 AB 제빵소로 옮겨져 빵으로 만들어진다. 한 과정에서 남은 폐기물이 다른 과정을 위한 원료가 되는 좋은 예가 아닐 수 없다. 지역의 것을 이용하여, 자양분을 순환 생산 하고, 경쟁력 있는 아이디어를 실행에 옮길 수 있도록 기업가 정신을 고취한 고틀란드 주민들은 다른 사람들보다 몇 년을 앞서 가고 있다.

## 푸에블로의 진보적인 해법

맹렬한 산불은 자주 뉴스에 등장한다. 미국에서는 매년 산불로 인해 거대한 지역의 생태계가 황폐화된다. 뉴멕시코 토지관리부는 연방정부로부터 작은 직경(18센티미터 이하)의 나무를 제거할 수 있도록 예산을 허가받았다. 제거된 나무들은 소각되든, 매립지에 던져지든 간에 대기 중 탄소량을 증가시키는 원인이 된다. 린다 테일러Lynda Taylor와 로버트 하스펠Robert Haspel은 이를 해결하기 위해 피큐리스 푸에블로(뉴멕시코의 인디언 집단부락 – 옮긴이) 지역의 원로들과 함께 그 지역의 풍습과 조화를 이루면서도 양분과 에너지를 순환생산 할 수 있는 해결책을 고안했다.

산불의 위험을 낮추기 위해 관목들을 제거하는 작업은 신속히 이루어졌다. 절단된 나무들이 거의 건조되면 40피트 크기의 재활용 화물 컨테이너에서 훈증을 통한 불완전 연소 과정을 거쳐 숯으로 바뀌었다. 그러나 푸에블로 지방의 전통에 따라 장비가 지나가면서 숲에 생긴 바큇자국을 지워야 했다. 제거된 나무들로 된 무더기 위에 그 고장의 버섯 포자를 접종한 다음, 숲에 난 바큇자국 위에 덮어 놓았다. 놀랍게도 2년 후에 버섯이 자라나자 자국은 깨끗이 사라졌다. 버섯은 부족민들이 식품으로 사용하기 위해 수확되었고, 수확 후 남은 아미노산이 풍부한 버섯 폐기물들은 테일러와 하스펠 덕분에 다시 도입된 아메리카 들소 떼의 좋은 먹이가 되었다.

**피큐리스 푸에블로의 해결책**

화재의 위험을 줄이기 위해 시작된 노력이 화학약품과 석유를 대체하고 고용과 식량, 연료, 건축자재를 생산하는 통합적 바이오시스템이 되었다. 피큐리스 푸에블로 지역의 경험은 자연의 시스템을 기초로 경제를 발전시킨 좋은 예다. 이러한 경제 발전은 지역적인 것을 활용하고 미국 원주민의 전통과 조화를 이루면서 이루어졌다.

낡은 기준들을 양분과 에너지의 순환생산 방식이라는 완전히 다른 시스템으로 전환할 때, 전혀 새로운 경제적 패러다임이 등장한다. 보다 높은 에너지 효율성, 경쟁력 있는 사업, 고용을 창출하고 부가가치를 창조하는 혁신기술을 가능케 하는 놀라운 해법들이 자연, 그리고 양분과 에너지의 기능에 대한 발상의 전환을 통해 얻어진다. 이 방법으로 생태계는 보다 적은 에너지로 보다 많은 종들을 살리는, 더욱 효과적인 시스템으로 진화한다. 각 단계의 모두가 풍요를 누리는 종합적 순환생산 시스템이다.

## 사탕수수, 그 달콤한 해결책

현재의 식품 산업에서 발생시키는 엄청난 양의 농업쓰레기 역시 생태계를 모방함으로써 쉽게 처리될 수 있다. 사탕수수에서 생산되는 설탕의 경우를 보자. 사탕수수의 설탕 함량은 대략 10~15퍼센트로 원재료의 바이오매스 중 아주 적은 부분만이 설탕으로 가공된다. 버개스bagasse(설탕수수 찌꺼기 - 옮긴이)로 알려진 나머지 부분은 주로 소각된다. 자연계에서는 에너지원으로 불을 이용하지 않는 반면, 인간은 항상 불을 사용한다. 사탕수수 찌꺼기를 태우면 값싸고 편리한 연료원이 될 수는 있다. 그러나 버개스의 성분 중에 실제로 에너지를 공급하는 것은 리그닌뿐이다. 헤미셀룰로오스나, 섬유소 같은 나머지 성분들은 소각해도 필요한 만큼의 열을 내지 않기 때문에 연소과정에서 많은 탄소가 방출된다.

사탕수수 찌꺼기를 원료로 종이나 종이 제품, 골판지를 생산하는 일은 작은 규모로 시작되었으나, 분명히 결과는 훨씬 커질 것이다. 이 열대 식물의 섬유소가 세계 전역에서 이루어지는 소나무나 유칼립투스 나무의 대량 재배라는 현재의 공급망 모델에 적합하지 않을지라도, 간단한 계산만으로도 놀라운 수치를 확인할 수 있다. 연 평균 1에이커당 15~30톤가량 사탕수수 섬유소를 생산할 수 있으며, 가장 성장이 빠른 소나무가 충분히 자라기까지 걸리는 시간인 7년 동안의 생산량을 계산해보면 이 기간 동안 100~200톤의 섬유소를 생산할 수 있다는 결과가 나온다. 섬유소만 본다면, 사탕수수 섬유소는 온대기후에서 재배된 나무의 섬유소 양을 쉽게 뛰어넘는다.

이제 어떻게 하면 성장 가능한 산업을 건설하면서 동시에 재생 가능한 방법으로 생산된 것을 활용할 수 있을지 알게 되었다. 높은 탄소 배출량이라는 비싼 대가를 치르면서도, 사탕수수에서 설탕만을 사용하고 남은 찌꺼기를 태워버리는 것은 낭비라는 현 산업의 논리에 대한 우리의 집착 때문이다. 또, 종이를 생산하기 위해 소나무에서 오직 섬유소만을 추출하고 나무 전체의 70~80퍼센트에 이르는 남은 부분을 그냥 버리는 것 역시 근시안적인 계산에서 나온 맹종이 아닐 수 없다. 이외에도 커피콩을 수확하면 전체 바이오매스의 99.8퍼센트라는 엄청난 양의 쓰레기가 버려진다. 미국의 도시 쓰레기에 대한 조사에 따르면 가정 쓰레기를 처리하기 위해 1달러가 소비될 때 농업, 산업, 제조업 등에서 배출된 산업 쓰레기를 처리하는 데 드는 비용은 70달러라고 한다!

우리가 다른 자연의 존재들처럼 생물학적 왕국에서 식량을 생산한다고 상상해보라. 식물에서 버섯, 버섯에서 동물, 동물에서 박테리아, 박테리아에서 조류로 이어지고 다시 반대로 각 서식환경의 특징에 따라 조합을 이루는, 에너지로 가득 채워진 왕국을 말이다. 자연계에서 필요한 유일한 에너지원은 누구든지 쉽게 무상으로 이용할 수 있는 빛과 중력뿐이다. 이제 재생 가능한 방법으로 양분을 순환생산 하고 식량과 거주지, 고용, 에너지, 원활한 현금 흐름을 창출하는, 건강한 모델에 기초한 새로운 경제의 여명이 조금씩 비추어지고 있다.

## 도시의 완벽한 시스템

순환생산 모델은 도시와 산업지역에서도 역시 효과적이다. 일본 기타큐슈 지역의 에코타운 연구개발 센터Eco-Town Research and Development Center는 한때 '죽음의 바다'로 불렸던, 도카이 만 끝에 위치한 오염된 매립지에서 나온 잔해로 지어졌다. 활발하게 움직이던 철강 산업 기지였던 기타큐슈 지역은 국제 경쟁으로 강철 가격이 하락하자 외면받게 되었다. 기타큐슈 시 정부는 중공업에서 환경산업으로 산업 구조를 바꾸는 데 주된 역할을 맡았다. 요시히토 시라이의 감독 아래, 히비키 매립 지역의 동쪽 부분 전체는 기타큐슈 에코타운 계획을 통해 환경 산업 및 최첨단 과학기술을 개발, 장려하는 센터로 탈바꿈하게 되었다. 매년 수천 명의 외국 연수생들과 지원자들이 최첨단 기술 3R(Reduce, Reuse, Recyle 절감, 재활용, 재생)을 연구하고 배우기

위해 에코타운을 찾는다. 그들은 고국으로 돌아가 새로운 사업을 시
작하고, 새로 익힌 노하우를 나눈다.

　분명 그 기회가 효과적이라면 정부와 재계 지도자들은 기회를 붙
잡아야 한다. 동시에 새로운 경제모델은 민간 차원의 비즈니스를 시
작하도록 장려해야 성공할 수 있을 것이다. 이를 통해 무시당하고 기
회조차 주어지지 않았던 사람들에게 영감을 주고, 잠들어 있던 사람
들을 깨우고, 사람들과 함께 일할 수 있는 기회를 제공할 수 있다. 세
상을 변화시킬 방법에 대한 핵심적인 인식의 변화를 가져올 수 있을
것이다. 젊은이들, 특히 각처에서 실업과 빈곤에 시달리는 이들을 깨
운다면, 선진국보다 훨씬 큰 경제적 효과를 거둘 수 있을 것이다. 현
재의 결핍의 구조는 그것을 견디어 내야 하는 사람들에게는 전혀 매
력이 없다. 만약 당신이 직업도 없고, 굶주리고, 착취당하고, 병들어
있다면, 당신에게 생계라는 단어는 더 이상 가벼운 화젯거리가 될 수
없다. 당장 사느냐 죽느냐가 문제이기 때문이다. 자연계의 방식을 모
방하는 것은 고용을 창출하는 동시에 생산성과 자원의 효율성을 높
일 수 있는 확실한 방법이다. 실직당한 나무라든가, 물고기, 버섯이란
말을 들어본 적이 있는가?

　어떻게 하면 우리 사회가 풍요를 성취할 수 있을까? 어떻게 끊임없
이 식량과 주거, 생계와 안녕을 위한 재생 가능한 에너지를 얻을 수
있을까? 자연의 생태계에서 발견되는 성공적인 방법들을 따름으로써
우리는 넓은 시야와 순환생산 하려는 의지, 전 지구적인 목표, 생물종

들의 관리자로서의 목적, 그리고 지속 가능성이라는 미래를 제시하는 모델을 선택할 수 있다. 이것이 참된 이코노미다. 이 패러다임의 풍부함을 붙잡기만 한다면, 마치 경제적 불안정이라는 잿더미에서 날아오르는 한 마리의 불사조처럼, 자연에서 힘과 영감을 얻은 블루 이코노미의 형상이 떠오르게 될 것이다.

# CHAPTER 3
# 자연의 자원 효율성

## THE BLUE ECONOMY

자연은 자신의 무늬를 짜는 데 가장 긴 실을 사용한다.
자연이 짠 작은 조각 하나하나는 자연 전체가 어떻게 구성되었는지 보여준다.
—리처드 파인만Richard Feynman

## 구조와 흐름

흐르는 물과 공기의 물리학에서, 또한 흰개미나 얼룩말, 나미브 사막 풍뎅이, 홍합 등 다양한 종이 완성한 단순하면서도 우아한 방법에서 우리는 쾌적한 실내 환경을 유지하기 위한 쉽고도 실제적인 방법을 배울 수 있다. 우리가 이 새로운 방법을 따른다면, 더 적은 에너지로 상상한 것보다 훨씬 더 건강한 환경을 만들어낼 수 있을 것이다. 심지어 현대 건축에 필수적이라고 생각했던 성분과 요소들을 제거할 수도 있을 것이다. 어떻게 이런 일들이 가능할까?

에너지 소비를 줄이기 위해 건물을 완전히 차단하면, 그 건물에는 자율 조절의 기회가 거의 주어지지 않는다. 건물 내의 사람들에게 쾌적한 환경을 제공하려면, 건물 전체에 적당한 양의 공기를 펌프질 해 올려야 한다. 하지만 폐쇄된 건물 안, 특히 지하실 안의 습도는 점점 높아진다. (습기를 머금은 공기는 더 무거워 아래로 이동하기 때문이다.) 침실은 덥고 건조한 공기로 가득 차게 되는데, 이런 공기는 호흡기에 부담을 준다. 또, 전자제품 사용으로 인해 쌓이는 대부분의 먼지입자는 정전기를 일으킨다. 적외선 차단 기능을 갖춘 3중 유리창 덕에 카펫은 진드기들에게 최고의 서식지가 되기 때문에 진드기들은 왕성하게 번식한다.

거미의 친척인 집먼지 진드기는 아주 미세한 생물이다. 이 작은 생물은 사람의 몸에서 떨어져 나온 각질을 먹고 산다. 집먼지 진드기는 습진이나 천식 같은 피부 및 호흡기 알레르기의 흔한 원인이다. 진드기를 제거하기 위해 사용하는 유독한 화학약품은 가구나 카펫 접착제 성분인 휘발성 유기화합물과 함께 폐쇄된 건물 내에서 몇 달씩 떠돌아다닌다. 우리가 상상했던 에너지 효율성이 높은 '생태적' 건물은 이런 것이 아니다. 일반 건물에 비해 이런 건물은 30퍼센트 정도 에너지를 절감할 수 있다. (사실, 모든 에너지는 태양전지만을 이용해서 얻어질 수 있다.) 하지만 비싼 화학약품 사용과 우리 몸의 면역체계에 주는 스트레스는 예상치 못했던 부작용이다. 반대로 우리와 비슷한 서식환경을 가진 다른 생물종들에 의해 수백만 년 동안 효과가 증명된 해결책에 따라 설계된 건물이라면, 어떠한 건물이 정말로 건강한 건물이며 건강한 건물의 시스템은 어떻게 작동되는지 그 차이를 분명히 보여줄 것이다. 건강한 건물을 통해 우리는 에너지 효율성뿐만 아니라 의료비 절감이라는 이중 효과를 거둘 수 있으며, 자본 투자의 위험은 줄고 투자에 대한 더 높은 수입을 보장받을 수 있다. 어떻게 그럴 수 있을까?

## 최고의 건축기술자, 흰개미

지구상에 등장한 최초의 농부들은 흰개미와 개미들이다. 1억 년 전, 흰개미들은 기후변화 속에서 생존할 방법을 찾아내야 했다. 그들은 살아남기 위해 온실과 유사한 경작시스템을 발전시켰다. 흰개미들은 서식지 내의 공기와 습도를 완벽하게 조절하는 방법을 완성시킴으로써 자신들의 주식인 진균들을 효과적으로 수확할 수 있게 되었다. 그들은 성공적으로 식량을 확보할 수 있었으며, 호모 사피엔스보다 훨씬 전에 수렵채집 동물에서 농경 동물로 진화했다.

흰개미들은 온도와, 습도, 기압을 완벽하게 조절하기 위해 물리학적 법칙을 따랐으며, 복잡한 수학을 적용하여 그들의 농법과 건축법을 완성시켰다. 흰개미들은 공기를 덥히고, 덥혀진 공기가 상승하면 그들이 고안한 굴뚝을 통해 빠져나가게 함으로써 서식지 아래쪽과 기압의 차이를 만든다. 주변 환경과 서식지는 땅 밑으로 난 터널들로 연결되어 있기 때문에 이러한 기압의 차이를 상쇄하기 위해 바깥 공기가 서식지 안으로 흘러 들어오게 된다. 이것은 "작용이 있으면 반드시 동일 수준의 반작용이 있다."는 뉴턴의 제3운동법칙을 정확히 실현하고 있다. 땅속 터널을 흐르는 공기의 온도는 깊은 땅속의 안정된 온도의 영향으로 거의 변화가 없기 때문에, 외부의 습도와 온도가 흰개미 온실로 들어오는 공기 중의 수분의 양을 결정한다. 흰개미들은 세계 어느 곳에서든 어떤 기후에서든, 그들의 주요 단백질 공급원인 균사체 재배에 알맞은 서식지를 건설하는 데 필요한 계산법과 건축기술을 가지고 있다.

1950년대 후반 스웨덴 건축가 벵트 와르네는 짐바브웨에서 흰개미를 관찰했다. 그는 《아카시아의 조건에 대하여Pa Akacians Villkor》라는 책에 흰개미 집을 묘사한 스케치를 실었다. 단순해 보이는 이 그림은 현대 건축에의 적용이라는 도전과제를 제시하고 있다. 이를 계기로 또한 명의 뛰어난 건축가 안데르스 나이퀴스트(와르네를 만나긴 했으나 그와 함께 일하지는 않았다)는 와르네의 통찰을 체계화하는 수학적 공식을 발전시켰고, 이를 현재의 자동기후조절장치를 대신할 모델에 적용했다.

나이퀴스트는 흰개미의 건축술에 대한 연구를 바탕으로 필요에 따라 온도 조절이 가능한, 에너지 절약형 건물을 설계할 수 있음을 깨달았다. 진정한 에너지 절약형 건물은 해로운 박테리아와 미생물들이 빠르게 증식하는 밀폐된 공간에 주민들을 밀어 넣지 않으면서도 쾌적한 환경을 제공할 수 있었다. 밀폐된 공간 안에서는 한 사람만 재채기를 해도 모든 사람이 감기에 걸린다. 이것이 우리가 에너지를 절약하는 목적은 아니지 않은가!

스웨덴 순드스발의 바로 외곽, 티므라에 위치한 라가르베르그 학교Laggarberg School는 나이퀴스트가 설계한 건물이다. 이 건물은 에너지 낭비나 복잡한 화학적 방법 없이도 열기를 막고 신선한 공기를 실내로 들여오는 흰개미들과, 인류 역사 속 고대문명의 천재적인 아이디어를 적용한 작품이다. 통풍구와 채널시스템을 통해 온도를 조절하고, 공기의 전도성을 활용하여 신선한 공기를 유지할 수 있었다.

흰개미들은 나무에 대한 엄청난 식욕 때문에 세계 전역에서 종종 제거의 대상이 되곤 하지만, 그들의 기술은 우리에게 많은 것을 가르쳐준다. 흰개미가 오랫동안 토양을 기름지게 했던 전통적 요인이라는 것을 고려한다면, 흰개미에 대해 악감을 가지기보다는 그들의 진가를 깨닫게 될 것이다. 사실 일반적으로 지구의 식물 중 15퍼센트는 흰개미의 주식인 진균류의 영양 공급원이 된다. 식물조각들이 분해되면서 흰개미들이 겨울을 따뜻하게 날 수 있는 열이 발생될 뿐 아니라 다가올 미래를 위해 땅속 깊숙한 곳까지 비옥하게 된다.

우리는 흰개미로부터 인위적인 냉난방 없이 건물 내의 공기를 끊임없이 신선하게 유지하는 방법을 배울 수 있다. 공기가 신선하면 숨이 막히도록 정체된 공기 속에서 서식하는 곰팡이나 미생물의 감염에 의한 질병인 '빌딩 증후군sick building syndrome'의 위험도 줄어든다. 흰개미의 세계에서는 이런 시스템이 습도를 조절하는데, 이를 통해 흰개미의 영양원이 되는 진균의 생산량이 결정된다. 흰개미의 공기 순환 시스템은 온도는 30도, 습도는 61퍼센트로 정확히 조정되며 변하지 않는다. 흰개미가 통제할 수 없는 단 한 가지는 물이다. 많은 비로 홍수가 나면, 흰개미 집 역시 침수될 수 있다. 이러한 환경적 스트레스는 흰개미버섯Termitomycis mushroom(사람에게도 맛있는 식품이 된다)에게 생존하기 위해서는 증식해야 한다는 신호가 된다. 이때 흰개미 여왕 역시 새로운 곳에서 다시 버섯을 재배하려면 포자를 자신의 입 속에 넣어 안전한 곳으로 옮겨야 한다는 것을 깨닫게 된다.

흰개미의 정교한 기술을 본뜬 고층 건물이 짐바브웨의 수도 하라레에 처음으로 지어진 것은 어떻게 보면 당연한 일이다. 1980년대 후

반 영국의 건축회사 아룹Arup이 설계한 이스트게이트 쇼핑앤드오피스센터Eastgate Shopping and Office Centre는 10층짜리 대형 건물로 오직 공기의 자연적 순환을 이용하여 냉난방을 조절한다. 이 혁신기술적 시스템의 경제학은 매우 설득력이 있다. 공기관空氣管을 위한 각층 사이의 공간을 없애고 같은 높이의 건물보다 한 층을 더 만들면 투자금액을 낮추고(이 경우 350만 달러 절감), 운영비용도 10~15퍼센트 절감하여 손익 분기점을 55~46퍼센트로 낮출 수 있다. 이러한 건설 프로젝트는 적은 자본금으로 임대인들에게는 보다 낮은 임대료를, 투자자들에게는 낮은 투자 위험과 고수익을 보장하기 때문에 은행들은 이런 프로젝트에 자금을 지원하려 한다. 고비용의 기계적 냉난방 방식 대신 공기 전도를 활용하면 건물 유지비용을 낮출 수 있으며, 이러한 지속 가능적 특징들도 투자자들을 끌어들이는 매력적인 요인이다.

## 다른 색 줄무늬

얼룩말은 표면 온도를 조절하면 단열의 필요성이 감소, 또는 아예 사라진다는 사실을 전 세계에 가르쳐주었다. 얼룩말의 흰 줄무늬와 검은 줄무늬의 상호작용은 공기의 흐름을 형성하는데, 이를 통해 표면 온도를 약 10도까지 낮출 수 있다. 이것은 학교에서 배우긴 했지만 실제적인 적용을 통해 이해하기 어려웠던 증류작용이라는 물리적 법칙을 보여주고 있다. 건축가들은 건물에 열을 반사하는 색깔인 흰색을 칠해 적당한 건물 온도를 유지하려 한다. 하지만 얼룩말은 건물들을 흰색과 검은색으로 칠해야 한다고 주장한다. 우리는 흰색은 태양빛을 반사하여 열기를 감소시키는 반면, 검은색은 태양빛을 흡수하고 표면 온도를 높인다는 사실을 익히 알고 있다. 따라서 흰 줄무늬 위의 공기 온도는 검은 줄무늬 위의 공기 온도보다 낮다. 검은 줄무늬 위의 덥혀진 공기는 위로 상승하면서, 아래쪽의 흰 줄무늬 위의 공기와 기압 차이를 발생시킨다. 이것이 아주 작은 공기 흐름을 형성하고, 기계적 통풍장치 없이 표면 온도를 낮춘다. 정말 현저한 온도 차이가 생겨날까? 그리고 상업적으로 개발될 수 있을까?

일본 센다이의 사무용 건물 다이와 하우스Daiwa House 역시 안데르스 나이퀴스트의 작품으로 검은색과 흰색의 상호작용을 이용했다. 건물 외부의 표면 온도를 조절하는 동시에, 표면에 칠해진 보색들 간의 상호작용으로 여름철 건물 내부의 온도는 약 5도가량 낮추어진다. 검은색과 흰색 표면이 일으키는 단순한 물리 효과로 내부 온도를 낮추고, 약 20퍼센트의 에너지 절감 효과를 거둘 수 있다. 비록 8도나 온도를 낮추는 얼룩말의 경우처럼 인상적이지는 않지만 얼룩말이 이 기술을 수천 수백 년에 걸쳐 익힌 것에 비하면, 인간은 겨우 몇 십 년 만에 이 기술을 이용하고 있다. 이러한 미세한 돌풍으로 인해 저기압과 고기압의 차이가 줄어든다. 내부를 밀폐하는 대신, 물리학적 상호작용을 활용하면 외부 열기를 제거하고, 건물 내부의 방화제로 사용되는 폴리우레탄이나 유리섬유의 수요를 줄일 수 있다. 사실 흰 줄무늬 밑에는 열을 차단하는 지방층이 필요 없기 때문에 지방층은 오직 얼룩말의 검은 줄무늬 밑에만 있다. 참으로 합리적이지 않은가? 자원을 낭비하지 않으며 매우 단순하다. 햇빛과 물리학의 법칙이 계속되는 한, 흰색과 검은색의 상호작용은 결코 멈추지 않을 것이다.

에너지 절약 방법으로 건축가들은 건물 내부와 지붕 아래에 열기나 냉기를 차단하는 단열재의 설치를 추천한다. 시공업자들은 건물 내부를 외부와 차단하기 위해 광물질을 포함하고 있거나, 높은 에너지 비용을 들여 가공된 폴리우레탄 화학제품, 또는 유리섬유를 주로 사용한다. 얼룩말은 예상 가능한 물리학의 법칙을 적용하면 외부로부터의 열기나 냉기를 줄일 수 있고, 따라서 화학제품과 고가의 냉난방 시설에 대한 수요도 줄일 수 있다는 것을 잘 보여주고 있다. 압력과 기압에 근거한 상호작용은 어떤 경우에도 부가 비용이나 노동을 요구하지 않는다. 이것은 물리학의 법칙에는 결코 예외가 없기 때문이다.

## 풍요의 사막

어두운 색깔과 긴 수명으로 유명한 사막 식물 웰위치아 미라빌리스*Welwitschia mirabilis*는 열기에 대항할 때, 흰색의 유용성은 그리 오래 가지 않는다는 것을 가르쳐준다. 최소 5천500만 년 동안 불모의 땅이었던 나미브 사막은 세계에서 가장 오래된 사막으로 추정된다. 다른 지역에서 우연히 사막 모래밭으로 뛰어든 메뚜기는 몇 분 내에 그을려 죽는다. 7년에 한 번 겨우 비가 내리는 이 극도로 메마른 환경에서, 웰위치아는 단지 생존하는 것만은 아니다. 이 식물은 약 2천 년, 또는 그 이상의 수명을 갖고 있는 것으로 추정되며, 지구상에서 가장 오래된 살아 있는 식물이라는 기록을 보유하고 있다. 웰위치아는 자신의 두 쪽 잎 위에 내린 이슬을 거의 완벽하게 흡수하는 동시에, 땅 밑 2미터 아래에 있는 수분까지 이용한다.

알다시피 표면색이 밝을수록 햇빛은 반사되고 열기는 흡수되지 않는다. 인간들은 시원한 온도를 좋아하지만, 사막이라는 환경에서 시원한 온도는 그다지 이롭지 않다. 사막에서는 시원한 것이 목적이 아니라 이슬점을 낮추어, 아주 적은 양의 습도라도 예상대로 정확하게 수집하는 것이 목적이다. 표면 온도가 낮을수록 이슬점은 높아지기 때문에 아침에 수확할 수 있는 수분의 양이 줄어들게 된다. 색깔이 어두울수록 높아지는 표면 온도에 비해 기온은 상대적으로 낮기 때문에 이슬점 역시 더 낮아진다. 따라서 열기를 내보낼 수 있는 식물과 풍뎅이를 제외한 다른 생물들은 낮 동안 더욱 많은 열기를 흡수하기 위해 노력한다. 이 사막 생태계의 생물들은 통기성과 전도성을 이용하여 열기를 감소시킴으로써 생존할 수 있다. 물리학적 원리를 생태학적으로 이용한 또 다른 예를 보여주고 있는 것이다.

나미브 사막에는 또한 지의류가 거대한 군집을 이루어 살아가고 있다. 지의류는 사실 식물이라기보다는 균류菌類와 조류藻類라는 두 유기체의 공생체나 합성체라고 할 수 있다. 지의류에서 균류는 우리의 몸과 같은 역할을 하는데, 지의류 전체를 위해 아침과 저녁에 발생되는 안개에서 수분을 거두어들이는 역할을 한다. 한편 조류는 광합성을 통해 생존에 필요한 영양분을 생산한다. 지의류의 균사체는 비록 세포 2개 정도의 두께이지만, 이 지역의 지의류는 단단한 바위까지 뚫을 수 있는 세상에서 가장 뛰어난 광부들이다.

"어떻게 이런 일이 가능할까?" 우리는 이런 질문을 던진다. 바위를 뚫기 위해 우리가 사용하는 방법은 알프레드 노벨이 개발한 다이너마이트라고 알려진 화학 반응이다. 다이너마이트는 지구 깊은 곳에서 광물을 캐기 위해 현재 사용하는 유일한 방법이다. 자연계가 물리학을 활용할 때, 인간은 화학에서 방법을 찾는다. 지의류는 다이너마이트를 사용하지 않는다. 사실 자연의 그 어떤 것도 이처럼 극단적이고 파괴적인 힘은 이용하지 않는다. 지의류의 균사체는 매우 미세하기 때문에 바위 결정체 사이의 작은 공간을 쉽게 통과한다. 그 와중에 마그네슘 분자가 발견되면, 표면으로 끌어올려 식물과 새 그리고 다른 동물들과 함께 나눈다. 덕분에 나미브 사막의 동식물들은 이 지역의 미묘한 환경에서 제대로 기능하는 데 필요한 미량 무기질을 섭취할 수 있게 된다. 온도와 습도 그리고 빛으로 구성된 환경 속에서 모든 생물들이 생존할 수 있는 것은 이와 같은 각 종의 공헌 때문이다.

## 인력과 반발력을 이용해 물 수집하기

오니마크리스 플라나Onymacris plana는 나미브 사막 토종 풍뎅이로 그냥 검은 것이 아니라 매우 짙은 검정색을 띤다. 풍뎅이는 열전도성을 이용해 이 지역 식물들보다 이슬점을 더욱 잘 관리한다. 그리고 여기에 또 다른 물리적 효과가 더해지는데 바로 극도의 공수증恐水症이다. 처음에 사막 풍뎅이가 물을 거부하는 듯한 모습은 마치 잠수함에 달린 자동차 와이퍼처럼 어울리지 않아 보였다. 그러나 영국의 과학자 앤드류 파커의 주의 깊은 연구를 통해 이 아이러니가 밝혀졌다. 매일 아침 태양이 수평선 위에 살짝 떠오르는 순간 아주 작은 이슬방울들이 형성되지만 풍뎅이의 날개나 식물들의 잎 표면은 물을 전혀 받아들이지 않는다. 그러나 이 흡수되지 않은 물방울들은 증발하기 전에 날개 위의 작은 돌기에 모아지는데, 이 돌기는 날개 표면과는 반대로 물을 매우 좋아한다. 이 공수성恐水性과 친수성親水性이 상호작용하는 날개를 이용하여 나미브 사막 풍뎅이는 매일 마실 물뿐만 아니라, 샤워까지 할 수 있을 정도의 충분한 물을 공급받는다. 흥미롭게도 수분과 온도를 조절하는 풍뎅이의 시스템은 일반적인 생각과는 정반대다. 검은색이 가장 뜨거운 기후 조건에서 생존을 위한 비결이 되고, 물을 흡수하지 않는 표면이 마실 물을 보장해주는 것이다.

## 정교한 접착제

도마뱀붙이(도마뱀붙이과의 파충류로 도마뱀과 비슷함 – 옮긴이)는 폭풍을 두려워하지 않는다. 그들은 표면이 축축하건 말랐건, 거칠건 부드럽건 간에 별 어려움 없이 표면에 달라붙어 어떤 것에서도 거의 꿈

쩍하지 않을 수 있다. 도마뱀붙이는 이를 최초로 과학적으로 증명한 네덜란드 물리학자의 이름을 따 '반데르발스van der Waals'라고 불리는, 인력과 반발력을 가진 분자 사이의 정전기력을 이용한다. 놀랍지 않은가! 기본적인 물리적 특성에 의해 물건들이 서로 달라붙는다! 언젠가는 도마뱀붙이의 분자간 인력 활용에 착안해 제작된 제품이 오래전 도꼬마리 씨앗의 갈고리에서 아이디어를 얻어 탄생한 '접착제 없이도 잘 붙는' 벨크로와 경쟁하게 될지도 모른다. 도마뱀붙이와 도꼬마리 씨앗이 접착력에 있어서 보다 정교하다고 할 수도 있지만 홍합의 경우도 만만치 않다. 도마뱀붙이와 도꼬마리는 물리학을 먼저 이용한다. 그들은 생물학을 이용해 원하는 능력을 발휘하는 세포를 성장시킨다. 그러나 홍합은 화학적 방법을 사용한다. 홍합이 화학적 해결책을 이용한다고 해서, 그 결과가 나쁘다는 뜻은 아니다. 사실 홍합이 제공하는 영감을 통해 그동안 화학 전문가들이 시판용 접착제를 위해 개발해 온 독성물질들을 대체할 수 있다.

홍합은 끊임없이 파도와 싸워야 한다. 그래서 홍합은 자신들을 바위에 부착시키기 위한 접착제를 개발했다. 그들이 만들어낸 접착제는 방수성이 뛰어난데다 탄력성까지 더해져, 가장 강력한 파도도 홍합을 바위에서 떼어낼 수 없을 정도다. 미국 오리건 주립대학Oregon State University의 카이창 리는 자신의 홍합 수지 연구 결과를 시판용 접착제에 적용했다. 그리고 이렇게 개발된 접착제를 컬럼비아 포레스트 프로덕츠Columbia Forest Products사는 나무 부스러기 합판 제작에 주로 사용되던 포름알데히드성 에폭시 대신 이용하고 있다. 포름알데히드를 건축자재 성분으로 이용하지 않으면, 실내 공기의 질은 훨씬 좋아진다. 시장 리더들이 유독한 화학제품 대신 자연의 아이디어를 제품에 적용하는 녹색화학을 이용한다면, 사업적 수익과 지속 가능성을 동시에 얻을 수 있다. 따라서 우리는 아무런 화학적 작용 없이 오직 물리적 힘만을 이용하는 도마뱀붙이와 도꼬마리 씨앗의 우아함을 찬탄하는 동시에, 우리의 집과 학교 그리고 사무실에서 독성을 제거할 방법을 가르쳐준 홍합에게도 경의를 표해야 한다.

## 재생 가능한 살충제, 소용돌이

자연계에서 화학약품을 쏟아부어 문제를 해결하는 경우는 없다. 물론 공격적인 독사나, 독개구리, 독거미, 치명적인 독버섯 등 일반에게 잘 알려진 생물학적 예외가 있기는 하다. 그러나 그들은 독을 대부분 같은 종이 아닌 다른 종에게 사용한다. 악명 높은 검은 과부 거미는, 생물학에서 언제나 발견되는 예외의 경우일 뿐이다. 돌연변이나 암을 일으킬 수 있는 화학성분에 의지하기 전에 자연의 생물들은 먼저 물리학적 힘을 이용한다. 인간은 생명이 있는 존재들, 특히 동물이나 식물들로부터 시詩를 위한 영감뿐만 아니라, 여러 기술들을 개발하기 위한 영감 역시 제공받고 있다. 하지만 자연 속의 생명이 없는 존재들도 우리와 함께 나누고자 하는 지혜들을 품고 있다.

강물이 어떻게 스스로를 정화하는지 생각해본 적이 있는가? 강물은 물리학과 두 종류의 서로 다른 박테리아를 활용한다. 강물의 풍부한 움직임은 물속에 끊임없이 소용돌이를 발생시킨다. 강물이 휘돌면서 소용돌이 중심부의 압력이 증가하고 여기서 발생하는 나노 단위의 작은 압력과 마찰로 인해 물속 박테리아의 세포막이 파열된다. 박테리아는 하류의 다른 생물들의 양분이 되기 위해 자신을 내어주는 것이다. 이렇게 잘 분해된 영양분이 산소 용해량이 높고 기포가 제거된 물과 만나면, 물속의 박테리아와 미세조류는 필요량 이상의 바이오매스를 빠르고 효율적으로 무기질화한다. 동시에 용해 산소가 높은 물이 산소가 없는 물이 되면서 해로운 호기성 박테리아가 생존할 수 없는 환경이 조성된다.

물은 단순히 중력의 법칙을 따를 뿐이지만 이 때문에 발생하는 소용돌이의 힘은 가장 인상적인 연구 사례 중 하나였다. 일직선으로 흐르는 강을 본 적이 있는가? 왜 강은 굽이굽이 흐르는 것일까? 이상하게도 현대 산업 기술자들은 모든 것을 직각의 모서리를 가진 일직선으로 디자인한다. 그러나 20세기의 유명한 화가이자, 디자이너, 건축가였던 빈 출신의 프리덴슈라이히 훈데르트바서Friedensreich Hundert-wasser는 언젠가 이렇게 천명했다. "경직된 직선은 인간성과 생명 그리고 다른 모든 창조활동과 근본적으로 상충된다."

오스트리아의 뛰어난 발명가이자 내파 기술의 창시자인 빅토르 샤우베르거Viktor Schauberger는 그의 이력 중 많은 부분을 삼림학자로 보냈다. 그는 강물이 만들어내는 수직적, 또는 수평적 소용돌이가 물속

입자들을 강바닥 중심부에 퇴적시키는 동시에, 강 둑의 바위와 돌들은 침식시킨다는 것을 알아냈다. 그의 혁신기술적인 초기 디자인 중 하나인, 굽이쳐 흐르는 강을 본떠 설계된 통나무 운송 시스템은 막힘이나 방해 없이 통나무를 쉽게 운반할 수 있다. 놀랍지 않은가! 일직선 모양의 운송 시스템은 막힘이 있지만, 굽은 것은 자연스럽게 흘러간다. 직선화된 강들에는 침전물이 쌓이지만 부드러운 곡선을 이루는 강은 신선하고 깨끗한 물을 공급한다.

스웨덴의 혁신기술적인 과학자 쿠르트 할베르그Curt Hallberg와 모르텐 오베슨Morten Oveson은 소용돌이의 힘을 예측할 수 있도록 비선형 수학적 모델을 고안했다. 소용돌이 기술의 발전으로 이제 우리는 환경을 오염시키는 화학적 방법 대신에 물리학적 해결책을 활용할 수 있게 되었다. 소용돌이 기술을 통한 잠재적 에너지 절감 효과와, 소용돌이의 기하학에 대한 이해가 높아지면서 제공되는 사업적, 사회적 기회는 엄청나다. 우리가 소용돌이 기술을 나미브 사막 풍뎅이에게서 빌려온 아이디어인, 공수성과 친수성 그리고 명암이 교차하는 옥상에 함께 적용할 수 있다면, 우리는 에너지와 원자재의 소비를 줄이는 동시에 건물 꼭대기에서 물을 생성할 수 있다. 이렇게 생성된 물은 중력의 법칙을 따라 옥상에서 건물 내로 흐르게 될 것이다. 또, 소용돌이 기술을 이용하면 10층에서 세탁에 사용한 더러운 물을 한두 층 아래에서 재활용할 수 있게 된다. 이 방법을 활용하면 물 낭비를 5배에서 10배까지 줄일 수 있다.

스웨덴의 선구적 기업 와트레코Watreco사는 특허받은 소용돌이 처리 기술Vortex Process Technology®로 물에서 기포를 제거하는 장치를 제작한다. 이 장치는 얼음을 대량 생산하고 유지하는 데 매우 도움이 된다. 얼음을 제조할 때 물과 물속 기포가 동시에 언다. 아이스 하키장이나 아이스링크에서 볼 수 있듯이 공기가 절연체의 역할을 하기 때문에 물을 얼리고 유지하는 데 필요한 에너지량은 물속의 공기 함량에 의해 결정된다. 소용돌이 기술로 공기를 제거하면 에너지 절약(오하이오 주립대학 실험에 따르면 43퍼센트까지 절약이 가능하다)이라는 긍정적 효과를 얻을 수 있다. 이 기술은 비용을 절감할 뿐 아니라 연간 10만 킬로와트시에 달하는 전력을 소비하며 생기는 온실 가스를 제거함으로써, 기후변화를 개선하는 효과도 가져다준다.

그러나 사업적 관점에서 정말로 대단한 것은, 소용돌이 기술로 생산된 얼음은 유리처럼 투명하기 때문에 얼음 밑에 부착된 광고가 매우 잘 보인다는 것이다. 기포가 완벽한 얼음 결정을 방해하기 때문에 하키선수들의 무게가 더해지면, 얼음에 쉽게 금이 간다. 하지만 공기가 제거되면, 얼음은 종횡으로 움직이는 선수들의 무게 아래서도 여전히 투명함을 유지할 수 있다. 빠듯한 예산으로 광고를 해야 하는 광고주들은 스포츠 방송에서 선명히 보이는 자신들의 로고가 갖는 부가이익을 분명히 깨닫게 될 것이며, 기꺼이 광고비를 부담하려 할 것이다. 광고를 통해 얻게 되는 부가적 수입은 에너지 절감으로 얻게 되는 것보다 몇 배나 높으며, 다양한 측면에서 그 가치를 측정할 수 있다. 얼음을 투명하게 하는 소용돌이 기술을 이용하면 세계 전역의 많은 소형 아이스 링크들은 대형 하키 리그 스폰서 회사들과의 광고 계약을 통해 높은 부가 수입을 올릴 수 있고, 지역 정부의 예산 압박도 줄어들게 될 것이다. 우습게도 콜로라도 텔루라이드 시 소유의 아이스 링크는 수도 처리 시설 다음으로 시에서 에너지를 가장 많이 소비하는 시설이다. 이 기술이 갖는 절약과 이익 창출의 가능성을 재빨리 깨달은 스웨덴의 말모시는 소용돌이 기술로 얼음을 제작하는 완벽한 시스템을 설치했다. 프랑스 남자 하키 국가대표팀 감독 데이비드 헨더슨은 "기량이 뛰어난 선수들은 한결같이 얼음의 질이 단단함과 내구성 면에서 전보다 훨씬 좋아졌다고 칭찬하고 있으며, 얼음의 투명도가 높아 스폰서들의 광고 역시 훨씬 잘 보인다."고 보고했다.

이러한 물리적 추가 효과로 인한 엄청난 가치 창출은 투자비용을 훨씬 능가한다. 오히려 에너지 절감 효과가 부가적 이익으로 보일 정도다. 이 단순한 기술로 언뜻 보기에는 공기나 에너지, 얼음과 아무 상관없는 듯했던 광고계에서 새롭게 경쟁우위를 차지할 수 있었다. 전 세계에 약 1만 6천 개의 인공 아이스 링크가 있는 것으로 추정된다. 이 기술을 적용하면, 총 전기 절감액은 연간 최대 2억 달러에 이른다. 하지만 첫해 절감액이 투자비용을 훨씬 웃돌 것이라는 점이 이보다 더 좋은 소식이다.

# 화재와 연기를 피하기 위한 자연의 방법

한때 석면은 자연적으로 발생하는 무기섬유로 여겨졌는데, 연소되지 않는다는 독특한 성질 때문에 지붕 재료와 단열재로 많이 이용되었다. 하지만 불행히도 석면은 발암물질로 밝혀졌다. 석면이 암을 일으킨다는 것은 이미 오래전에 과학적, 의학적 연구를 통해 명백히 밝혀졌는데도 불구하고 여전히 시장에서 유통되고 있다. 그것보다 더 역설적인 것은 지속 가능성에 대한 앞선 정책을 자랑스럽게 내세우는 캐나다 같은 나라에서 21세기에 여전히 노천광에서 석면을 채굴할 수 있도록 허용한다는 점이다.

유럽과 미국 모두 석면의 사용을 엄격히 금지하고 있다. 기업들은 수십억 원을 들여서야 겨우 석면 피해자들과 합의를 볼 수 있었고, 그들에게는 이제 더 이상 석면을 사용하고 싶은 생각초자 없다. 그러나 동전에는 언제나 양면이 있음을 기억해야 한다. 세계 전역에서는 아동복, 자동차 좌석, 실내용 옷감, 비행기, 사무용 가구 등 많은 제품에 방화제와 내연제를 포함시키도록 법으로 정해놓았다. 담배꽁초나 촛불로 인한 화재의 위험성을 낮추기 위해 브롬과 할로겐으로 만든 화학제가 개발되었다. 이런 화학제품의 효과는 확실하다. 하지만 한 가지 불편한 사실은 이것들 역시 암을 유발하는 물질로 추정된다는 점이다. 더욱이 북극의 포유동물들의 지방세포, 특히 생식기관에 방화제 성분이 축적되고 있다. 이를 볼 때 이러한 화학성분이 북극에 도달하는 경로가 있다는 것에는 아무도 이의가 없을 것이다. 하지만 이 성분들이 어떻게 북극에 도달하는지에 대해서는 아무도 설명할 수 없다. 때문에 브롬과 할로겐으로 만들어진 제품과 이 현상과의 관계를 증명할 수도 없다. 그 결과 누구에게도 법적 책임이 가해지지 않는다. 그리고 제조사들은 계속해서 이런 제품을 제조, 판매할 것이다. 소비자들이 브롬과 할로겐을 매립 또는 소각함으로써 발생하는 재앙을 계속해서 눈감아줄까? 과학자들은 북극곰이 기후변화로 인한 서식처의 파괴가 아닌, 화학성분으로 인한 불임 때문에 더 빨리 멸종할 수 있다고 생각한다. 인으로 만든 방화제 등 몇몇 대체상품이 시장에 소개되긴 했으나, 제조업체들은 브롬을 대체할 수 있을 만큼 효과적인 제품은 없다고 주장하고 있다.

스웨덴 기업 트룰슈테크 이노베이션Trulstech Innovation의 연구원이자 과학자인 매츠 닐슨Mats Nilsson은 식품에서 얻은 천연의 풍부한 재료로 만들 수 있는 젤과 파우더의 포트폴리오를 작성했다. 그가 '분자성 열 흡수제Molecular Heat Eaters' 라고 부르는 이 성분은 매우 설득력이 있다. 우리의 몸은 열과 산소를 조절하는 독특한 능력을 갖고 있다. 만약 열기가 연료와 떨어져 있거나, 산소가 이산화탄소로 바뀌면 화재의 위험은 사라진다. 화학 전공 학생들은 대부분 크레브스 회로Krebs Cycle라는 이름으로 이 원리를 배운다. 분자성 열 흡수제는 우리 몸에 부정적인 영향을 끼치는 발암성 화학제품을 적당한 가격의 풍부한 천연재료 제품으로 대체할 수 있는 매우 가치 있는 물질이다. 닐슨의 방화, 내연제가 갖는 경쟁우위를 생각해보라. 이제 더 이상 화재로 당장 죽을 것인지 암으로 천천히 죽을 것인지 선택하지 않아도 된다. 생명을 파괴하는 제품을 생명을 기르는 제품으로 대체할 수 있는 것이다. 닐슨의 발명품에 사용되는 생화학물질은 와인 생산과정의 부산물인 포도 찌꺼기나 주스를 생산할 때 나오는 감귤류 과일의 껍질에서 추출할 수 있다.

이러한 제품들은 블루이코노미 모델의 장점을 명료히 설명하고 있다. 닐슨의 기술의 가장 아름다운 점은 이 기술이 엄청난 생태적 위협을 해결할 잠재력을 갖고 있다는 것이다. 캘리포니아나 콜로라도 지역에 산불이 발생하면, 미국 산림청은 비행기로 재빨리 화학약품을 살포한다. 이제 우리는 지역 생태계에 해를 끼치지 않으면서도 방화 효과는 뛰어난 천연 성분으로 인을 대신해 사용할 수 있다.

장래에는 이 기술을 광산 내의 폭발 위험을 제거하는 데 활용할 수도 있을 것이다. 자연적으로 발생하는 극도로 응축된 메탄 가스가 가득한 광도에서 채광 도구로 바위를 때리면 이때 발생하는 불꽃으로 인해 땅속에서 엄청난 참사가 벌어질 수도 있다. 현재의 채광 도구는 불꽃 방지를 위해 값비싼 니켈과 코발트 합금으로 만들어진다. 이미 설치되어 있는 환기구를 이용하여 광산 내에 천연 방화제를 살포하면, 불꽃 발생을 억제하여 폭발을 미연에 방지할 수 있다. 또, 부가적으로 니켈과 코발트 수요를 줄이고, 고성능의 금속을 얻기 위한 고비용의 과정도 함께 줄어들 것이다.

응용 물리학과 물리화학, 화학 그리고 생물학의 영역에서 이루어진 이러한 발전들을 보고 있노라면 우리는 자연으로부터 영감을 받은 혁신기술들이 새로운 경제를 형성하고 있다는 사실을 믿을 수 있다. 유엔 환경 프로그램의 아킴 슈타이너 사무총장은 최근의 인터뷰에서 "많은 기술들이 상업적으로 이용되고 있습니다. 우리는 이제 더 이상 이론에 관해 떠들지 않습니다. 이것은 실제 세계와 실제 시장에서 실제로 일어나는 일입니다."라고 분명히 말했다.

## 지속 가능성의 문제를 해결하다

오늘날 물리학 강의실에서 물리학의 이론 및 법칙과 우리의 생산, 소비, 생존 패턴의 기본 조건간의 불가분의 관계는 그다지 주목받지 못한다. 그러나 압력이나 기온, 수분 함량의 미세한 차이를 이용하면 뛰어난 상품과 공정이 가능함을 알려주는 물리학의 기초는 계속해서 연구되고 있다. 이렇게 탄생한 상품과 공정은 우아함과 단순성, 효과 면에서 유전자 조작보다 훨씬 뛰어나다. 생명의 자연스러운 생태를 조작하기보다는 자연이 물리학을 활용하는 방법에서 영감을 얻을 수 있다.

가정에서, 지역에서 그리고 전 지구에서 우리가 직면하고 있는 복잡한 문제를 단번에 빨리 풀 수 있는 해법은 없다. 성공적인 미래 산업에서는 혁신기술적인 해결책에 대한 영감을 얻기 위해 과학의 기초를 다시 검증하고, 화학보다는 물리학을 가장 먼저 적용할 것이다. 물리학이 규정한 결과를 예측하는 기저의 동력과 시스템의 조건들을 고려한다면, 우리는 오늘날 우리의 삶을 지배하고 있는 인간의 화학과 자연의 화학이 왜 그렇게 다른지 그 이유를 깨닫게 될 것이다. 자연의 생산물과 과정 속의 몇몇 분자들이 물리학을 최대한 이용할 수 있는 방법을 보여주고 있다. 도마뱀붙이와 홍합은 서로 다른 두 종류의 접착 시스템을 보여준다. 두 시스템 모두 분명한 물리학의 범위 내에서 실행되고 있다. 우리가 더욱 자세히 관찰한다면, 우리의 중요한 목표인 녹색화학과 심지어 지속 가능한 생태학 모두를 결정하는 동력을 포착할 수 있을 것이다. 블루이코노미는 가능한 한 물리학을 따른다. 하지만 시장 리더들은 이렇게 생소한 접근법을 원하지 않는다.

이것이 바로 경제위기의 시대에 우리가 추구해야 할 논리이다. 자연은 우리에게 그것이 전통적 화학이든 녹색화학이든 간에 화학을 이용하는 대신 근절하는 방법을 보여준다. 녹색화학과 지속 가능한 화학은 선진국 정부의 기나긴 허가 기간을 버틸 만한 자금과 교섭력이 필요하다는 단점이 있다. 이러한 단점이 경제위기 상황에서 필수적으로 요구되는 비즈니스의 빠른 변화를 방해한다. 자연의 성과를 관찰하고 적용함으로써 얻어진 영감들이 우리 앞에 드디어 그 모습을 드러내고 있는 이때, 경쟁적인 시장경제 체제 속에서 우리는 신속하게 규정을 처리하도록 촉구해야 할 것이다.

이러한 혁신기술이 건물 설계 분야에 끼칠 영향을 상상해보라. 100

가지의 목록 중에 거의 50여 가지가 집과 사무실 그리고 공장에서 이용될 수 있는 것들이다. 이러한 기술들을 적용한 건물들은 무엇보다도 건물 입주자를 위해 보다 건강한 환경을 제공한다. 또 다른 장점은 프랑스의 장 노엘 상트 퐁피두Jean Noel' s Centre Pompidou 빌딩이 보여주듯, 이런 건물을 경험한 모든 사람들이 우리가 실제로 물리학의 법칙을 얼마나 우아하게 적용할 수 있는지 볼 수 있다는 것이다. 블루이코노미의 원리를 적용하면, 예전처럼 재생 불가능한 자원을 거의 사용하지 않고도 더 적은 투자와 비용으로 이 일을 이룰 수 있다.

블루이코노미는 효율성과 투자에 대한 높은 이익 그 이상이다. 우리가 필요하다고 여기는 것 중 많은 것은 실제로는 전혀 필요 없으며, 오늘날 흔히 사용되는 것보다 훨씬 뛰어나고 간단한 상품과 방법으로 대체할 수 있다. 이러한 대안들은 우리 경제를 축소하는 것이 아니라, 원자재와 통화를 자유롭게 함으로써 경제를 더욱 견실하게 한다. 어려운 문제들에 대해 지구상의 많은 종들은 이미 실제적인 해결책들을 밝혀놓았다. 이러한 해결책에 기반을 둔 혁신기술들을 통해 우리는 경쟁력 있는 모델이란 과연 무엇인지 다시 정의할 수 있다. 우리가 기업가들에게 힘과 우선권을 부여하면서 많은 문제들이 발생했다. 그러나 이러한 혁신기술들을 통해 우리는 지속 가능성이라는 문제의 대부분을 해결할 수 있을 것이다. 이 책에서 설명하는 첫 번째 예들은 쉽게 이용할 수 있는 것으로 음식, 의료, 주택, 에너지 같은, 모두의 기본적 필요에 부응할 수 있도록 우리의 능력을 강화하는 방법을 보여준다. 또, 이를 통해 하나부터 열까지 모든 것을 일반에게 공개하는 블루이코노미를 만들어 나가고 있다.

이슬점 관리부터 색의 상호작용, 열 전도성, 그리고 공수성과 친수성에 이르기까지 이 장에서 나눈 몇 가지 통찰들은 새로운 사고의 패턴으로 우리를 인도한다. 가옥이나 빌딩의 디자인은 이제 더 이상 에너지 절약에 관한 것을 다루지 않는다. 그것은 이제 폴리우레탄 같은 낡은 아이디어를 단순한 단열 이상의 새로운 아이디어로 전환하는 참신한 접근법이다. 그간 더 많은 소비와 투자가 경제 성장을 유도했다. 하지만 이제 오히려 소비의 감소가 경제를 자극할 것이다.

그리고 유有를 무無로 대체하게 될 것이다. 이것이 바로 도래하고 있는 블루이코노미의 기조색을 결정하는 요인이다.

# CHAPTER 4
# 시장 리더들을 위한 길

## THE BLUE ECONOMY

오늘날 우리는 '산업 자본주의'라는 일시적 광란에 빠져 있다.
우리는 아무 생각 없이 자연세계와 기능적인 사회라는 자본의 가장 중요한
두 가지 원천에서 빚을 얻어 쓰고 있다. 현명한 자본주의자라면
누구도 이런 짓을 하지 않을 것이다.

―아모리 로빈스Amory Lovins

## 도토리에서 떡갈나무로

'녹색 기술'은 현재 성장 가도에 있다. 하지만 녹색 기술에 대한 벤처 캐피털 펀드venture capital funds는 10년 전 5억 달러도 되지 않는 투자금을 바탕으로 조심스레 시작되었다. 전 세계적인 불경기와 유동자산의 약화라는 부정적 영향에도 불구하고 펀드는 녹색 기술 개발 사업에 2008년 84억 달러의 투자금을 쏟아붓고 있다. 이 책에서 소개하고 있는 100가지 혁신기술들은 현재까지 2만여 개의 일자리를 창출한 것으로 나타났다. 상당히 고무적인 결과인 것은 사실이다. 하지만 전 세계적으로 10억 개의 일자리를 필요로 하는 현재 상황에 비하면, 너무 적은 성과라 하지 않을 수 없다. 파산 직전 상태에 놓인 기업과 금융기관에 대한 구제금융으로 돈이 물 새듯 빠져나가고 있는 이때, 이 체계적인 목록에 오른 혁신기술들에 투자한다면, 당장 도움이 급박한 세계경제에 촉매반응을 일으킬 수 있을 것이다. 블루이코노미의 기본적 원리만 알고 있다면 사업 경험이 전혀 없어도 성공적인 사업 기회를 잡을 수 있다. 적은 비용과 에너지만으로도 새로운 사업을 시작할 수 있다. 또, 새로운 사업이 다각적 수입 기회를 보장하고 있다면 초기 자본금이나 아주 적은 투자금만으로도 충분히 성공할 수 있다.

위기는 혁신기술에 요구되는 특별한 형태의 자유를 가져온다. 또, 기본적 필요도 채워지지 않는 곳에서 신속하게 실행할 수 있는 기회의 창을 제공한다. 반면 위기가 없는 곳에서는 실행할 동기도, 성공할 수 있는 기회도 발생하지 않는다. 우리가 주목하고 있는 신규 사업들이 바로 우리 경제의 방향을 바꿀 수 있는 유일한 기회일지도 모른다. 도시, 시골, 교외지역, 동서남북 어느 곳이든, 지난 200년간의 산업 발전이 성취한 것보다 우리의 경제적 필요에 더 잘 부응하는 혁신기술들과 비즈니스 모델들을 도입할 수 있다.

  세계 금융위기로 인해 2008년 11~12월 동안에만 개발도상국에서 5천만 개의 일자리가 사라진 것으로 추정된다. 금융위기가 계속되면 2억 명의 사람들이 극도의 빈곤상태로 내몰릴 것이다. 국제노동기구 International Labor Organization 는 '직업은 있지만 가난한 사람들'이 14억에 이르고, 개발도상국들의 노동자들 중 절반이 이런 사람들이라고 보고했다. 이런 아이러니를 어떻게 그저 모른 체 하겠는가? 이 같은 인간 잠재력의 상실을 계속 견딜 수 있겠는가? 이러한 절박감으로 우리는 많은 이들의 삶을 변화시킬 해결책에 주목한다. 생계수단을 확보한다는 것은 개개인이 가족들을 위한 음식과 쉴 곳, 안락함을 얻고 자신의 노동을 통해 품위와 만족을 경험한다는 뜻이다. 자양분을 순환 생산 하는 자연의 방식을 모방한 혁신기술들은 보다 많은 다양성을 통해 번성하는 더욱 위대하고 풍요로운 미래로 우리를 초청하고 있다. 이런 미래에서 창출 가능한 잠재 고용의 수는 수천 수백만에 달한다.

# 새로운 가능성, 새로운 시각

세계를 뒤흔들었던 최근의 경제적 격변을 자연의 화산폭발이나 토네이도와 비교할 수도 있다. 하지만 자연재해가 심각한 파괴와 비극적인 인명 참사를 불러오긴 하지만, 이러한 극단의 상황들은 다시 정상적인 상태로 회복된다. 자연재해들은 법칙을 뒷받침하는 예외이다. 이러한 예외들은 전체 시스템에 엄청난 스트레스를 가한다. 하지만 동시에 새로운 가능성을 열어주고 전에는 명확하지 않았던 해결책들을 분명히 보여준다.

경제적 관점에서 볼 때 아주 기본적인 단계에서 파괴가 일어나면, 완전히 새로운 시장이 형성된다. 이제 현재의 비즈니스 모델에서는 거의 얻을 것이 없기 때문에 자연의 순환생산을 모방하고 물리학의 법칙을 활용하는 혁신기술들은 드디어 성공의 기회를 갖게 된다. 이런 혁신기술들은 현재의 비즈니스 모델과 동일한 규칙하에서 경쟁하지 않는다. 건전지를 건전지로 대체하지 않는다. 의료기기, 수술, 의약품 등은 모두 '그중 어떤 것'으로도 대체되지 않을 것이다. 끊임없이 쓰레기를 처리하려고 노력하는 대신, '생산 찌꺼기'는 서로 전혀 연관성이 없는 사업들로 이루어진 핵심 사업이 창출했던 것보다 훨씬 더 많은 소득을 발생시키는데 활용될 것이다. 사실 최근 역사의 어느 때보다 바로 지금 결단해야 하는 이유가 여기에 있다. 우리는 수백만의 일자리를 창출하는 동시에 부족과 오염, 쓰레기로부터 벗어날 수 있다. 수많은 나라의 수천 명의 사람들이 직관적으로 이 원칙을 붙잡고 그들 앞에 놓인 기회를 실현할 것이다. 그들의 과업은 양분을 순환생산 하고, 다른 이들의 성과와 자신의 성과를 결합하여 더욱 많은 사람들에게 기회를 제공하는 것이다. 근본에서부터 출발하는 이러한 접근법은 자연의 순환생산 모델을 모방한다. 혁신기술들은 기준이 되며, 해결책들은 진짜다. 혁신기술들은 벤치마킹된 것이며, 해결책들은 실현 가능하다.

이러한 기회들은 재생 불가능한 자원의 사용은 곧 기업의 약점이라는 현실과 연결되어 있다. 심지어 유독물질을 사용하는 것은 더 커다란 약점이 된다. 핵심 사업의 정의에 포함된 것이 아니라고 해서 그런 자원들을 이용하지 않거나 심지어 파괴하면, 기회를 상실하고 더욱 심각한 약점 속으로 빠져든다. 수천 명의 직원들을 해고하면서 고객들의 충성을 기대할 수 있겠는가? 변화를 거부하고 약해진 사업을 일으키기 위해 정부의 구제금을 받는 것은 또 다른 종류의 에너지 낭비일 뿐이다. 이런 것들은 불신을 낳고 장기적인 성공을 보장해주지 못한다.

지난 20년간, 탁월하고 언변이 유창한 학자들과 교수들, 지도자들이 이 책에서 설명하고 있는 혁신기술들 중 많은 부분에 대해 강의했다. 다양한 연구자들과 명성이 높은 사람들의 소개로 자연의 혁신기술들이 전 세계적으로 시도되고 있다. 명석하고 열정적인 많은 연구자들과 기술자들이 이 분야를 성장시키고 이익을 창출하기 위해 노력해 왔다. 자연 기술에 대한 국제적 인식이 높아지자, 지속 가능성으로 비즈니스의 방향을 전환할 혁신기술들에 대한 연구 자금이 할당되었다. 언론들은 이러한 혁신기술들을 멋진 사진과 영상을 포함한 한 편의 이야기로 소개했다. 텔레비전을 시청한 많은 사람들은 인간이 상상도 못했던 동식물의 환상적인 능력을 보고 그들의 다음 행보를 무척 기대하고 있다.

하지만 기업의 최고 경영진들은 여전히 요지부동이다. 주로 독일과 일본의 몇 가지 사례를 제외하면, 이 기술들 중 어느 것도 채택되거나 시도되지 않았다. 업계는 가능성들에 대해 입에 발린 말조차 하지 않았으며, 제안들에 대해 거의 답도 하지 않았다. 업계 최고 경영자들이 이 놀라운 기회들의 요점을 설명하는, 기대로 가득한 설명회에 참석하지 않은 것은 아니다. 그러나 그들은 자기 사무실로 돌아가 예전과 똑같은 사업을 계속하고 있다. 2008년 1월 뉴욕에서 열린 '앨고어 부통령의 기후변화 해결을 위한 전문가 토론회'에서 벤처 자금이 아무리 자연 기술로 향하고 있다지만 여기서 제안된 혁신기술들은 "너무 다르기 때문에 실현하기 어렵다."는 말을 흔히들 했다. 이런 말들이 진실일지도 모른다. 이 혁신기술들을 위해서는 현재의 비즈니스 모델을 근본적으로 전환해야 하는데, 그런 전환을 꺼리거나 도입할 수 없는 비즈니스 전문가들이 이 새로운 접근법들에 대해 이해하거나 공감하는 것은 거의 불가능하기 때문이다.

만약 오랫동안 진화해 온 자연의 해결책에서 영감받은 새로운 경제 모델을 정말로 설계하고자 한다면, 다만 강의에 참석하고, 보고서를 읽고, 화려한 다큐멘터리를 보고, 연관성을 생각하는 것만으로는 부족하다. 말에서 행동으로 넘어가기 위해서는 반드시 넘어야 할 장애가 있다. 장애를 극복하는 비결은 개방경제라는 상황에서 이 혁신 기술들이 경쟁적, 전략적 우위를 점하는 것이다. 경쟁이 치열한 환경 속에서 정력적인 사업가들이 단순한 발견에서 과학의 이해로 가는 길과, 현재의 병들고 지속 가능성 없는 생산과 소비의 모델을 더 나은 어떤 것으로 대체할 수 있는 길을 모색한다면 장애를 극복할 수 있다.

어떻게 하면 현재의 사회, 경제적 침체를 바꿀 수 있을까? 어떻게 개선이 절실한 우리의 현 경제 시스템을 생명을 촉진하고, 회복력을 강화하고, 이용 가능한 것을 활용하고, 지속 가능성의 습관을 들이고, 물리학의 법칙을 따르고, 수많은 배움의 기회를 제공하고, 변화하는 상황에 적응하고, 기본적 필요에 부응하고, 공동체를 세우고, 이기심을 넘어선 책임감을 심어주고, 고용을 창출하고, 다양한 수입원을 형성하고, 임무를 주는 시스템으로 전환할 수 있을까? 우리는 우리가 저지른 실수들을 우리의 아이들도 똑같이 저지르게 만들 위험에 직면해 있다. 전쟁을 일으키고, 인권을 침해하고, 지구 다른 곳에서는 기아와 빈곤이 극에 달했는데도 갈 바를 모르고 손을 놓고 있다. 우리는 자유를 증진하고, 자유의 개념을 전환하고 재정립하며, 정당하고 공정하며, 안정적인 해결책을 찾도록 고무해야 한다. 우리 아이들이 맨해튼의 호화로운 유치원에 다니는 깨끗한 얼굴의 아이들이건, 에콰도르 빈민가에서 검댕과 고생으로 얼룩진 얼굴을 한 아이들이건

간에, 새로운 세대는 현재 그들을 둘러싼 살아 있는 기회에 쉽게 고무될 것이다. 왜 우리의 비즈니스 리더들이 놓치고 있는 것일까? 경제 시스템의 전환을 통해 하나의 사회로써 끝없이 소비하고 자원을 낭비하는 우리의 행태를 극복할 수 있을 것이다. 하지만 우리에게 우리의 경제 시스템을 전환하는 데 필요한 기업가들이 충분히 있는가?

우리 앞에 놓인 풍요로운 혁신기술은 분명 변화의 필요가 급박한 현 경제에 변화를 위한 원동력을 제공하고 있다. 부족 현상이 없는 경제를 상상해보라. 풍요로운 경제로 진화하는 경제를 상상해보라. 바로 위기의 순간이 우리를 풍요로 이끄는 촉매제가 되고, 혁신기술을 고무하는 창조적 방법들이 끊임없이 실현되도록 자극하는 경제 말이다. 부모가 이룩한 것보다 더 위대한, 아니 상상을 뛰어넘는 성공을 이룰 수 있도록 새로운 세대를 격려하는 경제를 상상해보라.

## 상자 밖으로 나오기

보다 폭넓고 강력한 사회적 임무를 띤 혁신기술적 비즈니스 조직들에게 가장 매력적인 것은 순환생산 모델을 적용하는 것이다. 따라서 새로운 경제는 고용을 창출하기 위해 19~20세기 동안 높은 노동생산성을 불러왔던 시간 동작 연구time and motion studies(생산성을 높이기 위해 불필요한 동작을 없애는 연구 - 옮긴이)에 기초하지 않을 것이다. 새로운 고용 창출의 기회는 '사람'에 의한 제조'manu' -facture가 아닌

'생태'에 의한 제조'eco'-facture에서 기인하게 될 것이다. 새롭게 떠오르는 산업들은 자연이 따르는 물리학의 법칙을 똑같이 따르게 될 것이다.

해로운 화학제품들, 제련된 금속들, 그 외 환경을 오염시키고 재생 불가능한 원자재들은 중력, 압력 그리고 온도라는 간단한 물리적 요소들을 이용한 해결책으로 대체될 것이다. 생태 제조를 통해 에너지 집중도가 높고 유독한 과정들은 자연의 압력의 변화와 다른 물리적 원리를 이용하고 주변의 온도에서 생산하는 제조과정으로 대체될 것이다. 쓰레기는 자원이 될 것이다. 지역적으로 이용 가능한 자원들은 가장 중요한 자원 중 하나가 될 것이다. 시장 표준은 바뀔 것이며, 그저 현상 유지를 위해 새로운 수익원을 받아들이지 않는 정체된 비즈니스 규범들보다 창조적인 아이디어가 우위를 차지할 것이다.

오늘날 많은 기업들은 여전히 기존 경영학의 교리 아래에 있다. 그들은 '상자 밖으로 나오기'를 장려하지 않는다. 이 모델은 아래에 요약한 5가지 경영 원칙을 고수한다. 이 원칙들은 사실 진보에 방해가 될 뿐 아니라, 우리 시대의 절실한 필요에 부응할 방법을 보유한 경제 모델에 정반대되는 것일 수도 있다. 우리의 과제는 단지 상자 밖으로 나오는 것뿐만 아니라, 예전의 한계들을 새로운 기회로 만들며 이 경영 원칙들과 협력해 나갈 방법을 찾는 것이다.

혼다 모터 컴퍼니의 창립자 소이치로 혼다 씨는 오래전 오토바이

제조업체에서 자동차 생산업체로 진화하려 할 때, 자신의 회사와 경쟁업체의 강점과 약점을 분석한 적이 있었냐는 질문을 받았다. 그는 이 질문에 "우리 팀이 비즈니스 분석을 했다면, 우리는 결코 자동차 사업에 뛰어드는 모험은 하지 않았을 겁니다."라고 대답했다. 그리고 그는 "나는 단지 세계 유수의 자동차 생산업체의 약점을 기술한 목록만을 작성했습니다. 그리고 그것은 꽤 길었지요."라고 재빨리 덧붙였다.

## 경영 원칙 1 기업 전략에 따라 정의되는 핵심사업

경영대학 졸업생들은 모든 사업 아이디어들은 면밀한 비즈니스 분석을 통과해야 하며, 이에 대한 자세한 보고서를 작성할 수 있어야 하고, 어떻게 주요 경쟁 업체를 물리치고 성공할 것인지 분명하고도 날카로운 전략을 세워야 한다는 원칙을 고수한다. 기업 최고경영자들과 운영진들은 성공에 대한 분명한 기준이 있는 명확한 분야에서 사업을 운영하도록 교육받는다. 하지만 회사의 경쟁력이 부족하면, 이런 전략은 아무 소용없다. 시장 점유율을 획득하는 것은 소비자들이 가격과 비용이 모두 이상적이라는 느낌을 받았을 때 그 상품을 반복해서 구매하는 데서 비롯된다. 그러나 일단 주류 모델이 변화를 거부하면, 환경 또는 심지어 사회 전체에 그들이 야기하는 부수적 피해는 종종 묵과되곤 한다. 핵심 사업이라는 접근법의 어리석은 점은 이중적 윤리 기준을 만들어 운영진들을 사회적 윤리에서 분리시킨다는 점이다. 놀랍게도 기업들은 종종 '덜 나쁜 짓'을 좋은 일과 동일시한다.

핵심 사업과 핵심 역량의 개념들은 지난 반세기 동안 경영진들을 지배해 왔다. 때문에 핵심 역량의 범위 밖에서 등장하는 새로운 개념들을 경영진들이 도입한다는 것은 극도로 어려운 일이다. 더욱이 오로지 핵심 역량만을 기반으로 새로운 기술을 시장에 도입하는 것은 불가능하다. 새로운 기술이 경쟁력과 시장 점유율을 획득할 기회가 될 것이라고 리더들을 설득한다 해도 이 기술이 발전을 위한 기술이 될 것이라는 확실한 보증은 어디에도 없다. 이러한 새로운 분야는 소위 시장 리더가 아닌 다른 기업가들에게 더 잘 맞는다. 기반 기술의 변화와 새로운 역량에 대한 요구를 통해 경험 없이도 새로운 기업을 시작할 자유를 얻을 수 있다.

페이스메이커pacemaker의 경우를 보자. 수술을 통해 이식하는 이 의료기기 덕분에 지난 50년간 부정맥에 효과적으로 대처할 수 있었다. 건전지로 작동하는 페이스메이커는 쇄골 가까이에 이식된다. 스트레스로 가득한 생활을 하는 현대인들인지라 개당 가격이 최소 5만 달러인 페이스메이커가 앞으로 수백만 개 이상 필요할 것으로 보인다. 모두가 보다 효율적인 건전지 개발에 집중하고 있지만, 다음 세대의 부정맥 해결책에는 수술도, 건전지도 필요 없다. 이러한 기술의 가격은 500달러 정도로 저렴해질 것이며, 나노튜브nanotube의 가격은 겨우 몇 달러 정도일 것이다.

건강한 세포에서 심장 치료가 필요한 곳으로 전류를 흘려보내는 나노튜브 전도체는 고래의 심장 주변과 안쪽에 전도성을 제공하는 세포의 채널을 연구함으로써 얻어졌다. 이 지식은 기존의 페이스메이커 제조업자에게는 전혀 생소한 것이다. 어떤 주류 의료기기 업체도 이 새로운 사업을 시작할 수 있는 기반을 보유하지 못하고 있다. 이 새로운 혁신기술을 실현하기 위해서는 전도체, 탄소튜브, 의사소통능력, 자연 에너지원, 비용부담이 적은 설계 등이 필요하다. 이러한 대대적인 개혁에는 반드시 미지의 요인들이 동반되기 때문에 시장 리더들은 이에 투자하기를 꺼린다. 더욱이 이런 종류의 와해성 기술 disruptive technology(완전히 새로운 기능이나 속성을 가지면서 기존 기술 및 시장 진입장벽을 무력화시키는 기술 – 옮긴이)에는 새로운 인력, 새로운 요소 그리고 새로운 사업 계획이 필요하며, 이는 전적으로 새로운 비즈니스 영역을 창조하는 것과 유사하다. 가장 어려운 점은 이 혁신적인 접근법이 지금까지 의료 장비 업체가 누려 왔던 안정적인 수입원에 대단한 위협이 된다는 것이다.

누가 이러한 새로운 것을 위해, 특히나 불경기 중에, 모험을 하려 들겠는가? 보스턴사이언티픽Boston Scientific(매사추세츠에 본사를 둔 거대 의료기기업체 – 옮긴이)이나, 메드트로닉Medtronic(미국 미네소타 주의 세계 최대 의료기술업체 – 옮긴이)은 이 기술을 선도할 만한 적응 능력이 없다. 최고경영자가 많은 비용을 들여 이미 성공이 증명된 기술로 미래 수익을 보장하는 기기를 도입하기로 결정했는데, 무엇 때문에 그들이 이에 위협이 되는 기술을 연구하기 위해 자금을 대고 투자를 허락하겠는가? 이러한 비수술적 접근법을 통해 얻는 수입이 수술 한 건으로 외과의, 마취의, 제약회사 그리고 건전지 제조업체를 포함한 전체 의료 시스템을 먹여 살리는 것에 비해 너무 적다면, 누가 이러한 변화를 추진하겠는가? 답은 분명하다. 현재 시장에서 아무 이익도 얻지 않는 사람뿐이다.

또 다른 예로 소용돌이의 물리학적 특성을 혁신기술적으로 활용한 사례를 들 수 있다. 최근 업계에서는 화학약품과 역삼투 방식에 의존하여 물을 담수화하고, 물속의 침전물을 제거한다. 염소 같은 화학물질은 물속의 박테리아를 박멸하고, 산은 침전물을 제거한다. 또, 최대 800PSI(Pound Square Inch의 약자이며 가로, 세로 1제곱인치에 작용하는 Pound 단위의 힘 – 옮긴이)까지 압력을 가하면 바닷물에서 소금이 분리되면서 식수를 생산할 수 있다. 닛또덴꼬Nitto Denko나, 지멘스Siemens, 또는 제너럴 일렉트릭General Electric 같은 일부 시장 리더들은 이러한 새로운 개발을 위한 준비가 되어 있을지도 모른다. 방해석을 아라고나이트로 바꾸기 위해 소용돌이의 거대한 압력을 이용하는 기술을 벤치마킹함으로써 새로운 기술이 탄생했다. 소용돌이의 압력이 최고가 되면 박테리아의 세포막이 파열되고 동시에 물의 농도가 높아지면서, 물의 온도는 자연적으로 약 22℃로 상승한다. 따라서 소금은 분리되고, 중심부에 순수하고 깨끗한 물만 남게 된다. 이 방법은 그간 시장 리더들의 방법과는 근본적으로 다른 접근법이다. 이를 위해서는 앞선 사고뿐만 아니라, 새로운 기술에 필요한 과제들을 해결하려는 욕구, 그리고 새로운 능력을 배우고자 하는 의지가 있어야 한다.

## 경영 원칙 2 공급망 관리

공급망 관리에는 원자재와 금융거래를 감독하고, 수확 또는 수집에서 제조와 소비로 가는 상품의 특성에 따라 상품의 시장 출시까지 관리하는 것이 포함된다. 시장 리더가 새로운 기술이 경쟁우위와 시장 점유율을 획득할 수 있는 좋은 기회라는 것을 인정한다 해도, 이러한 혁신기술을 통해 발전할 수 있을 것이라는 보증은 어디에도 없다. 제조와 판매 시스템, 공급망은 혁신기술의 선행 조건이다. 먼저 공급망에 들어맞아야 발전을 이룰 수 있다. 전략 경영팀은 아이디어가 마케팅과 제조에 적합한지를 먼저 확인해야 한다.

회사 내의 활동들은 새로운 기술과 상품들을 중심으로 모아져야 한다. 모든 부서, 특히 재무부, 공급망 관리부, 마케팅부 같은 각 부서 간의 공동노력이 부족하면 경력이나 연말 성과급과 같은 개인적 이해에서부터 감가상각규칙, 세무계획, 분기별 실적목표 같은 회사 방침에 이르기까지 내부적, 외부적 갈등들이 마구 터져 나온다. 아무리 훌륭한 혁신기술 전략이라도 이런 갈등이 있으면, 결국 제대로 실행될 수 없다. 실제로 현재의 공급망 모델에 완벽하게 들어맞는 뛰어난 혁신기술들이 이 책에 소개되고 있다. 하지만 아무리 뛰어난 혁신기술이라 할지라도, 시장 점유율을 획득하기 위해서는 끊임없는 인내와 노력이 필요하다.

생산에서부터 운송, 배달, 의료시설에 보관될 때까지 모든 과정에 냉장 시설이 필요한 백신의 경우를 예로 들어보자. 백신 공급망은 기본적으로 엄격한 온도 관리가 기본이 되어야 한다. 전체 공급망 중에서 한 단계에서만 온도 관리에 실패해도 백신이 변질되기 때문에 모든 백신을 폐기하고 교환해야 한다. 전기 공급이 원활하지 않은 개발도상국에서는 백신의 변질 위험을 줄이기 위한 냉장기술 개발에 투자해 왔다. 그러나 이보다 훨씬 실용적이고 혁신적인 해결책이 있다.

온도 안정화 기술은 재생고사리Polypodium polypodioides와 미세한 무척추동물, 완보동물 또는 곰벌레에 착안하여 브루스 로저Bruce Roser와 그의 벤처 회사 케임브리지 바이오스테빌리티Cambridge Biostability가 개발한 것이다. 그들은 백신 보존을 위해 완보동물을 이용한 냉각 건조 시스템을 제공하고 있는데, 이 시스템은 특별한 기기를 이용하지 않는 혁신적인 방법이다. 이 방법으로 그들은 빠르고 통합적인 공급망 혁신을 가져오고 있다.

현 공급망에 정확히 들어맞는 또 다른 혁신기술은 캐나다 연구원 실비에 고티에르Sylvie Gauthier와 노만드 보이어Normand Voyer가 개발하고 토론토 증권거래소 상장기업인 벤처 회사 CO2 솔루션즈CO2 Solutions가 판매하고 있다. 산업 규모로 이산화탄소 배기량을 관리하기 위해 자연의 생촉매 능력을 활용하는 이 기술은 특허를 받았다. 이 기술은 화력발전소의 스크러빙 시스템Scrubbing systems(오염된 가스를 정화하는 장치 – 옮긴이)에 정확히 들어맞으며, 시멘트 공장에 필요한 기술로, 더 이상 오래된 시멘트를 새 것과 합치기 위해 긁어낼 필요가 없다. 현존하는 기술에 더해지는 기술인 만큼 현재의 생산, 공급망에 어떤 방해도 가하지 않는다. 따라서 선도적인 대형 엔지니어링 기업들과의 계약을 통해 시장에 더 잘 침투할 가능성을 가지고 있다.

식품에서 얻은 천연재료로 제작된 매츠 닐슨의 방화 및 내연제는 합판(가구나 가옥), 폴리우레탄(자동차나 주택에 두루 이용됨), 카펫 섬유(사무실, 주택, 비행기)의 공급망을 성공적으로 통합할 수 있었다. 이외에도 응용할 수 있는 수백 개의 다른 예들이 있다. 닐슨은 자신의 무독성 화학약품을 젤이나 파우더의 형태로 공급하고 있다. 하지만 여러 형태로 가공해야 하는 위와 같은 재료들과 어울리기 위해서는 상황에 따라 약간의 조절이 필요하다. 이를 실현하기 위한 연구에 많은 시간과 재정이 투자되어야 한다. 라텍스, 나일론, 섬유소와 같은 다양한 재료들을 다루려면 닐슨의 혁신기술을 현재의 생산 공정에 통합시킬 자세한 방법을 알아야 한다. 주요 투자 자금의 부족으로 닐슨은 필요한 연구를 끝마치지 못하거나, 각각의 재료와 공정에 필요한 응용 목록을 끝까지 작성하지 못할 수도 있다. 우리는 수십 년간 할로겐과 유독성 브롬을 대체할 물질을 기다려 왔다. 이제 크레브스 회로에 착안해 개발된 분자들로 그것들을 대체해야 하지 않을까? 소비자들의 이 제품에 대한 분명한 선호야말로 세계 최대의 주택건설업자들이 이 제품을 실험하고, 인정하고, 활용하도록 하는 촉매제가 될 것이다. 알베말Albemarle사나 케마투어Chematur사, BASF사와 같은 주류 기업들이 이러한 혁신기술적인 제품들과 함께 앞으로 나아갈 것을 희망할 수도 있을 것이다.

## 경영 원칙 3 아웃소싱

핵심 역량과 공급망에 부합하는 혁신기술들은 또한 아웃소싱Out-sourcing 경영 원칙과도 잘 들어맞아야 한다. 아웃소싱이란 제3의 회사와의 하청계약을 통해 시간과, 인력, 자원을 핵심 역량에만 집중할 수 있도록 하는 경영전략을 말한다. 아웃소싱을 위해서는 경영진들의 단순한 기술 도입 이상이 필요하다. 기업은 모든 공급업체와 하청업체를 위한 변화의 주체로서 역할을 다해야 한다. 만약 세계 최대의 주택건설업체인 일본의 다이와 하우스Daiwa House사가 현재 사용하고 있는 화학 방화제를 교체하기로 결정한다면, 각 상황에 적용하고, 산업 규제의 승인을 받고, 새로 도입할 제품의 목록을 결정하고, 600개 이상의 공급업체와 하청업자의 공정에 적합한 다양한 제품들을 개발하고 분석해야 할 것이다. 그리고 이것은 분명 대단한 작업이다.

이 혁신기술적인 내연제로 실내 공기 개선 외에 다른 부가수익을 창출할 수 없다면, 불경기에 한 기술에서 다른 기술로의 전환은 판매 확보와 현금 유동성의 증진이라는 경영진들의 원래 핵심 책무에서 다른 쪽으로 그들의 관심을 돌리게 만들 것이다. 경영 원칙에 스며든 건강과 환경에 대한 헌신 이상의 것에서 변화에 대한 의지는 생겨난다.

컴퓨터 서버 회사들이 자연의 기하학을 활용해 개발한 서버를 냉각시키는 기술은 피보나치수열에 기반을 둔 것으로 그 에너지 효율성을 잘 입증하고 있다. 컴퓨터나 마이크로소프트Microsoft사에서 출시한 엑스박스X-Box 같은 게임 장치의 과열 문제는 이미 잘 알려져 있다. 환기장치가 내는 소음은 그다지 유쾌하지 못하다. 자연학자인 제이 하먼Jay Harman은 호주의 수산 및 야생동물부와 함께 해양과 공기 흐름의 기하학을 관찰했다. 이 관찰을 통해 그는 '유선형의 원칙'이라는 공식을 만들었는데, 자연적 흐름의 효율성을 유선형으로 디자인된 기하학에 적용하는 것이다. 앵무조개의 껍질과 쿠두kudu(아프리카에 사는 영양 – 옮긴이)의 뿔에서 그가 배운 것을 통해 유체처리fluid-handling 기계의 성능과 생산량, 에너지 효율성은 현저히 향상시키면서 동시에 소음은 줄일 수 있다. 1997년 그는 팍스 사이언티픽Pax Scientific 이라는 회사를 설립하고 이 기술의 에너지 절감 효과가 확실히 증명되자, 서브라이선스sub-licenses(재실시권 – 옮긴이)를 판매하여 투자금을 모았다. 그러나 그가 적용한 것들 중 그 어떤 것도 시장 주류에 성공적으로 편입하지 못했다. 그와 그의 팀이 가진 문제점들은 공급망 관리를 제대로 이용하지 못하고, 컴퓨터 업계의 빠른 회전에 반응하지 못했으며, 업계의 세계적인 아웃소싱과 협력하는 데 실패함으로써 시장 진입이 늦어졌다는 것 등이다. 계속 쌓여가는 특허들과 서브라이선스의 선행 판매로 얻는 수익을 통해 앞으로의 연구를 위한 자금은 계속 공급받을 수 있다. 그러나 대량 판매를 시작하려면 네 번째 장애물을 넘어야 한다. 바로 재무 부장의 승인 도장을 받는 것이다.

## 경영 원칙 4 현금 유동성

신제품이 비용과 에너지를 절약하고 동시에 환경에 유익을 준다고 해서 자동적으로 판매가 되는 것은 아니다. 일반적인 비즈니스 관행으로 볼 때 마진이 더 크다는 것은 부가적인 현금이 창출된다는 것을 의미하고, 이로 인해 새로운 투자 기금이 마련되기 때문에 보다 큰 마진은 매우 긍정적인 것으로 여겨진다. 상품 진열대에 오랫동안 쌓여 있는 소비재는 기업에 비용을 초래하지만, 미디어를 통해 대대적으로 광고되는 일용 소비재는 더 빠른 현금 흐름을 가져온다. 다양한 상품을 보유하고 있던 거대 국제 기업들은 현 불경기를 맞자 제품과 브랜드 수를 현격히 줄이고 있다. 상품의 종류를 제한함으로써 꼭 최고의 마진을 내지는 못할지라도 가장 빠른 회전이 가능하기 때문이다. 어떤 물건을 매일 팔아 5퍼센트의 마진을 남기는 것이 같은 물건을 한 달에 한 번 팔고 50퍼센트의 마진을 남기는 것보다 평균 현금 유동성이 훨씬 높다. 저스트 인 타임Just-in-time 식의 재고 회전율은 창고에 상품을 쌓아 놓지 않음으로써 소비재나 산업재에 자본이 묶이는 것을 방지한다. 회전이 빠른 상품, 특히 음식이나 건강 관련 상품같이 오르내리는 경제 사이클에 영향을 받지 않는 기본 필수품을 제조하는 산업이나 운송 산업은 투자자와 주주들에게 매우 매력적인 산업이다.

경제위기로 인한 또 다른 여파는 신용을 얻기가 매우 어려워졌다는 것이다. 와트레코사의 소용돌이로 물속의 공기를 제거하는 장치의 경우 10~12퍼센트의 에너지 절감 효과가 있지만, 회사 내 재무부에서는 이 정도의 에너지 절감 효과로는 부족한 현금을 충당할 수 없다고 결론을 내릴 것이다. 마케팅과 제조에 들어간 비용을 회복하려면 몇 년이 걸린다. 그리고 이것만으로도 구매 결정은 거부될 수 있다. 심지어 20~30퍼센트 정도 에너지를 절감할 수 있다 해도 불경기에는 거의 받아들여지지 않는다. 절약을 통해 투자금을 확보한다는 생각은 받아들일 수 없다. 혁신기술은 에너지 절약 이상의 것을 제공해야 한다. 비용이 적게 든다는 것만으로는 충분치 않다. 시장 리더들은 부가적 수익이 확실할 때만 꼭 필요한 자본 투자를 할 수 있다는 확신을 갖는다.

## 경영 원칙 5 밀어내기

기업의 전략가와 공급망 관리자, 재무부 이사가 혁신기술을 지지한다 할지라도 마케팅 팀은 여전히 요지부동일 수 있다. 투자자들과 혁신기술가들은 특별한 판매 전략을 세워야 하며, 상품을 진열대와 카탈로그에 올리는 동시에, 미래의 소비자들에게 이 상품의 '이야기'를 성공적으로 전달할 수 있어야 한다. 부족을 우려하는 분위기에도 불구하고 과잉공급이야말로 시장에 있는 모든 상품의 특징이며, 상품 진열대의 현실이다. 오늘날 너무나도 다양한 소비재에 대한 선택의 폭은 '풍요 속의 곤혹 l' embarras du choix' 이라는 프랑스 속담에 적절히 묘사되어 있다.

수많은 선택이 가능한 상황에서 신제품이 단지 더 좋고 더 싸다고 해서 성공으로 연결되는 것은 아니다. 처음으로 극복해야 할 것은 소비자의 관심을 끄는 것이며, 소비자가 구매하게 하는 것이다. 이것은 성공한 시장 리더들이 추구하는 '밀어내기crowding out' 전략 때문이다. 밀어내기란 같은 기술을 기반으로 한 상품에 작은 변화를 주기만 해도 상품 진열대를 모두 차지할 수 있거나, 업계 요구의 작은 차이에도 반응한다는 뜻이다. 이 아이디어는 바이어들에게 그들의 필요에 꼭 맞는 것을 구매했다는 느낌을 주기 위한 것이다. 하지만 이러한 개념은 새로운 상품에는 자리를 거의 내주지 않는다.

상품과 서비스는 표준화되어 있다. 생산과 분배는 간소화되었다. 마케팅 장치와 포장 디자인에 있어 다양성은 줄어들었다. 포장지 아래 무엇이 있건 간에 실제 상품은 어디에서나 거의 비슷하다. 비록 여러 자동차 회사가 있지만, 세계 시장에 존재하는 것은 오직 한 종류의 디젤 엔진뿐이다. 가정용 가전제품에 사용되는 전기 모터는 세계 어느 곳에서나 차이가 거의 없다. 이러한 제작 과정 때문에 마진이 적더라도 더 많이 생산하는 규모의 경제를 이룩하고자 하는 몇몇 기업이 전체 시장을 점유할 수 있게 된다. 한 상품이 주류가 되면, 자금 흐름이 고착화되면서 변화는 억제되고 방해를 받는다.

접착제 시장이 이 딜레마를 잘 설명하고 있다. 시장에 수백 종류의 풀과 접착제들이 출시되어 있지만, 대부분 쓰리엠3M사나, 독일의 헨켈Henkel사 같은 거대 회사가 시장을 지배하고 있다. 시장에 나온 풀들은 식물성 녹말로 만들어진다. 사실 접착제 시장은 '해결책들'로 넘쳐난다. 접착제와 밀봉제에 대한 어마어마한 세계 수요는 연간 500억 달러에 이르는 판매액을 보면 알 수 있다. 매년 접착체와 밀봉제 연구, 개발에 투자하는 비용이 유럽에서만 2억 달러에 달한다. 이 거대한 시장은 대단한 연구력을 가졌지만 이미 다양한 상품을 보유한 몇몇 기업에 연구력이 집중되어 있다. 그렇기 때문에 새로운 상품이

121

얼마나 창조적이건, 얼마나 매력적이건 간에 틈새시장을 개척하고, 진열대 밖에서 경쟁하고, 상품 카탈로그의 공간을 확보하고, 바이어들의 관심을 끌기는 매우 어려운 일이다. 타임 매거진이나 이코노미스트에 기사가 실리면 어느 정도는 눈에 띌 수 있으나 이에 따른 실제 주문이 없으면 현실은 거의 변하지 않는다. 현재 판매되고 있는 지속 불가능한 상품들을 언젠가는 대체할 수 있는 많은 해결책들이 있음에도 불구하고 현재의 시장 리더들은 변화를 환영하지 않는다.

또 다른 문제점은 시장 리더들이 시장 점유율을 높이거나 유지하기 위해, 주류 시장의 진입로에 있는 상품을 위협하거나 아예 사라지게 한다는 것이다. 미리 싹을 끊으면 밀어내기를 할 필요도 없다. 틈새시장에서 팔리고 있는 신제품이 시장 기준에 위협이 되는 것으로 판단되면, 거대 기업들은 이 새로운 회사와 회사의 특허 기술을 입수하기 위한 행동에 착수한다. 기술 개발자에게 상당히 좋은 조건의 회사 및 기술 매각 제의가 들어간다. 그렇게 해서 신기술은 간단히 매장되며, 소비자들은 더 이상 그 제품을 만나볼 수 없게 된다. 단순히 현재의 현금 흐름과 수익 마진에 방해가 된다는 이유 때문에 이런 일이 벌어진다.

## 동전의 이면

**넘쳐나는 해결책, 너무 적은 시간**

다양한 종합적 해결책들이 이미 시장에서 경쟁하고 있다. 자연 시스템에서 착안한 많은 혁신기술들이 이미 잘 알려져 있다. 도마뱀붙이가 인기 높은 신상품이긴 하지만 벨크로는 고유의 틈새시장을 개척하여 수백만 달러를 성공적으로 벌어들이고 있다. 중유럽 원산의 꼬마쌍살벌은 나무를 기계적으로 분해할 수 있는 집게를 가졌다(물리학이 우선이다). 꼬마쌍살벌은 분해한 나뭇조각을 씹어서 수성 타액과 함께 섞는데, 이런 화학적 방법으로 섬유소의 길이를 짧게 할 수 있다. 이것을 말려서 수분을 증발시키면 섬유소 매트가 만들어지고 접착 성분은 단단해진다. 벌집이 완성되는 것이다.

수성 접착제를 사용하는 꼬마쌍살벌과는 반대로 꿀벌들이 벌집을 짓는 데 사용하는 접착제에는 밀랍이 들어 있다. 밀랍은 꿀벌의 체내에서는 액체 상태이다가 꿀벌의 체온보다 온도가 내려가면 굳어지고 점성이 생긴다. 이렇게 열에 녹는 밀랍의 성질은 현대의 접착제에 요구되는 이상적인 조건이다. 용매 없이도 액체 상태로 이용할 수 있기 때문이다. 따개비 유생은 바닷속의 단단한 물체라면 어떤 것에도 달라붙을 수 있다. 따개비 유생은 시멘트 선腺에서 분비되는 물질을 이용하여 물체에 달라붙는다. 이 분비물은 물에 높은 저항력을 갖는 접착제다. 접착력을 유지하기 위해 접착물질이 계속 분비된다.

풀과 접착제 부문의 이런 경쟁만 보아도 자연적 해결책이 제공하는 기회가 얼마나 많은지 알 수 있다. 따라서 매우 주의 깊은 경영팀이라도 어떤 혁신기술을 지지해야 할지 선택하는 데 어려움을 겪을 수 있다. 만약 당신의 회사 연구팀에 생물학자나 생화학자가 거의 없거나, 마케팅과 생산 전략이 여전히 핵심 역량에 기반을 둔 핵심 사업이라는 고정관념에 묶여 있다면, 과연 어디에서부터 시작할 수 있을까?

**그린워싱** (기업들이 실제와 달리 자신들을 친환경 기업인 것처럼 위장하는 행위 – 옮긴이)

우리 대부분은 자신을 긍정적이고 능동적인 사람으로 생각하지만, 지속 가능한 해결책에 기여하고자 하는 소비자로서의 열정과 의식 있는 시민으로서의 욕구가 결국 진정한 변화에 걸림돌이 될 수도 있다. 녹색 해결책을 지나치게 추구하다 보니 현실에서는 별로 좋은 아이디어가 아님에도 불구하고 지속 가능성을 향한 확실한 방법이라고 생각되면 너무 성급하게 받아들이곤 한다. 2006년 녹색 연료를 구매하고자 하는 소비자들 때문에 유럽지역에서는 바이오연료를 권장하게 되었다. 그러나 이로 인해 원자재에 대한 수요가 급증했으며, 결국 식용 옥수수 생산량에까지 영향을 미쳤다. 농부들이 식용 옥수수 대신에 사료나 생물연료 생산에 이용되는 옥수수를 재배하기 시작한 것이다. 주요 식량 작물인 옥수수 가격은 급등했으며, 개발도상국에서는 이전보다 더 식량을 확보하기가 어려워졌다. 옥수수 공급량을 확보하기 위한 경쟁이 치열해지면서, 세계 최대의 무역업체들과 농산물 가공업체는 기록적인 수익을 달성할 수 있었다. 하지만 다른 곳에서는 엄청난 어려움을 겪어야 했다. 결국 유엔은 바이오연료의 원료로 옥수수나 야자유를 사용하지 말 것을 당부하는 경고를 발령했다.

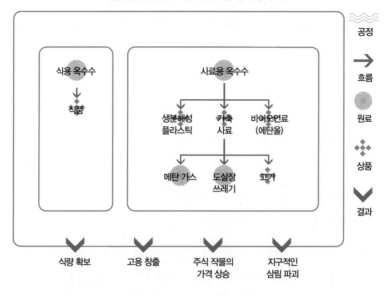

농부들의 딜레마: 어떤 옥수수를 심어야 하나?

한때는 우림지역이었던 곳을 벌거벗겨 야자수 농장을 만들고 그곳에서 생산된 지방산으로 생분해성 비누를 생산한다. 이것 역시 위와 유사한 경우이며, 이에 대해서도 우리는 마땅히 의문을 가져야 한다. 우리는 벌목된 참나무 원목에서 자란 맛있는 표고버섯을 소비하는 것이 과연 정당한가 생각해보아야 한다. 우리가 더 큰 그림을 볼 수만 있다면, 지금은 확실한 해결책인 것 같지만 결국에는 적당히 피해를 주는 것으로 판명되는 것들을 너무 빨리 받아들이는 실수를 하지 않게 될 것이다.

유럽과 미국에서 생분해성 세제를 선호하게 되자, 오랑우탄의 서식지가 파괴되었다. 생태를 고려하는 기업이 야자유의 지방산으로 만든 생분해성 세제의 생산라인을 개발하여 시장을 점유하는 데 성공하면, 다른 주요 시장 리더들도 이를 똑같이 모방한다. 국제적으로 급증하는 수요를 맞추기 위해 수백만 에이커에 달하는 우림이 없어지고 대신 그곳은 야자수 농장이 되었다. 이런 생각지 못한 피해를 입고서야, 생분해성이 지속 가능성과 동일한 개념이 아니라는 것을 배우게 되었다. 가난한 이들과 영장류의 생명을 위협하는 녹색 해결책은 다른 형태의 그린워싱일 뿐이다.

유독성 재료나 공정, 또는 의도하지 않은 부작용을 발생시키는 '녹색' 해결책을 지속 가능성의 범주에 포함시켜서는 안 된다. 피해를 덜 입힌다고 해서 그것을 환영하는 것은 불합리하다. 특히 그것이 생명이 달려 있는 전체 생태계에 피해를 입히는 경우에는 더욱 그렇다. 윤리적으로 옳은 결정이란 더 유익하게 하는 것이지, 피해를 조금 덜 입히는 것이 아니다. 예를 들어, 석면을 할로겐이나 브롬으로 만들어진 방화제로 대체하는 것은 진정한 해결책이 아니다. 덜 유독한 해결책은 여전히 유독한 해결책일 뿐이다. 우리는 먹이사슬과 개인 환경 모두를 오염시키지 않는 해결책을 찾아내야 한다. 우리는 우리의 사고를 전환하고 더 큰 포부를 가져야 한다. 적은 양의 독성물질은 해롭지 않다는 주장은 아주 적은 양이라면 해롭고, 돌연변이를 유도하고, 암을 발생시키는 것으로 증명된 물질이라도 괜찮다는 속임수에 근거한 것이다. '약간의 암'이라는 진단명은 없다. 암에 걸렸거나, 걸리지 않을 뿐이다. 어떤 수단을 이용해서라도 가능한 한 많은 돈을 번 뒤 그 수익을 사회를 위한 특별한 일에 사용한다는 개념도 마찬가지다. 불행하게도 이러한 타협이 광범위하게 행해지고 있지만 이것은 분명히 비윤리적인 행위다.

이 분명한 사실 뒤편의 연계성을 볼 수 없다는 것이 바로 우리가 다음 경제를 디자인할 때 부딪치게 되는 난관이다. 많은 혁신기술들이 결함이 있는 근시안적 방법에 무릎을 꿇고 말았다. 호주의 바이오시그널Biosignal사가 박테리아를 조절하기 위해 내놓은, 새로운 분자를 이용하는 기술은 합성 유사체를 생산하기 위해 유독성 용해제를 사용한다. 영국의 카이네틱QinetiQ사는 최초로 사막에서 이슬을 확보하기 위한 친수/공수성 시트를 제조하면서, 결국 직원들과 소비자들의 건강에 위협이 될 수 있는 화학 물질을 사용했다. 독일의 오스람Osram사는 소형 형광등 분야의 선구자로서 제품의 에너지 절감 효과를 소비자들에게 인정받고 있지만, 형광등 제조에 유독성 물질인 수은을 사용한다. 형광등이 재활용되지 않고 그냥 버려지면 수은이 자연에 그대로 방출 될 수밖에 없다. 수은을 생태계에 방출하면서 에너지 절감만을 가지고 우리의 양심이 깨끗하다고 주장하기는 어렵다. 우리는 이것보다 훨씬 더 잘할 수 있다.

## 2만에서 1억으로

시장이 약화되고 마진을 내기 어려울 때 기존의 경영진들이 가장 원치 않는 것이 있다면, 그것은 바로 연구 부서나 상품 디자인 부서에서 자연에서 착안한 독창적이고 새로운 아이디어를 추진하는 것이다. 이 때문에 많은 활용 방안이 있음에도 불구하고 혁신기술을 도입하는 것은 어려운 과제다. 시장 리더들에게 뛰어난 아이디어들에 대한 확신을 심어주기 어렵다는 것은 슬픈 일이다. 하지만 이러한 혁신기술들이 엄청나게 많은 벤처 기업과 지속 가능성에 기반을 둔 일자리를 창출할 것이라는 사실을 생각하면 기쁘지 않을 수 없다. 오늘 시장 주도자들이 갖는 나태함이 내일은 그들에게 재앙이 되어 돌아올 것이다. 게임의 규칙을 바꿀 준비가 되어 있는 자들에게 엄청난 기회들이 돌아갈 것이다. 물론 주류 경영진들에게 상자 밖으로 나오도록 깨달음을 줄 수도 있다. 하지만 우리 모두는 경험을 통해 정말로 절박해야만 새로운 시도를 위해 더욱 노력한다는 것을 알고 있지 않은가.

새로운 미래를 창조하기 위해서는 과학, 사회, 비즈니스, 환경 그리고 문화 분야의 창의적인 기업가들이 필요하다. 미래 세대들을 위한 물적 자원들을 마구 낭비하며, 우리 자녀들과 손자, 손녀들의 어깨에 빚을 지우는 것을 성장 엔진으로 삼는 경제를 이제는 중단해야 한다. 우리는 탐욕과 허구 그리고 환상으로 야기된 파괴가 쓰나미처럼 밀려오는 것을 목격하면서, 변화를 위한 외침을 계속하고 있다. 바로 지금 정부와 기업, 산업계가 그들의 생각을 전환하고, 미래 산업에 대한 지원과 개발을 위해 자원들을 할당할 준비가 되었는지도 모른다. 바로 지금 그들은 우리가 가진 것을 가지지 못한 자들과 함께 나눔으로써, 모든 이들의 필요에 부응하고자 하는 의지를 가지고 전진할 수 있을지도 모른다.

# CHAPTER 5
# 자연의 MBA

## THE BLUE ECONOMY

자연이 노크를 하지 않으면서도
불쑥 쳐들어오지 않는다는 것은 얼마나 신비로운가!
−에밀리 디킨슨Emily Dickinson

MBA(Master of Business Administration)학위 보유자란 말은 그들이 비즈니스 경영자와 리더가 되기에 적합한 사람이란 뜻이다. 그들은 인건비와 원자재비를 줄이고, 현금 유동성을 최대화하며, 시장 점유율을 높이고, 공급망을 세심히 관리할 수 있도록 거래와 상호작용을 분석하는 방법을 배운다. 현재의 비즈니스 리더의 대다수인 이 전문가 집단은 불행히도 지구라는 거주지와 그 안의 거주자들과 분리될 위험에 직면하고 있다. 더욱이 그들의 시각은 핵심 사업에만 집중되어 있기 때문에, 그들은 자신들의 이해와 지식을 넘어선 가능성들을 인식하지 못한다. 모두의 기본적 필요에 부응하지 못하는 현재의 생산과 소비 체계는 이미 시대에 뒤떨어져 있다. 이들은 스스로 진화해야 한다. 아니면 모든 생명과의 조화로운 기능을 통해 번성할 수 있는 새로운 체계들이 이들을 대체할 것이다. 우리는 이 장에서 자연의 MBA-Mastery of Brilliant Adaptations(탁월한 적응에의 대가大家)에 주목하고 그것에 경탄을 보내려 한다.

생태계를 통해 모두의 필요에 부응하는 경제모델을 고안하기 위한 경이로운 영감을 제공받을 수 있다. 자연의 시스템은 끊임없이 변화하고 진화한다. 그리고 그것이 그들의 힘이자 아름다움이다. 우리가 자연의 MBA에 주목할 때, 혁신기술의 양분과 에너지를 순환생산 하는 다각적 모델과 통합할 방법을 깨닫게 될 것이다. 우리는 통합적 에너지 체계를 설계할 수 있을 것이다. 통합적 에너지 체계란 바로 재생 가능한 원료로 에너지를 공급하고, 아주 사소한 것이라도 놓치지 않고 그것을 활용하여 보다 훌륭한 것을 창조하고, 아무것도 낭비하지

않고 에너지 순이익을 얻는 지극히 효율적인 네트워크로의 전환을
말한다.

　산업계는 계속되는 변화를 좋아하지 않는다. 예측 가능성이 바로
그들이 좋아하는 게임의 이름이다. 핵심 사업과 핵심 역량 모델이 추
구하는 생산성은 자연의 진화 및 변화의 경로를 가로막음으로써 얻
어진다. 사실 이 때문에 산업계는 유전자 조작에 기반을 둔 해결책을
채택한다. 당신은 만약 유전자를 변형시키는 방법을 알기만 하면, 유
전자 조작의 결과도 알 수 있다고 믿을 것이다. 업계 리더들이 선호하
는 예측 가능한 생산 시스템에서는 분자를 영원히 안정화하기 위해
지독한 화학물질을 사용하고 자연의 진화 경로를 가로막는 유전자
조작을 이용한다. 하지만 자연은 전혀 다른 해결책을 내놓는다. 물은
용해제다. 물의 분자 결합은 일시적으로만 생분해력을 증가시키기
때문에 분자들은 반복해서 결합할 수 있게 된다. 박테리아들에게는
유전적 변이가 그들의 진화 경로의 일부이기 때문에 돌연변이는 자
연적으로 일어난다.

　이러한 구조의 차이가 왜 자연계는 항상 변화하는 데 반해, 산업계
는 본질적으로 변화를 거부하는지 그 이유를 설명해준다. 변화를 거
부하고 항상 같은 것을 공급하기 위해 산업계는 비용절감이라는 속
임수를 이용하여 모든 곳에 적용되는 세계 표준이라는 것을 만들어
냈다. 이와 반대로 생태계는 지역에서 모든 것을 공급한다. 그들은 이
용 가능한 것으로 그들의 필요를 충족한다. 생태계는 지역의 생물다

양성을 통해 번영하기 때문에 생태계에서 표준화라는 것은 거의 찾아볼 수 없다. 결국 생물다양성이란, 말 그대로 다양성에 기초한 것이다. 이것은 이 책이 설명하는 혁신기술들에 기반을 둔 새로운 사업이 왜 수많은 창의적인 기업가들을 통해 실현될 것인지 설명해주고 있다. 그들 각자는 자신만의 틈새시장과 기회를 발견할 것이다. 산업계는 그들의 좁은 시야 안으로 들어오지 않는 모든 비용들을 배제하면서, 규모의 경제학이라는 추상적인 곡선 위에서 시장을 통제하고, 표준화하고, 합병과 확장을 통해 끊임없이 성장하기를 원한다. 수백 가지 종류의 토마토와 감자가 있는데도 시장에서 볼 수 있는 것은 오직 몇 종류뿐이다. 왜 그렇게 토양이 척박하고 질병에 대한 저항력이 낮을까? 이유는 분명하다. 우리가 주요 경작물인 밀이나 옥수수, 콩을 단일 재배하기 때문이다.

자연을 관찰해보면 생태계는 모든 생물들의 기여를 통해 항상 더 높은 수준의 효율성과 다양성을 향해 진화한다는 것을 알 수 있다. 로키산맥을 등산할 때 가장 눈에 띄는 생물은 500년 된 삼나무와 당당하게 서 있는 곰일 것이다. 하지만 좀 더 자세히 들여다보면 수백만의 다른 종들도 볼 수 있다. 이들 대부분은 우리 눈에 띄지 않지만, 단순히 생태계에 기여하는 정도가 아니라, 전체 시스템에 없어서는 안 되는 종들이다. 진화는 반드시 더 높은 효율성과 다양성을 동반한다. 사업, 과학, 문화, 교육 등 다양한 분야의 창의적인 기업가들에 의해 우리의 경제도 그렇게 진화될 수 있다.

프리초프 카프라Fritjof Capra(오스트리아 태생 미국 물리학자 – 옮긴이)가 지적했듯 생태계는 네트워크의 네트워크다. 각각의 네트워크에 같은 경영 원칙이 깔려 있는 것을 관찰할 수 있다. 생태계의 모든 것은 연결에 관한 것이다. 양분과 에너지가 끊임없이 순환생산 되고, 물리학의 법칙이 예외 없이 실행되는 명확한 경계 내에서 모든 이들이 자신의 최대 능력을 발휘해 기여할 수 있다. 순환생산의 모델을 따르고 물리학의 원칙들을 이용함으로써 모든 곳에서, 지역적으로 이용 가능한 것으로 모두의 필요에 부응할 수 있다. 블루이코노미 모델에서 우리는 인간이 만들어낸 부족과 결핍 대신에 식량과 에너지, 일자리, 소득의 풍요를 본다. 이것을 반대하는 사회가 얼마나 될까? 잠재적인 수익만 확실하다면 위험 부담이 있다고 해서 혁신기술을 시장에 도입하는 것을 원치 않는 기업가가 얼마나 될까?

소용돌이가 보여주듯 순수한 물리적 효과만으로 화학제품을 대신하는 기반 기술이 얼마나 유익한지 누구나 그려볼 수 있다. 누구든 커피 찌꺼기나 다른 농산물 쓰레기가 단백질이 풍부한 버섯이 되고 쓰레기와 버섯 모두에서 수익을 창출하고, 버섯을 재배한 뒤 남은 세균이 질 좋은 동물 사료가 될 때 얻어지는 식량 확보가 의미하는 것이 무엇인지 알 수 있다. 우리는 사회 자본을 축적하고 남용을 근절해야 한다. 우리는 커피처럼 전 지구적으로 거래되는 상품을 식량 확보를 위한 자원으로 활용해야 한다. 누구나 분명 이것들의 가치를 이해할 수 있다.

# 기업가들에게 힘을 실어주려면

블루이코노미 모델은 현실에 기반을 둔 것이다. 선진국에서 일자리 감소와 청년 실업률이 급증하고 있는 이때, 작금의 경제 혼란으로 노동 시장에 새로 진입하는 10억 명, 특히 개발도상국 출신들을 위한 일자리가 없다는 현실이 우리 앞에 놓여 있다. 한 세대로 하여금 의미 있는 직업을 꿈꾸지 못하게 하고, 그들에게 보람 있는 도전을 제공할 수 없다는 것은 젊은이들에게 그들을 위한 미래는 없다고 말하는 것과 같다. 우리는 그 세대를 잃어버린 것이다. 매일 밤 10억 명 이상의 사람들이 주린 배를 안고 잠에 든다. 20억 가까운 사람들이 안전한 식수가 없어 고생한다. 그보다 더 심각한 것은 현 경제 시스템이 부족이라는 파산의 개념 위에 세워졌다는 것이다. 현 경제 시스템에서 성장이란 미래 세대에게 영원히 지워지는 빚을 자본으로 한 것이다. 결핍과 부족은 자원의 보다 효율적인 분배가 이루어지는 과정에서 어쩔 수 없이 발생되는 필요악이며, 논리적 근거라고 여겨진다. 이와 같은 부족의 정신은 변화란 노동을 노동이 필요치 않은 기술로 대체하여 일자리를 위협하는 것으로 묘사함으로써, 혁신기술에 대한 사회적 불화와 반감을 조장한다.

이러한 이유 때문에 블루이코노미를 향해 전진하기 위해서는 과학, 사회, 비즈니스, 생태학, 미디어 분야 사업가들의 창의력과 포용력이 요구되는 것이다. 블루이코노미는 가능한 한 충분히 활용하고 절약할 수 있는 방법과, 보다 적은 것으로 보다 많은 것을 생산하는 번영의 비결을 얻기 위해 물리학의 원칙을 따른다. 진화가 다양성을 통해 혁신기술을 포용한 것처럼 자연계를 통해 지역 사업을 조장할 수 있다. 생각이 젊고 위험을 감수할 의지가 있는 사람들보다 더욱 강력한 변화의 동력은 아마 없을 것이다. 이를 실현하는 데 불굴의 정신이 요구되는 만큼 목표도 명확해야 한다. 다행스럽게도 특정 분야의 경험이나 엄청난 자본은 필요치 않다. 그러나 확실한 윤리적 토대를 지켜 나가야 하며, 어떻게 하면 모든 악조건들에도 불구하고 현금 흐름을 창출할 수 있을지 알아야 한다.

이미 말했듯이 주류 기업들은 이 책에서 설명하고 있는 혁신기술들을 채택하기 어렵다. 대형 기업들은 가장 뛰어난 것은 아니지만 이미 성공적인 결과를 증명한 것들을 생산하는 데 만족하고 있거나, 새로운 시도에 필요한 초기 투자금을 내놓고 싶지 않을 수도 있다. 하지만 이것이 바로 헌신적인 창의적 기업가들에게 큰 이점이 된다. 확고한 과학적 기반과 그들의 사회적, 정신적 의식에 대한 비전을 기반으로 그들은 혁신기술들을 개발하고 실행함으로써 모든 사업 부분에 변화의 물결을 창조하고, 전체 시장이 지속 가능성을 향해 전환될 수 있도록 할 것이다. 그들은 활발한 협력을 통해 성공할 것이다. 여러 분야의 장점을 활용하고, 다양한 사회 및 경제 계층의 소비자들의 지지를 통해 시장 생존력을 갖출 것이다. 그들은 경쟁자보다 더 싸고 더 좋은 제품으로 시장에서 성공을 얻을 것이다.

시장 리더들이 압박을 받고 심지어 기업의 생존까지 위협받는 위기의 시기가 바로 젊은이들과 생각이 젊은 사람들이 새로운 비즈니스 모델에 전념할 수 있는 최고의 적기인지도 모른다. 수백만의 일자리가 사라지고 있는 현 상황에서, 당연히 일자리가 많을 리 없다. 고학력자들을 위한 고소득 직업은 그냥 예외일 뿐이다. 하지만 일반적인 생각과는 달리 불경기에 시장 진입이 오히려 더 쉽다. 상대적으로 안정적인 경제 상황에서는 혁신기술이 시장으로 진입할 길을 찾기가 쉽지 않다. 그러나 전체 경제 구조가 동요하면, 정책 결정자들은 안정적으로 보이거나 눈에 띄는 것이라면 그것이 어떤 것이라도 붙잡으려 한다. 이러한 시기에는 일류 기업들조차 근본적으로 새롭고 다른 접근법을 가진 상품과 방법을 채택하고 싶은 생각이 들 수 있다.

기업가의 임무는 그야말로 현재의 것에 무언가 새로운 것을 융합하고, 새로운 아이디어를 불러오고, 생각과 현실 사이에 다리를 놓는 것이다. 하지만 풍부한 자금과 열정이 있다 하더라도 당신은 혼자다. 시장에서의 성공은 협력에 달려 있다. 이 혁신기술들을 성공적으로 도입하려면 시장에 대한 영향력과 상황을 변화시킬 힘을 보유한 변화의 촉매제들과 파트너십을 이루어야 한다. 혁신기술이라고 해서 무조건 시장에 편입될 수 있는 것은 아니며, 기업의 경영진이나 투자은행만이 시장을 결정하는 요인은 아니다. 종종 시장은 변화를 가져오는 다른 힘들에 의해 변한다. 혁신적인 단체들도 많지만 – 언론과 풀뿌리 운동가, 비정부 기관들의 역할을 생각해보라 – 이미 오래 전부터 그 효과가 입증된 영향력을 행사하기 위한 방법들이 있다. 가령 보험사들은 그들이 지급해야 하는 보험금을 통해 세계 경제 동향을 도표화함으로써 현재 시장의 동태를 정확하게 진단할 수 있다.

보험회사는 시장에 변화를 불러오기 위해 논리적으로 영향력을 행사하는데, 변화로 인해 절약되는 보험금이 막대할 경우 더욱 그렇다. 보험회사는 자신들의 핵심 역량 중 하나인 방대한 통계자료를 철저히 따른다. 누구도 보험회사만큼 통계에 능하지 않다. 보험회사는 자신들에게 보험금을 납부하는 고객들, 기관 투자자들, 지역사회, 지역정부들과 함께 산업계가 구태의연하고 안이한 사고의 틀을 넘어 혁신기술을 촉진하도록 영향력을 행사할 수 있다.

이해를 돕기 위해 보험회사가 화재보험 정책을 제안함으로써 수익을 얻는 방법을 살펴보자. 통계자료 분석 결과 화재로 인한 유아 사망률이 심각한 수준이라고 판단되면, 보험회사와 방화제 제조업체는 방화제와 내연제를 필수 요건으로 만들기 위한 로비를 벌인다. 방화제나 내연제를 사용하면 통계상 화재 피해의 위험은 줄어든다. 화재사고가 줄어든다는 것은 곧 관련 업계의 수익이 늘어난다는 것을 의미한다. 그리고 몇십 년 후에 통계자료에 남성 불임과 알레르기, 또는 젊은 세대에서 암이 증가한 것으로 나타나고, 이러한 현상이 방화제와 내연제의 사용과 관련이 있다는 과학적 근거가 있다면, 보험업계는 이러한 물질들을 제한하도록 영향력을 행사할 뿐 아니라, (그것이 산업계의 의지에 반한다 할지라도) 다시 한 번 입법자들에게 새로운 표준과 해결책을 도입하도록 촉구함으로써 변화를 촉진한다.

보험회사들과 그들의 통계학자들은 모두 관련성만으로는 원인과 결과를 증명할 수 없다는 것을 너무나 잘 알고 있다. 하지만 그들은 입증의 책임을 역이용하여 비즈니스 모델을 변화시키는 것이다. 확실한 입지를 확보하려면 보험회사는 모든 안들을 숙고하고, 그 결과 부정적인 결과는 절대로 나올 수 없다는 결론에 이르렀다는 것을 분명히 보여주어야 한다. 변화를 촉진하기 위해 보험회사는 보다 신속하게 혁신기술을 받아들일 수 있도록 또 다른 방법을 제공한다. 다시 예로 돌아가, 보험회사가 유독성 방화제 제조업체에 책임보험을 판매함으로써 다각적으로 벌어들일 수 있는 수익을 생각해보자. 어떤 특정 화학물질이 특정 질병과 관련이 있다는 증거가 드러나면 보험금이 인상되고 이로 인해 보험금 부담이 높아지면 경영진들은 법이 요구하는 시기보다도 더 빨리 변화를 받아들이게 될 것이다. 보험료 인상과 위험을 부담하기 꺼려하는 재보험 회사들 때문에 업체들은 보다 신속하게 행동을 취하게 된다.

보험회사들은 위험요소를 갖는 고객 비즈니스의 자료들을 통합함으로써 그들의 잠재 수익을 더욱 증대할 수 있다. 이를 통해 엄청난 양의 정보 베이스를 구축할 수 있으며, 보험회사의 지지를 기반으로 혁신기술을 장려하고 기업 내에 변화를 일으킬 수 있다. 건강의료 보험회사는 화학물질의 잠재적 돌연변이 유도성을 평가하는 에임스 테스트를 뛰어넘어 유독성과 화학물질의 연관성을 보여줄 수 있다. 그들은 어떤 화학물질이 건강에 문제를 일으키는 것으로 추정되는 것으로 분류하고, 새로운 대안을 제시할 수 있다.

## 지속 가능성의 3단계

산업계는 종종 효능은 좋지만 유독한 제품의 대안을, 너무 자주 자연에서 찾으려 한다. 그리고 화석연료 남용의 원인인 전통적인 '달구고 때리는heat and beat' 방법으로 자연적 대안물을 제조한다. 또, 산업계가 생물학에서 해결책을 찾을 때는 '예측 가능한 결과'를 얻기 위해 복제와 유전자 조작에 손을 댄다. 시장 기준 상품들의 대안을 찾기 위해서는 한 분자에서 다른 분자로 바뀌는 단순한 변화 이상이 요구된다. 지속 가능성을 향한 바람직한 통합점을 창조하기 위해서는 분자와 제조 시스템은 반드시 자연의 과정에서 영감을 얻어야 한다. 블루이코노미는 원료 선정과 생산 방법에 있어 물리학과 자연의 법칙을 좇을 수 있도록 청사진을 제공한다. 이를 기반으로 실행 가능한 혁신기술들의 생산과 재생산의 순환에 착수할 수 있다. 결과적으로 우리는 지속 가능한 상품과 지속 가능한 제조, 그리고 지속 가능한 전체 시스템을 갖게 되는 것이다. 사업적, 경제적 이익의 관점에서 보면 이것은 핵심 사업의 관행을 훨씬 능가하는 경쟁력 있는 상품, 경쟁력 있는 과정, 경쟁력 있는 모델을 창조한다.

자연은 주변 온도와 압력에서 활동한다. 세라믹 방탄복보다 더 강한 전복 껍질은 그저 조용히 한 층 한 층 쌓여갈 뿐이다. 전복 껍질은 탄산칼슘과 단백질로 만들어지는데, 이것들은 모두 지역에서 얻어진 것이다. 그리고 이것은 지속 가능한 과정을 통해 생성된다. 세라믹 제조업자들은 효율적이고, 시기적절하며, 예측 가능한 결과를 요구하는 산업계의 기준에 비해 자연의 생산 방법은 너무 적고 느리다고 주장할 것이다. 전복 껍질이 만들어지는 데 드는 시간보다 섭씨 1천 도가 넘는 가마에서 세라믹을 제조하는 데 드는 시간이 훨씬 적은 것은 사실이다. 그러나 세라믹 회사는 채굴된 원자재를 필요로 한다. 원자재를 채굴하기 위해서는 원자재가 있는 곳을 찾아내야 하며, 채굴 허가도 받아야 한다. 또, 채굴된 원자재들을 전 세계로 수송하고, 가공하고(작업과 생산 결과를 가속화, 표준화하기 위해 고온, 고압에서 가공됨) 적절한 형태를 갖추어 운송도 해야 한다. 자재 찾기부터 세라믹 생산 시설에 탄산칼슘이 도착할 때까지의 이 모든 과정을 감안하면, 시간과 효율성의 이점은 그다지 분명하지 않다. 생산 공정 중에 채굴과정이 포함되면, 아무 효과도 없다. 자연계는 보다 빨리 실행하고 아주 적은 에너지 비용을 요구한다.

## 하나의 혁신기술, 다각적 수익

이 책에서 설명하고 있는 혁신기술은 다각적 수익원을 창출할 수 있는 분명한 잠재력을 가지고 있다. 시장은 돈을 중심으로 돌기 때문에 결과적으로 돈은 교환의 수단이 된다. 다양한 시장 적용이 가능한 혁신기술은 보다 매력적이기 때문에 기존의 비즈니스나 기업에서 기꺼이 받아들일 가능성이 높다. 다각적 수익 창출 기회는 매우 매력적인 현상이기 때문에 여러 틈새시장을 공략할 투자금을 모을 수 있고,

혁신기술의 위험 부담은 그만큼 줄어든다. 그럼에도 불구하고 이런 투자는 여전히 위험성 높은 투자다. 투자 조건이 그다지 마음에 들지 않더라도 현금이 너무나 급박한 발명가들은 투자 조건을 받아들이게 될 것이다.

불경기 중에는 현금이 왕이다. 수십억에 달하는 투자금을 보유한 쪽에서 거래의 조건을 정하기 쉽다. 가장 전망이 밝은 한 부문에만 집중하길 원하는 투자자들은 종종 단일 수익원을 가진 핵심 사업 모델을 선호한다. 투자자라면 누구라도 새로운 기술의 성공 가능성을 평가할 것이다. 벤처 자본을 모으고자 하는 중소기업들은 '잘못될 가능성이 있는 것들'의 긴 목록을 밝혀야 한다. 동시에 실리콘밸리의 냉혹한 벤처 캐피털 회사들은 한 가지 혁신기술으로 가능한 수십 가지 적용 사례에 대한 프레젠테이션을 들어보려 할 것이다. 그리고 그들은 예외 없이 한 가지 적용으로 3년 안에 1억 달러의 수익을 보장할 수 있는지 질문할 것이다.

비즈니스에는 언제나 위험요소가 따르지만, 이 책에서 심도 깊게 다루어진 혁신기술들에 따르는 위험요소들은 보다 정확히 측정되고, 경감되었을 뿐 아니라 시장의 일반적인 경우보다 더 낮다. 사실 이런 혁신기술들은 위험요소를 줄일 수 있다. 혁신기술들이 비즈니스 모델을 그 핵심부터 변화시키기 때문이다. 기초적인 지표들이 이미 성공적으로 적용된 기반 기술을 갖게 되면 위험요소를 줄일 수 있을 뿐 아니라, 한정적인 틈새시장에 투자하는 것보다 훨씬 높은 잠재 수익을 얻을 수 있다. 이와 같은 엄청난 매출 잠재력은 투자자들로 하여금 다각적 수입이라는 측면에서 위험요소를 재평가하게 할 것이다. 이 것이 바로 우리가 다루고 있는 대부분의 최고 혁신기술들이 갖는 주요 이점이다.

이를 증명하기 위해 멀리 갈 필요도 없다. 지금까지 알려진 소용돌이의 상업적 적용 사례는 37가지이며, 박테리아간의 의사소통을 방해하여 생물막의 형성을 억제하는 해초 추출 퓨라논의 경우도 20개가 넘는다(8장 참조). 5만 달러나 드는 수술을 배터리 없이도 심장을 영구적으로 모니터링 할 수 있는 500달러짜리 비수술적 요법으로 대체함으로써 얻어지는 절감 효과 역시 무시할 수 없다. 의료산업계는 매년 100만 개 정도 판매되는 페이스메이커 대신, 일 년에 10억 개의 심장 패치를 판매할 수 있다.

옥스퍼드 바이오머티어리얼스Oxford Biomaterials가 개발한 실크 폴리머silk polymers는 이미 5개의 다른 회사에서 각각 개발 중인데, 각 회사마다 개별적으로 투자금을 모으고 있다. 팍스 사이언티픽 역시 자연이 물과 공기를 마찰 없이 이동시키는 방법을 5개의 다른 분야에 적용하여 각각 투자를 받고 있다. 퓨라논의 항균작용을 연구하고 있는 호주의 신생기업 바이오시그널은 다른 회사와 기술을 합병하기 이전에 농업, 소비자, 산업, 의료 장비, 의약품 시장을 위한 잠재력 있는 다양한 응용기술들을 모두 분리하는 유사한 전략을 갖고 있었다. 각 분야를 통해 석유와 가스의 부식 방지제나 발한發汗 억제제, 낭포성 섬유증의 치료제 같은, 틈새를 공략할 해결책들을 실행하는 데 필요한 다양한 자금이 모이게 된다. 모든 해결책들은 같은 기반 기술에서 나온다. 커트 할베르그의 소용돌이에 대한 수학적 해석을 기반으로 탄생한 기업 와트레코는 얼음 제조 시 에너지를 절약하거나, 골프장의 투과성을 높이고, 파이프에 생물막이 형성되는 것을 방지하거나, 물고기 양식장에 공기를 펌프질 하는 등의 다양한 해결책들을 제공한다. 이런 벤처 기업들은 미래를 향해 전진할 준비가 되어 있는 기업가의 예를 보여주고 있다.

다양한 적용을 통해 다각적 현금 흐름을 공급하는 이러한 기술들을 이용하면, 위험요소는 줄고 지적 재산의 가치는 극적으로 증대시킬 수 있다. 결국 투자자들은 적용기술을 판매하고, 자신들의 호기심을 자극하고, 관심을 불러일으키는 일에 집중하게 한다. 자신들의 이해를 증대하고, 호기심을 자극하는 것에 집중할 수 있게 하는 것이다. 협력을 통해 투자자들은 장애를 극복할 힘을 얻는다. 투자자들과 기업이 서로 다른 목적을 갖는다 해도, 확실한 첨단기술과 기업 경쟁력에 관한 날카로운 분석을 토대로 충분히 성공적인 융합을 이룰 수 있다. 벤처 자본이 이미 뛰어난 아이디어를 가진 사람들에게 몰리고 있다. 지금 현재 필요한 것은 혁신기술을 시장에 도입할 수 있는 의지와 능력이다.

다양한 시장에서 다각적 수익 창출의 잠재력을 갖춘 혁신기술들은 매우 매력적이다. 이런 현금 흐름을 발생시키는 혁신기술을 개발한 사업체들은 시장의 수요를 만족시킬 뿐 아니라, 투자와 사업 기회의 대상으로 관심을 끌게 될 것이다.

## 지역사회에서 자원을 순환생산 하기

혁신기술들은 또한 지역사회, 특히 많은 압박을 받고 있는 사회가 스스로 자신의 필요를 채울 수 있도록 돕는다. 혁신기술들은 지역사회가 첫 걸음에서 그치지 않고 계속 나아갈 수 있도록 발전의 기초와 수단을 제공한다. 그것들은 지역사회가 적대적 상황을 극복하고 시장을 점유할 수 있도록 돕는다. 거래 자금도, 투자 자금도 없는 지역사회는 종종 새로운 아이디어의 도입에 대해 무관심한 것으로 여겨진다. 그러나 베냉의 갓프리 나무조 신부의 성공이나, 짐바브웨의 치도 고베로, 콜롬비아의 파올로 루가리의 경우를 보면 전혀 그렇지 않다는 것을 알게 된다. 통합적 바이오시스템의 설계와 실행은 무기력했던 지역사회에 현금을 유입하고, 자본이 성장하는 경제적 성공을 불러왔다. 세계 인구의 절반은 시골이나 농업 지역에서 살아간다. 농업 종사 인구 비율이 높은 개발도상국들은 통합적 생물처리장을 갖춘 바이오시스템을 이용하여 큰 유익을 얻을 수 있다. 라스 가비오타스의 경우 벌목한 나무에서 모은 수지를 지역의 재생 가능한 에너지를 이용하여 건축자재 생산과정에서 배출된 쓰레기와 함께 가공함으로써 9가지의 제품을 탄생시켰다. 통합적 바이오시스템은 또한 선진국들에게는 생태 발자국을 줄이고 자원 효율성을 높이도록 할 것이다.

# 진정한 기회, 진정한 해결책

비즈니스 모델의 변화는 점점 더 분명해지고 필수적이 되고 있다. 그리고 이것은 자연의 MBA에 대한 우리의 이해의 증가를 토대로 발전한다. 자연계가 어떻게 생존을 유지하는 데 꼭 필요한 것들을 얻고, 지구의 자원을 소비해버리기보다는 어떻게 물리학의 힘에 의존하는지 그들의 방법을 깨닫는 것이다. 그 효과는 놀랍기 그지없다. 결과는 주목을 끈다. 냉장시설이 필요 없는 백신, 수술이 필요 없는 페이스메이커, 화학약품 없이 수도관의 부식을 막는 소용돌이 기술, 박테리아에 대항하는 조류, 면도날만큼 날카로운 실크 등 많은 사례들이 있다. 유독성 화학물질과 지속 불가능한 것들을 단순한 자연적 공정으로 대체함으로써, 완전히 새로운 상품과 서비스를 위한 기회의 창을 열수 있으며, 동시에 우리 시대의 가장 어려운 도전과제를 해결하는 데 많은 도움을 얻을 수 있을 것이다.

무로써 유를 대신하는 기회, 바로 유독하거나 재생이 불가능한 원료나 공정을 온전히 물리학과 자연의 공정에 의지하는 원료나 공정으로 대체하는 것은 분명 존재한다. 보다 활발한 현금 흐름을 창출함으로써 위험률을 낮추는 능력을 통해 상품과 서비스는 경쟁력을 갖추게 된다. 이곳이 바로 새로운 기업가 정신이 자라나는 곳이다. 이렇게 해서 수백만의 지속 가능한 일자리가 창출된다. 또, 구모델의 상품과 구시대의 생산 방법이 그 기저에서부터 혁신적으로 변화하고, 이미 벤치마킹되고 있는 해결책들에 대한 과학적 이해를 바탕으로 생산하고, 그 결과 다음 세대들이 혁신가가 될 수 있도록 용기를 주는 것이다. 수십억 년간 축적된 생태계와 종들의 진화의 경험들은 완벽한 해결책을 고안하고, 새로운 환경을 위한 대안을 제시한다는 면에서 정말로 중요하다. 그들이 고안한 해결책이 보유한 탄력성과 유연성은 확실히 입증되었다.

지난 수십 년간 환경을 보호하고 공해를 감소시켜 지속 가능성이라는 목표를 이루기 위해, 모든 사람들에게 더 많이 지불하고 더 많이 투자할 것을 요구했다. 하지만 이런 방법을 기꺼이 받아들일 준비가 되어있는 사람은 많지 않았다. 환경을 오염시키는 행위에 대해 정부가 부가하는 세금이나 벌금조차 환경에 대한 인식을 변화시키기에는 역부족이었다. 이제 우리는 사회 자본과 지역사회의 활기를 회복하고, 동시에 보다 나은 결과와 다양한 수익을 창출할 수 있다. 옳지 못한 선택을 통해 이익을 얻었던 사람들도 이제 경제와 지역사회를 뿌리부터 꼭대기까지 건강하게 하는 해결책들에 올바른 투자를 할 수 있다. 자본이나 경험의 부족을 보충하고도 남을 무한한 열정과 헌신을 바치는 수천 명의 기업가들이 바로 성공의 원동력이 될 것이다. 또, 기본적 필요를 해결하는 혁신기술들이 시장에서 가장 성공하게 될 것이다. 이것이 바로 경영의 귀재 피터 드러커가 1980년대에 주장한 것이다. 가난한 자들의 필요는 기업가들이 고대하던 기회다.

제조업체가 유독한 공정을 조금 덜 유독한 것으로 대체한다고 해도, 그것은 단지 '조금 덜 나쁜' 짓을 하는 것뿐이다. 조금 덜 유독한 원료를 사용하여 조금 더 오래가는 배터리를 만들기 위해 수십억 원을 쏟아붓는 경우가 바로 그렇다. 이런 배터리를 생산하기 위해서는 아직도 채굴, 제련, 그리고 지독한 화학공정이 뒤따른다. 그리고 사용된 배터리들은 대부분 매립지에서 환경을 오염시키고, 생태계를 중독시키며, 오랫동안 우리 모두의 건강을 위협한다. 많은 이들은 반쪽짜리 해결책이라도 최소한 옳은 길로 가고 있지 않느냐고 반문할 것이다. 하지만 이것은 단지 윤리 기준을 갉아먹는 일일 뿐이다. 우리는 모두 서로 더 잘할 수 있도록 격려해야 한다. 그리고 조금 덜 나쁜 짓이면 충분하다는 안일한 생각을 받아들이지 말자.

최근 과학지에 발표되는 논문들은 자연의 생물들이 식량을 획득하고, 생존하기 위해 문제를 해결하는 방법에서 영감을 받은 수천 가지의 실현 가능한 혁신기술들에 대해 살펴보고 있다. 비록 과정 전체가 완전히 밝혀진 사례는 많지 않지만, 여전히 가능성은 충분하고 미스터리들은 곧 해결될 것이다. 시간이 우리로 하여금 혁신기술에 대해 이해하고 실행할 수 있도록 할 것이다. 그리고 이러한 혁신기술들을 통해 우리가 생산하고 소비하는 방식을 완전히 지속 가능한 방식으로 전환할 수 있을 것이다.

다음 장에서 우리는 지금 이미 실행되고 있는 혁신기술과 해결책들을 토대로 블루이코노미의 뼈대를 살펴볼 것이다. 블루이코노미는 생태 시스템의 성공을 경제 시스템에 적용하는 것이다. 따라서 인간

시스템, 아니 모든 생물 시스템의 생존을 보장하는 블루이코노미를
실행함으로써 이런 시스템의 진화적, 생산적 경로를 유지하는 데 필
요한 안정성을 획득할 수 있다.

# CHAPTER 6
# 순환생산 모델, 다각적 현금 흐름

## THE BLUE ECONOMY

나에게 서 있을 발판만 달라
그러면 나는 지구를 움직여 보이겠다!
―아르키메데스Archimedes

대혼란의 시기에 긍정적인 마음은 어디에서든 해결책을 찾아낸다. 심지어 경제 전체가 내리막인 상황에서도 항상 성장의 기회는 있다. 많은 이들은 건강 관리, 식품 생산 그리고 오염 관리, 이 세 가지 분야에 대한 소비는 경제가 어려운 시기에도 증가한다는 것에 동의한다. 전 세계적으로 약효가 있는 식용 버섯에 대한 급증하는 수요보다 더 좋은 성장 잠재력에 관한 예는 거의 없다.

중국에서 구매력을 가진 중산층이 등장한 이래, 표고버섯과 다른 진균류의 자실체子實體에 대한 수요는 폭발적으로 늘어났으며, 지난 20년간 평균 두 자리 대 성장률을 유지해 왔다. 유럽과 북미 지역에서도 이름도 생소한 '목이Auricularia auricular', '팽이Flamminula velutipes', '잎새Grifola fondosa', '영지Ganoderma lucidum' 같은, 영양 많고 약효가 뛰어난 여러 버섯들의 가치를 깨닫고 있다. '에스프레소나 라떼, 스시, 피자'가 그랬던 것처럼 이런 생소한 이름들 역시 곧 우리 생활의 일부가 될 것이다.

이 맛있는 먹거리를 인간의 의지대로 생산하기 시작한 이후, 버섯에 대한 수요와 그 수요를 맞추기 위해 필요한 일자리는 계속해서 증가했다. 13세기 중국의 농부이자 과학자였던 우산공은 처음으로 자연의 다섯 왕국 중 하나인 진균류 왕국에서 건강한 단백질을 빼앗아 오기 시작했다. 세계적인 표고버섯의 수도는 중국 광둥의 주장 강 삼각주에 위치한 칭위안이다. 칭위안은 샌프란시스코만보다도 작은 지역이지만, 이 지역의 고용 인구는 12만 명에 달한다. 그들은 서구의 시장가치로 환산하면 약 10억 달러 이상의 버섯을 재배한다. 버섯 재배를 국제적으로 성공시킨 주역인 홍콩 중문 대학의 슈팅 창Shuting Chang 교수에 따르면 중국 버섯 재배의 총 수출고는 2007년 170억 달러에 이르며, 이와 관련된 일자리가 1천만 개에 달한다고 한다. 볏짚을 이용한 버섯 재배는 지난 수십 년간 서구의 식품 전문가와 인구 전문가들을 놀라게 했던 만큼 확실히 중국의 엄청난 인구의 식량을 책임지고 있다.

식물, 과일, 야채(식물 왕국) 등을 수확하고 남은 것들은 닭이나, 오리, 돼지, 물고기(동물 왕국)의 좋은 먹이가 된다. 이 먹이는 식물 쓰레기, 특히 짚을 음식으로 바꾸는 놀라운 능력을 가진 버섯(진균류 왕국)이 남긴 단백질로 더욱 풍성해진다. 박테리아(원핵생물 왕국) 역시 유기물질을 조류藻類(원생생물 왕국)의 성장을 돕는 물질로 바꾸는 데 동원된다.

열대 버섯에 대한 미국의 연간 수요량은 일인당 거의 175그램 정도다. 캐나다에서는 미국보다 2배의 버섯을 소비한다. 홍콩에서는 놀랍게도 매년 일인당 약 14킬로그램의 버섯을 소비한다. 만약 미국 소비자들이 캐나다 소비자 정도만 버섯을 소비한다면, 이에 따른 추가 수익만 20억 달러에 이를 것이다. 미국 국민의 식생활이 홍콩과 비슷해진다면 세계의 다른 어떤 산업, 석유와 버섯의 현재 시장 가격으로 따져보았을 때 심지어 석유 산업보다도 식용 버섯 산업이 우위에 서게 될 것이다. 이 통계자료가 보여주듯 버섯 산업의 뛰어난 점은 버섯이 전통적으로 쓸모없는 것으로 여겨져 소각되던 농업 쓰레기를 이용해 재배된다는 것이다.

곡물의 겨, 껍질, 옥수수 속대, 짚과 같은 바이오매스에는 단백질이나 당질이 거의 들어 있지 않지만, 여기에서 자란 버섯에는 단백질이 매우 풍부하다. 건조 중량을 기준으로 느타리버섯 중 어떤 종류는 단백질뿐만 아니라 필수 아미노산 함량도 육류에 필적한다. 우습게도 서구에서는 여전히 양송이버섯(Agaricus bisporus)을 가장 많이 소비하는데, 버섯 중에 단백질 함유량이 가장 낮은 양송이버섯을 재배하기 위해서는 살균 처리된 말의 배설물이 필요하다. 어떤 나라에서는 양송이버섯 재배를 위해 말의 배설물을 해외에서 수입하기도 한다. 질 낮은 단백질을 생산하기 위해 말 배설물이 자유무역 된다는 것을 상상해보라. 이것은 증가하고 있는 세계 인구의 식품 수요에 부응할 수 있는 지속 가능성도, 경쟁력도 없는 비즈니스 모델이다.

자연 시스템은 다양한 자원을 이용하여 단백질을 순환생산 하기 때문에, 한 종류의 자원에 의지할 필요가 없다. 그리고 이를 통해 우리는 어떻게 지역적으로 이용 가능한 것으로부터 전 세계인을 위한 식량을 확보할지에 대한 영감을 얻을 수 있다. 버섯은 식물 쓰레기를 식용 자실체로 바꾼다. 버섯 수확 후 진균류가 남기는 균사체는 동물들에게 매우 영양가가 높은 먹이가 된다. 동물들이 먹이를 먹고 배설을 하면, 박테리아가 이것을 소화시키고, 식물과 미세조류가 잘 자랄 수 있는 비옥한 토양이 형성된다. 한 왕국에 속한 한 종이 다른 왕국에 속한 다른 종을 위해 영양분을 순환생산 하는 것이야말로 생태계의 경이로움이다. 바로 이러한 이유로 생태계에서는 굶주림이나 실직 같은 것을 찾아볼 수 없다. 생태계에서는 다른 존재의 쓰레기를 통해 영양분을 얻고, 모두의 기본적 필요를 만족시키기 위해 다들 최선을 다하느라 바쁘게 움직인다.

열대 버섯을 생산하기 위한 비즈니스 모델은 단순하다. 첫 번째 단계를 생략하는 방법을 아는 사람도 있지만 어쨌든 가장 먼저 섬유소를 함유한 바이오매스를 고온·고압에서 살균해야 한다. 버섯 배지는 대부분 이미 죽었거나 죽어가는 생물 물질이다. 다음 단계로, 미량의 버섯 포자를 배지에 접종한다. 살균과정에서 대부분의 박테리아가 제거되기 때문에 균사체는 빠르게 퍼져 나가 몇 주만 지나면 세균 전체에 침투한다. 배지가 균사체로 가득 차면, 온도나 물을 이용하여 충격을 준다. 충격으로 인해 자실체가 나타난다. 버섯은 흔히 생존에 위협을 받을 때 더 빨리 번식하기 때문이다. 우리가 버섯이라고 부르는 것은 균사체의 자손들, 바로 자실체인 것이다.

중국에서는 짚을 모두 풀버섯Volvariella volvacea 재배에 활용한다. 유감스럽게도 짚을 생산하는 여러 작물들의 유전자가 변형되고 있다. 벼의 경우 볏짚을 줄이기 위해 벼의 키를 줄이고 있다. 또, 세계 다른 지역에서는 짚을 소각하면서 엄청나게 공기를 오염시킨다. 볏짚 소각은 이집트의 나일강 삼각주 지대에 사는 2천만 명의 주민들에게 끔찍한 영향을 끼치고 있다. 하지만 인간의 엄청난 필요를 연구하는 사람들도 아직 볏짚을 단백질로 바꾸고, 또 그 남은 것을 동물의 사료로 이용하는 중국의 지혜를 모방하지 않고 있다. 사실 이집트와 같은 나라들은 유전자를 변형시킨 짧은 키의 벼를 도입함으로써 식량 부족 현상을 겪고 있으며, 그 차이를 메우기 위해 밀을 수입하고 있다.

현재의 버섯 재배 방식이 항상 지속 가능한 것만은 아니다. 버섯 재배 재료로 참나무를 사용하는 경우, 참나무를 벌목한 뒤 잘게 부수면 국제 시장에서 가장 가격이 높고 건강한 버섯 중 하나인 양질의 표고버섯 배지를 생산할 수 있다. 하지만 표고버섯 수요가 빠르게 증가하면서 중국 전역의 참나무 수확량으로는 증가하는 수요를 감당할 수 없게 되었다.

지난 15년간, 지역 특산 버섯이나 열대 버섯의 혁신적, 효율적 농법은 저비용의 경쟁력을 갖춘, 일년 내내 지속되는 비즈니스로 발전해 왔다. 이 다각적 혁신기술들을 통해 생산과 마케팅의 새로운 모델을 창조할 수 있었다. 아프리카와 중남미 지역에서는 생태계의 순환 생산 방식에 영감을 받은 버섯 재배 모델을 벤치마킹하고 있다. 버섯 가격이 비교적 저렴해지면서 이국적인 버섯에 대한 서구의 수요가 2배로 증가했다. 때문에 콜레스테롤이나 지방의 걱정 없는 이 식품의 재배 역시 전 세계적으로 증가될 것이다. 수요가 증가하면 버섯 재배 업자들은 배지로 이용할 보다 많은 쓰레기들을 찾게 될 것이다. 버섯 재배는 매우 노동 집약적인 산업이기 때문에 이 쓰레기−음식 사슬은 수천, 아니 수백만의 일자리를 창출할 수 있다. 지역의 기업들은 특히 고용 시장에 위기를 겪고 있는 지역에서 고용 기회라는 잠재력을 실현할 수 있을 것이다.

## 커피에 대한 소문

21세기 초반, 커피는 세계에서 두 번째로 널리 교역되는 상품이라는 자리를 버섯에게 내어주어야 했다. 하지만 이제 두 상품 모두의 가치를 증대시킬 수 있는 새로운 기회가 있다. 바로 커피 찌꺼기로 버섯을 재배하는 것이다. 커피와 관련하여 2종류의 쓰레기 흐름이 존재한다. 하나는 농장에서 대량 생산되는 쓰레기로 '펄프'라고 알려져 있다. 다른 하나는 커피 추출과정에서 생산되는 커피 찌꺼기다. 커피 원두가 농장을 떠나는 순간부터 커피 주전자에서 추출될 때까지 전체의 99.8퍼센트가 버려지고 오직 0.2퍼센트만이 이용된다. 우리가 앞서 살펴본 심각한 쓰레기 문제에 커피가 상당 부분을 차지하고 있다. 하지만 이제 농장과 커피숍에서 발생한 쓰레기 흐름을 버섯 생산을 위한 자양분의 흐름으로 순환할, 긍정적이고 창조적인 기회가 우리 앞에 있다. 이것은 전대미문의 기회를 우리에게 열어 보인다. 커피 재배업자는 3달러짜리 에스프레소 한 잔당 0.1센트를 받는다. 마진율이 3천 배인 것이다! 2008년에만 1억 3천400만 자루의 커피가 소비되었으며(자루당 60킬로그램), 썩도록 버려진 총 바이오매스는 충격적이게도 2천350만 톤에 이른다. 만약 커피 수확과 생산과정에서 발생한 쓰레기의 잠재 가치가 커피 원두를 통해 얻을 수 있었던 가치를 재현, 또는 능가할 수 있다면 이것은 정말로 황금알을 낳는 거위가 될 것이다.

버섯은 목질 섬유소ligno-cellulose를 먹고 자란다. 덤불 속의 열매를 컵 속의 음료로 바꾸는 과정에서 발생하는 엄청난 커피 쓰레기의 대부분은 목질 섬유소다. 그보다 더 좋은 것은 커피나무는 참나무와 마찬가지로 경재硬材라는 점이다. 앞에서 소개된 슈팅 창 교수는 1990년에 이미 커피 쓰레기가 버섯 재배에 이상적이라는 사실을 증명했다. 특히 커피 쓰레기는 느타리버섯과 표고버섯 재배에 매우 좋은 것으로 나타났으며, 심지어 뛰어난 약효로 유명한 영지버섯도 커피 그라운드(커피를 내리고 남는 찌꺼기)에서 잘 자랐다.

커피 원두가 농장에서 로스터로 그리고 소비자에게 도달하기까지의 과정은 완벽한 감독을 받는다. 이보다 더 엄격한 관리를 받는 농작물은 거의 찾아보기 힘들다. 커피를 추출할 때 뜨거운 물이나 증기가 통과하면서 커피 그라운드와 구운 커피콩을 살균한다. 이 모든 과정이 버섯 생산 과정을 단순화시키기 때문에 버섯을 기르는 데 큰 이익이 된다. 증기를 쬐고 젖은 그라운드는 원래의 포일 포장상태로 돌아가 추가 살균작업 없이도 바로 버섯 종균을 접종할 수 있다. 따라서 비용은 훨씬 절감되고, 지역의 버섯 재배 업자에게 보다 쉽게 공급될 수 있다. 더욱이 어떤 버섯은 커피 그라운드에 포함된 카페인에 자극을 받아 더욱 빨리 자라기 때문에, 커피 그라운드를 활용하면 그렇지 않은 버섯 농장보다 더 빠른 현금 흐름을 창출할 수 있다. 이것은 바로 우리가 꿈꾸는 이상적인 경제와 정확히 들어맞는다. 바로 더 적은 투자로 더 많은 현금 흐름, 한 가지 시도로 여러 가지 이익을 창출하는 것 말이다. 커피를 활용한 버섯 재배는 더 적은 비용으로 더 빠른 결과, 더 높은 고객 충성도, 그리고 더 바람직한 현금 유동성이라는 결과를 가져온다.

**펄프로 단백질을 생산하는 모델, 커피 쓰레기가 버섯으로
(유엔 밀레니엄 개발 목표에 부응하여)**

| 소비자와 생산자에게 유익한 점 | | 지구에 유익한 점 | |
| --- | --- | --- | --- |
| 더 풍부함 | 커피는 버섯에게 이상적인 영양분과 세균을 제공한다. | 적은 에너지 | 커피 그라운드가 살균처리 되기 때문에 버섯 재배 시에는 살균할 필요가 없다. |
| 더 깨끗함 | 커피를 추출하고 버섯을 접종하기 위해 필요한 것은 뜨거운 물뿐이다. | 적은 메탄 가스 | 그라운드가 매립지에서 썩지 않기 때문에, 온실 가스 배출도 적다. |
| 더 신속함 | 카페인이 버섯을 더 빨리 자라게 한다. | 적은 방목 | 버섯 재배 후 세균은 질 좋은 동물 사료가 된다. |
| 더 저렴함 | 원재료가 공짜다. | 적은 벌목 | 커피나무 역시 참나무와 마찬가지로 경재이기 때문에, 참나무의 이상적인 대안이 된다. |
| 더 건강함 | 버섯은 단백질이 풍부하고 콜레스테롤과 지방 걱정이 없는 식품이다. | 적은 매립 | 커피숍에서는 쓰레기 처리 비용을 줄이고 쓰레기 매립 양까지 줄일 수 있다. |
| 식량 확보 | 환금작물 커피에서 나온 쓰레기로 지역에 필요한 식량을 확보한다. | 식량 확보 | 환금작물 커피에서 나온 쓰레기로 지역에 필요한 식량을 확보한다. |

쓰레기를 모든 사람에게 더 싸고 더 건강하고 영양가 높은 식품으로 전환하는 벤처 사업은 이 어려운 시기에 매우 매력적이다. 사업적 견지에서 이 방법은 보다 원활한 현금 흐름을 제공하기 때문에, 투자자들과 은행가들은 더욱 이에 관심을 갖게 될 것이다. 창 교수가 처음으로 연구를 시작한 뒤, 카르멘자 자라밀로Carmenza Jaramillo는 6년간 콜롬비아 커피영농조합 연구기관인 세니카페CENICAFE를 위해 커피 쓰레기를 진균류 재배에 활용할 방안을 연구해 왔다. 그녀는 국제적 전문지에 자신의 연구 결과 논문을 20편 넘게 발표했다. 벨그라데 대학의

이반카 밀렌코빅Ivanka Milenkovic 박사는 버섯 재배 후 남은 세균을 동물 사료로 이용했을 때, 생고기나 우유 생산량이 전혀 줄어들지 않는다는 것을 과학적으로 분석했다. 펄프로 단백질을 생산하는 방법이 경제적으로 대단한 이익을 가져올 것은 분명하다.

**펄프로 단백질, 기후변화를 완화시킴**

| 기후변화에 끼치는 영향 | 새천년 목표를 향한 진전 |
| --- | --- |
| 낮은 에너지 사용 | 식량 보장 |
| 삼림 보호 | 여성의 권익 증진 |
| 더 적은 운송비 | 어린이 건강 증진 |
| 매립할 필요 없음 | 환경적 지속 가능성 |
| 메탄 가스 없음 | 지구적 협력 |
| 석탄 사용 중단 | 에이즈에 대처함 |
| 슬로푸드 경작 | 자급자족 익히기 |

커피 펄프가 좋은 비료가 된다는 미명하에 농장에 그냥 썩도록 버려지는 것은 안타까운 일이다. 매년 1천600만 톤의 유기성 폐기물이 커피 농장과 매립지에 버려져 썩어가며, 이 과정에서 수백만 톤의 온실 가스가 배출된다. 펄프로 단백질을 생산하는 접근법은 나무를 벌목할 필요를 줄여준다. 벌목에서 살아남은 나무들, 특히 참나무와 같은 활엽수들이 탄소를 처리하여 기후변화에 끼치는 악영향들을 감소시킨다. 쓰레기를 영양분의 순환과정 안으로 돌려보내면 쓰레기 처리 문제를 단순화할 뿐 아니라, 바이오매스가 썩으면서 발생하는 메탄 가스도 줄일 수 있다. 버섯과 커피의 융합을 통해 모든 부정적인 요소들을 제거할 수 있는 것이다.

우리가 지구적 발전이라는 견지에서 커피를 바라보면, 커피 농장에서 나오는 펄프를 이용하여 지난 수십 년간 이 환금작물을 단일 재배함으로써 발생했던 많은 부정적 영향들을 상쇄할 수 있다는 것을 깨닫게 된다. 현재의 모델에서는 커피를 단지 커피 재배농과 그들의 지역사회의 생계를 책임지는 환금작물로 보지만, 그것은 단지 커피의 시장가격이 높을 때 적용되는 이야기다. 커피 가격이 어떤 기준점 이하로 떨어지면, 커피 재배농과 그들의 가족들 그리고 지역사회 전체가 고통받는다. 커피 가격이 급락하자 많은 까페떼로스cafeteros(콜롬비아 안데스 산지의 소작농 – 옮긴이)들은 커피 덤불을 갈아 엎어버리고 그들의 작은 땅에 생계를 위해 1에이커당 젖소를 두 마리씩 사육하지만, 근근이 먹고 살기도 어려운 지경이다. 가족들을 먹일 식량조차 없는 그들은 배고픔에서 벗어나기 위해 무엇이라도 할 준비가 되어 있다. 농부들은 가족들과 함께 도시 외곽의 빈민촌으로 들어간다. 그리고 그곳에서 미래도 없고 얼마 벌지도 못하는 직업이라도 찾아보려고 수백만의 다른 사람들과 합류한다.

20세기 말에 베트남이 세계 두 번째의 커피 수출국이 되자, 여러 다른 나라, 특히 아프리카의 경제는 심각한 타격을 입었다. 하지만 커피와 버섯이 융합되어 생태계가 만들어지자 환금작물과 식품 보장이라는 이분적 논리는 사라졌다. 우리는 식물과 진균류, 동물이 함께하는 양분의 순환생산을 통해, 커피 재배 지역에 만연한 빈곤의 종말을 꿈꿀 수 있게 되었다. 농장 쓰레기 1파운드당 최소한 0.5파운드의 단백질이 풍부한 식품을 농장 식구들에게 공급할 수 있다. 사용된 세균은 비용이 전혀 들지 않는 매우 훌륭한 동물 사료가 되기 때문에, 농부들에게는 영양과 식품을 더 공급해 줄 가축을 구매하거나 기를 수 있는 여유가 생긴다. 커피와 같은 환금작물에서 나온 쓰레기가 식량 보장과 함께 다른 많은 유익을 가져다주는 과정을 지켜보는 것은 특별한 기회다. 이러한 농법은 젊은이들과 실업자들, 사회적 소수들을 일깨울 뿐 아니라, 고정관념에 사로잡혀 있던 MBA들에게도 무에서 현금을 창출할 수 있다는 것을 깨닫게 할 것이다.

자신도 일곱 살의 나이에 고아가 된 치도 고베로에 의해 시작된 '고아가 고아 가르치기' 프로그램은 다른 고아들에게 아프리카 전역에서 번성하고 있는 침입종인 옥잠화를 비롯하여, 지역의 농업 쓰레기를 이용하여 버섯을 재배하는 방법을 가르친다. 옥잠화는 잠비아에서 '제1의 공공의 적Public Enemy Number One'으로 불리며, 화학 제초제와 외래종인 바구미와 치열한 싸움을 벌이고 있다. 하지만 옥잠화 1킬로그램은 2킬로그램의 버섯을 생산할 수 있는 영양분을 공급한다. 치도는 우기 동안 모은 야생 버섯을 이용하여 버섯 종균을 생산하는 조직 배양 기술을 익혔다. 치도의 영감과 인도로 고통받아 왔던 이곳의 고아 소녀들은 자신을 혹사시키지 않고도 생계 유지를 가능하게 하는 미래를 위한 의지와 기술을 습득할 수 있게 되었다. 식량을 보장받는다는 것은 많은 사람들로 하여금 식량 이상의 것을 꿈꿀 수 있도록 동기를 부여한다.

## 펄프가 생계수단으로

콜롬비아의 결과를 기초로 계산할 때, 버섯을 재배하는 커피 농장들은 2개의 새로운 일자리를 창출할 수 있다. 전 세계 45개국에 2천 500만 곳의 커피 농장이 있는 것으로 추정되며, 이는 버섯을 재배하는 커피 농장이 농부뿐만 아니라 그 가족들의 식품을 보장하면서 동시에 전 세계에 5천만 개의 새로운 일자리를 탄생시킨다는 것을 의미한다. 만약 우리가 여기에 짚이나 옥수수 속대, 가지치기나 풀을 제거한 것들, 또는 옥잠화 같은 것들도 포함시키면 엄청난 수치의 결과가 나온다. 지역 식품을 지역 주민들에게 공급하는 능력은 농장의 수입과 안정성을 증대시킬 것이다. 가장 기본적인 영양분만을 공급하는 그야말로 생계유지성 식품에 시간과 돈을 소비하는 대신, 버섯 생산을 통해 상당한 양의 건강하고 단백질이 풍부한 식품과 동물 사료를 동시에 얻을 수 있다.

이것은 도래하고 있는 블루이코노미 순환생산 모델의 단지 일부분일 뿐이다. 이것은 시골지역에 고용을 창출할 수 있도록 경제적인 자극을 준다. 또, 이것은 세계 경제의 시동을 다시 걸 엔진 중 하나가 될 잠재력을 갖고 있다. 소득과 음식을 공급하고 전문기술 세대와 전통세대가 그들의 잠재력을 완전히 발휘할 수 있도록 한다면, 아무도 어두운 미래를 찾아 도시지역의 빈민가로 떠나지 않을 것이다.

　이외에도 또 다른 지류들이 존재한다. 도시 내에서 고용을 창출하는 것이다. 전 세계 10만 곳이 넘는 커피숍에서 커피 그라운드가 나온다. 이는 중동의 아랍 도시에서부터 도쿄의 코히 쇼푸(커피숍의 일본식 발음 - 옮긴이), 전통적인 프랑스 카페에 걸신들린 듯한 미국식 커피 문화까지, 커피 그라운드를 버섯으로 변화시키는 것이 도시지역에서 잠재적으로 10만 개 일자리를 추가적으로 창출할 수 있음을 의미한다. 이미 독일 베를린과 미국 샌프란시스코 만 지역에서 이 선구적인 사업이 실험되었다. 그것은 어려운 일이 아니다. 짐바브웨의 고아들이 지역의 쓰레기 외에는 아무것도 없이 시작한 것을 생각해보면 도시에서 성공할 확률은 매우 높다.

**펄프에서 단백질로의 시스템**

| 농장의 일자리 | 1 에이커 농장 = 2개 일자리 × 2,500만 커피 농장(전 세계) = 5,000만 개 일자리 |
|---|---|
| 도시 내 일자리 | 10~15곳 커피숍 = 1 농장 단위 =10개 일자리 × 21,000곳 커피숍(미국 내) +1,000,000곳 이상(전 세계) = 120만 개 일자리 |
| 결과 | 1,600만 톤의 신선한 단백질을 전 세계 지역에 공급 + 45개 국가 5 ×매출 증가 2,000~2010 - 5,120만 개 일자리(전 세계) |

　직업은 소득이 창출될 때만 계속 유지된다. 소득은 오직 가치가 부가될 때만 지속된다. 이 제안의 핵심은 더 낮은 비용으로 더 많이 생산할 수 있는 건강식품이다. 건강식품의 가격 탄력성에 힘입어 건강식품 시장은 항상 성장한다. 가격이 낮아지면 이에 비례하여 수요가 올라가게 되며, 농부들의 생계가 보장되고, 사업도 계속 성장하게 된다. 정확한 계산을 거친 연구 데이터와 실제적인 경험은 커피 그라운드에서의 버섯 재배를 통한 잠재 수익이 엄청나다는 것을 보여준다.

커피 쓰레기만을 놓고 볼 때, 도시와 농장 모두에서 사람을 위해 생산할 수 있는 추가적 영양분은 1천600만 톤에 달할 것으로 추정된다. 이것은 전 세계의 물고기 양식을 통해 공급되는 단백질의 절반에 해당되는 양이다. 폭발적인 인구 증가로 심각한 스트레스를 받고 있는 세계 식품 시장에 안정적인 수익과 주요 공급원이 될 것이다. 양분과 에너지의 순환생산이라는 것은 유전자 조작을 의미하지 않는다. 그것은 우리로 하여금 인간의 기본적인 필요에 부응할 수 있도록 하는 블루이코노미다.

쓰레기는 언제나 환영받지 못했다. 쓰레기가 강을 이루는 데 우리가 했던 역할은 생각하지 않고 대규모 참사로 인한 핵폐기물, 석유 유출, 염소 오염 같은 것에 우리는 신경을 쓰고 있다. 쓰레기는 세계적으로 부정적인 것으로 여겨졌다. 하지만 이제 일자리와 건강에 좋은 식품을 생산하는 쓰레기를 상상해보자. 이것은 정말 좋은 소식이다. 커피 펄프와 커피 그라운드가 버섯 생산에 너무나 이상적인 세균이 되고, 방금 설명한 모든 유익을 가져온다면, 우리는 이것을 꼭 추구해야 한다. 커피에 대한 이미지 역시 건강한 식품을 생산하고 고용을 창출하는 이미지로 바꾸어야 한다. 커피는 에너지 효율성과 지속 가능한 생계수단, 기후변화의 완화 그리고 저렴한 가격의 건강식품까지 연결될 수 있다. 보다 많은 지역에서 보다 견고한 사회 자본이 창출될 것이다. 모든 것은 우리가 '쓰레기'라고 여기던 것에서 시작되었다. 커피가 이것보다 더 긍정적인 이미지를 가질 수 있을까? 이것이 정말 누구의 쓰레기란 말인가?

뉴만즈Neumanns나 네슬레Nestles 같은 세계 유수의 커피 유통 회사들이 자신들이 커피를 구매하는 모든 농장이 쓰레기를 버섯 배지로 활용함을 보장한다면, 기업의 사회적 책임을 다하는 존경받을 만한 일이 될 것이다. 이를 통해 고용을 창출하고 식량을 확보할 수 있을 것이다. 공정 무역을 제안하는 동시에 상대 농부들에게 쓰레기를 버섯으로 전환할 수 있도록 기술적 원조를 공급하는 회사가 있다면 농부들이 다른 누구에게 눈을 돌리겠는가? 커피 쓰레기를 이용해 순환생산 하는 것은 농부들과 수입업자들, 커피 로스터들과 장기 공급계약을 맺을 수 있는 전략이 될 수 있다.

게다가 유기농과 공정 무역을 지지하는 커피유통사들과 소비자들은 커피 원두를 그저 수확하고 납품해서 소비하는 이들에게는 아무 가치가 없는 99.8퍼센트의 커피 쓰레기에서 진정한 성장과 발전, 공정거래를 위한 기회가 있다는 사실을 알게 될 것이다. 이러한 관점은 유기농이나 공정 무역을 훨씬 넘어서는 것이다. 커피 무역을 통해 누구도 상상하지 못했던 완벽한 수준의 지속 가능한 발전이 실현될 수 있을 것이다. '유기농'이란 표시는 화학비료나 농약을 사용하지 않았다는 뜻일 뿐이다. 그것은 자원 효율성에 관한 이야기가 아니다. 커피 소비자들은 커피 농장에서 생산된 전체의 바이오매스의 극히 소량만을 소비하고 있으며, 이러한 낭비가 자신들의 소비 습관과 연관되어 있다는 사실을 거의 알지 못한다. 커피 무역회사와 유통 업체들이 자신이 거래하는 농장에서 펄프-단백질 모델이 실현되도록 돕는다면, 이러한 노력을 통해 영양실조와 절망 대신, 식량과 생계를 보장하는 자급자족의 지역사회를 건설할 수 있을 것이다. 가난한 사람들과 실직자 그리고 지구 모두에게 유익을 줄 참으로 놀라운 잠재력을 가지고 있지 않은가!

생태계의 능력에 기반을 둔 펄프-단백질 사업은 유기적이며 공정거래의 바탕 위에 세워진다. 이 사업은 자연이 제공하는 양분을 100퍼센트 활용하여 가치로 전환한다. 모든 커피 생산국에서 이 사업 모델이 완전히 개발된다면, 낭비의 흐름은 소득의 흐름으로 바뀌게 되고, 현재 커피 생산으로 얻어지는 수입의 150만 배 이상의 수입을 거두게 된다. 150만 배 이상의 수입을 상상해보라! 이제 도래하는 블루 이코노미 기업가들은 모든 낭비의 흐름들을 이와 같은 방식으로 인식하고, 낭비의 구조를 척결하거나, 그것을 소득과 식량 확보, 풍요를 순환생산 하는 수많은 작은 물줄기들로 전환할 것이다.

커피 한 잔의 구매행위가 커피 재배농에게 자립능력과 지속 가능성, 식량과 생계수단을 확보할 수 있게 한다는 사실을 알게 되면 커피 맛은 훨씬 좋아진다. 이러한 만족감 덕분에 돈을 더 들이지 않고도 커피의 힘을 돋구어주는 효과는 배가된다. 이런 사실을 알게 된 소비자들은 지역 자원을 이용하여, 지속 가능하며 공정한 방식으로 커피를 재배하여, 많은 사람들의 식량 문제를 해결해주고 지역사회를 발전시키는 사람들의 커피를 구매하는 데 자신의 돈을 기꺼이 사용할 것이다.

현장에서 검증이 이미 끝난 이 버섯 재배 프로그램은 콜롬비아로 부터 짐바브웨, 샌프란시스코로부터 독일에 이르기까지 다양한 지역 에서 실현되고 있다. 콜롬비아의 엘 우일라El Huila 주에 있는 100개가 넘는 커피-버섯 기업들이 생산하는 농작물들은 마약과 같은 불법 작 물을 신속하게 대체하고 있다. 사업에 참여한 모든 사람들은 이 사업 이 실제로 성공할 수 있다는 결론을 내렸다. 전문기술은 충분히 개발 되어 있고 누구나 원하면 그 정보를 쉽게 얻을 수 있다.

**펄프로 단백질을**

공정하고 지속 가능한 경제모델의 장점은 모든 관계자들에게 보다 큰 가치를 가져다준다는 데 있다. 펄프에서 단백질을 생산하는 이 사 업 모델의 목적은 생산원가 절감을 위해 더 많은 설비 투자를 하거나 추가로 지출된 비용을 회수하는 것이 아니라, 더 많은 소득을 발생시키면서 동시에 모든 사람들에게 비용 절감의 효과를 가져다주는 것이다. 쓰레기가 양분으로 바뀌면, 고용 효과, 현금 유통, 이윤과 같은 가치들이 창출된다. 녹색 사업과 공정 거래는 일종의 디딤돌과 같다. 생태계처럼 가치를 순환생산 하는 경제는 많은 참여자들에게 다양한 혜택을 제공할 것이다.

## 쓰레기에서 슈퍼 푸드로

펄프를 단백질로 전환하는 모델이 갖는 사업적 잠재력 중, 커피와 커피 소비자를 더욱 건강하게 하는 기업을 쉽게 상상해볼 수 있다. 즉 에스프레소나 라떼 같은 커피에 약효가 있는 버섯을 첨가한 건강커피를 판매하는 사업이다. 대부분의 버섯류는 단백질이 풍부하다. 영지버섯(가노더마버섯ganoderma), 표고버섯과 같은 버섯들은 귀한 식량원일 뿐 아니라 약효 또한 뛰어나다. 고대 중국에서는 황제만이 붉은 빛깔의 영지버섯을 먹을 수 있었다. 비록 발표된 임상실험 결과는 별로 없지만, 오랫동안 전통 한방을 통하여 당뇨에서 고혈압에 이르는 다양한 증상에 효능이 있다고 증명되었다. 방금 설명한 생산방식을 통해 이러한 귀한 버섯의 재배 원가를 낮출 수 있고, 즉석 자양강장음료를 원하는 고객들에게는 영지버섯 성분이 있는 모닝커피 한 잔을 제공할 수 있을 것이다.

많은 사람들이 관심을 가질 만한 계산을 한번 해보자. 스타벅스

Starbucks사가 전 세계 고객들을 상대로 일본어로 '천 년을 산다'라는 뜻의 가노더마버섯 커피를 판매하기 시작하면, 이 버섯에 대한 수요가 엄청나게 증가할 것이다. 이를 통해 고용 창출, 수입 증대, 영양 증대라는 첫 번째 관문을 쉽게 통과할 수 있다. 매일 1만 9천 개의 스타벅스 커피점에서 100명에게만 에스프레소, 마끼아또, 라떼, 차이(인도식 홍차 – 옮긴이) 등에 50센트만 더 받고 가노더마 버섯 한 조각을 함께 판매한다면, 이를 통해 연간 3억 6천500만 달러라는 엄청난 추가 수입을 올릴 수 있다.

또, 스타벅스가 커피 농장이나 도심지역에서 펄프–단백질 프로그램의 발전을 위해 수익 증가분의 10퍼센트, 즉 연간 3천650만 달러를 기부한다고 가정해보자. 이러한 기부로 인해 발생하는 지출은 하루 2톤의 가노더마버섯 소비 시장에서 창출되는 고용, 수입, 영양뿐만 아니라, 사회 자본 및 세금 공제를 통해 쉽게 보상받게 된다. 커피로 창출되는 이익 중 하나 만이 커피 재배농에게 돌아가고 2천999가 다른 이해관계자들에게 돌아가는 것에 반해, 가노더마의 경우 재배농에게는 1이, 다른 관계자들에게는 10이 돌아가는 구조를 갖고 있다. 이를 통해 농촌과 도심 지역 경제에 현금이 흐르게 되고, 그 결과 공급과 수요에 대한 자극이 효과적으로 일어난다. 또, 소비자의 신뢰를 얻고, 사회 자본이 형성되며, 나아가 오늘날 찾아보기 어려운 고용과 교육의 기회들이 제공되기 시작할 것이다.

세계 최악의 환경 오염 인자들의 블랙리스트가 공개되자, 쓰레기의 부정적 이미지에 사람들의 관심이 쏠려졌다. 하지만 펄프-단백질 모델을 통해 우리는 쓰레기의 이미지를 긍정적인 것으로 리브랜딩할 수 있었다. 가난과 착취라는 부정적 인상의 상품들이 불의를 타파하고 안전한 생계수단을 확보하는 긍정적 수단으로 변모되었다. 긍정적 이미지를 위한 기회는 적절한 순간에 찾아왔다. 긍정적 브랜딩으로 인해서 사업 모델의 초점이 변화하기 시작했다. 이러한 사업 모델을 선택할 준비가 된 기업가들은 고객이 구매력 행사를 통해 자신의 의사를 표현할 수 있도록 함으로써 사회에서 중요한 역할을 감당하게 할 것이다.

차 생산업자도 펄프-단백질 프로그램을 쉽게 적용할 수 있다. 차한 잔을 통해 최종적으로 소비되는 바이오매스의 양은 커피의 절반에도 미치지 못한다. 즉 1퍼센트의 10분의 1에 해당하는 양이다. 과일 나무를 전지한 뒤 버려진 나뭇가지도 또 하나의 훌륭한 버섯 재배배지가 될 수 있다. 이런 단단한 나뭇가지는 커피 그라운드처럼 자극물질을 포함하고 있지는 않다. 하지만 이러한 경질의 나뭇가지들은 현재의 방식대로 소각시켜서는 안 되는 양질의 목재다. 벨그라데 대학 이반카 밀렌코빅 교수는 사과나무 가지들을 이용해 버섯을 시험재배했다. 버섯은 겨울의 추운 날씨에도 잘 성장해주었다. 실험 농장에서는 과학자들이 아미노산 성분이 함유되어 있는지 미처 확인하기도 전에, 염소들이 수확 후 남은 버섯 잔여물들을 먹고 있었다. 앞서 언급한 대로, 뉴멕시코의 들소 떼들 역시 버섯에 대해 염소들과 비슷한 입맛을 갖고 있다.

가능성과 자원은 끝이 없다. 문제의 해결책은 단순하다. 쓰레기 속에서 가치를 발견하면 된다. 부레옥잠은 열대 지방의 호수, 하천 그리고 댐에 재앙을 초래한 라틴 아메리카 원산의 관상용 식물이다. 이 식물은 물속에 축적된 화학비료와 토양이 손실될 때 발생하는 엄청난 양의 양분을 먹고 자란다. 이 공격적인 수생식물을 없애려고 노력하는 대신, 수확하여 버섯 재배 세균으로 사용할 수 있다. 반추동물들은 부레옥잠을 먹지 않는다. 하지만 부레옥잠으로 재배한 버섯의 잔유물들은 가축의 이상적인 사료가 될 수 있다. 커피, 차, 나뭇가지, 부레옥잠 그리고 건초를 이용하면 천문학적 분량의 영양분을 생산해낼 수 있다.

재래적 생산 모델을 넘어서 한 개체로부터 나온 쓰레기가 다른 개체의 원료가 되는 생태계의 순환적 모델로부터 우리는 많은 영감을 얻는다. 다양한 참여자들에게 다각적 혜택을 주면서, 더 다양해질수록 더 높은 수준의 효율성으로 진화하는, 공정하고도 긍정적인 생산 절차가 바로 블루이코노미의 모델이다. 이것이 바로 자원이 완전히 고갈된 아프리카의 사바나를 우림으로 회복시키는 방법이다. 이것이 바로 커피와 같은 환금작물 생산을 통해 식량 확보, 깨끗한 식수, 신선한 공기 그리고 건강한 토양 등을 제공할 뿐 아니라 지역 주민의 수입을 실질적으로 증대시키고 사회 자본을 탄탄하게 만들 수 있는 모델이다. 오늘날 일자리 1만 개만 창출할 수 있어도 성공이라고 여기는데, 펄프-단백질 모델로부터 혜택을 받을 수 있는 커피 농장이 전 세계에 2천500만 개나 있다. 핵심 사업과 거리가 멀다는 이유로 이

프로그램을 거절했었던 커피 산업계의 왕자 네슬레 같은 기업도 그 가능성의 규모를 고려해본다면 이 사업을 재고할지 모르는 일이다. 이 프로그램이 갖고 있는 식량 확보, 환경 관리라는 장점 외에도 엄청 난 이익 창출이라는 사업성 자체만으로도 이것은 충분히 검토할 가 치가 있다. 더 큰 모자를 쓰게 되면 모자 밑 머리의 지혜도 그만큼 늘 어날지 누가 알겠는가?

# CHAPTER 7
# 실크 이야기

## THE BLUE ECONOMY

자연 속에서 하나의 실을 잡아당겨보면
그 실이 세계의 나머지 것들에
연결되어 있다는 것을 발견하게 된다.
–존 무어John Muir

# 면도날 위의 토지

수 세기 전, 중국인들은 점점 늘어나는 식량 수요에 비해 비옥한 땅은 한정되어 있다는 문제에 부닥쳤다. 토지를 재생하는 방법으로 추가의 경작지를 확보하기 위해, 이들은 자연이 불모지를 비옥한 땅으로 변모시키는 과정과 재료들을 관찰했다. 중국인들은 또한 농사와 목축 때문에 종종 자연의 요소들이 계속해서 서로를 보완하지 못하고, 결국 비옥한 땅이 메마른 불모의 땅으로 변해가는 과정을 눈여겨보았다. 이러한 발견과 이에 따른 전략은 중국 문명의 방향을 바꾸었다. 뿐만 아니라 우리로 하여금 생태학적 접근법을 채택하도록 했으며, 항공기로부터 면도날에 이르기까지 다양한 현대의 제품 생산을 위한 대안적 사업 전략들과 경제모델을 제시해 주었다.

뽕나무(Morus alba)는 중국 대부분의 척박한 땅에서도 잘 자란다. 야생 누에나방의 애벌레(Bombyx mori)는 뽕나무 잎을 먹고 똥을 싸는데, 이것이 박테리아와 미생물을 유인하며, 순식간에 토양을 생성하는 양분이 생산된다. 이런 방법을 통해 수년, 수 세기, 수백만 년에 걸쳐 새롭게 생성되는 비옥한 토지의 밀도는 연간 1밀리미터씩 증가한다. 이것은 1에이커당 연간 15~25톤 상당의 비옥한 토지가 생성된다는 뜻이다.

애벌레와 나무의 자연적 공생이 가져다준 비옥한 토지는 팽창하는 중국 인구를 먹여 살릴 정도로 충분한 식량을 확보하게 해주었다. 중국은 또한 대규모 식수植樹 계획에 착수했다. 왕조의 흥망성쇠와 함께 땅의 생산 능력은 회복되거나 유지되었다. 전에는 척박했던 땅이 쟁기질이나 관개사업 없이도 생산적인 농토로 변했다. 농부들은 콩과 땅콩류를 간작間作했다. 전 역사를 통해 중동과 유럽의 나라들도 뽕나무를 심었고 이로 인해 토양의 생산성이 증진되었고, 토양 침식 방지에도 긍정적인 효과를 보았다. 이탈리아와 터키인들은 포도원 가장자리 경사면의 땅이 침식되는 것을 막기 위해 뽕나무를 심었다.

토지를 회복하는 이러한 자연적 방법은 지속 가능한 농법이 상업적 단일 재배로 바뀌면서 사람들의 기억으로부터 잊혀졌다. 중국은 한때 인류 문화의 전설적인 가공물 중 하나인 실크(누에고치로부터 뽑아낸 천연 폴리머) 생산으로 수익성 높은 사업을 일으켰으며 더불어 엄청난 부를 형성할 수 있었다. 중국의 전설에 의하면 누에고치로부터 비단실을 뽑아내는 아이디어는 중국의 여 황제 시링치Si-Ling-Chi(누에부인)의 공로다. 어느 날 오후, 그녀는 차를 마시려고 뽕나무 밑에 앉았다. 그때 우연히 누에고치 하나가 잔 속으로 떨어졌다. 그녀는 고치에서 질기면서도 부드러운 실이 풀어져 나오는 것을 발견하고 그 실을 잔에서 잡아당기기 시작했다. 거의 300미터가 넘는 실이 나오는 것에 매혹된 그녀는 흥분을 감출 수 없었다. 실크로 옷을 짓고 과일과 야채의 포장지로 활용하는 법을 개발한 사람이 바로 시링치 황비라고 전해진다. 그녀의 남편인 황제黃帝는 누에를 길러서 비단실을 잣는 방법을 고안한 사람으로 알려져 있다. 황제는 또한 백성들에게 나무,

도자기 그리고 철을 다루는 방법을 가르쳐주었고, 바퀴가 달린 탈것과 배를 처음으로 건조하도록 명령한 것으로 알려져 있다.

신화가 암시하듯 실크의 발견은 우연이 가져다준 행운이었다. 토양의 회복과 척박한 땅을 비옥하게 만드는 전략적이고 장기적인 중요성에 비하면 실크는 원래 가치가 거의 없는 부산물에 불과했다. 보다 최근에 이루어진 석유 화학물 성분의 합성 폴리머 섬유의 출현은 재생 가능한 것(실크)을 재생 불가능한 것(석유)으로 대체했다. 뿐만 아니라 이로 인해 간작을 해 왔던 농지는 수백만 톤의 자연 비료를 잃어버리게 되었다. 보다 질기고 값싼 폴리머는 실크 산업 그 자체를 죽여버렸다. 결과적으로 뽕나무를 심고 가꾸는 일도 없어졌다. 토지의 회복이라는 수천 년에 걸친 전통은 그 부산물이 현대 시장에서 경쟁력을 상실함으로써 잊혀져버렸다. 그보다 더욱 나쁜 일은 플라스틱과 폴리머가 모든 소비 단계에 침투함에 따라 땅은 양분과 토양을 비옥하게 해주는 원천을 상실했을 뿐 아니라, 생산성 향상을 위해 농부들은 화학비료에 의존하지 않으면 안 되게 되었다는 점이다. 결국 농작물의 수확을 위해 더 많은 에너지를 소비해야 했고, 온실 가스 배출량은 늘어났으며, 화석 연료에 대한 의존도가 높아지는 결과를 가져왔다.

오늘날 토지의 손실은 미래의 세계 인구를 위한 식량 확보를 가로막는 최대의 장애물 중 하나다. 가파른 경사로 인해 토지 손실이 큰 산악지대에 위치한 에티오피아에서는 풍화작용으로 사라지는 토지가 매해 10억 톤에 달한다. 이것이 바로 에티오피아가 충분한 양의 곡물을 비축하지 못하고 늘 기근의 경계선상에 놓여 있는 이유다. 아프리카는 사막의 모래 폭풍만으로도 매해 20~30억 톤에 달하는 양질의 토양 입자들을 잃는다. 아프리카를 떠난 흙먼지들은 이 대륙의 비옥성과 생물학적 생산성을 무자비하게 고갈시킨 뒤 카리브 해역의 수질을 오염시키고 주변 산호초를 파괴한다. 유럽의 식민지 건설자들이 아프리카에 도입한 농경 방식은 이 대륙의 풍토적 환경에 적합한 것이 아니었다.

오늘날 소수의 농부들만이 영양분이 고갈된 토지를 회복시키는 일을 하고 있으며, 대부분은 화학비료나 살충제, 집중 관개시설에 의존하고 있다. 현대적 농법을 사용하면 연간 1에이커당 1~10톤의 토지를 상실하게 된다. 그러나 1에이커당 125~250톤의 토지 손실도 이제는 흔한 일이 되고 있다. 단 한 번의 강우로 인해 750톤~1천800 톤의 토지가 손실된 기록도 있다. 이러한 모든 요인들로 인해 농부들은 비록 근시안적이고 잘못된 방법일지라도 높은 수확량을 약속하는 화학비료와 유전자 조작 종자에 의존하지 않을 수 없다.

조지 찬 교수는 5년에 걸쳐 뽕나무와 누에를 사용하는 수천 년 된 중국의 전통을 중심으로 통합적 농경시스템을 집중 연구했다. 찬 교수는 70여 개국 이상의 농부들에게 뽕나무를 심고 누에를 기르는 방법을 가르쳐주어 토양을 생성하고 양분을 순환생산 할 수 있도록 도왔다. 찬 교수의 토지 생성 기술의 영향으로 나미비아, 독일, 일본, 피지 및 미국의 농업 기반 산업체들은 순환생산 전략을 채택하기로 결정했다. 고대 중국의 농경 전통이 현대의 식량 생산 산업체를 변화시키고 있는 것이다.

## 탄소를 포획하는 실크

천연실크는 30퍼센트 이상이 탄소로 구성되어 있다. 화학섬유가 실크를 대체한 뒤 뽕나무 재배도 사라지고 자연적인 탄소 고정과 토지 회복도 중단되었다. 이 한 가지 사실만으로도 화학연료에서 배출되는 가스는 문제의 절반에 불과하다는 것을 알 수 있다. 재생 가능한 것(실크)을 재생 불가능한 것(석유)으로 대체해버림으로써 자연 상태에서 탄소 고정은 더 이상 일어나지 않는다. 자연은 토양 속의 양분을 회복시키지 못하면 효율성을 잃게 된다. 그 결과 화학비료라는 추가적 투입물이 요구된다. 질소 성분의 화학비료는 아질산 산화물의 가장 주요한 원천이기 때문에 더욱 많은 온실 가스를 배출한다.

기후변화에 관한 정부간 패널 IPCCIntergovernmental Panel on Climate Chage은 이러한 가스가 비록 소량 배출되기는 하지만, 이로 인한 충격은 매우 심각한 것으로 보고하고 있다. 1톤의 아질산 산화물 배출은 이산화탄소 310톤의 배출량과 맞먹는다. 전통적인 농경은 생태계의 특징인 상호연관성과 정교하게 조화를 이루면서 진행된다. 이것은 실크 생산과 같은 긍정적인 자연 사이클이 단종 경작과 합성 섬유로 대체되는 경우, 환경문제에서 우리가 얼마나 후퇴하게 되는지를 보여주는 예다. 이것은 또한 현대의 상징물인 화학비료와 플라스틱이 생산과 소비 시스템을 지속 가능한 것을 지속 불가능한 것으로 바꾸어버린 하나의 연구 사례라 하겠다.

듀폰사에서 나일론을 발명한 화공학 기술자인 월리스 캐러더스Wallace Carothers는 석유 기반 섬유가 5천 년 이상 땅과 농경에 도움을 주고, 양분의 순환생산으로 조화롭게 산업 생산을 감싸고 있던 생명의 거미줄을 풀어버리라고는 생각지 못했을 것이다. 우리는 현대성을 추구하는 과정에서 우리가 만든 발명품들이 가져올 충격에 대해 너무 무지했다는 사실을 인정할 수밖에 없다. 정부와 기업이 서서히 파괴되고 있는 수천 개의 자연적인 연결망에 대한 이해 없이, 안일한 무지 속에 그대로 남아 있다면, 기후변화라는 과제는 결코 해결되지 않을 것이다. 생태계 속에서 진행되는 물리학과 생화학의 미묘한 상호작용들을 이해하게 된다면, 우리를 발전과 풍요라는 목표를 향해 한 걸음 더 나아가게 해주는 많은 가능성과 혁신기술을 개발할 수 있을 것이다. 그러한 기회를 발견하는 일은 우리 모두에게 달려 있다.

## 실크의 기하학

문제를 제대로 인식하지 않고는 문제를 해결할 수 없다. 실크를 만드는 생물 종은 수백여 종에 이른다. 개미, 말벌, 꿀벌, 말조개, 거미

179

가 그런 종들에 속한다. 이 가운데 오직 누에만이 인간에게 길들여졌다. 정교한 기계를 이용하여 이 모든 종류의 실크들을 나노 수준에서 분석할 수 있다. 과학자들은 이러한 자연산 폴리머들이 일부 인조 폴리머나 금속들 중 가장 강한 장력을 갖고 있는 것으로 알려진 티타늄보다도 더 강하다는 것을 발견했다. 우리가 이러한 동물 종들처럼 비슷한 조건하에서 이용 가능한 양분으로 자연계와의 병존이 가능한 폴리머를 개발할 수 있다면, 토질 회복과 기후의 안정이라는 순순환과 많은 가능성들의 문들이 열리게 될 것이다.

옥스퍼드 대학 교수 프리츠 볼라스Fritz Vollrath는 중앙 아메리카 스미스소니언 미션에 참여하던 중 직경 1미터의 아름다운 금빛 거미줄을 짜는 네필라 클라비페스Nephila clavipes라는 거미를 발견했다. 그는 실험을 통해서 금빛 거미줄이 먹이를 유인하고 위장을 하는 이중 목적을 갖고 있다는 것을 발견했고 그 사실에 매혹되었다. 수십 년간의 연구 끝에 그는 이 실크가 놀라운 복원력, 장력 그리고 유연성을 갖고 있다는 것을 알게 되었다. 그는 이 거미줄의 놀라운 성질들이 나노 단계의 기하학에 기인하고 있다는 사실도 발견했다. 기하학은 수학의 일부다. 볼라스는 기하학을 이용하여 어떻게 실크의 크리스털 구조와 비크리스털 구조가 가끔 금속이나 특수 플라스틱을 능가하는 다양한 강도의 힘을 갖게 되는지 알아냈다. 거미는 거미줄을 뽑아내면서 단순히 복부 후미 부분의 압력과 습도를 조절함으로써 7가지 다른 종류의 거미줄을 만들어내고 있었다.

네필라 클라비페스 거미줄은 변화하는 다양한 조건하에도 장력과 다양한 기능성을 갖고 있다는 면에서 다른 많은 소재들을 능가한다. 거미줄을 구성하는 모든 단백질들이 적절하게 배합되기 때문에 이렇게 강력한 거미줄이 만들어진다. 거미는 복부에 압력을 가해 정확한 양의 물을 방출하는데, 이것이 단백질 배합의 비결이다. 거미와 다른 곤충들의 거미줄 생산에 대한 볼라스 교수의 비교 연구는 거미의 사출 과정에 대해 깊은 과학적 통찰을 제시해주고 있다.

거미들에게는 새로운 요건을 충족하기 위해 거미줄을 재활용하는 놀라운 능력이 있다. 거미는 재생하고자 하는 거미줄의 상당 부분을 먹어서 소화시킨 뒤 폴리머의 원재료인 아미노산으로 환원한다. 어찌 이러한 것을 보고도 우리들이 놀라지 않을 수 있겠는가? 이것은 지금까지 고안된 최고의 폴리머 재활용 프로그램 중 하나다! 어떻게 이것을 조약돌 크기로 거대한 부유물이 되어 주변 해역을 오염시키면서 태평양 바다에 쌓여가는, 현대 인간사회의 '버릴 수 있는' 플라스틱에 비교할 수 있겠는가!

그러나 거미를 길들인다는 것은 쉬운 일이 아니다. 거미들은 공격적이다. 거미들의 방어적 행동들을 극복한다 해도 거미줄 생산량은 지극히 적다. 거미들은 변화된 환경에서 새로운 거미줄이 필요하면 이미 있는 거미줄의 대부분을 재활용해 사용할 뿐 추가로 거미줄을 만들지 않는다. 이러한 한계를 극복하기 위해 볼라스는 누에의 실크 구조와 황금 거미의 실크 구조를 비교해보았다. 볼라스와 그의 옥스퍼드 연구팀은 기초 아미노산을 소재로, 누에가 만든 실크 구조를 거미가 만든 실크 구조와 일치시킴으로써 거미의 실크 제조 기술을 복제했다. 이렇게 해서 거미 실크의 특성과 구조를 그대로 닮은 폴리머가 개발되었다.

볼라스 교수는 토지를 회복시키는 전통적인 중국의 방법을 기초로, 재생 가능한 소재로 자연과 병존하는 체계적인 폴리머 생산법 고안에 참여하고 있다. 이러한 비전 있는 연구를 기반으로 그는 성능 면에서나 가격 면에서 비싼 금속 합금과 석유 기반 폴리머를 능가하는 제품을 생산하고 시장을 개발할 수 있는 사업체를 설립했다. 온실 효과의 확대 같은 부수적 피해를 발생시키는 제품 대신, 이러한 제품들은 우리의 경제를 중국의 실크 생산의 원래의 목적, 즉 비옥한 땅, 풍년, 탄소 고정, 토양 회복 그리고 경제적 풍요라는 목적들을 다시 달성하도록 도와줄 것이다.

100여 년 전에는 실크의 연간 생산량이 거의 100만 톤을 넘나들었다. 현재의 생산량은 연간 10만 톤 아래다. 에르메스Hermes사에서 생산하는 최고급 옷감을 제외하면, 실크의 미래 시장은 섬유도 의료 제조업도 아니다. 실크는 섬유 시장의 대부분을 점유하고 있는 유명 브랜드의 석유화학 합성 폴리머와 가격 면에서 경쟁 상대가 되지 못한다. 그러나 실크는 스테인리스 금속이나 티타늄 같은 고가 금속(가격과 성능 면에서 6배 정도)보다 괄목할 정도의 우수한 성능을 갖고 있다. 티타늄은 제트 엔진, 항공기, 탈염공장, 의료 보조기기, 정형 임플란

182

트, 치과 임플란트, 스포츠 용품, 그리고 휴대폰에 사용되는 표준 구
조 소재다. 항공 산업에 가공된 티타늄이 대부분 사용되지만, 자전거
프레임과 보석에서부터 임플란트 및 의료 보조기에 이르기까지 다양
한 제품들과 스테인리스 제조 공정에서도 티타늄 사용이 꾸준히 증
가하고 있다.

　여기서 우리는 새로운 경제 개발 모델을 가져올 비즈니스 개념의
전략적 변화라는 가능성을 보게 된다. 원광에서 티타늄을 생산하기
위해서는 대량의 마그네슘과 염소, 아르곤 가스가 필요하다. 티타늄
이 산소나 질소, 수소와의 접촉으로 오염되는 것을 방지하려면 불활
성 대기 중에서 용접해야 한다. 많은 에너지가 투입되어야 하고 희소
광물이라는 이유로 티타늄에는 높은 가격표가 붙는다. 티타늄을 경
화시키기 위해 가공하면 밀도당 높은 장력 때문에 산소나 해수에 잘
부식되지 않는다. 이러한 바람직한 소재의 성질 때문에 고객들은 높
은 값을 기꺼이 지불하고 티타늄을 구매하지만 환경에 대한 부수적
피해는 무시해버린다. 티타늄의 제조공정과 뽕나무가 변해서 실크가
되는 단순한 과정의 대기 온도, 압력, 습도 등을 비교해보면, 지속 가
능성 지수상 실크가 단연 우위라는 것을 알 수 있다. 우리는 산업들이
지속 가능한 생산 방식으로 움직이게 하는 방법을 알고 있다. 실크의
기하학을 조절하는 볼라스 교수의 나노 기술을 이용하는 기업들은
이 생체 친화적인 실크 폴리머가 고기능 금속의 이상적인 대체 소재
임을 발견하게 될 것이다.

## 깨끗한 면도

지속 불가능한 소비 형태로서 가장 흔한 예는 우리가 털을 제거하기 위해서 사용하는 면도날이다. 면도날만큼이나 평범하고 일상적인 상품도 드물다. 머리털은 1년 내내 끊임없이 자란다. 동굴 벽화를 보면 선사시대에도 사람들은 돌 파편이나 조개껍질 같은 도구를 사용하여 털을 긁어 없앴다는 것을 알 수 있다. 청동기시대에 인간들은 금속을 벼리는 단순한 기술을 개발했고, 철이나 청동으로 면도날을 만들기 시작했다. 고대 이집트인들은 수염과 머리털을 면도날로 밀었는데 이러한 관습은 특히 적과 육박전을 벌여야 하는 그리스인이나 로마인들에게 전해졌다. 털이 적을수록 적이 손으로 잡을 수 있는 면적이 최소화되기 때문이다.

21세기 초부터 생산되는 현대식 면도날은 100년 전 킹 C. 질레트 King C. Gillette가 개발한 최초의 1회용 면도날보다 20배나 금속을 적게 사용해 만들어진다. 이로 인해 원자재 사용의 효율성은 올라가고 제조 원가는 내려갔으나, 누구나 쉽게 면도날을 구할 수 있게 됨으로써 면도날의 사용기간은 오히려 짧아졌다. 질레트사의 막강한 연구팀이 개발한 면도날의 수익성과 시장 점유율이 증가하자, 전체 금속 쓰레기 양은 물론, 면도날의 전체 용적이 극적으로 증가했다. 매년 약 100억 개의 일회용 면도날이 쓰레기 매립장에 버려지고 있으며 버려진 고급 금속의 총 중량은 25만 톤에 달한다. 가장 불행한 일은 최근 개발된 모델은 면도날의 수를 2개에서 5개 심지어는 6개까지로 늘렸다는 사실이다. 여기서 우리는 지난 50년 동안 성취했던 물질적 효율성이라는 이득이 하루아침에 물거품이 되는 것을 목도한다.

면도날은 높은 습도에 노출되기 때문에 부식에 강한 합금이나 티타늄으로 만들어야 한다. 면도날이 형태를 유지하려면 금속의 강도가 강해야 하며, 가공되려면 충분한 탄력성이 있어야 한다. 면도날 소재로는 카바이드 철이 선호되는데, 이 금속은 탄소, 실리콘, 망간, 크롬, 몰리브덴으로 만들어지고 나머지는 철과 티타늄으로 표면 처리되었기 때문이다. 먼저 철을 섭씨 1100도에서 가열한 다음, 섭씨 마이너스 70도의 물속에서 냉각시키는 방법으로 철을 강화한다. 그 다음 섭씨 350도에서 철을 부드럽게 만든다. 그리고 분당 800~1천200개 정도 생산하는 기계로 면도날을 찍어내면서 적절한 날을 세운다. 면도날은 매우 작기 때문에 카트리지 안에 고정하기 위해 특별한 플라스틱과 금속으로 만든 틀이 필요하다. 티타늄과 마찬가지로 스테인리스 스틸도 인간의 삶을 지속 불가능한 것으로 만드는 생산과 소비 패턴의 일부다. 이 모든 공정으로 만들어진 면도날은 몇 번 사용되고 나서 쓰레기 매립장에 버려진다.

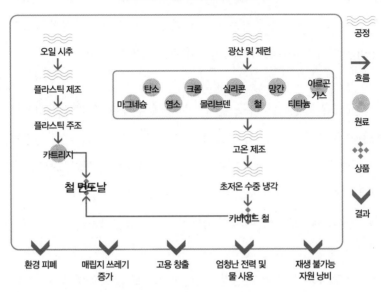

**철 면도날 : 자원의 비효율적 사용의 예**

면도날 제조업체는 현재 선택의 기로에 있다. 시장 크기만 늘리는 대신, 더 좋고 더 저렴한 제품을 공급하는 동시에 환경과 고용 위기를 해결할 수 있는 사업으로 전환할 수 있다. 실크 면도날은 털을 제거하면서, 피부 표면 위로 수백 개의 가는 실을 부드럽게 굴리기 때문에 피부에 상처를 내지 않는다. 말하자면 일종의 손으로 미는 소형 잔디 깎기와 같다. 이러한 기술은 이미 존재하며, 기술을 좀 더 정교하게 만들고 제품을 생산하는 일은 단지 시간과 돈의 문제이다. 실크가 광산에서 채굴한 원광을 대체할 수 있고 탄소 배출량을 극적으로 줄일 뿐 아니라 탄소를 고정시킬 수 있다는 사실만으로도 이상적인 원가 대비 이윤 구조를 보여주고 있다. 100달러면 가공 처리된 실크 450그램을 살 수 있으며, 실크 면도날의 제조원가는 개당 1달러 미만이다.

그러나 성능과 감촉 면에서는 최근 기술로 만들어진 어떤 면도날에
도 뒤지지 않는다.

## 비단처럼 부드럽다

제조 기술이란 대체로 공개되지 않는다. 바로 그 때문에 제조사들
이 지속 불가능한 폴리머를 제품에 사용한다 하더라도 소비자들은
쉽게 알아차리지 못한다. 바로 화장품의 경우가 그렇다. 폴리머는 물
다음으로 화장품 및 퍼스널 케어 제품 생산에 두 번째로 많이 사용되
는 성분이다. 다양한 종류의 폴리머가 필름 형성제, 정착제, 경화제,
유화제, 자극 반응제, 컨디셔너, 거품 안정제, 피부 윤택제 등으로 이
용된다. 이러한 합성 폴리머 시장은 현재 150억 달러 규모이며 꾸준
히 성장하고 있다. 이러한 폴리머 성분들은 이전에 천연자원에서 추
출했던 많은 화장품용 성분들을 대체하고 있다. 실크로 면도날과 항
공기에 사용되는 스테인리스 스틸을 대체하는 것은 상상하기 어렵더
라도 부드러운 실크가 화장품과 퍼스널 케어 제품의 주요 성분이 되
는 것을 상상하기란 그리 어렵지 않다. 합성 폴리머의 대체품으로서
나노 기술 실크를 이용하는 것이야말로 화장품 제조업체들이 추구해
야 할 가장 바람직하며 부가가치가 높은 선택이라 할 수 있겠다.

시장의 주요 업계들로부터 주목을 받기 위해서는 클라란스Clarins사
나 시세이도Shiseido사 같은 마켓 리더 중 한 곳이 합성 폴리머를 자연

187

폴리머로 대체하는 것만으로도 충분하다. 첫 번째로 응용 가능한 제품으로는 실크의 이중 기능을 살리는 선 스크린 제품 같은 것이다. 실크 폴리머는 크림의 구조를 형성해주고 동시에 자외선을 분산시킨다. 실크는 자외선 차단제로 판매되고 있는 값비싼 티타늄 산화 크림의 티타늄 성분을 대체하는 생체 친화적인 대체 성분이 될 수 있다.

모발 염색약 시장은 자연적으로 생산된 실크 나노 구조로 시장을 빠르게 점유할 수 있는 두 번째 영역이다. 그리스인과 로마인들은 강한 알칼리성 비누, 삶은 호두, 헤나 등으로 여러 가지 다른 염료를 만들어냈다. 이런 제품들은 인체에 거의 무해하지만, 오랜 기간 동안 색을 유지하지 못했다. 반면 인체에 해로울 수 있는 화학 폴리머 염색 제품들은 염색 효과가 보다 오래간다. 그러나 장기간의 모발 염색약 사용과 암 유발이 연관이 있다는 연구 발표가 있은 뒤 FDA(미국 식약청)은 염색 제품의 독성 여부에 대해 조사하기 시작했다. 하지만 실크 폴리머에 대한 새로운 발견 덕에 원하는 컬러를 일정 기간 유지할 수 있는 제품들이 개발되었다. 실크 폴리머를 포함한 기타 자연산의 재생 가능한 원료들은 유독성 모발 염색제를 쉽게 대체할 수 있으며, 건강과 생태학적으로도 좋은 결과를 가져오는 긍정적 순환을 일으키게 될 것이다.

## 생체 친화적인 의료

전 세계적으로 실크는 오랜 기간 외과와 안과의 정교한 수술 봉합

실로 사용되었다. 실크 섬유는 가늘고 부드러우면서도 강한 장력을 갖고 있기 때문이다. 또, 실크의 매듭짓기는 쉽지만 풀기는 어려운 성질을 이용한 것이기도 하다. 실크의 단백질 구성은 인체와 잘 어울리기 때문에 수술 후 실을 제거할 필요도 없다. 기타 상업화된 용도로는 항고초열 마스크, 거즈 패드, 피부 질환용 반창고 등이 있다. 실크 섬유를 녹인 단백질로 필름을 제조하는 기술 개발은 인조 피부, 혈관, 신경 재생 외에도 콘택트렌즈, 수술용 카데터, 항응혈제 등에 적용될 수 있어 실크 응용에 대한 연구개발의 문은 활짝 열려 있다. 이러한 모든 응용들은 실크의 생체 친화성과 투과성을 이용한 것들이다.

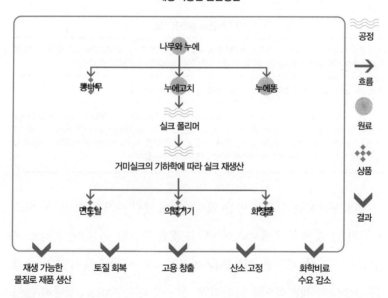

재생 가능한 순환생산

무릎이나 척추 근육의 조직 손상이 재생되지 않으면, 티타늄으로 만든 인조 무릎을 수술을 통해 이식한다. 볼라스 교수팀이 개발한 또 다른 제품으로 인간의 연골과 거의 비슷한 기계적 성질의 다공성 실크 비계가 있다. 손상을 입은 연골 대신 이 실크 비계飛階를 삽입하면, 다공성 친생체적 표면 위로 세포의 성장이 촉진되고, 체내 면역 반응이 생겨나 연골이 재생된다. 거부 반응을 막기 위해 면역 억제제를 필요로 하는 고비용의 모순적인 시스템과는 반대로 친생체적인 자연적 시스템을 이용하여 기존의 시스템을 성공적으로 보강한다. 친생체적 장치의 세계 시장 규모는 이미 연간 200억 달러 규모이며, 매년 10퍼센트 이상 성장하고 있다. 실크 봉합 실은 곧 실크를 원료로 한 상처 드레싱, 교체 관절, 정형외과 임플란트 등으로 보완될 것이며, 이는 모두 자연계가 기능하는 방법에서 영감을 얻었다.

### 10년 동안의 놀라운 성공

10만 톤의 실크는 625만 에이커 면적의 척박한 땅을 비옥한 땅으로 만들고, 1킬로그램의 원사 실크에서 9킬로그램의 순수 비료(누에의 배설물)가 생산될 것이다. 이는 연간 총 900만 톤에 달하는 양이다.

10년간의 실크 생산으로 뽕나무 주위에 간작을 시작할 수 있을 정도의 충분한 토지가 생성될 것이다.

실크 생산 공정에는 채광이나 원광의 처리, 아산화질소 화학비료가 필요 없기 때문에 나무, 토지, 실크를 통해 3억 톤에 달하는 이산화탄소 고정 효과를 얻을 수 있다. 이는 10억 톤의 이산화탄소를 감소시키면서 동시에 1에이커당 2.4개의 직업을 창출함으로써 총 1천500만 인구에게 일자리를 제공할 수 있음을 의미한다. 그것도 단 10년 안에 말이다. 지속 가능성이 주는 혜택이 이보다 더 분명할 수는 없다.

매년 성장하는 실크로 만든 의료기기에 대한 수요를 보면, 이 비즈니스가 현 경제 조건에서도 살아남을 것을 확신할 수 있다. 볼라스 교수팀은 실크에 기초한 제품들을 성공적으로 시장에 출시했다. 이러한 기술들이 세계적으로 확산되면, 실크에 대한 수요도 상당히 높아지게 된다. 이렇게 복잡한 제품들에 대한 연구가 완성되면, 실크 폴리머로 만든 면도날이나 화장품의 제조는 더욱 쉬워지게 된다. 이것은 단지 생각을 실천에 옮기기만 하면 되는 문제다! 누가 그 일을 할 것인가? 빅Bic사, 쉬크Schick사, 질레트Gillette사 같은 개별적 기업이나 컨소시엄 기업들은 지속 불가능한 현재의 제품들을 탄소를 고정시키고 기능 면에서는 실크처럼 부드러운 제품들로 대체한다. 향후 10년 동안 면도날과 화장품 제조를 위한 실크 수요가 10만 톤에 도달한다면 무슨 일이 일어날까? 10만 톤이란 양은 사실 면도날과 화장품을 합친 전체 생산량의 극히 일부에 지나지 않는다.

전체적인 산업 고용이 감소되지 않는다는 점도 이러한 접근법의 부가적 매력이다. 이를 활용하면 고용이 감소되는 것이 아니라 원광석의 수요와 에너지 사용량이 감소되는 것이다. 에너지와 광산 분야에서 감소된 일자리의 수는 새롭게 창출될 일자리 수에 비하면 아무것도 아니다. 실크 10만 톤을 수확하는 데 1천500만 개의 일자리가 필요하기 때문이다. 실크로 플라스틱을 대체하는 지속 가능한 모델을 적용함으로써 기업의 경쟁력은 더 높아지고, 소비자들은 더 매력적인 제품을 제공받을 수 있으며, 토지는 생성되고, 나아가 탄소 배출량은 줄어들게 된다. 이것이 바로 우리가 현대 사회의 중점에 놓으려고 노력하는 블루이코노미다.

# CHAPTER 8

# 큰 것에서 작은 것으로

## THE BLUE ECONOMY

태양은 자신을 의지한 채, 주위를 돌고 있는 모든 행성들을 거느리면서
우주에서 마치 아무 할 일도 없다는 듯이 느긋하게
한 송이 포도를 익혀갈 것이다.
−갈릴레오 갈릴레이Galileo Galilei

## 심박수 하나 차이로

인간이 자초한 기후변화에 대해 우려가 높아지는 동안, 동시에 인류는 2개의 킬링 필드 사이에서 전전긍긍하고 있다. 한편에는 가장 기본적인 영양소를 섭취하지 못해 발생하는 영양실조로 어린아이들이 죽어가며, 다른 한편에서는 잘못된 음식의 과다 섭취로 인한 영양 부족으로 죽어가는 성인들을 볼 수 있다. 인공적이고 정제된 음식과 운동 부족으로 인해 삶의 질이 떨어지고 수명이 짧아지고 있다. 더욱 기가 막힌 것은 우리가 이 사실을 익히 알고 있다는 사실이다. 이런 것들이 변화하지 않으면 심장질환을 모니터링하는 일은 무의미하다.

다른 어떤 질병보다도 심장질환으로 인한 사망률이 가장 높다. 연구진들이 수십 년에 걸쳐 심장질환에 대해 연구한 결과, 현대 기술로 심장 기능장애를 보정하는 길을 발견할 수 있었다. 조지 레이놀즈Jorge Reynolds 박사가 바로 그들 중 한 명이다. 1953년 케임브리지 대학 전자공학과를 졸업하던 해에, 그는 차 배터리에서 발생된 전류를 심장에 부착된 2개의 전극에 연결한 뒤 전류를 조절함으로써 부정맥을 바로잡는 방법을 고안했다.

1954부터 1964년까지, 레이놀즈 교수는 심장 안에 설치하는 페이스메이커의 초기 버전을 개발했는데, 심장을 계속 뛰게 해 심장 기능을 정상화하는 장치였다. 바퀴가 달린 이 장치는 자동차 배터리만한 크기이고 수술 후 환자들은 잠시도 이 장치로부터 떨어질 수 없음에도 불구하고, 무려 1천700여 명의 환자들이 이 장치의 도움을 받았다. 사실상 2009년 현재에도 이런 치료를 받은 환자들 중 7명이 아직 생존하고 있다. 그의 페이스메이커는 런던의 과학 및 산업 박물관에 전시되어 있다. 1960년대에 레이놀즈 박사는 자신의 모든 특허와 치료안을 미래의 연구개발을 위해 제3자에게 양도했으며, 자신은 남은 생애 동안 이 연구에 헌신하기로 했다. 그는 인간의 심장을 더 잘 작동하게 할 더 나은 방법들을 모색했다. 그는 호기심을 갖고 다른 포유류들의 심장 기능에 대해 연구하다가, 고래의 심장 및 순환계 연구에만 완전히 몰두했다.

## 고래로부터 에너지를

고래는 아주 오래전에 바다로 돌아간 육상 포유동물로 지구상에서 가장 크고 가장 머리가 좋은 동물로 진화했다. 하지만 인간들은 고래 기름을 얻기 위해 고래를 대량 포획했으며, 전 세계적으로 고래에서 거두어진 고래 기름으로 만든 경유鯨油가 시장에서 거래되었다. 경유는 어둠을 밝히는 일부터 쿠킹 오일에까지 다양한 용도로 쓰였다. 고래가 거의 멸종에 이르게 될 때까지 남획은 계속되었다. 그러나 고래에 대한 정말 경이로운 것은 고래 기름이 아니라, 고래가 칼륨, 나트륨, 칼슘을 이용하여 6~12볼트의 전기를 생산할 수 있다는 사실이다. 이 사실을 알기까지는 거의 250년의 시간이 걸렸다. 고래가 영양과 에너지원으로 오직 크릴과 작은 물고기들에만 의지한다는 것을 생각하면, 이런 고래의 능력은 정말 놀랍지 않을 수 없다. 고래가 생화학적으로 전기를 생산한다는 사실을 알게 된 것은 30여 년에 걸친 레이놀즈 박사의 연구 덕분이다. 그는 고래의 몸을 상하게 하지 않으면서도 고래의 심장 박동을 관찰할 수 있는 기술을 개발했다.

레이놀즈 박사는 이 엄청나게 덩치가 큰 포유류의 심장이 고래의 전 생애에 걸쳐 일어나는 신체, 생리적 변화에 어떻게 적응할 수 있는지 의문을 가졌다. 고래 기름 속에 잠긴 고래의 심장은 약 80년의 생애 동안 어떤 외부 간섭이나 도움 없이, 한 번 박동할 때마다 1억 마일에 달하는 체내의 모든 동맥과 정맥으로 250갤런의 혈액을 보낸다. 바다로 돌아갈 당시 고래의 선조들은 크기가 지금의 개 정도밖에 되지 않았다. 박사는 오랜 기간 동안 근육과 판막, 정맥과 동맥을 진화시켜 선조의 심장보다 천 배나 더 많은 전류를 생성하고, 심장 박동을 조절하는 고래의 능력에 대해 곰곰이 생각해보았다. 지금까지 한 번도 고래의 심장마비 사례가 보고된 적이 없다. 그러나 만일 인간의 심장이 그렇게 많은 양의 기름 속에 잠겨 있다면 당장 박동이 멈출 것이다.

레이놀즈 박사는 다음과 같은 중요한 질문을 던졌다. 이것으로부터 무엇을 배울 수 있는가? 어떤 단서들이 있는가? 아무도 답을 제시하지 못했다. 그는 고래 및 기타 포유류들의 심장에 대해 배울 수 있는 모든 것을 알기 위해, 집중적인 연구를 시작했다. 고래의 심장 박동을 기록하고 그래프화하기 위해 인공위성을 통해 보고타의 연구센터로 데이터를 전송할 수 있는 심전도 기록장치를 고안했다. 이 기기는 고래 몸에 직접 부착할 수 있었다. 이런 장치를 설계하고 조립하고 전자 전송장치를 설치하는 일이 얼마나 어려운 것인지 충분히 짐작이 가지만, 무엇보다도 난제는 이 장치를 고래의 몸에 부착하는 일이었다. 레이놀즈 박사는 배 위에서 한 마리씩 고래를 잡아 자신의 손으로 직접 이 일을 해치웠다. 최첨단의 과학을 말이다!

50여 년에 걸쳐 진행된 그의 심장 연구는 고래에만 한정되지 않는다. 그는 갈라파고스 군도의 괴이한 모양의 초식성 이구아나부터, 신비한 아마존의 핑크 돌고래 그리고 작은 파리와 같은 곤충까지 포함하여 무려 200 종이 넘는 포유동물의 심전도를 수집하고 기록했다. 오늘날 레이놀즈 박사와 그의 연구팀은 1만 개 이상의 고래 심전도 기록을 보유하고 있다. 연구팀은 원래 군사용 도청기로 개발된 소리여과 장치를 수중 오디오폰으로 사용했다. 이 장치 덕분에 고래의 몸에 물리적으로 장비를 부착시킬 필요가 없어졌으며, 연구에 상당히 도움이 되었다. 드디어 연구팀이 충분한 데이터를 수집하게 되자, 고래의 심장 작동을 정확하게 파악할 수 있었다. 해변으로 밀려와 죽은 고래를 해부한 뒤, 놀라운 사실들이 추가로 밝혀졌다. 과학자들은 고래의 심장 안팎으로 전류를 흐르게 하는 기능만을 담당한 것으로 추정되는 세포 채널이 있다는 사실을 밝혀냈다. 이 채널은 혈액의 흐름을 조정하고 손상된 세포 조직을 우회하는 경로를 만든다는 사실도 알게 되었다.

레이놀즈 박사의 호기심은 단순한 심장 박동 관찰 외의 다른 연구에도 미쳤다. 그는 분자 수준에서 칼륨, 나트륨, 칼슘이 합쳐져 금속이나 배터리 없이도 전류를 흐르게 하는 방법을 알기 위해, 고래의 배아 형성 단계에서부터 시작하여 심장의 발생, 변형의 전 단계를 연구했다. 그는 그가 발견한 것을 3차원적 가상 심장 위에 그려보았다. 그는 일반 상점에서 쉽게 구매할 수 있는 오토데스크 엔지니어링 소프트웨어AutoDesk engineering software로, 바로 눈앞에서 그려지는 정보들을 다른 과학자들과 심장 전문의들도 이용할 수 있도록 공개했다.

그는 관찰을 계속하면서 페이스메이커에 대한 기본 원리들을 다시 생각해보았다. 현재까지 수백만 명의 생명을 연장시켜준 가장 보편적인 기기인 페이스메이커는 심장의 깊숙한 곳에 연결되어 배터리로 환자의 자연적인 전류 생산 능력을 대체하고 있었다. 그러나 수만 개의 기기들에서 결함이 생기자, 많은 문제점들이 나타나기 시작했다. 이러한 일들을 계기로 레이놀즈 박사는 지금까지 분명하다고 여겨왔던 것들을 다시 생각하게 되었다. 처음에는 자신의 생각이 너무 단순한 것 같아 망설였다. 그러나 고래로부터 영감을 받은 그는 심장 전체로 가는 전류 공급을 향상시키기 위해 세포처럼 얇은 관을 만들 수 있다고 생각했다. 그는 페이스메이커와 동일한 전력을 갖는 나노 규모의 탄소 관을 개발했다. 심장의 자연적 기능을 대신하기보다는 탄소 코일들을 통해 건강한 세포조직에 흐르는 전류를 손상된 세포조직으로 보내 주기만 하면 되는 것이었다. 그것은 혁신적인 생각이었다. 이미 심장에 있는 전기를 사용하되 단순히 전기의 전도성만을 향상시키는 방법이었다.

두 번째의 혁신적인 아이디어는 고래와 모든 포유류, 심지어는 파리들조차도 배터리나 전선을 사용하지 않고서도 전기를 만들고 흐르게 한다는 발견에 기초한 것이었다. 지구상의 다양한 생물종들은 광범위한 에너지원들에 의존하고 있다. 즉 중력, 온도 차이, pH 농도 차이, 근육 운동 등에서 발생하는 운동 에너지, 심장과 혈액의 운동에서 오는 압전기piezo-electrical 에너지, 이산화탄소로 만들어지는 에너지, 바이오금속 등을 이용해 발생시킨 전기 등이 그것이다. 레이놀즈 연구팀은 이러한 모든 종들의 전기 생성 방법은 실제로 작동되고 있으며, 수백만 년에 걸쳐서 검증되었다는 결론에 이르렀다.

그는 전선과 배터리 없이도 전기를 발생시키는 자연의 모든 생물들의 방식과 동일하게 작동하는 일련의 새로운 의료기기들을 고안했다. 그는 고래들이 극소량의 칼륨, 나트륨, 칼슘 합성을 통해 발생되는 화학적 반응을 정밀하게 조정함으로써, 지속적인 전류의 흐름을 만들어낸다는 사실에 착안했다. 신규 회사인 코로케어CoroCare사가 제공하고 있는 레이놀즈의 의료기기 및 신체 모니터링 시스템들은 신체 주변의 에너지원들을 주로 이용한 것들이다.

레이놀즈 박사가 최초로 고안한 나노-페이스메이커는 최근 개발된 마이크로 프로세서를 사용해 제어되는데, 겨우 700나노미터(1밀리미터의 7억만 분의 1)길이에 불과한 장치다. 고래의 전도 채널에서 영감을 받아 탄생한 이 장치는 실험을 통해 그 사용 가능성이 입증되었다. 그러나 이 장치가 고래에게 성공적으로 작동된다는 사실만으로는 FDA(미국 식약청)의 요구를 만족시킬 수 없었다. 이 원형 기기를 FDA 승인 의료 기기로 개발하는 데 1억에서 5억 달러의 비용이 요구된다. 레이놀즈가 박사가 보유한 자금은 한정적이지만, 후속 개발된 제품들을 판매함으로써 그는 임상 실험에 필요한 자금을 조달할 계획이다.

향후 수십 년간 페이스메이커 시장에서 확실한 위치를 확보하고 있는 메드트로닉Medtronoc사, 존슨앤존슨Johnson&johnson사, 보스톤 사이언티픽Boston Scientific사와 같은 업계 주도 기업들이 이 발명품을 반대하는 이유를 이해하는 일은 그렇게 어렵지 않다. 이 회사들은 환자의 남은 생애 동안 약품을 제공하는 제약회사들과 함께 매 수술에 대해 로열티를 받고 있다. 이러한 페이스메이커 제조업체들은 환자의 질환이 치료 가능한 부정맥으로 진단될 때, 일인당 최소 5만 달러, 그리고 평생 동안 약품을 공급함으로써 발생하는 추가적인 수입 5만 달러를 보장받는다. 그런데 이렇게 보장된 수입을 포기하게 만들지도 모르는 혁신기술에 어떻게 반대하지 않을 수 있겠는가? 새로운 기술은 불과 500달러밖에 들지 않는 단 한 번의 수술이면 충분하다. 나노 와이어는 카데터(고무 또는 금속제의 가는 의료 시술용 관)로 삽입할 수 있기 때문에 일반 마취도 필요 없다. 수술 후 지속적인 투약이 필요 없기 때문에 보험사의 총 지불 비용은 현재의 수준에서 2천 분의 1로 떨어진다. 보험사들이 이 기기에 비상한 관심을 가질 수밖에 없다.

## 배터리를 없애면, 건강이 좋아진다

기업은 거대한 규모와 힘을 선호한다. 그래서 기업이 자연계에서 발생되는 극소량의 전기를 사소한 것으로 치부하는 것은 그렇게 놀랄 일도 아니다. 자동 태엽 시계나 아이들 신발 창 속의 반짝거리는 불빛 정도가 우리에게 익숙한 몇 안 되는 작은 양의 전기 사용 예 중 하나다. 그러나 우리의 마음과 뇌는 그러한 극소량의 전기로 작동되고 있다. 페이스메이커를 수술을 통해 이식하거나 귀에 청각보조장치를 삽입할 때를 제외하고 우리는 몸 속에 배터리를 갖고 다니거나 전선을 휘어 감고 다니지 않는다. 자연적으로 단순하게 생성된 전기로도 매일 심장을 통해 흐르는 혈액을 충분히 조절할 수 있다. 우리 몸이 평생 동안 음식 속의 핵심 성분을 이용해 생산하는 전기 에너지의 총량은 12미터 선적 컨테이너를 뭄바이(인도) 항에서 에베레스트 산 정상까지 옮길 수 있을 정도로 충분한 양이다.

레이놀즈의 연구와 후속 혁신기술들은 매립지를 가득 채운, 환경을 오염시키는 화학 배터리에 대한 우리의 의존에 종언을 예고하고 있다. 배터리를 제거한다는 것은 바로 오염과 독성 쓰레기를 제거하는 것이 된다. 배터리는 편리하긴 하나 광물 자원의 주소비원이면서 좀처럼 완전히 재생되지도 않는다. 배터리 속의 금속들이 환경을 오염시키고 건강에 해롭다는 것은 더 이상 비밀이 아니다. 연간 생산, 판매되는 배터리는 약 4천억 개에 달한다. '일회용' 소형 배터리의 대부분은 그대로 쓰레기로 변한다. 더욱 나쁜 것은 이런 경향이 가속화되고 있다는 사실이다. 배터리 시장은 두 자리 숫자로 성장하는 시장 중 하나이기도 하다. 사회 기강이 비교적 높은 독일과 스웨덴 같은 나라조차 사용된 배터리의 절반도 재생하지 못한다. 비용이 저렴하고, 쉽게 구할 수 있고, 사이즈가 작다는 이유로 이 소형 배터리들은 종종 재생되지 않고 쓰레기 매립지에 그대로 묻힌다. 그러한 작은 물건들이 우리의 행성, 그리고 궁극적으로 우리의 건강에 미칠 악영향을 깨닫지 못한 채 매일매일을 살아간다는 것은 비극이 아닐 수 없다. 지금도 우리는 식수나 경작지와 같은 중요한 자원을 의지해야 하는 생태계 속으로 중금속이 함유된 배터리를 무차별하게 버리고 있는 것이다.

우리는 또한 건전지를 제조하는 데 얼마나 많은 에너지 비용이 들어가는지에 대해 잘 모르고 있다. 배터리로 얻는 전기의 킬로와트시당 비용을 가정용 소켓의 동일한 에너지와 비교해보면, 가정용 전기요금의 100~500배의 에너지 비용이 배터리 제조에 들어간다는 것을 알게 된다. 기절할 일이 아닐 수 없다. 이 사실을 알게 된 기업 분석가들은 가장 효율성 높은 배터리를 열심히 찾고 있다. 필요하면 언제든지 꺼내어 사용할 수 있는 편의성과 융통성이 있으며, 최장 시간 사용이 가능하며, 최소의 오염물질을 함유한 배터리를 개발하기 위해 정부와 민간 분야는 수십억 달러의 연구비를 쏟아붓고 있다. 아무리 엄청난 개발 비용이 들었다 하더라도 중금속이 함유된 배터리는 미래의 수유를 감당하지 못할 것이며 결국은 지구 자원을 고갈시킬 뿐이라는 사실을 우리 모두가 집단적으로 망각하고 있는 것 같다. 더욱 나쁜 것은, 이로 인해서 광산 개발이 확대되고 더 많은 금속들이 환경 속에 무계획적으로 버려진다는 것이다. 배터리는 편리할지 모르나 경제와 환경 비용은 납득할 수 없을 정도로 높은 에너지원이라는 사실을 잊지 말아야겠다.

## 온라인 건강 데이터

레이놀즈 박사의 나노-페이스메이커는 자연 속에서 전기가 만들어지는 것을 관찰하면서 얻은 영감에 기초한 그의 첫 번째 발명품이었다. 그의 또 다른 발명품인 코로패치CoroPatch는 얇은 막으로 된 패치인데, 테이프로 피부에 부착되어 배터리나 전선을 사용하지 않고도 체온과 심장 정보를 측정하고 전송할 수 있는 장치다. 코로패치는 신체 및 이용 가능한 물리적 힘을 이용하여 전기를 생성한다. 이 기기는 다음과 같은 획기적인 방법들로 응용될 수 있다.

체온의 변화 패턴을 차트화하면 단순하고도 효과적으로 임신 가능성을 알 수 있다. 여성의 체온은 배란기 직전에는 낮다가 배란기가 다가오면 매우 높이 상승한다. 더욱이 18일 연속 높은 체온이 유지되면 이것은 임신이 거의 확실하다는 것을 의미한다. 얇은 막으로 된 이 패치는 배터리나 전선 없이도 0.3~0.5도의 정확도로 온도를 측정할 수 있다. 이 기기는 이런 정보를 개인 웹페이지로 전송하거나 휴대전화로 문자 메시지를 보낼 수도 있다. 이 패치로 여성들은 보다 정확하고 자유롭게 임신을 선택할 수 있다.

심장 모니터링의 영역에서는 다음과 같이 응용할 수 있다. 심전도

(EKG) 검사를 받을 때 정확한 진단 결과를 얻기 위해 반드시 병원을 방문해야 한다면, 1차 방문 후 후속 검진을 위해서는 흉부에 부착하는 박막 패치를 이용할 수 있다. 3개에서 6개 정도의 패치를 몸에 부착하는데, 이를 통해 개인 웹사이트로 중요 데이터를 전송하거나, 휴대전화로 기록된 이미지를 전송할 수 있다. 이와 같은 방법으로 건강 상태를 확인하거나 심장 전문의의 후속 방문 여부를 결정할 수 있고, 긴급 상황의 경우에는 자동 전화로 도움을 요청할 수도 있으며, 동시에 휴대전화의 GPS를 통해 환자의 정확한 위치까지 파악할 수 있다. 심전도 검사를 위해 1회만 병원을 방문해도 비용은 750달러를 쉽게 초과한다. 반면 패치는 개당 20달러 정도의 적은 비용으로 살 수 있다. 환자 한 명이 일 년 동안 10개의 패치가 필요하다 해도 병원을 한 번 더 방문하는 비용에 못 미친다. 그러나 저렴한 가격으로 보다 많은 사람들이 패치를 이용할 수 있다면, 수익 가능성은 실질적으로 더 높다. 이것이야말로 필요한 시기에 효과적으로 경제를 회복시킬 수 있는 비즈니스 모델이다. 즉 다양한 응용 상품 및 성공적인 기반 기술을 보유하기 위한 지속적인 수입의 원천이 될 수 있다.

코로패치와 같은 패치 응용 기술을 이용하면 일상적인 심전도 기록과 분석이 필요 없게 되며, 관찰 결과가 일상 패턴을 벗어나는 경우에만 주의하면 된다. 이로 인해 심장 전문의와 직원들은 보다 실질적으로 수익을 창출하는 일에 시간을 투자할 수 있고, 결과적으로 의료 전문인, 병원 그리고 보험사의 순이익이 증대될 것이다. 패치를 이용하면 정상 환자와 위험상태의 환자 모두로부터 가장 다양한 상태의 심장 기능에 대한 놀라운 데이터를 수집할 수 있다. 하나의 패치로 모을 수 있는 정보량은 2분간 병원에서 판독할 수 있는 정보량보다 1만 4천 배나 더 많다. 한마디로 보다 많은 정보를 얻을 수 있으며, 실시간 관찰에 드는 비용은 더 적고, 환자 관리 비용도 상당히 절감되기 때문에 이렇게 절약된 시간들을 다른 수입을 높일 수 있는 일들에 활용할 수 있다. 그리고 이 모든 일들은 단 한 개의 배터리도 사용하지 않은 채 진행된다.

　동시에 패치 기술의 증대된 기동성과 융통성으로 인해 금속 사용은 크게 절감된다. 또, 더 이상 배터리를 사용할 필요가 없기 때문에 보다 새롭고 환경을 덜 오염시키는 배터리 개발 연구에 거액의 투자를 할 필요가 없어진다. 이것은 인간의 건강, 천정부지로 치솟는 의료비, 지구의 환경 모두에게 유익한 기술이다. 레이놀즈의 회사는 최초 이익이 발생하면 수입의 일부를 고래 서식처 보존을 위한 기금으로 따로 떼어놓을 예정이다. 생태계 보존을 위한 기금을 통해 우리는 새롭게 부상하는 재정 및 경제적 구조의 일부분으로서 배터리와 금속에 대한 의존도를 낮추고, 지역적 에너지원들을 이용할 수 있게 될 것이다.

**코로패치와 심전도(EKG)의 원가 분석 비교표**

| 서비스 제공 | 병원 | 박막 패치 |
|---|---|---|
| 비용 | 최소 750달러 | 최고 20달러 |
| 사용하는 전력 | 전선 또는 배터리 | 자가 발전 |
| 전선 연결 여부 | 전선 연결 | 무전선 |
| 데이터 | 2분간 샘플링 | 24시간 모니터링 |
| 탄소 발자국 | 병원까지의 운전 거리 | 환자가 있는 곳 |
| 생태계 영향 | 매립지의 폐배터리 | 100퍼센트 재생 가능 |
| 진단분석 | 심장 전문의 필요 | 응급 시만 전문의 필요 |
| 응급 시 대처 | 자동 응급 전화 | 개인 웹페이지 모니터링 |
| 데이터 검색 | 사무실에서 처리 | 휴대전화 데이터 실시간 건강 모니터링 |
| 고용 | 고용 변동 없음 | 패치 100만 개당 20개의 고용 창출 |
| 소득 | 별 차이 없음 | 패치 10억 개 및 서비스의 무한 창출 |

이러한 기술로 얼마나 많은 일자리가 창출될 수 있을까? 아직 개발 단계이지만, 드러나고 있는 모습은 매우 고무적이다. 간호사에서 심장 전문의에 이르기까지 의료 전문인들 중 아무도 일자리를 잃지 않으면서도 엄청난 분량의 데이터를 축적할 수 있다. 이 기술은 구글이나 야후 같은 회사들의 가장 수익성 높은 소득원 중 하나인 데이터 검색 분야의 매력적인 사업 아이템이 될 것이다. 데이터 검색으로 얻어지는 상세한 통계나 인구 정보를 통해 음식이나 약품, 심지어 생활방식이 건강에 미치는 영향에 대한 보다 자세한 연구가 가능해질 것이다. 또, 치료를 위한 디자인, 관리 그리고 측정에도 도움을 줄 것이다.

향후 10년 동안, 새로 개발된 박막 필름 패치 산업을 통해 추가로 2만에서 5만 개의 고용을 창출할 수 있다. 또, 관련 서비스를 통해 수많은 기업가들에게 사업적 기회가 생겨날 것이다. 이러한 경제활동의 새 물결은 휴대전화 도입과 비슷한 방식으로 밀려올 것이다. 그러나 이러한 독특한 기술을 가장 먼저 이용할 사람들은 투르 드 프랑스의 사이클 선수들, 산악인들, 인내의 한계에 도전하는 마라토너들과 같은 일류 스포츠인들이 될 가능성이 높다. 실로 무에서 시작한 이 대단한 기술이 약속해주는 미래는 매우 밝다.

## 더욱 멋진 냉각 방법

수십 년 동안 의학 연구자들은 심각한 질병을 예방할 수 있는 백신 개발 분야에서 대단한 성공을 거두었다. 하지만 불행히도 백신 투약 시스템은 그렇게 성공적이지 못했다. WHO(세계보건기구)의 통계에 의하면, 생산, 판매된 총 백신 중 오직 50퍼센트만이 성공적으로 투약된다고 한다. 게다가 관리가 미치지 않는 지역에 냉동 시설이 부족하다는 것은 질병의 위험에 처한 아이들 중 오직 50퍼센트에게만 약이 전달된다는 것을 의미한다.

전 유통 과정이 냉동 체인을 유지해야 하는 것이 바로 백신의 문제점이다. 개발도상국가의 진료소에는 약 6천 개의 태양 에너지 냉장고가 설치되어 있다. 목적은 낮은 온도에서 백신을 안전하게 유지하는 것이다. 냉동 시설 한 개당 5천에서 7천 달러의 비용이 든다면, 총 투자액은 3천만 달러가 넘는다. 비록 논란의 여지가 있지만, 광발전 에너지는 등유보다는 신뢰할 수 있는 에너지이다. 하지만 또 다른 대체

에너지가 존재한다. 그것은 화석이나 청정 에너지를 사용하는 냉장고 대신 냉장 기술을 전혀 사용하지 않는 방법으로 자연에 기반을 둔 약품 유통 시스템이다.

물이 수증기로 변할 때 세포는 말라버린다. 세포막은 한 번 찢어지면 회복이 불가능하다. 그러나 과학자들은 완전히 말라서 죽은 것처럼 보이는데도 물만 접촉하면 2시간 내에 생물학적 기능을 온전히 회복하는 단순한 동식물 종들과 일군의 미생물 군을 확인하고 연구해왔다. 이런 종들 중 하나는 '물곰' 또는 '완보동물'(Hypsibius dujardini)이라고 불리는, 현미경으로만 관찰되는 수중 미생물이며, 다른 하나는 일명 '재생고사리'(Polypodium polypodioides)라고 불리는 아프리카와 아메리카 원산의 덩굴 고사리 종들이다. 이들은 세포조직 속에 높은 당 농도를 유지함으로써 생존하는 생물체다. 물이 없어지면 이 특수한 당은 유리처럼 견고해져 세포와 조직을 보존한다. 다시 물과 접촉하게 되면, 유리화된 당이 녹으면서 세포의 정상적인 생물학적 기능을 회복시킨다.

브루스 로저Bruce Roser는 의약품을 고정시키는 방법으로 이러한 자연 과정을 기술적으로 모방하기 위해 영국 케임브리지 바이오스태빌러티 회사와 함께 일했다. 로저는 백신 냉동을 불필요하게 했을 뿐 아니라, 냉동이나 지역의 수원水原, 또는 어떠한 추가적 취급도 필요 없는 완벽한 백신 포장 시스템을 개발함으로써 주사기 보급 문제도 극복했다. 이것은 매우 저렴한 비용으로 사용 가능한 백신의 보급을 극적으로 증대시킬 수 있음을 의미한다. 세계보건기구는 이 기술로 개발도상국가들이 절약할 수 있는 비용이 연간 2억에서 3억 달러에 이를 것으로 추정한다.

이 기술은 백신의 냉동 체인 전달 시스템의 필요를 없애주며, 이러한 비냉동 기술을 다른 제품에 응용하면 슈퍼마켓의 냉동식품 코너가(아마도 아이스크림을 제외하고!) 사라질지도 모른다. 이제 남은 것은 백신 속의 마이크로 입자들을 고정시키기 위해 현재 사용되는 온실가스 PFC(과불화탄소)의 의존도를 단계적으로 낮출 수 있는 방법을 고안하는 일이다. 우리는 종종 음식을 냉동해야 하는 이유를 잊는다. 그것은 음식의 맛과 질감을 잃지 않고 오랫동안 보존하기 위해서다. 이 기술을 응용하면, 유아용 식품, 냉동식품, 기능성 식품과 같은 고부가가치 시장으로 진출할 수 있다. 커피나 차, 과일, 육류와 같이 상하기 쉬운 제품들도 살아 있는 백신을 개발도상국가에게 전달하는 과정에서 이미 검증된 방법을 이용하여 새로운 모습으로 시장에 선보일 수 있다.

'냉동'을 '비냉동'으로 대체할 때 얼마나 많은 일자리가 만들어질까? 의료 서비스 분야를 보면, 더이상 냉동시설에 전기를 공급하기 위해 수억 달러의 값비싼 에너지 비용을 낭비할 필요가 없어진다. 이렇게 절약된 비용으로 개발도상국가들에서 약 4만~6만 개의 의료분야 일자리를 창출할 수 있을 것으로 추정된다. 매우 고무적인 일이 아닐 수 없다.

전 세계의 냉동시설로부터 직·간접적으로 배출된 가스가 온실효과에서 차지하는 비중은 약 20퍼센트 정도다. 백신 냉동은 이중 작은 일부에 불과하다. 하지만 이 기술이 현존하는 다른 산업기술과 합쳐지게 되면, 완보동물과 고사리에게서 영감을 얻은 이 기술을 가장 백신을 필요로 하는 어린이들에게 보급되는 일 외에도 많은 다른 분야에 적용될 수 있다. 그러한 다양한 적용과정에서 탄소 배출량은 감소될 것이다. 우리는 이러한 다중 효과에 고무되지 않을 수 없다.

## 들었어요? 퓨라논에 대한 소란법석

지구상 최초로 나타난 생물종은 박테리아였다. 광합성을 하는 박테리아는 식물이 존재하기 훨씬 전인 28억 년 전에 출현했다. 과학자들은 이들은 '모네라monera' 라고 부르고, 우리는 이 단세포 유기체를 '세포', '박테리아' 또는 심지어 '벌레' 라고 부른다. 박테리아는 도처에 있으며 우리가 알고 있는 거의 모든 것들이 박테리아로부터 출발했다. 우리의 눈, 코, 귀 그리고 미뢰들은 모두 이 최초의 생물과 관계가 있다. 우리가 박테리아와 공생관계에 있다는 것을 아는 사람은 많지 않은 것 같다. 우리는 우리의 선조가 유인원이었다고 생각하는데, 실제로 우리는 박테리아의 수만 대 후손에 불과하다! 박테리아가 없으면 음식물을 소화시킬 수 없다는 것을 생각하면 우리가 왜 박테리아를 박멸하려 하는지에 대해 의문을 가질 수밖에 없다.

　우리가 현미경으로 무핵 단세포 생물을 관찰하게 된 이래, 또한 과학과 산업이 우리에게 박테리아의 해악에 대해 확신시켜준 이래, 우리는 박테리아를 박멸하는 데 몰두해 왔다. 우리가 가장 독한 화학물질과 항생제(원래 곰팡이 생물학에 기초한 것임)를 사용하여 이것들을 정말 박멸하기로 작정한다면, 결국 우리는 자신을 죽이는 결과를 자초하게 될 것이다. 우리는 생명에 해로운 화학 물질로 욕실과 부엌을 '청소' 한다. 우리가 하루에 두 번 양치질을 한다 할지라도, 우리의 입 속에는 지구의 총 인구보다도 많은 수의 박테리아가 살고 있다. 그러니 박테리아를 박멸하고자 하는 우리의 결의는 실패할 수밖에 없다. 모네라는 중량으로 따져도 거의 우리 몸의 10퍼센트나 차지하는, 기본적이면서도 어디에서든 발견되는 생명 형태다.

　과도한 살충제 사용이 가져올 결과는 분명한 실패밖에 없다. 이러한 화학물질들은 암이나 기타 일련의 건강에 해롭고 생리학적으로 파괴적인 부작용들과 연관이 있다. 또, 병원체를 제거하려는 우리의 지나친 노력은 사실상 이들의 돌연변이를 가속화시킬 뿐이다. 박테리아는 핵이나 DNA가 없기 때문에 마음대로 유전적 변형을 할 수 있다. 화학물질로 벌이는 살생의 잔치는 이 작고 강력한 생물들이 슈퍼박테리아로 신속하게 진화하도록 고속도로를 깔아준 셈이다. 점점 효력을 잃어가는 화학 살균제로 인해 이미 지속적인 스트레스를 받고 있을 뿐 아니라, 동일한 화학물질의 과도한 사용으로 이로운 박테리아가 제공해 주던 혜택을 받지 못하게 된 우리의 면역체계는 더 이상 유지될 수 없는 상태에 도달했다. 한편으로는 화학적 공격, 다른 한편으로는 자연 방어 기제의 부재라는 이중적 타격으로 우리의 신체적 반응 능력은 현저하게 무력화된다.

박테리아를 죽이려다 사실상 우리 자신을 죽일 수 있기 때문에, 지구상 두 번째 생물 형태인 미세조류 또는 프로토시스타(해조류의 조상)가 어떻게 박테리아에 적응했는지를 관찰해볼 필요가 있다. 생명이 출현한 바다를 말 그대로 '박테리아 탕' 이라고 가정한다면, 박테리아를 죽이는 것은 새롭게 출현한 미세조류에게 도움이 되지 않는다. 미세조류가 박테리아를 죽일 수 있을 만큼 강력한 독을 개발했다면, 이로 인해서 미세조류를 포함한 모든 생물종들은 멸종해버렸을 것이다.

해조류들이 대양을 가득 채우기 시작하자, 박테리아들은 신속히 조류의 표면에 군체를 형성했다. 박테리아들은 인간의 소화기관의 내벽이나 두피, 그리고 혀 속을 덮는 것과 동일한 방식으로 서서히 생물막을 형성했다. 만일 이 박테리아 군체가 통제할 수 없는 상태가 되고, 자신들이 정족수를 차지했다고 판단을 내리면, 이들은 숙주를 인수해버리는 결정을 할 수도 있다.

어떻게 이런 상황에서 해조류가 생존을 건 도전과 경쟁에 대처했을까? 나중에 도착한 종으로서 해조류는 살아남기 위해 자신들의 환경에 더 정통해야 했다. 타즈매니아와 일본 사이의 해역에서 발견되는 적조류(Delicea pulchra)는 박테리아들 간의 의사소통을 교란시키는 기술을 완벽하게 발전시켰다. 박테리아를 박멸하려다가 자신들의 장기적 미래를 위험하게 만드는 것보다는 박테리아를 일시적으로 귀머거리로 만드는 방법을 터득했다. 이들은 '퓨라논'이라고 명명된 작은 분자를 만들었는데, 이것은 박테리아의 수용체를 점령한 뒤 박테리아가 같은 종의 다른 박테리아로부터 '듣지' 못하게 한다.

이것이야말로 기발하고도 효과적인 해결책이다. 박테리아는 의사소통을 위해 화학물질을 사용한다. 이들의 수용체는 이미 해조류가 제공한 분자로 채워져 있기 때문에 특정 분자를 받지 못하게 되고, 따라서 박테리아들은 자신의 가족들이 어디에 있는지 알 수 없게 된다. 이렇게 되면 박테리아는 생물막을 활발히 형성할 수 없다. 더욱 효과적인 것은, 박테리아의 공동 작업을 조정해주는 커뮤니케이션의 부재로 인해 기존의 생물막이 붕괴된다는 것이다. 생물막이 없으면 감염 위험도 없다.

호주 시드니 뉴사우스웨일스 대학의 과학자 피터 스타인버그Peter Steinberg와 그의 동료 스테판 크젤레버그Staffan Kjelleberg는 적조류, 즉 델리체아 풀크라Delicea pulchra에 대해 결정적인 연구 결과를 내놓았다. 이들은 즉시 자신들의 연구 결과가 갖고 있는 가치를 인식했다. 그것은 해조류에서 착안한 박테리아 통제 방법을 이용하면 인간이 초래한 슈퍼 버그 돌연변이들을 극복할 수 있다는 것이었다. 이것을 응용할 수 있는 분야는 매우 다양하다.

그러나 만만치 않은 사업상의 장애물들이 있다. 박테리아의 확산을 제어하는 이 방법을 통해 개인주택, 상업용 건물, 교통, 농업, 소비재, 의료기구 그리고 제약회사를 포함한 광범위한 분야의 기업들이 혜택을 받을 수 있다. 하지만 박테리아를 귀먹게 하여 확산을 방해하는 자연 성분인 퓨라논은 어떤 증상에 대해서라도 마음대로 처방해줄 수 있어서 대형 제약회사의 현금 제조기나 다름없는 항생제 시장을 위협할 수 밖에 없다. 게다가 재정 투자와 승인 절차를 밟아 시장에 새로운 의학적 혁신기술 제품으로 등장시키기까지 수십 년은 아닐지라도 수년은 족히 걸릴 것이다. 길고도 복잡한 정부의 승인 절차만 아니었다면, 퓨라논은 지금쯤 항생제와 멸균제를 대체했을 것이다.

한편 승인 절차의 부담이 없는 다른 분야에서는 쉽게 적용될 수 있다. 이 중요한 기반 기술의 엄청난 가능성은 소비재와 산업 및 농업 분야에서의 응용을 통해 실현될 수 있다. 티타늄과 아연을 포함하여 안전상 문제가 되는 성분을 사용하고 있는 탈취제만 생각해보아도 알 수 있다. 체취란 땀을 먹고 사는 박테리아가 발생시키는 불쾌한 냄새다. 퓨라논에 기초한 탈취제는 박테리아의 숫자를 감소시켜 결과적으로 냄새를 제거해줄 것이다.

그리고 일상 생활 중 하나인 양치질이 있다. 구강 속의 박테리아의 양은 인상적일 정도로 숫자가 많다. 치과의사가 지시한 대로 매일 양치질을 한다고 해도, 우리의 입속에는 지구 전체의 인구보다 더 많은 박테리아가 살고 있다! 박테리아가 소화 과정에 도움을 주기는 하지만, 입맛에 영향을 주고 구취와 충치의 원인이 되는 것도 구강 내 잔여 음식물을 먹고 사는 박테리아다. 하지만 퓨라논이 있으면 박테리아는 생물막을 형성하지 못한다. 따라서 퓨라논으로 입을 헹구면 더욱 상쾌한 느낌을 받을 수 있다.

생물막은 농업에도 영향을 끼친다. 종자를 퓨라논 액 속에 한 번만 담가도 박테리아 감염을 방지할 수 있다. 박테리아의 공격으로 바로 썩어버리는 생화를 퓨라논이 첨가된 물에 꽂아 놓으면 장기간 싱싱한 상태를 유지할 수 있다.

레지오넬라균을 포함하여 건물의 냉난방 시설에도 생물막이 형성될 수 있다. 이 박테리아군은 숙주 속에 서식하기 때문에 제거하기가 쉽지 않다. 숙주를 죽이려면 건물 이용자들에게 부담이 될 만큼 많은 양의 화학 살균제가 필요하다. 필터를 설치하고 정기적으로 필터를 교체하면 되지만 이러한 대안에는 관리비 상승 문제와 교체하는 동안 냉난방 설비를 이용할 수 없다는 문제점이 따른다. 하지만 이런 경우에도 퓨라논은 오늘날 광범위하게 사용되는 유독성 화학물질의 뛰어난 대안이 될 수 있다.

2006년 브리티시 페트롤륨British Petroleum사는 알래스카 송유관 누출 사건으로 신문의 헤드라인을 장식했다. 석유, 가스, 물의 이동 관에 부식을 일으키는 주범이 박테리아라는 사실을 아는 사람은 그리 많지 않다. 송유관의 부식을 막기 위해 2주에 한 번씩 전체 라인을 폐쇄한 뒤, 산성 화학물로 관 내벽에 누적된 박테리아 생물막을 제거하는 작업을 실시한다. 하지만 이런 조치도 부식을 유발하는 모든 미생물을 다 제거할 만큼 강력하지 않기 때문에, 기계를 사용하여 관 내벽을 긁어내야 생물 축적물을 겨우 제거할 수 있다. 하지만 퓨라논 액을 관 속으로 흘려보내기만 하면 이 문제는 간단하고도 안전하게 해결된다.

역삼투압 방식으로 해수를 담수화하는 필터의 막도 생물막 누적으로 많은 영향을 받는다. 이 때문에 필터의 효과가 50퍼센트 이상 감소된다. 현재의 방식은 석유와 가스 송유관의 경우와 마찬가지로 전체 정수 시스템을 폐쇄한 다음 염소를 이용하여 박테리아를 죽이는 것이다. 이 방식의 문제점은 지나친 염소 사용으로 인해 삼투막의 질이 떨어지고, 결과적으로 시스템의 사용 기간이 줄어들어 유지비용을 상승시킨다는 것이다.

**퓨라논의 적용 가능한 몇 가지 용도들**

| 주택 및 건물 | 에어컨, 식수 보급 |
|---|---|
| 농업 | 어류 양식, 식품 저장 |
| 제조업 | 식품 가공, 마이크로 전자공학 |
| 운송 | 석유 및 가스 |
| 제약회사 | 낭포성 섬유증, 결핵 |
| 의료기기 | 도뇨관, 주사기 |
| 소비재 | 탈취제, 구강 및 치아 위생, 스킨케어 |

위와 같은 몇 가지 적용 사례는 훨씬 더 많은 분야에 적용할 수 있다. 피터 스타인버그가 집중적으로 관심을 갖고 있는 분야는 퓨라논의 진짜 미래가 될 수 있는 의약품과 의료기기 분야다. 낭포성 섬유증

과 결핵은 모두 박테리아 군집이 서서히 숙주를 점령하다가 결국에는 죽음에 이르는 생물막으로 인한 질병들이다. 일단 박테리아 생물막이 형성된 뒤에는 항생제도 별로 도움이 되지 못한다. 때로는 항생제 투여량이 천 배까지 증가한다. 이런 상황에서 해조류에서 영감을 얻은 합성 유사체가 미치는 영향을 상상해보자. 퓨라논 때문에 생물막 속의 청각을 잃게 된 박테리아들은 정족수를 감지하지 못하고, 힘을 잃고 붕괴되기 시작한다. 결국 상위 구조가 기능을 상실하고, 박테리아 개체들은 체내 자연 면역 시스템만으로도 쉽게 제거될 수 있다.

퓨라논이 박테리아를 제거하는 대신 그 기능을 무력화시킨다는 사실을 응용하면, 면역체계에 도전하는 슈퍼버그의 진화를 촉진하지 않으면서도 건강을 향상시키고 병을 치료할 수 있는 새로운 방법을 고안할 수 있다. 바이오시그널사의 새로운 특허 포트폴리오 소유자, 벤처파마VenturePharma(홍콩 증권시장 상장 기업)를 통해 스타인버그의 의료적 응용 사례들이 시장에 선보이기 시작하면, 수백 개의 다른 적용을 가능케 하는 초석이 마련될 것이다. 이론은 완벽하며, 기능은 증명될 수 있다. 효과적인 퓨라논의 농도는 10억 대 10에 불과하기 때문에 제조 원가 면에서도 경쟁력 있는 제품들을 탄생시킬 수 있다.

퓨라논으로 창출할 수 있는 고용 가능성을 추정해보자. 퓨라논을 이용하면, 더 이상 직업병을 유발하는 것으로 알려진 화학물질을 대량생산할 필요가 없어진다. 따라서 제조 분야에서의 고용은 줄어들지도 늘어나지도 않는다. 물자 절감 효과는 20~25퍼센트 상승할 것

217

으로 추정된다. 예를 들어, 역삼투압 방식의 막과 파이프라인을 보다 장기간, 효과적으로, 그리고 낮은 유지비용으로 사용할 수 있게 된다. 이 놀랍도록 혁신적인 제품들은 박테리아를 무력화한다. 이 제품들의 다양한 가능성을 연구하는 곳에서 가장 핵심적인 고용이 창출될 것이다.

## 기적의 구더기

서구의 의학 전문가들은 아프리카 전역에 에이즈, 말라리아, 요드 결핍증(IDD)이 확산되는 현상에 관심을 갖게 되었다. 몇몇 미국의 자선 단체들은 이에 대한 해결책을 찾기 위한 연구에 적극적으로 재정을 지원하고 있다. 그러나 아프리카인들이 이러한 치명적인 질병보다 기본적인 상처를 치료하지 못해서 더 고통받고 있다는 사실은 간과되고 있다. 상처를 제대로 치료하지 못하면 감염이나 괴저가 발생되며, 심하면 감염 부위를 절단해야 되는 상황에 이른다. 바로 이런 요인 때문에 사회 주변화 현상이 나타나고, 수명이 단축된다. 특히 농촌을 포함한 지역들에 이 기본적인 치료가 널리 제공된다면, 이로 인한 심각한 문제들을 피할 수 있을 것이다. 모순적으로 들릴지 모르지만 한 가지 놀라운(그리고 성공적인) 치료법은 구더기를 사용하여 위생 상태를 유지하는 방법이다.

자연 상태에서는 동물이 죽어 부패가 시작되면 파리 떼가 몰려온다. 파리들은 동물의 사체에 알을 낳고, 부화되어 나온 구더기들은 신속하게 썩은 고기를 먹어 치운다. 구더기들이 부패한 고기를 먹어 치우면 박테리아가 서식할 기회가 없어진다. 이 구더기들이 그대로 자라면 파리가 된다. 그렇지 않으면 구더기의 80퍼센트를 이루는 단백질을 신속하게 소화할 수 있는, 강산성의 소화기관을 갖춘 새나 물고기나 다른 동물들의 먹이가 된다.

역사적인 문헌 속에도 민감한 상처를 치료하는 데 쓰였던 구더기 상처 치료법이 잘 기록되어 있다. 고대 마야 문명이나 호주 애버리진 부족 사회의 치유자들은 상처를 치료하기 위해 자주 구더기를 이용했다. 나폴레옹의 전속 외과의인 도미니크 라레이 남작도 1799년 프랑스의 이집트 원정 중 구더기 상처 치료법을 사용했다고 한다. 전쟁 중에는 위생 상태가 그렇게 완벽하지 못하다. 그래서 야전에서 구더기 상처 치료법은 중요하고 효과적인 치료법 중 하나였다. 제2차 세계 대전 전까지만 해도 널리 이용되었던 구더기 치료법은 1928년 알렉산더 플레밍이 페니실린을 발견한 이후 사라져버렸다.

최근 항생제에 저항력을 갖고 있는 박테리아의 위험성이 알려지면서 의사들은 다시 구더기 치료법을 도입했다. 세계적으로 20개 나라에서 4천여 명의 치료의들이 구더기 상처 치료법을 사용하고 있다. 구더기 치료법 연구의 최고 권위자는 리즈 대학 교수인 스티븐 브리틀랜드Stephen Britland 박사다. 그의 회사 어드밴스드 젤 테크놀로지 Advanced Gel Technologies(AGT)는 웨일스의 주바이오틱ZooBiotic Ltd. 사가 개발한 제품들을 보완하기 위해 설립되었으며, 처음에는 정부 납품 업체로 시작했다. 하지만 지금 그의 회사는 세계 최대의 상처 치료용 구더기 공급 회사로 자리매김했다. 그의 연구팀은 구더기가 상처를 깨끗하게 할 뿐 아니라 그 이상의 일도 한다는 사실을 발견했다. 구더 기들은 약한 전기를 방출함으로써 세포의 성장을 자극하는 효소를 만든다. 항생제에 저항력이 있는 박테리아조차도 음식 처리 능력만 큼은 구더기와 경쟁이 되지 않는다. 구더기들은 그대로 내버려두기 만 해도 실로 훌륭한 일을 수행한다.

　무균상태는 현대의 병원이 필수적으로 갖추어야 하는 조건이다. 하지만 구더기는 박테리아가 멸균된 위생적인 상태와 전통적으로 전 혀 어울리지 않는다. (하기야 현대의 병원도 위생 상태가 썩 좋은 환경은 아니지만) 브리틀랜드의 혁신기술 중 하나는 구더기 자체를 이용하는 대신 구더기가 생산하는, 상처 치유에 효과적인 성분만을 추출하는 방법을 고안한 것이다. 이 절차는 아주 단순한데, 우리가 바다에서 수 영을 하다가 소금물을 들이마시면 토하는 현상과 별반 다르지 않다. 먼저 수거한 구더기들을 소금물에 담가 구토를 유발한다. 이 과정은 그야말로 신속하고 저렴하며 단순하다. 주바이오틱사는 구더기가 괴 사성 박테리아에 감염된 세포조직을 먹어 치우는 끔찍한 광경을 보 고 환자가 불쾌감을 느끼지 않도록, 효모를 풍부하게 함유한 구더기 구토 물질만을 이용하여 상처를 치유할 수 있는 방법을 고안했다.

　구더기 치료법은 세포 성장을 촉진하기 위해 다리 궤양을 저기압

상태 속에 고립시키는 진공치료법보다도 더 우수한 치료법이다. 구더기들이 일단 죽은 세포조직을 제거해버리면, 박테리아가 하나도 남지 않기 때문에 항생제를 사용할 필요가 없다. 따라서 박테리아의 항생제 저항이라는 것도 있을 수 없다. 임상실험 결과에 따르면 구더기 치료가 그 자체로도 훌륭하지만 가장 강력한 항생제와 동일한 치료효과를 얻을 수 있다는 사실이 밝혀졌다.

이러한 치료법은 감염 위험이 거의 없는 치료법이라는 주요 이점 외에도, 중환자는 아니라도 감염을 피하기 위해 간호사가 필요한 환자들의 입원 비용을 절감시켜주는 효과가 있다. 당뇨병 환자들에게 나타나는 화상 또는 궤양 치료의 경우가 특히 그렇다. 브리틀랜드 연구진들이 상처 치료로 의료비용을 확실히 절감할 수 있다는 것을 의료기록을 통해 증명하자, 정부는 이 치료법을 개발하고 상업화할 수 있도록 재정을 지원했다. 먹이사슬의 상위 부분에 있는 구더기는 고기를 먹는데, 바로 이 구더기가 먹는 고기 사료가 가장 비용이 많이 든다. 다행히 구더기들의 입맛이 그리 까다롭지 않아 동물의 사체死體나 도살장에서 버려지는 고기 쓰레기 같은 것을 사료로 이용해도 충분하다.

아프리카인의 보건 문제를 놓고 생각해볼 때, 상처 치료에 구더기 치료법이 크게 기여할 것으로 보인다. 상처를 적절히 치료하지 못한 것이 건강 문제의 주원인이기 때문이다. 상처가 치료되지 않은 상태로 방치되면, 궤양이 그대로 남게 된다. 세계보건기구는 아프리카에서 상처를 제대로 치료하지 못해 죽는 사람의 숫자가 매해 말라리아로 사망하는 수와 비슷하다고 추정한다. 이 문제는 해결하기 쉬운 것처럼 보인다. 그러나 아프리카의 고립된 오지까지 필요한 물품을 운송하는 것은, 비용이 많이 들 뿐 아니라 비효과적인 방법이다. 하지만 값싼 원료로 제품을 생산하고, 현금을 유입하고, 고용을 창출하는 생태학적 순환모델을 실현하기는 그렇게 어렵지 않을 것이다. 이러한 시스템이 어떻게 현실화될 수 있는지를 보여주는 좋은 예가 있다. 바로 베냉의 손가이 센터(2장 참조)다. 손가이 센터 시스템을 벤치마킹함으로써 우리는 생태학적 순환모델을 창출할 수 있다. 우리는 구더기 상처 치료법으로 원료나 장비를 수입하지 않고도 엄청난 고용을 창출하는 중요한 의료 사업을 시작할 수 있다.

아프리카의 베냉은 전 프랑스 식민지로 나이지리아와 접경한 작은 나라이다. 영국과 프랑스가 강제로 전통과 문화를 가르는 경계선을 만들기 전만 해도, 과거 베냉과 나이지리아 국경에 걸쳐 있었던 손가이 왕국의 일부인 베냉은 풍부한 역사를 갖고 있었다. 1987년 나이지리아 태생의 갓프리 나무조 신부는 이 지역의 주민들이 식량을 확보할 수 있도록 종합 농장 및 목장을 건설하는 야심 찬 계획에 착수했다. 앞에서 우리는 어떻게 그가 베냉의 포르토노보에 손가이 센터를 출범시켰는지 살펴보았다. 나무조 신부의 농장은 가축 사육과 도살 시설을 보유한 다른 농장들처럼 높은 수준의 위생 관리가 꼭 필요했다. 식육이나 소시지로 쉽게 가공되지 않는 동물 쓰레기는 어떻게 처리할 것인가? 지난 10년간 광우병이 유럽을 휩쓸었으며, 동물 쓰레기를 사료로 이용한 것이 광우병의 원인인 것으로 알려졌다. 유럽은 유럽 내의 모든 도살장에서 나온 쓰레기를 소각하도록 법으로 정하고 있다. 하지만 나무조 신부의 접근법은 이와 달랐다. 자연 상태에서 처리되는 방식대로 동물성 쓰레기를 파리에게 먹이는 것이었다. 물론 통제된 환경 속에서였다.

나무조 신부의 전략은 중국의 농경 원칙을 따르는 것이다. 주변에 해충이 있다면 그들이 좋아하는 먹이를 던져 주는 전략이다. 한쪽 구석에서 해충들이 좋아하는 먹이를 기르면 해충들은 조용히 농작물을 떠나 그곳으로 간다. 항상 귀찮은 존재인 파리를 제거하기 위해 식품 가공 현장에서도 같은 원칙을 적용한다. 화학물로 파리를 제거하려는 것은 동일한 방법으로 박테리아를 제거하려는 것과 같다. 별반 효과적이지 못한 방법이다. 파리와 박테리아의 생태적 기능 자체가 그들의 존재와 번성을 보장해주기 때문이다.

나무조 신부는 손가이 센터 내의 한 후미진 장소를 정한 다음, 독수리가 달려들지 못하도록 그물로 덮개를 씌운 뒤, 작은 정방형 컨테이너를 설치하고, 그 안에 모든 도살장 쓰레기를 모았다. 이곳에 파리 떼들이 몰려들어 알을 낳자 구더기들이 생기고 자라기 시작했다. 구더기를 모으기 위해서는 컨테이너에 물을 채워 넣으면 되었다. 그러면 구더기들이 공기를 호흡하기 위해 수면으로 떠오른다. 떠오른 구더기들은 국자로 떠서 메추라기의 사료로 사용한다. 메추라기가 성장한 후 알을 낳으면, 메추라기 알을 고급 음식으로 여기는 프랑스로 수출한다. 구더기 중 일부는 물고기 사료로 사용되며 물고기가 다 자라면 지역의 시장에 내다 판다. 나머지 구더기는 유기농작물을 재배하는 땅을 기름지게 하기 위해 사용된다. 손가이 센터는 유기농 농산물을 생산하고 있다. 나무조 신부는 "아프리카에서 유기농이 쉬운 이유는 비료와 살충제를 구하기가 너무 어렵기 때문이죠. 구할 수 있다 해도 가격이 너무 비싸답니다."라고 설명했다.

구더기를 물고기나 메추라기 사료로 사용하는 것도 여러모로 이익이 된다. 그러나 쉽게 수확할 수 있는 치료용 구더기 효소는 전체 시스템에 다각적인 이익을 가져다준다. 굳이 수학자가 아니더라도 수입과 고용이라는 면에서 가치를 쉽게 계산할 수 있다. 상처 치료를 위한 대부분의 의약품을 수입에 의존하고 있는 아프리카의 입장에서 보면, 자국에서 생산한 자원을 이용함으로써 엄청난 비용을 절약하는 셈이다. 손가이 센터에서 매달 수확하는 효소는 불과 27킬로그램뿐이지만, 이 사업 모델을 통해 상처 치료용 약품 수입을 줄이게 될 뿐 아니라, 치료가 긴급한 많은 환자들에게 낮은 가격으로 이상적인 치료법을 제공할 수 있는 것이다.

아프리카에는 약 1만 5천 개의 도축장이 있다. 그리고 많은 동물들이 작은 마을 안에서 도살된다. 약 20만 개의 마을에서 도축된 가축들은 자체적으로 가공된다. 아프리카의 모든 도축장에 구더기 농장과 양어장 그리고 가금 농장(닭, 칠면조, 메추라기) 하나씩만 추가한다고 해도, 단백질이 풍부한 가축 사료와 보다 향상된 보건 서비스를 제공하기 위한 구더기 생산은 30만~50만 개의 일자리를 만들어낼 수 있다. 원료 때문에 발생하는 추가 비용은 없다. 오직 지금 버려지고 있는 것들, 또는 처분하는 데 추가로 에너지와 노력이 필요한 것들을 이용할 뿐이다. 구더기 생산을 통해 도축장 생물 쓰레기 처치와 연관된 보건상 위험 또한 제거할 수 있다. 이 정도 규모라면 수출할 수 있을 만큼 충분한 양의 구더기 효소를 수확할 수 있다. 하지만 구더기 효소를 보다 넓게 적용함으로써 전례 없이 의료비를 절감할 수 있을 뿐 아니라, 보다 빨리 그리고 보다 확실히 아프리카인들에게 건강을 되찾게 해줄 수 있으며, 치료를 받고 움직일 수 있게 된 환자들에게는 큰 혜택이 될 것이다.

**손가이 모델**

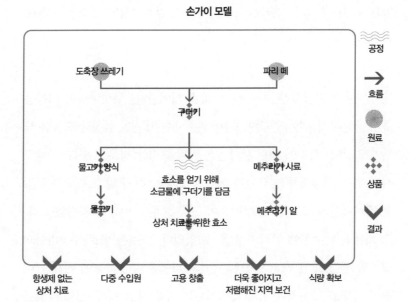

225

# 무통 주사

우리는 구더기로부터 귀중한 영감을 얻었다. 그래서 구더기가 꼭 혐오스러운 것만은 아니라는 마음을 갖게 되었다. 그렇다면 이제는 해충 리스트에 올라 있는 또 하나의 곤충인 모기에 대해 관심을 가져 보자. 모기에게 물리면 피부가 가려워서 긁어주어야 함으로 보통 성가신 일이 아닐 수 없다. 하지만 일본의 대형 의료기기 회사 테루모 Terumo사의 테추야 오이치 씨와 소규모 금속 프레스 회사 사장인 마사유키 오카노 씨는 모기가 아무런 고통 없이 사람을 물 수 있다는 사실에 크게 호기심을 갖게 되었다. 이들에게 그것은 대단한 성취와도 같이 느껴졌다. 그들은 "모기는 조금도 고통을 주지 않고 피를 뽑을 수 있는데, 왜 우리가 사용하는 주사기는 그렇게 아플까?"라는 의문을 던졌다.

대부분의 사람들은 주사 맞는 것을 싫어한다. 주삿바늘이 고통을 주기 때문이다. 주사를 맞아야 한다는 사실 때문에 엄청난 불안을 느끼기도 한다. 심지어 어떤 환자들은 기절을 하는 경우도 있다. 테루모 사의 연구 기술팀들은 모기가 어떻게 고통을 주지 않고 필요한 물질을 뽑아내는지, 그리고 주삿바늘이 고통을 주는 이유를 발견했을 때, 그 기계적 단순함에 놀라지 않을 수 없었다. 그것은 바로 주삿바늘의 크기와 원뿔 모양 때문이었다. 모기의 바늘은 주삿바늘에 비해 끝이 훨씬 가늘고 길어지며 점차 넓어지는 모양을 하고 있다. 한때는 약물을 주입하려면 주삿바늘의 안과 밖의 직경이 반드시 일정해야 한다고 생각되었다. 바늘 끝의 직경을 더 작게 하면 그만큼 약물 주입이 더 어려워지고, 따라서 바늘 끝을 작게 만드는 일에는 한계가 있었다. 그러나 바늘의 원뿔 모양이 고통을 일으키는 원인이었다.

오카노 씨는 일본에서 '금속의 마술사'로 알려져 있다. 그는 엄청나게 얇은 스테인리스 금속판을 돌돌 말아, 끝이 점점 가늘어지는 아주 작은 실린더형 원뿔을 만든 다음, 용접으로 봉합하여 바늘을 만들었다. 오이치 씨는 자신의 의료기기 제작 기술로 그 바늘을 보다 정밀하게 가공했으며, 이 주삿바늘을 '나노패스 33 주삿바늘Nanopass 33 Syringe'이라고 명명했다. 나노패스 바늘 끝의 직경은 0.2밀리미터로 종전의 바늘보다 20퍼센트 더 작다. 금속판을 말아서 특별한 모양의 원뿔을 만들면 바늘 끝이 가늘어진다. 그렇게 만들어진 바늘 끝을 더욱 섬세하게 가공한 다음 점점 넓혀준다. 모기의 바늘과 동일한 모습이 만들어지는 것이다. 그렇게 문제가 해결된 것이다.

테루모사의 '주삿바늘 및 액체-주입 기구'는 2004년 특허 승인을 받았다. 현재 테루모사의 주삿바늘은 당뇨병 환자들의 일상품 중 하나가 되었다. 매일 인슐린 주사를 맞아야 하는 당뇨병 환자들이 일본에만 60만 명 정도 된다. 미국만 해도 전체 인구의 거의 8퍼센트인 약 2천360만 명의 당뇨병 환자가 있다. 테루모의 주삿바늘은 고객들의 기대와 필요를 충족시켜주었고 고객들은 이 기술에 대해 무척 감사하고 있다. 또, 이 바늘은 금속을 덜 사용하기 때문에 소재 사용의 효율성 면에서도 순이득을 얻을 수 있었다.

나노패스 33 주삿바늘은 2005년 일본 산업 디자인 증진 대회에서 우량 디자인 대상을 수상했다. 시상식에서 오카노 씨는 "세상에 존재하지 않는 어떤 것을 만들고, 사람들이 만들 수 없다고 생각한 것을 만들어보는 것은 정말 재미있는 일입니다."라고 말했다. 실크와 마찬가지로 이것은 자연에서 빌려온 기하학으로 제품의 형태를 만들고, 우리의 필요를 충족시키는 또 하나의 예다. 테루모의 바늘이 고용을 창출하지는 않았지만, 이 기술을 통해 주사를 사용하는 환자들의 고통이 훨씬 경감되었다. 이것은 우리가 아무 생각 없이 묵인해 왔던 많은 파괴적인 기술들보다 훨씬 발전된 기술 형태라 하겠다.

## 무가스 추진

화학에 의존하지 않은 물리적 힘이 처음으로 사용된 곳은 자연 속의 생태계였다. 그리고 물리적 힘의 가치는 가능성이 많은 응용 분야인 추진 가스 기술분야에서 다시 한 번 확인되었다. 1974년 처음 발표된 독창적 연구로 셔우드 롤런드Sherwood Rowland와 함께 노벨상을 수상한 캘리포니아 대학 연구원인 마리오 몰리나Mario Molina는 우리가 현재 겪고 있는 심각한 오존층 파괴의 주범이 바로 추진 가스라는 사실을 밝혀냈다. 두 사람의 연구 결과로 인해 문제가 많았던 염화불화탄소 및 그와 유사한 제품의 사용을 몬트리올 의정서에서 금지하게 되었다. 기업들이 비록 추친 가스를 대체할 몇 가지 새로운 방법들을 제공하고는 있지만, 추진 가스는 작은 악도 여전히 해롭다는 사실을 보여주는 한 예일 뿐이다.

추진 가스는 흔히 항히스타민제나 살균제, 청소용품 및 헤어스프레이 등을 분무상태로 분사하는 데 사용된다. 분사 기술로 인해 물방울의 크기, 온도 그리고 속도를 정확하게 조절할 수 있게 되었다. 이 기술은 자동차 엔진의 연료 분사 시스템 등에도 추가적으로 응용될 수 있다. 최근 헤어스프레이를 포함한 몇몇 제품들은 고압 분무기로 화학물질 분무기를 대체하기도 했다. 하지만 이것은 화학산업이 바른 방향으로 들어서기는 했으나, 산업용 화학물질의 흡입으로 발생되는 원하지도 의도하지도 않은 부작용을 제거하는 데는 여전히 실패했음을 보여주는 예라 하겠다. (우리는 낭포성 섬유증이나 결핵 환자가 해초에서 영감을 얻은 퓨라논을 공기와 섞어 들이마시면 해로운 박테리아 바이오필름을 보다 효과적으로 제거할 수 있음에 주목한다.)

프랑스의 철학자 볼테르가 "완벽한 것을 추구하려다가 좋은 것을 버리면 안 된다."라고 말하기는 했지만, 이제 좋은 것과 '덜 나쁜 것'의 근본적인 차이점을 구별할 때가 왔다. 완벽한 해결책을 찾기 위한 노력 때문에 비교적 좋은 해결책의 실행이 방해되어서는 안 되겠지만, 우리의 최고 관심사는 위험을 완전히 해결하려고 노력하는 데 있어야 한다. 추진 가스의 경우, 폭격수 풍뎅이bombardier beetle의 도움으로 위험을 완전히 제거하는 일이 현실화되고 있다. 이 기술을 통해 호흡계통의 약품을 분무기로 투약하는 방법을 개선하고, 자동차의 연료 효율성을 높이며, 연료 분사 시스템의 배기 가스를 줄이고, 광산 폭발사고의 위험성을 낮출 수 있다.

자연 속에서는 많은 존재들이 양분과 방어 또는 포식자와 먹이라는 관계를 갖고 있다. 폭격수 풍뎅이(Brachinus carabidae)는 보기 드문 진화적 생존자다. 이 놀라운 작은 곤충은 자신의 몸길이의 10배나 되는 거리까지, 섭씨 100도의 뜨겁고 자극성이 강한 액체를 분사하는 능력이 있다. 코넬 대학의 곤충학자 톰 아이스너Tom Eisner에 의해 이 폭격수 풍뎅이의 놀라운 능력이 알려지자마자, 리즈 대학의 열역학 및 연소론 교수인 앤디 매킨토시Andy McIntosh는 첫눈에 이 곤충에게 반해버렸다.

겨우 길이 2센티미터인 폭격수 풍뎅이는 개미로부터 자신을 방어하기 위해 뜨거운 열을 방출하는 스프레이를 사용한다. 이 곤충은 자신의 연료선에 저장된 과산화수소와 하이드로퀴논을 반응시켜서 폭발성의 뜨거운 액체 분무를 만든다. 1센티미터 크기의 이 풍뎅이의 '연소실'은 마치 압력솥처럼 작동한다. 연소실에서 압력을 받고 있던 액체는 밸브가 열리는 순간 증기 상태로 바뀐다. 밸브가 닫히면, 방에 연료가 다시 채워지고, 밸브가 다시 열리면 액체는 대기권 밑의 비등점보다 높은 온도로 가열된다. 풍뎅이는 초당 400~500의 회전 속도로 분사하는데 정말 신속하고 효과적이다. 매킨토시는 "이것은 본질적으로 고강력 증기 공동 폭발이다."라고 설명하고 있다.

2나노미터도 안 되는 입자 상태의 물질을 완벽하게 대기로 분사하는 이 정교한 기계적 분사 시스템을 모델로 하여 과학자들은 동일한 분사율로 초당 20회전이 가능한 분사 시스템을 개발했다. 과산화수소와 하이드로퀴논의 화학반응으로 발생하는 거품으로 인해 분사량이 적용되는 표면적의 비율이 크게 증가했고, 따라서 효율성도 높아졌다.

"이전에는 아무도 폭격수 풍뎅이를 물리학과 엔지니어링이라는 관점에서 연구하지 않았다. 처음에 우리는 이 곤충으로부터 얼마나 많은 것을 배울 수 있는지 알지 못했다."라고 매킨토시는 말한다. 그의 새로운 발견은 분사 능력을 향상시켰을 뿐 아니라, 추진 가스가 오존층에 미치는 영향을 없앨 수 있는 잠재력도 갖고 있다. 이 신기술에 매혹된 스웨덴의 기업가 라스 우노 라손Lars Uno Larsson은 이 기술을 개념 단계에서 시제품 단계로, 더 나아가 상업화 단계로 추진하고 있다. 신기술이 모험적인 사업가를 만난 셈이다. 일단 이것이 벤치마킹되면 다른 사람들도 광범위한 응용 가능성을 찾아 나서게 될 것이다.

## 기술들끼리 상호 융합하기

몇몇 혁신기술들을 검토하면서 우리는 이러한 기술들을 융합하면 의료 서비스에 대한 접근법을 재구성할 수 있음을 알게 되었다. 하나의 기술이 우리에게 동기를 부여해줄 수 있다면, 하나로 융합된 몇몇 혁신기술들이 진정으로 지속 가능한 세계를 창조할 수 있도록 우리를 자극할 것이다. 이것은 예상치 못한 해로운 결과를 수반하는, 재생 불가능한 자원에 종속된 화학산업이 제공하는 가짜 편의성에 더 이상 의존할 필요가 없는 시스템을 설계하도록 우리를 자극할 것이다. 이것은 또한 우리로 하여금 보건 및 의료 서비스에 대해 재고하도록 촉구하고, 자연의 물리학으로부터 배운 영감을 이용하여 '대단한 것'을 '아무것도 아닌 것'으로 대체하는 해결책을 찾도록 해 줄 것이다.

이를 성취하기 위해, 그리고 이러한 목표를 갖고 일하기 위해서는 한 차원 높은 헌신이 요구된다. 해조류의 박테리아 서식을 억제하는 퓨라논이나 구더기의 효소를 폭격수 풍뎅이의 기계적 분무기로 분사할 수 있다면, 우리는 정말로 의료 서비스 전달에 있어서 새 시대를 맞이할 수 있다. 생태계와 그 속의 존재들에게 해롭고 부작용을 유발하는 잔여물질이나 쓰레기를 버리지 않아도 될 것이다. 대신 우리는 자연이 수백만 년 동안 기능적이며 통합된 시스템을 만들어가는 과정에서 완벽에 도달한 요소들을 빌려올 수가 있다. 진화의 진정한 힘은 하나의 종이 생존했다는 것이 아니라 종간에 협력이 일어났다는 사실에 있다. 다양한 종들이 자신들의 필요를 채우고 생존 가능성을 높이면서 공생하기 위해 자신들의 진화 과정을 서로 섬세하게 조정해 온 것이다.

이는 기업들에게 단지 새로운 배터리나 항생제라는 기회를 줄 뿐 아니라, 기업들로 하여금 혁신기술들을 결합하여 지속 가능한 시스템을 창조하게 하는 기회도 된다는 것을 의미한다. 블루이코노미는 사업을 위해, 그리고 경제 그 자체나 고용 기회를 위해 탄탄한 진화 경로로 나아갈 수 있게 하는 이정표와 같다. 많은 혁신기술들이 통합되어 보다 위대한 전체를 완성해 나갈 것이다.

우리가 지금까지 탐구한 것은 잠재 가능성의 겉만 맛본 것에 지나지 않는다. 소위 '현대적인' 과학과 기술 발명 및 응용이 시작된 지불과 100년도 되지 않아 우리는 바이러스와 박테리아 그리고 우리를 둘러싼 생태계가 우리에게 끼치는 위험을 정복하기 어렵다는 것을 알게 되었다. 그러나 오랜 시간 동안 검증된 몇 가지 자연적 해결책들을 통해 우리는 박테리아와 바이러스를 극복할 수 있는 능력을 갖게 되었다. 지렁이와 매발톱나무는 수백만 년간 강력한 항생제를 생산해 왔으며, 돌연변이 박테리아에 저항할 수 있는 능력을 갖추었다. 폭격수 풍뎅이는 개미 떼들과의 생존 경쟁 과정에서 탁월한 집단 지능으로 유명한 개미 종을 물리칠 수 있는 경탄을 자아낼 정도로 놀랍고 특별한 능력을 획득하였다. 이것만으로도 우리가 종다양성과 생태계를 존중해야 할 이유는 충분하다. 이는 종다양성의 보존을 넘어 인간으로 인한 종의 멸종을 방지하고, 생태계의 지속적 진화를 관리하도록 우리에게 동기를 부여해줄 것이다. 이것이 바로 인간이 진화와 협력하여 보다 우아하고 보다 적응력 있는 생태계를 만들어가야 하는 확실한 근거이다.

## 생물다양성과 보건

생물다양성을 잃는다는 것은 우리가 다른 종으로부터 배울 수 있는 기회와 이들이 이미 발견한 해결책들을 적용할 기회를 상실한다는 것을 의미한다. 특히 위 속에서 새끼를 키우는 일명 오리너구리 개구리Rheobatrachus silus의 경우가 이에 해당한다.

불행히도 호주가 원산지인 이 동물은 농약과 살충제, 그리고 서식지에 침투한 외래종들에게 지나치게 노출된 결과 멸종되어 버렸다. 이 종은 우리에게 소화 기능의 향상과 박테리아 관리법에 대해 많은 것을 알려주었을 것이다. 이 개구리는 새끼를 낳으면, 그것들을 삼켜서 세상으로 나갈 준비가 될 때까지 위 속에서 키운다. 이것은 호산성 박테리아의 관리와 제거 그리고 위장 내 환경 속에서의 정교한 pH 농도 관리를 통해서 가능하다. 새끼 개구리들은 생의 첫 단계를 알칼리성 환경에서 보낸다. 만일 원래의 위산이 위 속에 그대로 남아 있어, 호산성 박테리아들이 활발해지면, 개구리 새끼들은 살아남지 못한다.

오리너구리 개구리로부터 인간의 소화기관의 건강을 위한 많은 영감들을 얻을 수 있었을 것이다. 위궤양과 위암은 수십 년 동안 제대로 이해되지 못한 질병이다. 위장병의 원인이 극단적인 호산성 박테리아라고는 생각하지 못했다. 그럼에도 불구하고 과학자 마셜Marshall과

로빈 워런Robin Warren은 위궤양과 암을 유발하는 박테리아를 발견했다. 따라서 심각한 환자를 위한 적절한 치료 및 예방 차원의 치료 대책이 마련될 수 있었다. 2005년 이 두 과학자들은 이들의 성과를 인정받아 노벨 화학상을 수상했다. 우리에게 오리너구리 개구리에게서 배울 수 있는 기회가 있었다면, 위산 과다 분비로 인한 건강의 위험을 완전히 극복할 수 있었을는지 모른다. 우리는 우리의 무지와 쓰레기를 낭비하여 결국 환경을 오염시키는 결함투성이인 시스템이 주변 생명에게 끼칠 영향을 대수롭지 않게 여긴 결과, 이러한 귀중한 지식을 잃어버렸다. 우리의 이러한 무지로 인해 지금도 수천 종의 동식물들이 멸종 위기에 처해 있다.

어두운 우주 속에서 찬란한 태양 빛을 휘감은 채 끊임없이 회전하는 아름다운 푸른 행성 지구는 우리의 생존뿐만 아니라 행복을 위해 의존하지 않을 수 없는 삶의 조건들을 제공한다. 이제는 적극적으로 그리고 의식적으로 우리의 건강을 지구의 건강과 연계해서 생각해야 할 때가 왔다. 생태계가 주는 혜택들과 탁월성들을 재평가하고 우리의 생계수단, 우리의 생존, 우리의 행성을 안전하게 보존할 수 있는 전체적인 시스템적 해결책과 자연적인 과정에 적응할 수 있는 방법들을 찾아야 할 때가 왔다. 이를 통해 우리는 다른 종들이 수백만 년, 아마도 수십억 년에 걸쳐 해 온대로, 생존 가능성과 지속 가능성 그리고 풍요를 위한 새로운 모델을 발견하게 될 것이다. 그 모델은 지원과 교환의 경제인 블루이코노미에 기초한 것이고, 적은 것으로 더 많은 것을 생산하며 모든 생명체에게 유익함을 주는 경제다.

# CHAPTER 9

# 가능성의 무지개: 염색약과 화장품 다시 만들기

## THE BLUE ECONOMY

눈이란 우리의 이성이 자연의 무한한 작품을
가장 깊이 그리고 가장 풍부하게 깨닫도록 도와주는
일차적인 수단이다.
―레오나르도 다 빈치Leonardo Da Vinci

더운 여름날 저녁이다. 앤드루 파커Andrew Parker와 루이 알베르 드 브로이Louis Albert de Broglie는 파리 중심가에 있는 카페 레 되 마고Cafe les Deux Magots(두 마리의 원숭이)에서 함께 저녁 식사를 하고 있다. 이곳은 장 폴 사르트르와 시몬 드 보부아르가 어떻게 하면 인류를 위해 정의로운 사회를 만들 수 있을 것인가, 라는 주제를 놓고 열띤 토론을 벌인 장소로 유명하다. 앤드루 파커와 드브로이는 토마토에 대한 흥미진진한 이야기를 나누고 있다.

루이는 루아르 강변에 위치한 자신의 부르데지에르 성에서 630종류가 넘는 토마토를 재배하고 있다. 그는 자신의 생애를 다 바쳐 생물다양성을 회복하고 재생하는 일에 헌신하고 있다. 과학자인 앤드루는 옥스퍼드 대학과 런던 자연사 박물관London Natural History Museum에서 연구직에 종사하고 있다. 그는 수년간의 연구와 조사를 통해 생물종들이 색을 인식하고 시각능력을 진화시킨 방법에 대한 많은 사실들을 발견했다. 최근 그의 연구의 상당 부분은 현대 산업의 주된 방법인 화학 색소를 사용하지 않고도 색깔을 내는 방법에 초점이 맞추어져 있다.

저녁 식사 중 대화는 과연 어떤 토마토가 자외선 과다 노출을 감소시킬 수 있는 가장 훌륭한 생물학적 시스템을 갖고 있는지에 대한 이야기로 이어졌다. 과연 토마토가 자외선과 무슨 상관이 있을까? 이 질문에 답하기 전에 먼저 우리가 색 자체를 인식하는 방법에 대해 알아보기로 하자.

# 빛의 인지

　가시광선은 직선으로 나아가는 전자파의 모음인 광자들로 구성되어 있는데, 광자들은 사물에 반사된 다음 투명하고 굽은 각막을 통과해 눈 속으로 들어간다. 광자들이 각막과 렌즈를 통과할 때의 모습은 광자가 공기를 지나가다가 액체를 지나는 순간으로 묘사할 수 있다. 굴절성의 단백질을 포함하고 있는 액체에서 광자들의 방향은 휘어지고 더욱 굽어지다가 결국 감광 세포들로 이루어진 망막 위에서 초점을 맺는다. 이 과정은 눈동자가 직경을 조절함으로써 적절한 양의 빛을 받아들이기 때문에 더욱 심화된다. 특수화된 근육들이 렌즈의 모양을 조정하여 초점과 시각 적응성을 향상시킨다. 한편 눈의 외부에 연결된 근육들은 초점을 유지하고 눈이 정확하게 앞뒤로 움직이면서 이미지를 포착할 수 있게 한다. 광자들이 변형된 비타민 A의 일종인 망막의 분자를 때린다. 망막이 안으로 들어오는 광자들과 접촉하게 되면, 세포 내 복잡한 생화학적 반응을 일으키게 되고 결국 전기적 신호를 뇌로 보낸다. 망막에 있는 수백만의 광자 수용체들에서 모아진 정보는 합쳐져 색과 대조에 대한 자세한 정보를 제공한다. 양쪽 눈의 망막에 거꾸로 맺힌 상들은 머리에서 조합되어 다시 뒤집어지고 결과적으로 똑바로 선 상이 보이는데 지금 독자가 읽고 있는 이 페이지의 단어처럼 보이게 된다.

　빛의 예술에서는 렌즈가 가장 중요한 부분이다. 이것들은 광선의 방향 변경, 즉 빛을 굴절시키는 일을 한다. 최초의 기계적인 렌즈는 3천여 년 전 아시리아에서 발명되었다. 그러나 몇몇 자연 속 생물들은 수백만 년 전부터 렌즈를 개발해냈다. 문어는 아주 얇은 렌즈를 만들었다. 거미불가사리brittle star가 만들어낸 렌즈는 왜곡이 없다. 동물계에서 발명한 이 두 가지 경이로운 렌즈 기술은 광학에 대한 우리의 과학적 이해가 아직 많이 부족하다는 것을 보여준다. 이것들을 상용화할 수만 있다면 엄청난 가능성이 창출될 것이다.

기업들은 신제품을 가장 놀라운 방법으로 시장에 데뷔시킨다. 일본에서 잠자리는 가벼움과 기쁨을 상징한다. 잠자리는 우리가 빛이라는 사실과 원하기만 한다면 우리는 빛을 강력한 방법으로 반사할 수 있다는 것을 상기시킨다. 빛을 집적集積함으로써 에너지를 생산하는 잠자리의 능력은 재생 에너지 연구자들의 관심을 끌었다. 자연을 벤치마킹한 집적 태양 에너지(CSP)는 새롭게 부상하는 사업이다. 스페인 남부 사막지대에서는 빛의 반사를 이용하여 중앙 타워에 있는 물을 급속 가열하는 천 개가 넘는 거울들이 설치되었다. 이를 위해 아벤고아Abengoa가 개발, 투자했다. 잠자리처럼 이 거울들은 태양광을 집적한 다음 물 위에 초점을 맞춘다. 2050년까지 연간 집적 태양 에너지 투자 규모는 천억 달러가 넘을 것이고, 약 200만 개의 일자리를 창출하면서 동시에 대기에 배출되는, 21억 톤에 달하는 이산화탄소를 제거할 수 있다.

# 자외선 : 인간이 볼 수 없는 빛

빛이 항상 색으로 나타나는 것은 아니다. 우리가 전혀 볼 수 없는 태양 광선이 있다. 이 빛은 다른 파장을 갖고 있다. 자외선은 가시광선에 비해 짧은 파장과 우리가 '자색'이라고 부르는 광선보다 높은 주파수를 갖고 있다. 자외선은 인간의 눈이 감지할 수 없는 높은 주파수로 빛을 내보낸다. 자외선이 인간에게 주는 혜택들은 이미 잘 보고되어 있다. 자외선은 마른 버짐과 같은 많은 피부병을 치료한다. 자외선을 통해 우리 몸은 칼슘을 흡수하여 뼈가 튼튼해지며, 암 발병률을 낮추는 비타민D의 생성이 촉진된다. 자외선은 카펫이나 깔개, 천 가구 안에 서식하는 진드기를 자연적으로 통제하기도 한다. 수영장에 박테리아가 서식하는 것을 억제하는 데도 효과적인데, 모든 세균을 죽여버리는 염소를 자외선으로 대체할 수 있다.

물론 지나친 자외선 노출로 인한 위험도 잘 알려져 있다. 특히 염화불화탄소와 같은 추진 가스로 오존층이 파괴된 뒤, 자외선에 노출되면 피부암이 유발될 수 있다. 사실 염화불화탄소는 우리가 최근 폭격수 풍뎅이가 가르쳐준 대로 애초부터 사용할 필요가 없는 물질이었다. 소비재 마케터들은 자외선 과다 노출로 인한 위험을 막아주는 다양한 종류의 자외선 차단제들을 선전하고 있다. 이들 중 옥시벤존과 같은 화학물질은 자외선을 흡수하지만 현재 광발암물질로 의심받고 있다. 옥시벤존은 실험실에서는 그다지 큰 반응을 보이지 않지만 빛을 받게 되면 활성화되어 생체조직에 해를 끼칠 가능성이 있다. 하지만 유기 입자인 아연과 티타늄옥사이드도 자외선을 굴절, 분산, 흡수하기 때문에 자외선 차단 물질로 마케팅 되고 있다. 캘리포니아 리버사이드 대학이 발표한 최근 연구에 따르면 이러한 자외선 차단제들의 효과를 보려면 2시간마다 다시 발라주어야 한다고 한다. 그렇지 않으면 이러한 자외선 차단제들이 방출하는 유리기들이 피부세포를 파괴할 수 있기 때문에 자외선 노출보다 더 위험할 수 있다.

자연 속의 많은 종들은 장시간의 자외선 노출에도 적응하는 법을 터득했으며, 자외선이 초래하는 효과를 중화시키는 능력을 갖추었다. 물론 식물이 광합성을 하려면 빛이 필요하다. 식물들은 땅에 뿌리를 내리고 있기 때문에 강렬한 태양 빛을 피하기 위해 그늘로 이동할 수 없다. 그래서 식물은 일종의 자외선 보호제를 만들지 않으면 안 된다. 많은 동물들도 역시 장기간 자외선에 노출될 수 있다. 자외선의 해로운 영향을 피하기 위해 동식물들이 진화시킨 메커니즘을 연구하면 그로부터 자원과 통찰 그리고 영감을 얻을 수 있을 것이다.

벨기에의 과학자 장 폴 빅네롱Jean Pol Vigneron은 스위스의 비공식 국화인 에델바이스에 대해 자세히 연구했다. 에델바이스는 자외선을 반사하지 않고 수천 개의 작은 털로 흡수해버림으로써 살아 있는 세포를 파괴하는 자외선의 침투를 막는다. 많은 지의류와 곰팡이들은 자외선 노출이 매우 심한 극지대와 사막에서 살아간다. 따라서 이들은 자외선을 흡수할 수 있는 색소를 갖추고 있다. 한 예로 지의류를 형성하고 있는 미세조류인 콜레마 크리스타툼collema cristatum과 공생하는 곰팡이에서 광차단 성분인 마이코스포린mycosporine을 분리 추출할 수 있었다. 빛에 노출되기 전에 마이코스포린 합성물을 몸에 바르면 자외선으로 인한 세포의 파괴를 방지할 수 있다. 어떤 지의류는 다른 지의류들보다 분명히 더 효과적인 자외선 보호 기능을 갖고 있다. 가공 처리 과정에서 막대한 에너지가 소모되는 광물질에의 의존도를 없애줄 뿐 아니라, 간단한 보호제로 유독성 차단제를 대체한다는 사실만으로도 이 연구 분야의 미래는 매우 밝다고 하겠다.

　사과나 토마토 같은 종류의 과일들은 자외선에 무척 민감하기 때문에 스스로를 보호할 수 있는 방법을 찾아야 했다. 그래서 토마토는 티타늄 산화물보다 훨씬 좋은 자외선 보호제를 생성하는 생화학적 처방을 갖고 있다. 토마토 껍질에는 베타카로틴 계통의 카로티노이드, 즉 리코펜이 풍부하게 들어 있다. 강력한 항산화제인 리코펜은 고도의 자외선 차단제이기도 하다. 사실은 카페 레 되 마고에서 대화를 나누고 있는 이 두 사람은 어떤 토마토가 가장 뛰어난 자외선 차단제를 만들 수 있는지에 대해 상의하고 있는 중이었다.

## 색과 지각의 진화

　시각을 위한 광학 체계는 약 5억 4천만 년 전 캄브리아 폭발기라 불리는 지질학적 시기에 처음으로 나타났다. 진화론적으로 보면 상당히 짧은 시간인 100만 년도 채 안 되는 시간에 별 이유도 없이 광범위하고 다양한 생명체들이 번성하기 시작했다. 동물들은 딱딱한 부위, 껍질, 척추 등 각양각색의 모양과 색깔을 갖추었다. 주위 환경을 지각하고 시각적으로 구별할 수 있는 능력은 진화의 주도적인 힘이 되었다. 시각은 포식자와 먹이가 되는 동물 모두에게 유리한 생존 도구였다. 시각능력으로 먹이를 보다 쉽게 확인하고, 포식자를 알아보며, 짝을 찾을 수 있다. 어떤 종들은 위장을 위해 주변 환경과 섞이거나, 적에게 자신의 방어능력을 과시하고, 또는 암컷에게 잘 보이기 위해 강렬한 색조와 복잡한 패턴을 진화시키기도 했다.

캄브리아기의 후예들인 조류, 포유류, 파충류, 어류, 연체류 그리고 멋진 무지개 빛깔의 풍뎅이들은 모두 자신만의 시각 능력을 갖추고 색을 띠는 방법을 진화시켰다. 독화살개구리는 포식자에게 자신이 먹을 만한 것이 아니라는 것을 알리기 위해 눈에 잘 띄는 색을 사용한다. 독이 있는 산호초뱀은 함부로 다루지 말라는 경고의 뜻으로 밝은 색깔의 띠를 자랑스럽게 두르고 있다. 독이 없어서 먹어도 안전한 흰우유뱀은 단지 산호초 독사의 색깔을 모방함으로써 이득을 보고 있다. 오징어는 천분의 일 초 만에 주변 환경과 같은 색깔로 변할 수 있다. 줄무늬와 점으로 위장한 카멜레온은 눈에 띄지 않은 채 먹이에게 접근할 수 있다.

하버드 대학 자연과학과 부교수인 호피 획스트라Hopi Hoekstra 박사는 해변에 살 때는 모래 색깔을, 그리고 도시에 살 때는 검정 색깔을 띠어 환경에 적응하는 쥐에서 유전학적 체계가 작동하는 법을 연구했다. 열대 지방에 사는 비늘돔은 자신의 성과 모양을 수컷에서 암컷으로 전환시킬 수 있다. 비늘돔 그룹 내의 암컷들은 지배적인 수컷에 비해 색깔이 훨씬 덜 화려하다. 수컷 물고기가 잡아먹히면, 그중 지배적인 암컷은 수컷으로 성을 전환하여 수컷의 화려한 색깔을 띠게 된다. 앵무새와 조류들은 자외선을 볼 수 있다. 인간에게는 녹색 깃털밖에 보이지 않지만 이들은 서로의 깃털에서 눈부시게 현란한 색깔을 볼 수 있다.

색소란 생명체가 만들어내는 화학물질인데 어떤 파장의 광선은 흡수하고 다른 것들은 반사시킴으로써 색깔을 드러낸다. 색소는 광원으로부터 파장을 감할 뿐 결코 더하지는 못한다. 개구리가 녹색인 것은 녹색의 색소를 갖고 있기 때문이 아니라 노란 색소에서 청색을 반사시키기 때문에 녹색으로 보이는 것이다. 북극곰의 백색 털 또는 북극 여우의 겨울 모피는 사실상 투명하다. 이 동물들은 일부 파장의 빛은 흡수하고 또 다른 일부 파장의 빛은 반사시킬 수 있는 색조나 구조를 갖고 있지 않다. 따라서 이 동물들의 모피는 전체 스펙트럼을 모두 반사해버리고 그로 인해 백색으로 보이게 된다.

다색 풍뎅이(cyphochilus)와 일부 다른 풍뎅이들은 빛나는 백색 껍데기를 갖고 있다. 이 곤충은 사람의 머리털보다 10배나 얇으며 두께는 단지 5마이크로미터밖에 안 되는 비늘 위에 놀라운 백색을 착색시켰다. 비늘 위의 표면 구조는 모든 색을 동시에 흡수하고 산란시켜버린다. 고품질의 종이나 플라스틱 표면 그리고 일부 페인트 위에 하는 산업용 코팅도 백색으로 도장하려면 페인트가 표면 두께의 2배가 되도록 칠해야 한다. 흰색의 정도와 명도를 측정해보면 이 풍뎅이들은 우유나 사람의 치아보다도 더 하얗고 더 밝다.

많은 동물들은 신진대사를 통해 얻은 색소를 이용해 착색한다. 그외 다른 동물들은 먹이를 통해 들어온 색소를 그대로 착색에 이용한다. 예를 들어, 홍따오기의 깃털이 붉은 이유는 이 새가 붉은 색의 조류를 먹는 게와 새우를 주 식량원으로 삼기 때문이다. (사람의 피부가 자신이 먹은 음식의 색깔을 그대로 드러낸다고 상상해보라!) 청색 실잠자리를 포함해서 동물계에서 발견할 수 있는 거의 모든 파란색은 청색소로 만든 것이 아니라, 단지 빛을 산란하고 증폭하는 아주 작은 세포 조직의 구조들이 만들어낸 결과물이다. 일부 종들은 색소를 사용하지 않고 모피, 깃털, 비늘, 꽃잎의 구조적 특징 즉 특정 파장의 빛만 반사시키는 미세 구조를 이용하여 색깔을 만들어낸다. 동물들의 경우 종종 케라틴을 소재로 색깔을 만들어낸다.

극락조와 벌새는 가장 극적인 착색 효과라 할 수 있는, 놀라운 무지갯빛 금속성 광택의 깃털을 갖고 있다. 수천 년 동안 보석세공사들이 이집트의 왕쇠똥구리와 레인포레스트 풍뎅이의 컬러 효과를 모방해 왔지만, 아직 산업적 규모로 생산된 적은 없다. 몇몇 종류의 양란은 평범한 색깔을 띤 꽃잎 위에 금색과 은색의 작은 반점들을 조합하거나 일정 간격을 띄워 시각적 매력을 배가시킨다. 아프리카 바이올

렛에서도 이와 비슷한 효과를 발견할 수 있다. 수백만 년 동안 많은 시행착오를 거쳐 생물들은 전혀 금속을 사용하지 않으면서도 금속과 같은 효과로 시각적 매력을 배가시키는 방법들을 완벽하게 진화시켰다. 이러한 색깔들을 만들어내는 하부구조에는 종마다 엄청난 차이가 있다. 앤드루 파커는 바다쥐Polychaeta aphroditidae라는 한 특별한 컬러 기술자를 발견하고 기록했다. 이 해양 동물은 무지개 빛깔의 털로 덮여 있는데 실로 아름답기 그지없다.

## 상품으로서의 색소

광물은 사람이 사용한 최초의 색소다. 일정 범위의 색을 제공하는 자연 산화철은 2천만 년 또는 그 이상 후에도 여전히 동굴벽화의 색을 유지하고 있다. 중세 초, 사람들이 영구적이고 안정적인 색소를 원하게 되자, 기업들은 복잡한 화학 반응을 연구했으며, 그 결과 상당히 수익성이 높은 산업이 창출되었다. 최초의 합성 색소는 흰색과 청색이었다. 흰색은 이산화탄소 중에서 납과 식초를 혼합해 얻어졌다. '청유'라고 불리는 청 색소는 공작석 같은 구리 원광으로 착색한 유리를 으깨어 얻어진 칼슘구리규산염으로 만들어졌다.

오늘날과 같이 상업화된 세계에서도 채색은 선사시대의 캄브리아기처럼 여전히 매력적인 것으로 여겨진다. 그러나 현대 사회에서는 짝보다는 소비자를 유혹하고자 화려한 색깔과 독특한 무늬를 사용한다. 심지어 페인트, 잉크, 섬유, 화장품, 음식과 같은 소비재의 마케팅, 판매, 소비과정에서도 눈에 띄기 위해 색채를 사용한다. 색깔에 대한 수요는 광범위하게 확대되고 있다. 2008년 세계 총 색소 소비는 거의 800만 톤으로 170억 달러 이상의 매출 규모를 자랑한다. 색소 일 톤당 평균가격은 2천 달러가 넘는다. 제지에 이용되는 섬유소나 생물 연료에 필요한 야자유의 4배에 해당되는 가격이다. 사업적 입장에서 볼 때 색소는 마진율이 높은 고부가가치 상품이다.

인간들이 액세서리 제조에 사용된 성분과 방법에 대해 아무런 의문도 갖지 않고 자신의 몸을 옷과 화장품으로 장식하고 있는 것을 보면 정말 놀라지 않을 수 없다. 오늘날 카드뮴, 크롬, 코발트, 납, 수은, 티타늄, 아연 등으로 색소가 만들어진다. 한마디로 우리는 지속 가능성의 모델과는 거리가 먼 채광과 원광석 가공에 의존하고 있다. 더구나 건강에 해로울 수 있기 때문에 색소를 이용하고 적용하는 데 상당한 규제를 받고 있다. 그러나 어떠한 현대 산업 표준도 생분해성 색소를 사용하도록 규정하고 있지는 않다. 또, 폐기된 상품에 함유된 금속 산화물 색소를 처리하는 규정도 존재하지 않는다. 쓰레기 매립장에 묻힌 중금속 오염물질 중 대부분이 색소 쓰레기다. 색소들은 오랜 시간 바래지 않도록 제조했기 때문에, 분해되지 않고 축적되어 환경을 오염시킬 위험이 높다. 이것들을 무분별하게 버리면 생태계 전체가 오염될 수도 있다.

컬러는 아름답기는 하지만 더러운 사업이다. 사업적 관점에서 가장 바람직한 컬러는 백색이다. 섬유, 종이, 플라스틱 착색에 적용되는 산업 표준인 염소 표백제나 벤젠고리 같은 광증백제들은 현존하는 모든 것을 태우고, 살아 있는 모든 것을 죽이며, 나쁜 것과 함께 좋은 것까지 무차별 제거해버린다. 이러한 광증백제는 자외선을 받으면 산화와 시간의 경과로 누렇게 변색된 색깔을 시각적으로 백색으로 보이게 해서 청결한 인상을 만들어낸다. 청결하든 청결하지 않든 중요한 것은 우리가 받는 인상이다. 그러나 광증백제는 신체에 알레르기를 일으키는 것으로 의심받고 있다. 색소와 광증백제는 우리가 현재 갖고 있는 최상의 것인지 모른다. 그런데 어떻게 우리가 과거 산업체가 해 왔던 것과는 다른 방식으로 이런 물질들을 관리할 수 있을까? 바라건대 우리가 빛과 색깔이 어떻게 진화의 경로를 걸어왔는지를 이해하기만 하면, 우리도 자연으로부터 비결을 배워 미래의 색소 산업의 모습을 만들어 나갈 수 있을 것이다.

앤드루 파커는 벌새와 풍뎅이와 같은 종들이 무지갯빛 색을 착색하는 단순한 구조를 확인했으며, 자연이 수백만 년 전에 이루어놓은 방식대로 금속성 무지갯빛 색깔을 만드는 방법을 이해했다. 그는 자연이 색을 만들어내는 창의적인 방법을 모방하여, 바람직한 시각적 효과를 낼 뿐 아니라, 상업적으로 유지 가능한 규모로 무지갯빛 색깔을 제조하는 사업에 직접 도전했다. 앤드루 파커가 동식물들의 방식대로 물리학과 생화학을 이용하여 강렬하고 매혹적인 착색 효과를 낼 수 있다면, 이것은 중요한 기술적 혁신일 뿐 아니라 비독성, 비오염 대체 색소를 찾고 있는 제조업자들과 소비자층에게 큰 공명을 일으킬 강력한 마케팅 메시지가 될 것이다. 그의 목표는 다양한 산업 분야에서 응용할 수 있는 일련의 혁신기술들을 연구하기 위한 기술연구센터를 설립하는 것이다. 새로운 광학 공학은 곧 카드뮴, 납, 크로늄을 사용하지 않는 착색 기술을 내놓을 것이다.

이 기술의 제조기술은 유리 생산만큼이나 단순하다. 만일 이 개념이 성공한다면, 가능성은 무한하다. 제품 시험 결과는 상당히 설득력이 있다. 첫 번째로 응용한 분야는 현재 시장에서 제공되는 것들보다 훨씬 화려한 색깔에 특히 관심이 높은 화장품 제조 업계다. 화장품은 단순히 미적인 것 외에 피부의 건강을 보장해야 하기 때문에 파커의 기술은 다양한 면을 갖고 있다. '신선하고 자연스러운' 콘셉트라는 마케팅 전략으로 차별화를 추구하는 화장품 회사들은 이러한 혁신기술적인 접근법에 관심을 보인다. 파커의 연구 활동들은 산업 발전에 있어 하나의 이정표가 될 것이며, 생태계와 진정 조화를 이루는 새로운 산업체를 창출하는 발판이 될 것이다. 남아 있는 과제는 사업을 조직해서 제품을 공급하는 것뿐이다.

화장품 외에도 응용이 가능한 분야는 유리와 크리스털 제조 분야다. 이 분야는 전통적으로 납에만 의존해 왔으며 화학물질을 사용하지 않는 도료를 찾고 있다. 적절한 미세 구조의 유리 한 조각을 크리스털 동물 안으로 보이지 않게 삽입시키면 아주 흥미로운 크리스털로 만든 제품이 만들어진다. 유리 프리즘보다 훨씬 더 효과적으로 화려한 색상 효과를 연출한다. 그것은 살아 있는 동물과 똑같이 보일 뿐 아니라 동물들이 사용한 것과 동일한 광학적 장치에 기초한 것이 될 것이다.

## 어떤 사람에게는 쓰레기, 어떤 사람에게는 자원

카페 레 되 마고에서 저녁 식사 중 대화는 활기를 띠기 시작했다. 드브로이는 토마토 가공과정에서 발생되는 믿을 수 없을 만큼 엄청난 식물 쓰레기에 대해 이야기하면서, 이 모든 쓰레기들을 화장품과 선스크린 제품의 원료로 사용할 수 있다고 주장했다. 토마토 가공 공장의 위치는 농장에서 운송거리를 최소화할 수 있는 곳에 위치했기 때문에, 금방 딴 토마토들은 도착하자마자 바로 토마토 페이스트로 만들어진다. 세계 최대의 토마토 가공회사인 유니레버는 연평균 165만 톤의 토마토를 가공 처리한다. 엄청난 양의 토마토를 가공해야 하기 때문에, 가공처리 되지 않고 포장되지 않은 모든 것들은 공장 쓰레기가 되어 강줄기를 이룬다. 이런 양의 토마토에서 발생되는 토마토 껍질 쓰레기는 연간 약 3만 톤에 달한다. 만일 유니레버사의 모든 공장들이 토마토 껍질로 리코페인 자외선 차단제를 제조하는 자회사를 하나씩만 추가하면, 현재의 티타늄 자외선 차단제는 순식간에 가격이 하락하고 더 이상 아무도 사용하지 않게 될 것이다.

커피에 비하면 토마토 산업에서 나오는 쓰레기의 양은 훨씬 적다. 그러나 가공 처리된 뒤의 잔여물들은 수천 리터의 물을 사용하는 폐수 처리 시스템을 통해서 방출된다. 남아 있는 고체 쓰레기 중 3퍼센트 정도만 매립장에 묻힌다. 회사의 정책이 쓰레기를 줄이는 데 있지 그 가치를 찾는 데 있지 않기 때문에, 이런 현실에 대한 인식은 매우 낮다. 공급 라인의 매니저들은 불과 몇 퍼센트에 불과한 쓰레기에 신경 쓰고 싶어하지 않는다. 그러나 비록 몇 퍼센트라도 우리의 관심을 끌기에는 충분하다. 제조업계에는 한 개의 제품에서 절약된 1센트가 대차대조표상에서는 수백만 달러의 순이익이 된다는 말이 있다. 그러나 그런 논리는 생산물이 일단 쓰레기로 인식되면 더 이상 적용되지 않는다. 자연은 쓰레기 속에서도 가치를 찾아내기 때문에 우리는 바로 이런 점에서 생태계로부터 확실한 영감을 받을 필요가 있다.

자연의 전체 시스템으로부터 우리가 배울 것은 한 가지 과정만으로는 자원의 효율성을 얻어낼 수 없다는 것이다. 토마토 껍질이 분명히 보여주는 것처럼 자연은 항상 다양한 기능들을 추구한다. 쓰레기 더미에서 되찾은 토마토 껍질은 항산화제와 자외선 차단제로서 유용할 뿐 아니라 포장 연어, 딸기, 아이스크림 등 많은 냉동식품을 위한 안전한 식용 적赤색소의 원료가 될 수 있다. 토마토가 핵심 사업이라면 건강(자외선 차단제), 퍼스널 케어(화장품), 어업(단백질 식품), 아이스크림(디저트) 분야의 파생 사업들이 모여 생태학적 순환모델을 이룰 수 있다. 석유와 금속에서 나오는 산화철과 합성 색소는 오직 한 가지 제품과 책임질 수 없는 쓰레기의 흐름만 만들어낼 뿐이다. 토마토 껍질에서 추출되는 리코펜 성분은 생물쓰레기에서 되찾을 수 있는 이용 가능한 다양한 물질 중 하나다. 토마토 껍질로 만든 빨간색 립스틱은 그 자체가 품질 보증서나 다름없는 것이다. 사실 여성들이 지금 사용하고 있는 립스틱의 성분을 알게 된다면, 토마토로 만든 립스틱은 저항할 수 없이 매혹적인 제품이 될 것이다.

창의적인 사업 계획서라면 리코펜 추출 및 가공 기술 개발 사업을 포함시켜야 한다. 그리고 껍질에서 추출할 수 있는 리코펜의 양을 알아야 한다. 다음은 시장에서 소비되고 있는 자외선 차단제의 매출 규모와 소매 가격에 대해 조사한다. 그리고 식품 업계가 구매하는 빨간색 색소의 주문 규모와 가격을 결정한다. 토마토 가공처리 공장 근처에 세워진 토마토 껍질 가공처리 공장에서는 자외선 차단제품과 식용 색소에 사용될 리코펜을 경쟁력 있는 도매 가격으로 판매한다. 이렇게 쓰레기 관리에서 혁신기술로 재빨리 전환함으로써 일자리를 창출하고, 높은 품질의 제품을 저렴한 소비자 가격으로 제공하며, 지속 불가능한 사업 관행을 대체하고, 건강을 증진시키며, 독소물질에의 노출을 줄일 수 있다. 이러한 환경적으로 건전하고 재정적으로 안정된 사업 모델은 여러 단계에서 성공할 수 있다.

원가 분석의 관점에서 보면, 리코펜 자체만을 위해 토마토로부터 리코펜을 추출하는 것은 비용이 너무 많이 드는 것처럼 보인다. 하지만 이런 성급한 결론은 토마토의 나머지 부분을 쓰레기로 버리겠다는 것을 의미하며, 이것이 비록 현 업계의 통상적인 변명이라 할지라도 말이 되지 않는다. 그러한 좁은 의미의 경제 분석으로 볼 때, 토마토에서 염료와 자외선 차단제 둘 다를 추출하자는 파커의 제안은 선스크린 로션 속에 있는 티타늄옥사이드와 절대 경쟁상대가 될 수 없다. 반면에 만일 이 둘을 위한 원료가 토마토 쓰레기라면, 우리는 바로 사업을 시작할 수 있다. 2종류의 부가가치를 지닌 파생물(자외선 차단 및 색소)들을 하나의 쓰레기 흐름에서 만들어낸다는 것은 훨씬 좋은 사업안이다. 이러한 사업 논리는 핵심 사업-핵심 역량 전략이 현금 흐름 할인 분석에 고착되어 있어야 한다고 가르치는 세계 최고의 경영대학원에서는 배울 수 없다. 공짜 자원으로 만든 이중 수입 흐름은 토마토 가공만으로 창출하는 것보다 훨씬 더 고도로 통합된 현금 흐름이라는 결과를 가져올 것이다.

이 사업 모델은 껍질만 아니라 토마토의 씨앗 쓰레기도 활용할 수 있다. 대규모 토마토 페이스트 가공처리 공장에서 나오는 토마토 씨앗 역시 매립장에 버려지거나 목장주들에게 싼 가격으로 팔린다. 토마토 씨앗은 가축 사료로서는 영양학적 가치가 낮아 가축에게 필요한 영양을 공급하기 보다는 배를 채워줄 뿐이다. 그러나 토마토 씨앗에는 건강을 증진시키는 미량 원소들과 불포화지방산, 다중 불포화지방산이 풍부하다. 이러한 성분들을 이용하여 영양을 제공하거나 피부를 부드럽게 하는 제품을 생산할 수 있다.

토마토 가공 공장에서 익히고, 자르고, 잘게 썰어 통조림 깡통이나 병에 담거나 건조시키는 방법으로 각 나라의 전통적인 다양한 맛을 내도록 가공 처리한 토마토에 대한 수요는 세계적으로 매우 높다. 그렇기 때문에 토마토 껍질과 씨앗에서 추출한 자외선 차단제품, 화장품, 염료에 대한 수요를 충족시킬 수 있을 만큼 토마토 쓰레기의 양은 풍부하다. 이런 방식으로 자원을 순환생산 시킴으로써 바쁘게 돌아가는 공장을 설립하고, 성공적인 응용방법을 찾아내고, 장래성 있는 시장을 개척하는 특별한 기회들이 제공될 것이다. 파생적인 가공 처리 시설들이 원래의 토마토 가공 시설 가까이에 위치한다면 운송비도 최소한으로 줄어들게 된다. 이러한 일군의 사업체는 지역사회에 현금을 흐르게 하고, 비용을 절감시키며, 많은 일자리를 창출하는 데 기여하게 될 것이다.

## 미래의 바이오 정제기

쓰레기의 흐름을 영양분의 흐름으로 재통합하는 방법을 상상해보면, 바이오 정제기의 윤곽이 드러나기 시작한다. 바이오 정제기의 개념은 원래 로마클럽 및 스웨덴의 왕립과학원의 회원인 칼 괴란 헤덴 Carl-Goran Heden 박사에 의해 개발되었다. 바이오 정제기에 대한 헤덴 박사의 아이디어는 이미 수확되었거나 처리된 생물 쓰레기로부터 추가의 것을 뽑아내는 능력을 말한다. 그는 영양분과 물질의 생태학적 순환 방식을 고려하여 모든 화학물질과 촉매제들이 폐쇄 회로 안에서 처리되는 시범 시설을 고안했다. 그리고 한 나무에서 리그닌, 헤미셀루로오스, 셀루로오스, 지질 그리고 에센셜 오일 등을 추출했다. 단지 쓰레기를 제거했을 뿐인데 수입은 3배로 늘어났다.

우리는 바이오 정제시설 개념으로 토마토의 경우 얼마나 많은 일자리를 창출할 수 있는지 계산해볼 수 있다. 이 사업의 순 고용 창출은 기대보다 클 것이다. 유엔 FAO(식량농업기구)는 전 세계적으로 900만 에이커의 땅이 토마토 재배에 사용되고 있다고 보고했다. 세계 토마토 총 생산량은 1억 톤에 조금 못 미친다. 미국에서만 천만 톤을 생산하고 있다. 사업적으로 전환해서 생각해보면, 세계적으로 약 200만 톤의 잠재적인 첨가물, 색소 그리고 기름의 원료가 낭비되고 있다고 말할 수 있다. 이것은 대단한 양이다. 이것으로 우리는 대체물질을 위해 지구 환경을 더 이상 착취하지도, 연료나 플라스틱 생산용 옥수수처럼 식량원으로서 경쟁하지 않으면서도, 자외선 차단제나 금속 색소를 대체할 수 있다는 것을 깨닫는다. 지구는 이미 우리가 필요로 하는 모든 것을 생산하고 있다. 우리는 이미 갖고 있는 것을 사용하기만 하면 되는 것이다.

현재 1톤의 색소 가격은 미화 약 2천 달러다. 토마토로 만든 천연색소는 무상으로 또는 지역 운송비만으로 구할 수 있는 토마토 쓰레기로 만들기 때문에 색소 1톤당 약 1천 달러 정도면 생산할 수 있다. 값싼 원자재 때문에 보다 낮은 기초원가로 색소를 생산할 수 있다. 이 새로운 사업 기회는 약 20억 달러의 연간 매출을 낼 수 있다. 이것이 오늘날 낭비되어 매립장에 버려지고, 먹어도 소화시키지 못하는 소에게 사료로 주어 그 과정에서 메탄 가스 오염만 일으키고 있는 것이다. 브라질(현재 유니레버사는 브라질에 새로운 가공처리 공장을 세웠다)에서 공장 노동자들은 연 1만 달러 정도의 수입이면 편안하게

살 수 있다. 아마도 브라질 같은 나라에서라면 20억 달러 규모의 연
매출액으로 10만 개의 일자리가 창출될 것이라고 자신 있게 말할 수
있다.

이 수치들을 바탕으로 보다 더 광범위한 토론이 가능하다. 대충 추
정하기 전에 우리는 시장의 동력에 대해서 생각해보아야 한다. 만일
어떤 상품이 소비자들에게 바람직한 것이라도 가격이 비싸면, 수요
는 낮은 수준에 머물게 된다. 가격이 내려가면, 당연히 수요는 증가한
다. 가격 탄력성에 대한 연구는 매우 인기있는 상품의 가격이 떨어지
면, 그 수요는 비례적으로 증가하는 것 이상으로 상승한다는 것을 보
여주고 있다. 오늘날 사용하고 있는 기성 제품의 절반 가격 수준에서
토마토 기반 생화학품이 팔린다면, 현재의 시장 주도 제품을 잠식하
면서 수요를 자극할 것이다. 증가된 부분이 지속 불가능한 제품만을
대체하는 상품이라도 전체적인 수요는 또한 증가할 것이다. 애플 프
레스 케이크apple press cake(사과주스 잔여물)이나 포도 포나스Grape
pomace(와인 제조 후 남은 포도껍질과 씨앗)가 비슷한 방법으로 활용될
수 있는 풍부한 원료의 또 다른 예다.

전 세계적으로 발생되는 200만 톤의 토마토 쓰레기는 양으로 따지
자면 전체 커피 쓰레기의 12퍼센트밖에 되지 않는다. 그러나 케첩,
살사소스 그리고 스파게티 소스에 대한 우리의 왕성한 식욕 덕분에
세계의 모든 립스틱 제조업체가 필요로 하는 모든 색소를 공급할 수
있을 만큼 충분한 쓰레기가 나온다. 토마토 쓰레기 색소는 세계 여성

들을 아름답게 하면서도 더 값싸게, 더 좋은 품질로, 확실히 입증된 천연 자외선 차단제를 제공할 것이다. 그렇다고 이러한 립스틱에서 토마토 맛이 나는 것은 아니다! 이것이 이제 모습을 드러내기 시작한 새로운 경제의 기초다. 이것은 단순한 개념이 아니다. 생산되는 모든 제품이 이 논리를 따른다면 어떤 일이 일어날지를 상상해보라! 이것이 바로 이미 갖고 있는 것을 활용하며, 기본적인 필요에 부응하고, 우리가 과거 상상했던 것보다 훨씬 더 위대한 지속 가능성을 성취하며, 일자리를 만들고, 시장에서 성공적으로 경쟁하면서 사회 자본을 건설한다는 우리가 말하는 블루이코노미이다.

우리가 예견한 대로 카페 레 되 마고에서 함께 식사하던 두 친구들은 논의할 것이 많았다. 아마도 그들은 가장 결실이 풍성한 대화를 나누었을지도 모른다. 만일 세계 최대의 토마토 가공업체인 하인즈사와 유니레버사가 이러한 사업 기회를 무시한다면, 보다 더 모험적인 파트너십이 나타나 과학과 현금의 흐름을 다음 단계로 끌어올릴 것이다. 그들은 우리가 살고 있는 건강하고 푸른 지구를 포함하여 모든 사람들의 기초적 필요에 부응함으로써 이윤을 만들어낼 것이다.

# CHAPTER 10
# 새로운 에너지 옵션들

**THE BLUE ECONOMY**

방향을 바꾸지 않으면,
지금 향하는 곳에 도달하게 될 것이다.
—중국 격언

일본의 요코하마 초등학교 4학년 학생들은 들떠 있었다. 학생들은 수업 중에 먹어도 되는 바나나를 받았고 바나나 향은 맛만큼이나 향기로웠다. 이어서 교사들은 학생들에게 삶은 계란 한 개씩 나누어 주었다. 학생들은 바나나 껍질을 가위로 잘게 자른 다음 계란 껍데기와 섞으라는 지시를 받았다. 두 성분을 혼합한 다음 물을 약간 부었다. 그 후 디지털 전압 측정기의 탐침을 바나나와 계란 껍데기 반죽 속으로 꽂아 넣었다. 학생들이 손뼉을 치며 환호성을 질렀다. 전압 측정기는 전류가 흐르고 있음을 보여주었기 때문이었다.

일본 학생들이 보여준 반응은 브라질의 큐리티바나 남아공의 스텔른보쉬에서의 반응과 동일했다. 어른들은 놀랐고 아이들은 흥분했다. 모두가 어떻게 이것이 가능한지 어리둥절했다. 우리는 증기 발전기, 핵발전소, 석탄을 때는 화력발전소, 수력발전소, 태양열 집열판과 같은 현대의 전원에만 익숙해져 있다. 하지만 이런 형태의 에너지는 최근에야 지구상에 나타났다. 현대 에너지 기술의 결과, 이산화탄소의 과다 배출로 인해 기후변화를 겪고 있고, 핵폐기물의 장기간 저장 문제는 막대한 사회적 비용을 초래하고 있다.

우리가 고압선으로 전기를 송전받느라 분주한 동안, 우리의 심장은 70밀리볼트의 전하로 만들어진 0.2볼트의 전기만으로 매일 4개의 심실을 통해 250갤런의 혈액을 우리 몸 전체로 공급하고 있다. 심장은 나트륨, 칼륨, 칼슘의 생화학 반응으로 전기를 만든다. 배터리도 없으며 전선을 감을 필요도 없다. 금속은 전혀 사용되지 않는다. 실로 수천 년에 걸쳐 진화된 선별적인 다이어트 덕분에, 인체 내로 섭취된 분자 혼합물은 수십 년 또는 그 이상 동안 관리하지 않아도 작동되는 심장, 뇌, 신경 조직에 에너지를 공급해 주고 있다. 인간이 만든 어떠한 발전소도 인체 내에서 일어나는 단순한 생화학적 반응만큼 신뢰할 만한 에너지를 공급하지 못한다.

로키마운틴연구소Rocky Mountain Institute 공동 설립자인 애모리 로빈스Amory Lovins 씨는 세계적으로 에너지 분야에서 가장 독창적으로 사고하는 사람이다. 그는 엄청난 양의 전선과 케이블이 대형 발전소로부터 마치 촉수처럼 뻗어 나와 각 가정에 전기를 공급하는 집중 전력 공급 방식은 지속 가능한 전기 공급을 위한 이상적 방법이 아님을 종종 주장했다. 조금만 시간을 내어 자연계가 수천 년 동안 어떤 방식으로 지속 가능한 전기 공급을 이룰 수 있었는지 관찰해보면, 우리는 어떠한 주류 발전 시설도 이러한 원칙을 적용하지 않는다는 것을 알게 된다. 진실로 현재의 에너지 시스템으로 인한 부수적인 피해로 우리가 의존하고 있는 지구의 생명 유지 체계 자체가 파괴될 위험에 직면해 있다.

오늘날의 에너지 공급 등식을 위태롭게 하는 것은 바로 에너지를 공급하는 수단이다. 우리는 3종류의 가스, 즉 이산화탄소, 메탄 가스, 산화질소를 엄청나게 배출함으로써 우리의 행성을 둘러싼, 얇은 층으로 이루어진 대기권에 광범위한 영향을 주고 있다. 지구를 감싸고 있는, 정교하게 균형이 잡힌 대기권은 수백만 년에 걸친 삼림과의 상호작용을 통한 결과로 이루어졌다. 지구에는 이제 본래의 삼림의 30퍼센트 미만밖에 남아 있지 않으므로, 모든 기후대에서 대대적으로 삼림을 회복시키지 않으면, 대기권을 유지하는 기초 자체가 회복불능 상태에 이를 것이다. 이제 원인들은 밝혀졌다. 이산화탄소는 주로 화석연료를 태우면서 발생되며, 메탄은 가축의 배설물에서, 산화질소는 농작물에 석유화학 비료를 사용하면서 배출된다. 우리는 마치 자동항법장치로 항해하고 있는 거대한 유조선과 같은 시스템을 만들어버렸다. 이 유조선은 멈추기 어렵고, 코스 변경에도 시간이 많이 걸린다. 그리고 선상에는 임박한 충돌을 피하기 위해 신속한 결정을 내려야 할 사람도 없다.

에너지 효율을 향한 진정한 움직임은 1974년 1차 석유 위기 이후 시작되었다. 로마클럽은 인구 폭발, 산업 생산량의 증가, 점증하는 에너지 수요, 지나친 오염의 악순환에 대해 경고했다. 그러나 오늘날 화석연료에 대한 거의 모든 대안들은 주요한 결함을 갖고 있다. 그 어떤 대안도 자연이 어떤 방식으로 수백만 년의 세월에 걸쳐 에너지 확보 문제를 해결했는지 검토해보지 않았다. 더욱 나쁜 것은 검토를 거친 대부분의 대안들이 경제적으로 무의미하다는 것이다. 궁극적으로 우리는 핵, 광발전, 수력 및 풍력을 이용하는 일시적인 중간 단계의 대안들을 넘어 지속적으로 공기와 물을 새롭게 하고 신선하게 유지하는 생태계의 증명된 해결책들을 선택하지 않으면 안 된다.

원자력을 백업 에너지원back-up energy으로 선택한 나라들은 종종 동의도 없이 자국민들에게 그 위험 부담을 떠안도록 강요했다. 핵 발전 제안자들은 납세자들의 개런티 없이도 그 위험을 커버할 수 있는지, 세계 주요 보험사들에게 문의해야 한다. 그들은 어떠한 보험사도 정부가 영원히 그 위험을 100퍼센트 책임진다고 동의하지 않으면, 핵 발전소 부지에 대한 보험을 제공하지 않는다는 것을 알게 될 것이다.

## 수요 위주의 에너지 정책은 재고되어야 한다

자연의 대부분의 종들은 이용할 수 있는 자원으로 기본적인 필요를 충족시켜 왔다. 우리는 어떻게 우리의 에너지 생산과 소비에 이러한 모델을 적용할 것인가? 만일 우리가 어떻게 자연이 수백만 년 동안 효율적으로 에너지를 생산할 수 있었는지 검토해본다면, 보다 많은 사람들에게 에너지를 공급하면서 동시에 에너지 수요를 10퍼센트에서 심지어는 20퍼센트까지 줄일 방법을 찾게 될 것이다. 훨씬 적은 에너지를 사용하는 소비 체계를 만들면 채광의 필요성도 크게 줄어들며, 그 결과 이산화탄소, 메탄 가스, 산화질소에 의한 오염을 극적으로 줄일 수 있는 아이디어가 나올 것이다. 우리가 구상하는 새로운 사업 모델은 조용히 자행된 부수적 피해의 일부를 회복시킬 것이다. 이것이 수요 위주의 경영에 대한 새로운 접근법이다. 즉 공급의 측면에 관여하는 것이다. 우리가 가진 것을 잘 활용하고, 보다 큰 효율성을 위해 체제를 재정비하고, 지속 가능한 생산 방식을 배우게 된다면, 우리는 비로소 물리학에 정통하게 될 것이다. 또한 우리는 이 물리적 우주를 가장 잘 활용하는 법도 배우게 될 것이다. 대단한 것을 대단치 않은 것으로 대체하고, 쓰레기를 자원으로 재사용할 수 있게 된다면, 필요는 줄어들고 더 큰 풍요를 누리게 될 것이다.

시간이 흐르면서, 모든 종들은 덥히고, 식히고, 이동하고, 변화하기 위해 필요한 에너지를 자연적으로 정제하고 보존하는 방법을 터득했다. 병코 돌고래와 고래들은 물의 저항을 줄이는 방법을, 참치는 열을 보존하는 방법을 알고 있다. 거북복의 모양은 연료 효율이 월등히 높은 차를 디자인하는 데 영감을 주었다. 갈색거저리Tenebrio molitor 는 자연적으로 부동액을 생산한다. 전복은 차가운 물속에서 도자기 물질을 만든다. 오징어가 만드는 차가운 빛, 곰의 동면 중의 화학반응, 지의류가 만드는 고체 연료, 아라비아사막 도마뱀의 마찰이 없는 미끄럼질, 사막 풍뎅이의 물 만들기, 흰개미들의 완벽한 냉난방 시스템들도 여기에 포함된다. 매 적용 사례들은 종들이 최대로 에너지 효율을 높이기 위한 방법으로 진화시켰다는 사실을 분명히 보여주고 있다. 종들의 이러한 진화적 발전이 각각 양분과 에너지를 순환 재생시키는 생태계 속으로 마치 퍼즐처럼 정교하게 맞추어지는 것을 보면, 우리는 그 정확성과 우아함에 놀라지 않을 수가 없다. 에너지는 그 자체가 목적이 아니다. 그것은 목적으로 가는 수단이다. 대부분의 경우 에너지는 식량과 물을 공급하고, 주택을 짓고, 교통을 소통(식량과 짝을 얻도록)시키며, 건강을 증진시킨다. 생태계는 인간의 접근방식보다 훨씬 효율적으로 에너지를 만들어낸다. '대단치 않은 것'으로 '대단한 것'을 창조하는 자연의 방식은 우리로 하여금 미래의 기업을 창조하고, 지속 가능성을 위해 우리가 필요로 하는 놀라운 해결책들을 발견하게 해줄 것이다.

개념은 이렇다. '대단한 것'을 '대단치 않은 것' 또는 매우 작고 다르며, 대체한 시스템과는 전혀 다른 것으로 대체하는 것이다. 이것은 우리의 에너지 문제를 해결하기 위한 극단적으로 다른 접근법이다.

이러한 접근법은 또한 석유와 지하자원을 정제하기 위해서 추가로 화석연료를 연소시켜야 하는 석유 및 지하자원에 대한 우리의 의존성을 감소시켜주는 사업 모델을 지향하는 것이다.

배터리나 케이블 없이도 지속적으로 체온과 심작박동, 혈당치, 심장기능을 모니터링 해주는 조지 레이놀즈의 코로패치를 기억해보라. 이 기술은 비용을 절약하고 더 많은 양의 실시간 데이터를 제공한다. 동일한 기술로 건강한 세포조직 전기를 발생시켜 손상된 조직으로 전류가 흐르도록 함으로써, 페이스메이커를 대체할 수 있다. 궁극적으로 이 기술을 통해 배터리와 전선을 제거하는 단계에까지 이를 수 있으며, 진정 엄청난 자원과 에너지를 절약하게 될 것이다. 오늘날 제조되고 결국 버려지는 수십억 개의 배터리는 고성능 금속에 의존하고 있는데, 이제 이러한 금속들이 더 이상 채광될 필요가 없어진다.

실크 나노 기술을 개발한 프리츠 볼라스를 생각해보라. 지난 50년 간 산업용 폴리머인 플라스틱이 금속을 대체하면서, 플라스틱의 원자재인 석유의 수요가 증가했다. 4천 년 동안 축적된 농부의 지혜, 그리고 자연의 방법을 벤치마킹한 이미 검증되었고 개발된 기술을 이용할 수 있는 기회가 지금 왔다. 실크로 티타늄을 대체하여 우리는 지하자원과 에너지 수요를 줄일 뿐 아니라, 철과 고성능 금속의 수요도 극적으로 줄일 수 있다. 폐배터리에서 금속을 회수하는 컬레이팅 박테리아의 정제기술에 대한 연구가 지금 진행되고 있다. 금속을 정류하는 제련소 대신 컬레이팅 박테리아 기술을 적용하면 적은 에너지

266

로 상온에서도 금속을 정제할 수 있을 것이다.

온도에 민감하여 쉽게 변질되는 의약품을 안정시키기 위해 자연적 공정을 이용한 브루스 로저의 혁신기술을 기억해보자. 백신을 냉동 시킬 필요가 없어지자, 개발도상국가들은 국민 의료비용에서 3억 달러를 절약할 수 있다. '대단치 않은 것'을 가지고 '대단한 것'을 대체하는 이 공식을 우리의 의료 시스템과 식량 생산 시스템에 적용하면 에너지 소비를 또한 감소시킬 수 있을 것이다. 보존뿐만 아니라 재생까지의 과정을 고려해볼 때 이로 인한 에너지 절감 효과는 실로 막대하다.

쿠르트 할베르그의 소용돌이 기술을 생각해보라. 지구상에서 가장 크고 가장 신뢰할 만한 에너지원은 중력이다. 우리는 햇빛이 비추는 시간뿐만 아니라 하루 24시간 내내 일하고 있는 중력의 힘이 제공하는 광범위한 기회들을 무시해서는 안 된다. 거의 모든 생물종들은 이 예측 가능한 힘에 적응했으며, 자신들의 필요를 충족시키기 위해 이를 최대한으로 이용해 왔다. 소용돌이는 중력으로 인해 생성되며, 최소한의 에너지로 식수를 만들 수 있는 잠재력을 갖고 있다. 소용돌이 속의 회전하는 힘으로 물에서 박테리아와 공기를 분리시키면 살균제가 필요 없게 되며, 에너지 소비 또한 줄어들게 된다.

# 새로운 에너지 옵션의 비밀을 열어보자

흥미롭게도 우리가 종종 발명이라고 부르는 것이 사실은 살아 있는 지구의 생태계가 오랜 기간 동안 해 왔던 일이다. 에디슨이 처음으로 전구를 발명했을 때, 그가 원래 사용한 필라멘트의 원료는 자연 상태에서 발생된 철분을 풍부하게 함유한 대나무였다. 거의 100년이 지난 지금 이 전구는 아직도 사용할 수 있다. 그러나 일반적인 생각과는 반대로, 전기는 에디슨이 발명한 것이 아니다. 세포는 수십억 년 동안 전기를 사용해 왔다. 서로 반대편에 있는 세포막의 pH의 미세한 차이로 종종 측정하기 어려울 만큼 적은 양의 전기가 발생된다. 자연계의 전류는 절대 금속에 의존하지 않지만, 거의 저항이 없는 높은 전도율을 얻을 수 있다. 배터리 안의 농축 금속을 통과하는 에너지를 얻기 위해서는 채광이 필요하며, 제조와 폐기 과정에서 엄청난 환경 오염을 일으킨다. 대나무와 고래는 전기와 전도성에 대해 우리에게 많은 것을 가르쳐준다.

자연 상태에서 전기가 만들어지는 6가지 주요 원천은 열, 빛, 마찰, 압력, 자력 그리고 생화학이다. 마그네슘은 세계적으로 전기 생산에 있어서 가장 큰 부분을 차지한다. 수력, 화력, 석유, 메탄 가스, 핵, 등 무엇을 전력원으로 삼든 세계의 모든 발전소에서 생산되는 전기의 실질적인 수단은 마그네슘이다. 태양열 전지판에 떨어지는 빛도 느린 속도로 전기를 만들기는 하지만 비용이 너무 많이 든다. 반면에 열이나 압력 그리고 마찰을 이용하여 직접 만드는 전기는 그 양이 너무 적다. 화학반응으로 전기를 일으키는 배터리 형태는 가장 오래된 방법이면서, 현대인의 삶에 가장 큰 영향을 미친다. 체내의 전기는 대부분 생화학을 통해 만들어지며, 그 공급원은 기본적으로 특정 종이 취하는 영양분과 밀접한 관련이 있다. 하지만 어떤 주요 기업도 이 부분에 대해 관심을 보이고 있지 않다. 전기 물고기가 완벽하게 진화시킨 생화학 발전 시스템과 그에 못지않은 절연체의 사용은 실로 놀라운 기술이 아닐 수 없다.

자연계는 인간이 고안한 에너지 생산의 극단적인 방법 중 어떤 것도 채택하지 않는다. 자연계에서 화재나 소각이란 법칙이라기 보다는 예외적 상황이다. 자연 속에서는 건조율이 50퍼센트인 물질조차 소각으로 처리되지 않는다. 인간은 쓰레기라고 생각되는 것들은 심지어 물조차 태워버린다. 농업, 제조업 그리고 도시 쓰레기는 대부분 이런 식으로 처리된다. 우리는 무엇이든 그것을 가지고 어떻게 해야 할지 모르면 무조건 태워버린다. 최근 전문가들은 열분해(열을 사용한 화학적 분해)를 사용하면 복합 물질 내에 숨어 있는 에너지를 회복할 수 있다는 이론까지 내놓았다. 물을 태워버리는 것을 장려하는 회사가 있을 정도이니! 세계 최대의 인스턴트 커피 제조회사인 네슬레는 커피 쓰레기(80퍼센트 이상이 물로 구성됨)를 태워버리는 것이 환경을 위한 가장 효과적인 선택이라고 결론을 내렸다.

자연의 에너지원을 관찰하면 많은 영감을 얻을 수 있다. 우리가 중력의 법칙을 전부 이해한다 해도, 사과의 구성 물질이 어떻게 사과의 모양을 형성하고, 중력의 법칙을 따르기 전에 어떻게 먼저 중력에 저항하는지에 대해 질문을 던지는 사람은 거의 없다. 에너지 위기에 대한 지속적인 해결책을 찾기 위해 필요한 자세는 바로 생태계에서 작용하는 힘들을 새로운 시각으로 바라보는 것이다.

야자열매는 어떻게 속을 물로 채울 수 있는가? 펌프도 없고 그렇다고 빗물을 흡수하지도 않는다. 나무들은 어떻게 거대한 구조를 똑바로 세울 수 있을까? 식물의 삼투성은 어디에서 중력에 저항할 수 있는 힘을 얻어 양분으로 가득 찬 수액을 모세관을 통해 위로 올려 보낼 수 있는 것인가? 물론 표면장력과의 상호작용이 있으며 달의 강력한 인력이 작용하기도 한다. 우주의 또 하나의 예측 가능한 힘인 썰물과 밀물에도 원인이 있다. 아주 미세하고 섬세한 방법으로, 모든 형태의 생명체의 특별한 필요에 따라 특수하게 개발된 자원을 공급하기 위해 자연계가 이용하는 힘들은 다양하다. 이것은 우리가 발명하고 투자한 기업적인 해결책과는 극명하게 다르다. 현대적인 해결책은 아주 단순 명료해 보이지만, 내재되어 있는 비효율성은 일군의 자연 에너지원에 비교하면 엄청나게 크다. 이것이 바로 우리가 많은 에너지를 낭비하는 이유이고 지금 우리가 다음과 같은 질문을 던져야 하는 이유다. "진짜 기회는 어디에 있는가?"

### pH 농도 차이로 전기를 만든다

인간들이 핵, 태양열, 석탄, 풍력 그리고 광발전 에너지 가치에 대해 논쟁하는 동안 자연은 모든 자연의 참여자들을 위해 각자의 필요에 따라 pH 농도의 차이에 기초한 에너지를 순환생산 하고 있다. 나무는 땅과 나무의 pH 농도 차이로 전류를 발생시킨다. 수소 이온 농도 지수Potential hydrogen는 우리의 신체를 통해 흐르는 전기의 속도는 물론, 효소 활동의 강도를 조절하여 생화학 반응의 속도를 조절하기 때문에 자연의 에너지 등식에서 매우 중요한 요소다. pH가 높다는 것은 어떤 물질이나 용액의 알칼리 성분이 높다는 것과 높은 전기 저항을 갖고 있다는 것을 뜻한다. 따라서 전기는 pH 농도가 높은 곳에서는 속도가 느려진다. 반대로 어떤 물질이 산성(pH 농도가 낮음)을 띠고 있다면 전기의 속도는 빨라진다. 자동차 배터리는 산성이다. 추운 날씨에도 적절하게 산성을 유지하는 배터리 덕분에 차의 엔진이 신속하게 시동이 걸리는 것이다. 생화학적으로 알칼리성인 것은 느리다. 납-산성인 자동차 배터리와 알칼리성인 손전등 배터리를 비교해보라. 손전등 배터리는 자동차 배터리보다 전류 발생이 더 느리다. 자연계는 납(자동차 배터리)이나 리튬(플래시 라이트)을 사용하지 않고도 지속적으로 이러한 상호관계를 이용한다. 생물종에서는 세포막이 이렇게 생성된 전류가 흐르는 통로의 역할을 한다. 세포막은 전자들을 빠르게 통과하게도 하고, 때로는 천천히 흐르게 하기도 한다. 이것이 전기의 흐름을 결정짓는 pH 수준이다.

## 온도의 차이에서 전기를 만든다

열전기란 온도의 차이를 전기로 전환시킨 것이다. 새로운 에너지 모델에 기초한 전자 기기들은 신체의 온기에서 전력을 끌어낼 수 있다. 독일의 프라운호퍼 물리계량기술연구소Fraunhofer Institute for Physical Measurement Techniques는 자연적인 체온으로 전기를 생산하는 방법을 개발했다. 상상해보라! 사람의 체온과 춥거나 더운 환경의 차이로 충분히 전기를 만들 수 있는 것이다. 본래 전기를 발생시키려면 수십 도의 온도 차가 필요하지만, 인체의 표면 온도와 주변 환경 간의 온도 차이란 불과 몇 도에 지나지 않는다. "이와 같은 차이에서는 오직 낮은 전압의 전기만 끌어낼 수 있다."라고 프라운호퍼 연구소의 페터 스피스 Peter Spies 소장은 설명한다. 이 시스템은 약 200밀리볼트의 전기를 발생시킨다. 전자 장치를 사용하기 위해서는 최소한 1~2볼트의 전기가 필요하며, LED 라이트의 경우에도 약 1볼트의 전기가 있어야 빛이 들어온다.

그러나 프라운호퍼 연구소 엔지니어들은 해결책을 발견했다. 기업들의 일반적인 생각대로 전기를 더 많이 생산하는 대신, 엔지니어들은 단지 200밀리볼트 정도의 적은 전기 에너지로도 작동되는 전기회로를 개발했다. 그들은 내장된 배터리나 파워 소켓이 필요 없는 전자 시스템을 구축했다. 이 시스템은 오직 체온으로부터 에너지를 끌어들인다. 페터 스피스는 스위치 시스템이 향상되면 0.5도 정도의 체온 변화로도 휴대전화를 작동시킬 만큼 충분한 전기를 생산할 수 있다고 자신하고 있다. 이것이 바로 일을 성사시키기 위해 강력한 전기를 띤 번개가 칠 때까지 기다리지 않고, 주어진 보다 적은 전기로 일하면서 모든 필요를 충족시키는 자연계의 진화 방식이다. 조지 레이놀즈의 고래 연구에서 영감을 받은 첫 번째 응용 기기인 나노채널 페이스메이커는 앞에서 이미 설명하였다. 페터 스피스의 해결책은 배터리, 금속, 채광 그리고 사용 후 곧 매립장을 메우게 될 소비재의 생산에 필요한 엄청나게 무거운 에너지 부담으로부터 우리를 해방시킬 수 있다는 메시지를 담고 있다. 블루이코노미에서는 많은 기기들이 배터리나 소켓으로부터 전기를 끌어들이지 않고도 작동되도록 재설계될 수 있다. 우리가 자연으로부터 받는 영감은 끝이 없다.

일본의 시계 메이커인 세이코Seiko는 1999년 체온 전기로 작동되는 시계 500개를 처음으로 시장에 선보였다. 이 시계는 완전히 충전되면 10개월 동안 사용할 수 있다. 이 시계는 세계의 많은 사람들이 갖고 싶어하는 시계 중 하나가 되었다. 전기는 대기 온도와 체온의 온도 차이에서 만들어진다. 손목에 차고 있으면, 시계의 뒤쪽 케이스를 통해 열이 흡수되고, 시계 전면을 통해서 열을 방사하는데, 이때 열 전환장치를 통해서 전기가 발생된다. 대기와 시계 표면의 온도 차이가 증가할수록 더 많은 전기가 발생된다. 차이가 감소하면 발생되는 전기 또한 감소한다. 이것이 바로 이상적인 미래의 에너지 생산 방법이다.

### 중력과 압력으로부터 전기를 만든다

기술용어로 '압전기piezoelectricity' 라고 부르는 압력은 자연에서 얻어지는 또 다른 풍요한 전기원이다. '피에조Piezo' 는 희랍어에서 유래한 말로 '스트레스' 를 의미한다. 압력의 주요 근원은 물론 중력이다. 땅속 바위에 가해지는 나무의 무게는 중력 스트레스를 발생시켜 전기를 생성시킬 수 있다. 에너지원으로서, 스트레스 또는 압력은 결정 구조를 갖는 물질과 가장 효율적으로 작용한다. 과거에는 석영이나 다이아몬드와 같은 결정체를 사용했다. 로셸염(나트륨, 중탄산염, 칼륨 중 주석 산염으로 만들어짐)이 압전기를 만드는 데 처음 시범적으로 사용된 물질이었다. 이 소금의 분자구조는 나트륨과 칼륨으로 구성되어 있는데, 이 물질들이 우리의 심장에 동력을 제공하는 두 종류의 중요한 생화학 요소다. 압전기 발생에 대한 최근의 연구 결과로 사탕수수, 마른 뼈, 실크, 나무와 같이 흔한 물질들까지 압전기 발생에 사용되고 있다. 최첨단 기술로 미개척 분야를 연구하는 과정에서 압전기를 발생시키는 물질들이 더 많이 발견될 것이다.

대부분의 나라에서 압전기를 아직 산업적으로 이용하고 있지는 않지만, 일본 기업은 압전기의 상업적 응용에 대해 일단 찬성표를 던졌다. 우리가 미처 깨닫지 못하는 동안 압전기를 사용하는 수많은 응용 제품들이 우리의 일상생활에 파고 들어와 자리를 잡고 있다. TV 리모컨은 원래 버튼에 가해지는 압력을 전류로 변환시키는 쿼츠 기술 quartz technology을 이용했다. 리플렉스 카메라의 자동 초점 기능을 작동하는 장치나 자동차의 반향정위기기 또한 이 에너지 소스를 이용한다. 담배 라이터의 작은 손잡이에 가해지는 압력만으로도 충분히 연료에 불을 붙일 전기 스파크를 일으킬 수 있다. 독일 자동차 부품 제조업체 로버트 보쉬Robert Bosch사는 최초로 압전기 연료 분사 시스템을 개발했다. 이것이 바로 폴크스바겐사의 제타가 매우 연료 효율이 높은 차가 된 요인 중 하나다. 이 차는 제동으로 얻어지는 전기와 연소된 가솔린 가스에서 파워를 회복하는 기술로 명성을 얻어, 미국 자동차 시장에서 도요다사의 프라이어스를 제쳤다.

압전기에 대한 이해의 폭이 넓어지면서, 건축 구조물이 바닥에 가하는 압력을 이용해서 전기를 발생시키는 건축 설계에 대한 새로운 비전이 나타나고 있다. 2008년 세계 디자인 수도로 결정된 이탈리아의 토리노에서 이러한 시범 프로젝트가 진행 중이다. 유럽의 알프스 도처에서 발견되는 크리스털을 건물의 기둥 밑바닥에 설치하면 전기를 가장 필요로 하는 바로 그 장소에서 전기를 만들 수 있다. 사실 이것은 중력을 바로 전기로 전환시키는 것이다. 구조물로 인한 압력은 중력의 힘을 기초로 정확히 계산된다. 크리스털을 누르고 있는 건물의 엄청난 무게가 최소한 빌딩 엘리베이터를 움직이기에 충분한 몇 메가볼트의 전기를 일으킬 수 있다는 것을 생각해보면 그 가능성이 매우 크다 하겠다.

중력을 이용하면 구체적으로는 건물, 일반적으로는 사회 전체가 지속 가능성이라는 목표를 향해 나아갈 수 있기 때문에, 중력으로 생산하는 전기에 거는 기대는 매우 크다. 압력이 일으키는 전기적 에너지는 전통적인 에너지로부터 완전히 해방된 주택과 건물이라는 새로운 비전을 실현할 수 있는 잠재력을 갖고 있다. 나미브 풍뎅이의 물 수집 방식으로 지붕에서 수집된 물이 각 층으로 내려올 때, 중력이 발생시킨 소용돌이가 또한 물을 정화하는 모습을 상상해보라. 게다가 우리는 얇은 태양 전지판으로 얻는 전기가 아닌, 구조적 중력이 만드는 수천 볼트의 압전기를 이에 추가할 수 있다. 엔지니어들은 이러한 비전을 실현시키는 일에 초점을 맞추어야 할 것이다.

이러한 에너지에 대한 아이디어는 보청기나 장난감, 움직이는 소형 기구들과 휴대전화 등에 필요한 건전지의 폭발적인 수요를 감소시키거나 아니면 배터리의 사용을 아예 없애는 방법을 제시할 수 있다. 벤처 기업 자본가들은 오염이 덜한 '일회용' 배터리 개발에 수십억을 투자하지 말고, 정말 실질적인 투자 수익을 기대할 수 있고, 자연과 조화를 이루며 금속 추출물에 의존할 필요가 없는 에너지원 연구에 투자해야 할 것이다.

압전기의 다른 잠재력이 있는 에너지 소스는 진동, 특히 '소리'라고 불리는 진동이다. 과학자들은 오랫동안 거미나 전갈 같은 곤충들, 흰 입술 개구리, 캥거루 쥐, 황금 두더지 같은 몇몇 척추동물들이 지진 감지능력을 갖고 있는 것으로 알고 있었다. 코끼리 바다표범 같은 거대 해상 동물들도 지진에 대해 민감하다는 것이 관찰되었다. 쓰나미가 다가오는 것을 감지한 코끼리들이 사슬을 끊고 안전한 곳으로 대피했다는 사실이 증언되어 과학자들의 관심을 끌었다. 1997년 스탠퍼드 의대 연구원인 캐이틀린 오코넬-로드웰Caitlin O' Connell-Rodwell 은 코끼리들이 인간의 귀에는 거의 들리지 않는 저주파 음을 먼 거리에서도 들을 수 있다는 사실을 발견했다. 캐이틀린은 코끼리의 저주파 울음소리가 땅속에 강력한 진동을 일으키고, 다른 코끼리들이 민감한 코와 무릎, 발을 통해서 이 소리를 감지하고 해석까지 할 수 있다고 제안하여 이러한 연구에 과감하고도 새로운 방향을 제시했다. 그녀는 코끼리들이 땅의 진동을 통해 의사소통을 하며, 자신들의 발로 아주 미묘한 진동의 차이도 구별해낼 수 있는 능력이 있다고 설명했다.

캐이틀린은 나미브의 에토샤 코끼리 국립공원Etosha National Park에서 코끼리 떼를 관찰하고, 이 동물의 지진에 대한 민감성과 관련된 데이터를 인간의 청각 장애에 적용해보았다. 청각 장애를 갖고 있는 사람들은 정상인보다 뇌의 청각 피질에서 촉각에 대한 민감성이 더 발달된다. "우리는 심각한 청각 장애를 갖고 태어나는 신생아들을 출생 직후 진동 자극에 노출시켜, 청각 능력을 향상시킬 수 있을지를 조사해보고 싶습니다."라고 그녀는 말한다. 코끼리와 보청기는 둘 다 진동 감지로 자극을 받는다는 공통점이 있다. 우리는 여기서 다시 물리학의 기본 원칙 중 하나인 '진동'이 청각 장애를 보상하기 위해 뇌 속에 세포를 만들고, 손이나 발이 진동에 민감하도록 신경계를 활성화시킴으로써 종의 끊임없이 변화하는 필요를 충족시켜주는 또 하나의 사례를 발견한다.

압전기 응용의 가장 바람직한 버전은 목소리가 만들어낸 압력(목소리도 압력을 만든다!)으로 전기를 발생시키는 것이다. 소리 압력을 전기로 전환시키는 압전기 유닛이 피부와 접촉하면, 압전기와 열전기는 휴대전화를 작동할 만큼 전기를 발생시킬 수 있다. 오랜 시간 동안 휴대전화를 사용할수록 더 오래 통화할 수 있게 된다. 우리는 또한 착용자의 목소리와 연결되어 소리가 발생시키는 에너지와 체온이 만들어 내는 전기가 보완된 청각 보조기의 모양과 디자인을 상상해볼 수 있다. 이렇게 검증된 전원들을 함께 사용하면 리튬 배터리나 태양 전지를 이용한 충전기들은 시장에서 급속히 사라질 것이다. 이러한 전원들을 통해 다양하고 새로운 에너지 응용기기들의 기반을 형성할 수 있다.

## 운동으로 에너지를 만든다

또 다른 형태의 압력은 움직임이 발생시키는 운동에너지다. 시계 산업이 이 기술 분야에서도 가장 앞서 가고 있다. 롤렉스사는 1931년에 처음으로 중력으로 작동되는 시계를 상업화했다. 이 시계 속에는 자유롭게 움직이기만 하면 태엽을 감아주는 작은 반원형 금속 조각이 들어 있다. 최근, 세이코사는 동일한 기술로 수백 가지 다른 형태의 시계를 선보였으며 중요한 시계 디자인 중 하나로 이용하고 있다.

이러한 운동에너지의 활용이 시장에서 호평을 받는 동안, 연구자들은 생물학적 시스템이 운동에너지를 이용하는 방법에 비상한 호기심을 가졌다. 흐르는 혈액에 갖고 있는 질량과 속도는 운동에너지의 한 형태다. 혈관 속을 흐르는 피는 바로 이용할 수 있는 간단한 에너지원이 될 수 있다. 게다가 피가 정맥이나 동맥 속을 흐를 때 혈관 벽에 가해지는 압력은 또한 압전기적 에너지를 만들어낸다. 혈관을 흐르는 혈액의 총 에너지는 운동과 압력으로부터 발생하는 에너지의 총 합계다. 전문가들은 이렇게 적은 양의 에너지는 세계의 전기 수요를 충당하기에는 턱없이 불충분하다고 말하지 모른다. 네덜란드의 속담, "Wie het kleine niet deert is het grote niet weerd," 즉 '작은 것에 감사하지 못하면 큰 것을 누릴 자격이 없다'는 말을 상기하자. 분명 나노 기술의 발달은 이 두 종류의 압력을 전기로 바꿀 수 있는 방법을 찾아줄 것이다.

한정적이긴 하지만 태양 에너지 연구를 위해 자금이 마련되었고, 새로운 형태의 배터리 개발을 위해서는 막대한 벤처 자본이 투자되고 있다. 하지만 압력 및 온도에 기초한 전기 발전의 연구 및 개발은 정부나 민간 투자가, 벤처 자본가로부터 거의 주목받지 못하고 있는 상태이다. 투자가들은 중금속이나 에너지 저장소가 필요 없는 재생 가능한 에너지원에 대한 연구에는 관심이 별로 없는 것 같다. 막스 플랑크나 프라운호퍼 연구소만이 주류를 벗어나 재생 가능한 에너지 분야를 개척하고 있는 형편이다. 이 가운데 앨런 히거Alan Heeger와 같은 사람은 전기 전도율이 매우 높은 박막 폴리머가 거의 모든 면에서 배터리를 대체할 수 있음을 발견했으며, 미카엘 그뢰첼Michael Graetzel은 나뭇잎이 하는 방식으로 전기를 생산하는 아이디어 개발에 있어 선구적인 연구자가 되었다.

만일 우리가 금문교 전체를 박막 태양 전지판으로 싸버린다면, 부식을 방지하기 위해 화학물질로 다리를 도장할 필요가 없어질 뿐 아니라, 샌프란시스코 시가 필요로 하는 대부분의 전기 수요를 충당할 수 있을 것이다. 이것은 또한 전기를 생산하기 위해 물리학의 경제나 자연적인 온도 변화를 이용(재생 가능한 에너지로부터의 수입)하고, 화학물질을 사용하지 않는(부식 방지용 화학물질의 비용 절감) 다각적 접근법이라 하겠다. 이러한 접근법을 통해 우리는 낭비가 전혀 없는 모델로 가까이 나아갈 수 있다.

물리학자와 농부는 둘 다 압력과 온도의 힘을 쉽게 간파할 것이다. 그러나 오늘날 에너지 효율에 대한 토론장에서는 이러한 힘들은 거의 무시되고 있다. 혁신기술적인 에너지 방안들이 더 큰 사업적 기회를 제공하는 것은 바로 이러한 이유 때문이다. 이러한 기술적 옵션들은 제한된 투자로 소량의 에너지를 생산할 수 있게 한다. 잠재적으로 응용할 가능성은 많다. 거의 모든 장소에서 그리고 매일 새로운 시장이 발생하고 있다. 마치 자연계처럼 몇 개의 기술을 한 다발로 묶어, 지역적으로 이용할 수 있는 자원으로 지속 가능하며 신뢰할 수 있는 에너지 체계를 제공할 수 있는 사람들에게는 기회의 문이 활짝 열려 있다.

## 이산화탄소를 에너지원으로

이산화탄소의 사회적 가능성을 논하지 않고 에너지 혁신기술에 대한 장을 끝낸다는 것은 불가능하다. 통제를 벗어난 이산화탄소 가스 배출이 온실 가스로 널리 지탄의 대상이 되고 있지만, 우리는 이산화탄소를 우리의 기본적인 필요를 충족시켜주는 산업 사회의 가치 있는 자원으로서 그 가능성을 고려해보아야 한다. 산소도 원래는 모든 생명의 전제 조건이 되기 전에는 독성물질이었다. 같은 맥락에서 우리가 '문제'를 '기회'로 생각하기 시작하면, 이산화탄소는 지속 가능한 사회를 위해 상당한 공헌을 할 수도 있다. "어떻게?" 당신은 그렇게 질문할 것이다. 조류가 그 해답을 갖고 있다.

10억 년간 지구에 살아온 조류는 최초의 광합성이 가능한 유기체 중 하나다. 이 단일 세포 종은 처음으로 세포핵을 개발하여 DNA로 알려진 생명의 정보를 운반한다. 조류가 필요한 영양소는 단지 이산화탄소, 물, 양분이며 광합성을 통해 자신에게 필요한 음식과 화학 에너지를 만든다. 이 광합성의 부산물인 산소는 대기 중으로 또 세계의 호수, 바다, 강으로 대량 배출된다. 식물이 아닌 조류는 프로톡티스타 protoctista 종에 속한다. 이들은 뛰어난 효율성으로 빛에서 에너지를 취하며, 그 결과 지구상에서 가장 빨리 성장하는 종이기도 하다. 이들은 사탕수수보다 10배나 빨리 성장하며, 생산량과 번식에 있어서 박테리아와 경쟁할 정도다. 조류 번식을 통제하려는 것은 마치 정원 잔디를 2주에 한 번, 아니 하루 세 번 깎아주어야 하는 것과 같다.

이러한 대단한 성장 능력 때문에 조류는 지구 온난화 현상 속도를 늦추는 중요한 역할을 담당하고 있다. 조류의 장점은 성장하면서 산소를 배출하고, 기름과 영양분을 많이 함유하고 있다는 것이다. 미네소타 대학의 생물정제센터University of Minnesota Center for Biorefining는 매년 1에이커당 5천 갤런의 오일을 생산할 수 있다고 추산하고 있다. 조지 알베르토 비에이라 코스타가 이끄는 브라질 팀은 연간 1에이커당 2천 갤런의 오일을 생산하는 스피루리나spirulina를 저비용으로 쉽게 배양하고 있다. 반면 옥수수는 연간 에이커당 18갤런, 대두는 48갤런, 야자나무는 635갤런의 오일을 생산한다. 이것은 쉽게 놓쳐서는 안 되는 결과다. 조류의 다른 장점 중 하나는 옥수수로 만든 에탄올과는 달리 버려진 땅의 염수 속에서도 여러 종을 재배할 수 있다는 것과, 심지어는 화력발전소에서 발생되는 탄소 배출 가스를 이용할 수 있다는 것이다.

　오일 및 가스 추출 과정에서 원하지 않는 부산물인 폐수가 발생된다. 폐수는 종종 저수지에 보관되는데 시간이 지나면서 주변의 토양으로 침투되어 수백 년 동안 땅을 오염시키고 불모지로 만들어버린다. 따뜻한 물은 강과 바다의 생물 서식지에 악영향을 끼치기 때문에 화력발전소들은 폐수를 방출하기 전에 물을 냉각시키기 위한 저수시설을 갖고 있다. 이 저수지들은 법으로 규정되어 있으며 표면적으로는 환경에 미치는 부수적 피해를 줄이기 위한 것이다. 조금만 상상력을 펼쳐보면 이런 저수지들을 조류 양식장으로 활용할 수 있다. 이를 통해 비생산적인 폐수 처리시설을, 저비용으로 재생 가능한 생물학적 연료를 생산하고, 산소를 보충하며, 이산화탄소를 감소시키는 시스템으로 전환시킬 수 있다. 양식하려는 조류의 종류에 따라 연료화할 수 있는 오일은 조류 전체 생산량의 3분의 1까지 가능하다. 우리는 쓰레기를 양분의 흐름으로 전환하여 환경오염을 줄이고, 기존 기반 구조로 생산적인 결과를 가져오게 하는 방법을 배우게 될 날을 꿈꾼다. 우리는 우리가 이미 갖고 있는 것으로 더 많은 것을 생산한다는 블루이코노미의 과제를 해결할 수 있을 것이다. 이 경우, 갖고 있는 것으로 더 많은 일을 성취한다는 것의 구체적 의미는 바로 조류 양식 이다.

콜로라도의 자연 에너지 연구 실험실Natural Energy Research Laboratory은 뉴멕시코의 사막 한 가운데 있는 쓰레기 매립장에서 바이오디젤을 생산할 수 있는 단백질과 탄수화물, 기름이 풍부한 300개 종류의 조류에 대한 자세한 목록을 작성하는 일에 착수했다. 1996년 브라질의 리오그란데 도 술 연방대학Federal University of Rio Grande do Sul의 조지 알베르토 비에이라 코스타 교수는 맨구에이라 호수Mangueira Lake 지역의 식량 확보를 위한 프로젝트의 설립을 돕기 위해 이 연구 결과를 적용했다. 바이오디젤은 그의 주 관심사가 아니었다. 그는 정부의 비료 보조금 없이 국제시장에서 경쟁해야 하는 남부 브라질의 쌀 재배농들의 필요를 해결하기 위해 식량 확보에 관심을 갖고 있었다. 비에이라 코스타 교수의 조류 연구 프로젝트에 물리학자이면서 품질 관리 분야의 학위 보유자인 루치오 브루쉬 다 프라가Lucio Brusch da Fraga 교수가 합류했다.

이것은 주목할 만한 파트너십이었다. 맨구에이라 호수는 세계에서 가장 알칼리성이 높은 호수 중 하나로, 환경 자산으로 인정받기 어려운 곳이었다. 비에이라 코스타와 브루쉬 다 프라가는 남부 브라질과 같은 온대 지역을 포함해 어느 곳에서든 조류 양식이 가능하다는 것

283

을 증명하기로 했다. 우루과이와 국경을 접한 브라질 최남단에 있는 비토리아 도 팔마 지역의 논 주변에서 실시한 조류 양식은 성공적이었고 생산된 조류는 바로 수확되었다. 이 조류는 미국에서 '슈퍼 블루그린 조류super blue-green algae' 라고 부르는 것으로 엄청난 양의 미량 영양소를 함유하고 있다. 이들은 이 영양원을 리오그란데 시티 주변에 살고 있는, 정부 기관의 혜택이 닿지 않는 사람들에게 보급했다. 사회 기관, 의료 서비스 기관, 학교들, 미디어는 지역 주민들의 기아와 영양실조 문제가 해결되자 이 두 사람을 앞다투어 칭찬했다. 이 성공을 통해 이들은 저수지 조류 양식을 통해 식량을 확보하는 것 이상의 사업이 가능하다는 것을 알게 되었다. 프로그램은 확장되었다. 이제는 바이오디젤을 생산하기 위한 조류 양식이었다.

미국의 3천 개 화력발전 시설에 비해 브라질에는 겨우 5개의 화력발전소밖에 없다. 그러나 브라질인들은 조류 양식과 더불어 석탄 연소 과정에서 발생하는 이산화탄소 가스로 바이오연료를 생산하는 일련의 산업적 생산을 시험해보았다. 맨땅에서 시작한 비에이라 코스타는 사탕수수 에탄올로 국제적 명성을 얻은 브라질의 개발 경제학과 유사한 절차를 밟았다. 사업에 바로 뛰어들기 전에 비에이라 코스타 교수는 연구소를 설립하고 남부 브라질에서 발견되는 특수한 생태계에 대한 과학적 연구에 착수했다. 그는 학부와 대학원의 석·박사 과정 중에 있는 뛰어난 학생들을 모집했다. 바로 이 연구소에서 막강한 특허 포트폴리오가 나왔다.

비에이라 코스타와 그의 팀은 지역의 생물다양성, 지역의 생태계 그리고 지역의 현장 경험을 이용하면서 더욱더 강력해졌다. 그들은 이제 라고아 맹구에이라나 라구나 모린과 같은 거대한 자연 저수지를 조류 양식에 이용했다. 그들은 프로젝트를 통해 논 한 마지기 정도의 작은 규모의 저수지에서도 산업 규모의 에너지를 생산할 수 있도록 자신들의 경험을 제공했다. 여기서 우리는 생물학을 지원하는 물리학을 목격하고 있다. 음식과 바이오디젤 그리고 조류에서 에스터스esters(화장품에 사용 가능한 폴리머)를 추출한 뒤에 남는 잔여물질은 에탄올로 전환할 수 있다. 따라서 다른 보조 기술과 합쳐질 때 생산성이 현격히 증가한다는 것을 알 수 있다.

이산화탄소로부터 에너지를 수확함으로써 얻을 수 있는 기회들은 다양하다. 브라질 팀뿐만 아니라 연구자들은 항상 자연에서 영감을 찾아 왔다. 1998년 이후, 앞서 소개했던 캐나다 기업 $CO_2$ 솔루션은 이산화탄소를 고정시키는 표준화된 효모를 생산했다. 이를 통해 이산화탄소를 양질의 탄산 가스 또는 건축재로 사용되는 탄산칼슘으로 재처리하는 것이 가능해졌다. 이들은 준 산업 규모의 생산 모델을 증명할 수 있었다. 오슬로의 노르웨이 과학기술 대학 출신 메이-브릿 헤그May-Britt Hagg가 이끄는 연구팀은 이러한 이산화탄소 가스 정제법과 사람의 허파처럼 이산화탄소를 고정시키는 방법에 대해 연구했다. 코넬 대학의 제프리 코츠Geoffrey Coates는 이산화탄소를 폴리머로 전환하는 효소를 추출함으로써 이산화탄소와 일산화탄소를 플라스틱과 상업적 이용이 가능한 화학물로 전환시키는 기술을 개발했다.

지속 가능성에 높은 우선순위를 부여하는 것을 기업 전략으로 삼고 있는 두 네덜란드 회사, 유니레버와 DSM이 이 선구적인 사업에 투자 하기로 결정했다.

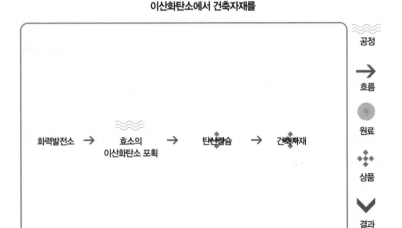

이산화탄소에서 건축자재를

화력발전소 → 효소의 이산화탄소 포획 → 탄산칼슘 → 건축자재

공정
→ 흐름
● 원료
✦ 상품
∨ 결과

기후변화에 대한 부정적 영향의 감소    고용 창출    추가적 수입

조류와 이산화탄소는 서로 공생관계다. 이산화탄소가 많은 곳에서 조류는 빠르게 성장하며 마치 스펀지처럼 이 온실 가스를 빨아들인 다. 이산화탄소를 이용하여 조류를 생산하는 산업 과정을 향상시키 려면, 일광노출을 극대화하고, 그림자를 없애고, 조류의 생산성 향상 을 위해 물속에 더 많은 탄소 가스를 섞어야 한다. 물과 공기를 혼합 하는 현재의 기술은 마치 해머로 파리를 잡으려는 것과 같다. 들어간 많은 노력과 힘에 비해 생산량이 너무 미미하다는 것이다. 비효율적 인 절차 때문에 바로 최종 생산물들이 그렇게 비싼 것이다. 더욱 나쁜

것은, 생산업자들이 핵심 사업 모델 하나로 만족해버린다는 것인데, 이 경우 핵심 사업은 바이오연료다. 나머지 부산물은 버린다. 이것이 바로 현재 석유 가격이 연일 상승하고 있음에도 불구하고, 현재의 기술이 상업적으로 의미가 없는 가장 큰 이유다.

물과 공기를 혼합하는 가장 효율적인 방법을 알고 싶다면, 자연을 관찰하는 것이 현명하다. 자연계는 펌프나 공기를 불어넣는 기계를 사용하지 않는다. 자연은 소용돌이 원리를 이용한다. 초기 추산에 따르면 공기를 압축시켜 이산화탄소를 13퍼센트 함유한 물에 소용돌이 기술을 적용하면, 4배나 더 많은 공기를 흡수할 수 있다. 현재 온실가스에 대한 총량 제한 배출권거래제Cap-and-Trade가 법률로 정해진 상황에서, 이 기술은 단순한 중력으로 동일한 기반시설에서 4배나 수입을 증가시킬 수 있다는 것을 의미한다. 그러나 이것은 오직 1단계 향상에 지나지 않는다. 2단계에서의 향상은 아마 훨씬 더 중요할 것이다.

물에 섞인 탄소 가스 거품들은 조류의 세포막에 맞는 크기로 조류에게 공급된다. 조류의 세포막에 있는 구멍보다 10배 이상 크거나, 어떤 생물반응장치의 경우 심지어 1만 배 이상 큰 거품을 공급하는데, 이렇게 큰 거품은 과정의 효율성과 경쟁력을 떨어뜨린다. 지나치게 큰 거품은 사용되지 않고 물의 표면에 남아 난류를 형성한다. 소용돌이 기술은 조류의 세포막 구멍에 맞는 미세한 거품을 만들 수 있다. 숟가락과 젓가락이 있는데 왜 굴착기를 갖고 식사를 해야 하는가? 물이 우윳빛처럼 탁한 색깔을 띠게 되면 작은 기포가 많이 만들어졌다는 증거다. 이러한 전체 과정의 촉매제는 바로 물과 중력이라는, 지구 상에서 가장 믿음직한 힘에서 끌어낸 에너지다. 이러한 발견으로 우리는 지속 가능하고 경쟁력 있는 해결책을 내놓을 수 있다.

조류의 장점은 바이오디젤 생산에만 한정된 것은 아니다. 비에이라 코스타 교수가 처음에 추측한대로 일단 기름이 추출되고 남은 잔류물에는 가축과 인간이 먹을 수 있는, 단백질이 매우 풍부한 미세 영양소들이 남는다. 코스타 교수의 학생들은 잔류 조류막은 순수한 에스테르로 구성되어 있어 천연 폴리에스테르로 전환할 수 있다는 사실을 발견했다. 이런 식으로 우리는 통합적 바이오 정제의 개념, 아니면 브라질 팀이 명명한 대로 '통합적 광-바이오 정제a whole photo-biorefinery' 개념으로 돌아간다. 즉 태양이 뜨고, 중력이 작용하며 이산화탄소가 배출되기만 한다면 계속되는 재생 가능한 생산방식 말이다. 이 3가지 요소 중 어느 하나라도 사라질 가능성은 거의 없기 때문에 실패할 가능성은 매우 낮으며 성공할 확률은 아주 높다.

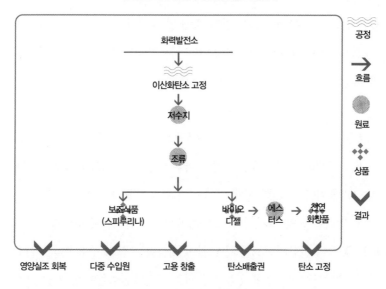

이산화탄소는 영양의 생산순환을 촉진한다

물을 촉매로 사용하면서 이러한 발견들과 혁신기술들을 동시에 적용하면 우리는 기후변화를 완화시키고 에너지와 식량을 확보할 수가 있다. 어떤 이들은 이산화탄소를 대양 깊숙한 곳으로 펌프질 해 '격리' 시켜야 한다고 주장하지만, 그것은 말도 되지 않는 소리다. 투자가들이 그러한 자본 집중적인 벤처 사업에 투자해보았자 아무 이득도 얻지 못할 것이다. 정부가 이유도 없이 재정지원을 하지 않는 한, 이런 일은 경제적으로 의미가 없는 사업이다. 또, 이러한 사업은 지속가능성이라는 면에서도 별로 기여하는 바가 없다. "보지 않으면, 마음에서도 사라진다."는 격언은 구시대적 사고방식이다. 고작해야 이것은 우리에게 슈퍼 펀드(공해 방지 사업을 위한 대형 자금, 핵폐기물과 같은 물질로 오염된 지역을 청소하기 위해 1980년 미 의회가 제정한 '종합환경 대책, 보상 및 책임법'을 일컫는 말임. - 옮긴이)가 투입되어야 하는 곳들, 쓰레기가 넘쳐나는 매립장, 핵폐기물 위에 지어진 테마 파크와 같은 반갑지 않은 선물들을 안겨 주게 될 것이다. 그리고 종종 이러한 근시안적이며 어리석은 '격리 보호'라는 처방은 치유 불가능한 손실과 치명적인 피해만을 발생시키게 된다.

조류, 이산화탄소, 물 그리고 햇빛으로 바이오연료를 생산하는 과정에서 발생하는 부산물인 식량과 에너지는 바로 효율적인 공생관계의 결과물이다. 이러한 혜택 외에도 이 과정을 통해 고용을 창출할 수 있다. 얼마나 많을 일자리가 이 과정에서 생겨날까? 화력발전소와 시멘트 공장이 이산화탄소를 가장 많이 배출하는 산업이다. 미국, 유럽, 중국, 개발도상국가들에 있는 1만 개의 화력발전소들이 이 기술을 적용한다면, 시설 하나당 평균 100개의 일자리가 필요하며, 이는 총 100만 개의 일자리를 창출하는 셈이다. 이것은 낡은 것과 새 것의 결혼이며, 주 화석연료인 석탄과 재생 가능한 재료들과의 결합을 의미한다. 이러한 시설을 건설하는 데 시설 하나당 100억 달러의 투자금이 든다면, 10개의 핵발전소를 건설하는 비용에 해당된다. 10개의 핵발전소에서 100만 개의 일자리가 생길 수 있을까? 천만의 말씀이다! 10개의 핵발전소를 짓는 데 걸리는 시간은 얼마나 될까? 최소한 10년은 걸린다!

우리가 이러한 해결책을 다른 해결책과 비교하고, 각 해결책이 사회 경제적 영향을 냉정한 시각으로 판단하면서, 경제학, 평균 투자비, 잠재적 고용 창출, 재생 가능한 연료와 천연 폴리머에서 얻는 건강 증진, 고용 창출이라는 다양한 혜택들을 검토해본다면, 해결책으로서 핵에너지가 전혀 타당성이 없다는 것이 확연해진다. 생명을 증진시키는 생태계 안의 어떤 종도 핵발전을 에너지원으로 선택한 적이 없다. 경제 및 사업 모델은 이제 생명을 증진시키는 일에 초점을 맞추어야 할 것이다. 인간이 관여하는 어떠한 활동도 생명의 증진을 출발점으로 삼아야 한다는 것은 이제 명백하다.

지구의 모든 생물들이 이용하는 에너지원임에도 불구하고 엔지니어들이 여전히 이러한 잠재력이 높은 에너지원들을 무시하고 있다는 사실은 참으로 놀랍다. 우리가 에너지 수요에 대해서 얼마든지 다른 방법으로 대처할 수 있다는 사실은 회사의 정책결정자와 전략가들의 안테나에는 전혀 잡히지 않는 모양이다. 이들은 규모의 경제를 신봉하며, 풍요의 시대에도 위험을 부담하기 싫어한다. 어떠한 '대체' 기술도 고압선에 전기를 흐르게 할 수 없다고 주장하는 산업 전문가들에게는 브라질의 큐리티바 출신의 어린 학생, 마리아의 말을 전해주고 싶다. 이 학생은 엔지니어들로부터 바나나 껍질과 계란 껍데기로 만드는 전기는 결코 핵이나 화석연료 에너지와 경쟁할 수 없다는 말을 들었다. 한 석유회사 이사의 말을 인내와 존경심을 갖고 끝까지 다 경청한 뒤 마리아는 이렇게 말했다, "그래요. 25년 후가 되면 저도 나이를 먹겠죠. 그러면 그때 저는 당신이 틀렸다는 것을 증명하겠습니다." 변화를 일으키려는 열정과 동기로 가득 차 있는 차세대들만큼 이 사회에 기여가 되는 것은 아무것도 없다.

# CHAPTER 11
# 치유의 토대로서의
# 진정한 '골드 마인'

## THE BLUE ECONOMY

한 세대가 나무를 심으면
다른 세대는 그늘을 얻는다.
―중국 격언

## 과거의 잘못 고치기

아프리카의 산업 수도인 요하네스버그 외곽으로 45분 정도 차를 타고 나간 자신의 모습을 상상해보라. 최근에 만든 공상과학 영화의 배경에 딱 어울리는 황량한 달 표면 같은 풍경에 둘러싸인 당신의 모습을 발견해보라. 당신은 우라늄이 풍부하고 톤당 반 그램의 금을 함유한 선광 부스러기로 이루어진 산의 정상 위에 서 있다. 이제 공중을 향해 직선으로 4킬로미터 정도 뻗은 선을 상상해보라. 그 다음 발아래 지하로 4킬로미터 뻗은, 지구상에서 가장 깊은 광산의 규모를 상상해보라. 우리는 광산이 환경에 미친 해악에 대해 비판하면서도 또한 그런 것을 가능케 한 기술력에 놀라지 않을 수 없다. 땅 속 깊은 곳의 지열은 거의 섭씨 54도에 달한다. 지하 4천 미터나 되는 곳에서 일하는 약 2만 명의 광부들에게 공기와 적당한 조건들을 공급하기 위해 이용된 기술을 생각해보라. 지구의 배꼽 속에서 일하는 광부들이 견딜 만한 작업 환경을 만들어주기 위해서 얼음 제조기가 이용되고 있다. 세계 최대의 얼음 제조기가 갱도坑道 내의 공기를 냉각시키기 위해서 지하의 뜨거운 곳에서 돌아가고 있다고 상상해보라.

즉시 마음에 떠오르는 질문이 있다. "과연 이런 것이 지속 가능한 것인가?" 광산업체들이 문을 닫고 이 지역을 떠나면 지역사회는 이들이 오기 전보다 더 좋은 상태가 될 것인가? 지의류는 위대한 광부다. 이것들은 바위로부터 마그네슘과 같은 특수 무기분자를 추출하여 생태계의 여타 생물체들과 나눌 수 있는 능력을 갖고 있다. 박테리아는 선택적인 킬레이트 방식으로 금속들을 분리해낸다. 그러나 오직 인간만이 원하는 광석을 얻기 위해 거친 물리적 힘과 수은과 시안화물을 포함한 독극물을 사용한다. 비록 우리가 과거에 저지를 실수들을 고칠 수 있는 지식과 기술이 부족할지라도, 우리는 앞으로 이보다도 더 잘할 수 있다. 우리는 현재의 광산업을 무해한 산업으로 바꿀 수는 없다. 그러나 우리는 최소한 광산업으로 인한 환경 및 사회적 고통을 경감시키는 전략을 세울 수 있을 것이다.

선광 부스러기로 이루어진 산 정상에서 우리는 인간의 가장 공격적인 탐욕을 목격한다. 다이너마이트, 엄청난 양의 물과 에너지, 채광 기계들은 지하 깊은 곳에서 금을 뽑아낸다. 이 금광에서 2만 명 이상의 일꾼이 일하며, 멀리 떨어져 있는 가족들에게 겨우 생계나 유지될 만한 수입을 송금한다. 그러면서 참기 어려운 숙소와 작업환경 속에서 비참한 삶을 살아가고 있다. 10년 후에는 이들 중 과연 몇 명이나 계속 일을 하고 있을지, 또는 살아 있을지 아무도 모른다.

여러 가지 측면에서 광산업은 위험성이 높은 산업이다. 세계 시장에서 금값은 기록적으로 높은 수준을 유지하고 있지만, 금광이 앞으로 오랫동안 계속 이익을 발생시킨다는 보장은 없다. 금광 주변의 지역사회에 부담을 주는 모든 외부적 복구 비용을 금광회사의 돈으로 보상해버린다면 남는 것은 거의 없다. 남아프리카공화국의 땅속 깊은 곳에서 지상에 도달한 금 원광은 우라늄을 포함하고 있다. 금을 뽑아내고 남은 광물 부스러기들은 땅 위에 버려져 지평선을 가로지르는 산맥을 형성한다. 그러나 이 웅장한 주변 경관은 인근 요하네스버그에서 날아오는 공해물질이 아니라, 우라늄이 섞인 광산 부스러기에서 나온 먼지로 인해 흐려져 있다. 우라늄은 대기와 물속으로 침투되고 모든 생명체에 치명적인 암을 발생시킨다. 몇몇 단체들이 이러한 오염에 대해 비난하면서, 이렇게 높은 수위의 위험을 경감시킬 방안을 마련하라고 정부에 여러 번 압력을 넣기도 했다. 그러나 자신들의 투자금에서 꾸준히 수익을 거두어들이고 싶은 광산회사의 주주들 때문에 오염을 경감시키기 위한 어떠한 계획이나 비용도 이사회에서 거론한 적이 없다는 것은 슬픈 일이다.

엄청난 양의 지하수를 품고 있는 석운석 암반 밑으로 고도로 농축된 금맥이 지나가고 있다고 상상해보라. 하루 150만 달러의 에너지 비용으로 광부들이 작업할 수 있는 환경을 만들기 위해서는 물과 공기를 갱도 안으로 펌프질 해넣어야 한다. 자 이제 갱도로부터 발생하는 공기가 연간 약 10만 톤의 메탄을 배출한다는 사실을 알게 되었다. 새 갱도가 만들어지면 수십 년간 연간 배출량은 배가 된다. 메탄은 대기에 미치는 영향 외에도 폭발성이 매우 높은 물질이다. 바로 이 때문에 채광 장비의 가격이 그렇게 높은 것이다. 탄광 장비들은 스파크가 발생하지 않는 동이나 티타늄 또는 베릴륨으로 만들어진다.

광산업은 건강에 해로우며, 주요 직업병과 연관이 있다. 지역 주민들이 '조 버그'라고 부르는 요하네스버그는 해변이나 강을 따라 건설되지 않은 세계 유일의 산업 도시다. 도시는 광산 현장 주변에 건설되었다. 막대한 양의 지하수를 펌프로 끌어올리고, 길이 30킬로미터에 달하는 송수관을 통해 강의 흐름을 바꾸어버린 뒤, 이 지역의 농경지는 생명줄이 되는 수원으로부터 완전히 단절되었다. 한때 조 버그의 채소 농장이었던 곳이 지금은 광산의 갱도들과 수 마일에 걸쳐 늘어놓인 광산 쓰레기 더미에 의해 상처투성이가 되었다. 한때 먹을 수 있었던 물은 그 오염도가 너무 높아 적어도 앞으로 한 세대 동안 농업용수로 사용될 수 없을 정도이다. 어떤 형태의 농업이든 금지되었으며, 특히 소는 전혀 기를 수 없다.

지질학자와 생물학자들은 독소물질들이 물과 공기, 흙 속에 축적되는 방식을 점점 더 많이 배워가고 있다. 활엽 식물들은 그 잎 속에 독성물질을 축적시킨다. 이로 인해 특히 식물의 잎을 먹는 동물들까지 오염되고 방사선에 노출되면서 건강에 위험을 초래하고 있다. 아직은 이에 대한 연구 및 관찰된 자료가 적기 때문에 명확한 통계는 나와 있지 않다. 회사의 경영진이나 정부도 이러한 복잡한 과정에 대해 전체적인 그림을 그리지 못하며, 완벽히 이해하지도 못하고 있다. 결과적으로 항간에 떠도는 이야기나 외부 관계자들의 간단한 과학적 보고는 종종 추측에 지나지 않는다.

이러한 환경적, 사회적 현실만이 광산업이 위기에 처하게 된 이유는 아니다. 세계 시장에서의 금 가격은 천정부지로 치솟고 있지만, 금을 채굴하는 데 들어가는 비용도 엄청나다. 설상가상으로 남아공의

전력 공급 사정도 나쁘게 변해가고 있다. 남아공 국영 전력회사인 에
스콤ESKOM은 전력 시설 확장에 대한 투자 부족으로 전력 수요를 충당
할 수 없다고 광산업계에 통보한 것이다. 이처럼 공기와 물의 펌프질
에 필요한 에너지의 가격 상승은 불확실한 전력 수급으로 인해 더욱
악화되었다. 이로 인해 광산업체들은 수천 미터 지하에 있는 수평 갱
도를 냉각하여 광부들의 안전을 도모하고, 적합한 작업환경을 만들
기 위해 백업 디젤 발전 시설에 엄청난 돈을 쏟아붓지 않을 수 없게
되었다. 동시에, 원광석을 1만 2천 피트의 지하로부터 지상으로 끌어
올려 처리하기 위해서는 추가 에너지가 필요하다. 전기가 공급되지
않으면 광산은 일주일에 하루나 이틀은 작업을 중단해야 한다.

광산업이 주변 환경에 미치는 악영향에 대해 철저히 조사하려면
지상에 쌓아 놓은 원광석 무더기, 선광작업 후 남은 돌 부스러기에서
발생하는 우라늄 먼지, 끊임없이 지하수를 퍼 올림으로써 발생하는
사막화 현상과 지반 침하로 생긴 구멍, 그리고 하천과 땅에 축적되는
우라늄 등이 반드시 포함되어야 한다. 이 밖에도 광산 현장 주변에 있
는 성매매 업소로 인해 광산 노동자들이 에이즈 및 기타 성병 감염에
노출되는 사회적 재앙에 대해서도 고려해야 한다. 광산을 방문하여
직접 그 곳의 진상을 관찰해본 사람은 누구라도 도처에서 발견되는
사회적, 환경적 타락상에 절망하게 된다. 그러나 긍정적인 마음을 갖
고 창조적으로 배우고 단호하게 행동해야만 해결책을 찾을 수 있을
것이다. 남아공은 진실과 화해를 위한 노력을 통해 엄청난 어려움을
극복했다. 발전이란 잘잘못을 따지는 데 있는 것이 아니라 결점을 인

정하는 동시에 주주를 만족시키고 지역의 환경을 치료하는 새로운 사업 모델을 고안하는 데 있다. 앵글로 골드 아샨티Anglo Gold Ashanti사의 마크 쿠티파니Mark Cutifani 회장 같은 사람들은 앞으로 나아갈 새로운 방법을 찾는 일에 헌신하고 있다.

## 치료를 위한 상처 감싸기

하나의 광산을 운영하는 일은 마치 인간의 몸에 수술 칼을 대듯이 지구의 지각 속을 마구 헤집는 행위와 같다. 그것이 필요한 절차라 할지라도, 우리는 상처를 감싸주고 치료하지 않으면 안 된다. 지난 200년 동안 광산업은 많은 비극적 유산을 남겼다. 어떤 것은 그 자료가 잘 정리되어 있지만 어떤 것은 드러내고 회복하는 데 많은 시간이 걸려 아직 표면화되지 못했다. 개량된 기계와 환경에 대한 깊은 이해로 덜 공격적이며 보다 지속 가능한 광산 운영이 도입될 수 있다. 아니, 반드시 도입되어야 한다.

핵심 사업 관리라는 관점에서 보면, 기업이 경제위기에 직면하면 모든 단계에서 원가 절감이 요구된다. 정상적으로 사업을 계속할 수 없다는 한계를 인식하면, 관리자는 비용 절감을 위한 방안들을 강구해야 한다. 우리가 핵심 사업 원칙들을 재정의하고, 우리의 사고방식을 180도 전환한다면, 원가를 낮추고 동시에 현금 흐름을 활성화하는, 적용 가능한 기술 및 에너지 절약형 해결책을 찾을 수 있다. 혁신기술은 광산이 폐쇄된 뒤에도 지역 주민들의 생활을 보장할 사회 자본과 새로운 수입원을 만들어 줄 것이다. 우리가 더 절약하고, 더 많은 수입을 창출하며, 환경에 입힌 피해를 치료하고, 더 적은 투자로 더 많은 가치를 창출할 수만 있다면, 모든 참여자들에게 혜택을 줄 수 있을 것이다. 필요한 것은 다만 우리가 고정관념의 틀을 깨고 사고하기 시작하는 것뿐이다.

## 메탄을 포집하는 방법

상당히 많은 광산들에서 기후변화에 결정적인 영향을 미치는 메탄이 대량으로 발생된다. 하나의 갱坑에서 발생되는 메탄의 양은 최소 30메가와트의 전력과 맞먹는 에너지다. 현재는 갱 속에 있는 메탄을 펌프로 빨아들여 대기로 배출시킨다. 그것은 농축 정도가 0.2퍼센트 이하인 메탄을 포집할 수 있는 기술이 없다고 잘못 생각하고 있기 때문이다. 만일 이 '메탄 쓰레기'를 포집할 수 있다면, 광산들은 현재 1킬로와트시당 18센트의 가격을 주고 전력을 사는데, 그런 전력을 자체 생산할 수 있다. 이 천연 가스를 산업적으로 이용하면 현재 전력 부족으로 고전하고 있는 남아공의 전력회사, 에스콤이 공급하는 전기의 상당 부분을 충당할 수 있다. 비록 광산에서 나오는 거의 대부분의 메탄이 대기 속으로 버려진다고 해도 교토의정서 가입국들은 메탄을 포집하거나 단지 메탄이 발생되는 곳에서 소각만 해도 탄소배출권으로 보상받을 수 있다. 광산에서 발생하는 메탄을 소각함으로써 골드 필즈Gold Fields사 소유의 남아공의 베아트릭스 광산은 처음으로 탄소배출권을 지급받았다.

메탄은 이산화탄소보다 약 21배나 대기를 더 오염시키는데도, 탄소배출권은 이산화탄소와 같은 점수로 표시된다. 이러한 탄소배출권을 통해 4년 동안 1천만 달러 이상의 수입을 창출할 수 있다. 이런 식으로 거의 투자하지 않고도 지하에서 일하는 광부들의 작업환경을 훨씬 개선시킬 수 있다. 메탄을 포집해 한곳으로 모으기 위한 파이프 설치에 들어간 투자 비용은 1년도 되지 않아 회수할 수 있다. 기후변화 의정서 때문에 경쟁력 있는 시장의 힘이 약화되지 않는다는 것은 명백하다.

탄소배출권은 자유 경쟁 시장에서 추가적인 안전 설비에 투자하는 것을 정당화하며, 지역의 사회적 안정에 기여하고, 마진이 거의 없는 광산업을 이윤을 발생시키는 흑자 기업으로 전환시켜줄 수 있다. 그러나 전력 부족으로 허덕이고 있는 나라에서 탄소배출권을 얻기 위해 메탄을 태워버리는 것은 그저 수박 겉핥기식에 불과한 구시대적 발상이다. 광산은 단순한 탄소배출권보다도 더 많은 것을 에너지 시장에 내놓을 수 있다.

평균 농도가 단지 0.1퍼센트에 불과하더라도, 배출된 메탄의 총 분량은 최소 연간 300만 톤에 달하는 것으로 추산된다. 요하네스버그 근처에 있는 모든 갱도를 합하면, 향후 25년 동안 각 갱들은 600만 톤의 메탄을 발생시키게 된다. 현재의 공기 정화 기술을 적용하려면 농축도가 0.5퍼센트 이상이어야 하는데, 최소한 몇몇 갱들은 이 농축 수준에 도달하는 것으로 확인되었다. 사실 광산에서 방출되는 공기는 메탄 농도가 높은 것과 낮은 것을 섞어서 종종 0.5퍼센트 이하의 농도로 유지된다. 창조적인 엔지니어들은 분명 훨씬 더 낮은 메탄 농도에서도 효과적으로 작동되는 공기정화장치를 개발하여 오늘날의 시장 표준을 뛰어넘을 것이다

평균 0.01퍼센트의 메탄 농도에서 공기 정화기를 사용하면 마진이 거의 없다. 교토의정서는 이러한 별 매력 없는 투자에 추가적인 현금 유입을 창출하기 위해 산하에 청정개발체제Clean Development Mechanism를 두고 있지만, 소용돌이 기술, 풍력 터빈, 열 교환체, 식수 공급 등을 모두 포함시킨 종합 프로그램만이 공기 정화 전략을 끌고 가는 데 필요한 수입원을 창출해 줄 수 있을 것이다.

스웨덴의 공기정화시설 공급자인 메그텍 시스템MEGTEC Systems AB사는 산화 과정에서 추가 에너지를 사용하지 않고도 메탄 농도를 0.1퍼센트까지 낮출 수 있는 시스템을 개발했다. 호주의 웨스트클리프콜리어 파워플랜트West Cliff Collier Power Plant사는 1983년에 1.2메가와트 발전소를 그리고 1985년에는 세계에서 두 번째로 큰 12.5메가와트 규모의 발전소를 건설했다. 이 기술의 핵심은 전형적인 광산의 환기 시스템의 환경, 즉 엄청나게 많은 양의 공기와 극도로 낮은 메탄 농도를 효율적으로 산화 처리할 수 있는 시스템이다. 이곳에서 처리하는

메탄 농도는 1퍼센트 미만이고 이 기술에서 사용하는 공기는 갱이 방출하는 전체 공기 용적의 5분의 1뿐이라는 것에 유념하자. 겨우 6메가와트의 전력으로 이 발전소는 연간 이산화탄소 20만 톤에 해당하는 양의 메탄을 감소시킨다.

이러한 모델은 일을 하기 위해 필요한 것을 모으고, 지역에서 구할 수 있는 자원을 활용하는 자연의 방식을 그대로 모방한다. 자연의 방식을 따르면 극소량의 자원도 유익하게 사용할 수 있다. 만일 요하네스버그 외곽의 광산들이 메탄 가스를 포집하기 위해 이 정화 기술을 사용한다면, 90~180메가와트의 발전시설을 운용할 수 있다. 이것은 현재 필요한 전력량의 50퍼센트에 해당한다. 이것이 단지 추산에 불과할지라도, 그 결과들은 이런 시설에 한번 투자해볼 만큼 매력적이다. 많은 광산들이 이러한 전략을 채택할 수 있지만 광산 경영자들 중 아무도 핵심 사업이라는 구덩이에서 빠져나오지 못하기 때문에 이를 실행하지 못하고 있다. 분명 누군가는 메탄을 포집하는 기술이 탄소배출권, 수익성, 지구환경의 보존과 교환 가능하다는 사실을 깨달을 것이다. 이는 우리가 앞으로 잡아야 할 위대한 기회 중 하나다.

## 물을 비용원이 아닌 수입원으로 바꾸기

맑고 깨끗하며, 박테리아도 없고, 금이 방출하는 높은 에너지에 노출된 암반수는 땅속 깊은 곳의 균열된 암반에서 나온다. 이런 물이 현

303

재 심각하게 오염된 광산폐수를 희석시켜 폐수의 수질 표준을 맞추기 위해 사용되고 있다. 우리는 이런 깨끗한 물을 좀 더 생산적인 용도로 사용할 방법을 찾기 위해 노력해야 한다. 최소한의 안전 수준인 평균 수질을 만들기 위해 폐수에 생수를 섞어야 할까? 남아공은 전력 부족 외에도 심각한 식수 부족에 시달리고 있다. 예상되는 공급과 수요의 차이는 매우 심각하다. 요하네스버그 시는 엄청난 비용을 들인 송수관으로 레소토에서부터 식수를 펌프질 해 공급하고 있는 반면, 드라이폰타인이나 클루프 같은 금광은 매일 10만 세제곱미터의 물을 빨아들인다.

암반수로 폐수를 희석하는 대신, 킬레이팅chelating 박테리아나 소용돌이 기술을 이용하면 쉽고도 값싸게 폐수에서 독소나 불순물을 분리시켜 폐수 방출 표준을 만족시킬 수 있다. 연간 5억 달러의 비용을 들여가면서 광산에서 퍼 올린 암반수를 마실 수 없는 물로 만든다는 것은 심각한 식수 부족을 겪고 있는 사회의 요구에 부응하는 것이 전혀 아니다. 원가절감의 문화에서 벗어나, 지역사회의 필요와 시장의 요구에 적절하게 반응함으로써 소득을 발생시킨다는 생각으로 전환해야 한다. 이것은 바로 사회 자본의 건설을 의미하며, 또한 아파르트헤이트(남아공의 인종차별정책) 하에서 억압받았던 사람들이 업계와 정책 결정자들에게서 마땅히 받아야 할 대우다. 광산회사들은 주민의 식수 수요를 충족시킬 뿐 아니라, 식수를 병에 담아서 판매하는 자회사까지 경영할 수 있게 된다.

　우라늄의 존재란 해로운 것이기 때문에, 킬레이팅 기술을 사용하여 병 속에 담긴 광천수로부터 그러한 유해물질을 안전하게 제거할 필요가 있다. 게다가 광산 관리자들은 우라늄을 함유하지 않은 암반수를 쉽게 확인할 수 있으며, 그래서 최고의 수입원이 될 수 있는 양질의 광천수를 찾을 수 있다. 생수사업을 벌여 사업 초기부터 하루에 광천수 10만 병을 판매할 수 있다. 이 사업은 경제적으로 매우 매력적인 사업이다. 조금만 상상력을 발휘해도 우리는 이 사업을 많은 단계에서 이윤을 발생시키는 사업으로 확장시킬 수 있다. 가령 지역 주민들을 위해서는 고품질 천연 광천수를, 그리고 고급시장에는 금맥을 통과하여 몸에 좋은 에너지를 발산하는 지하 암반수와 같은 제품들을 내놓을 수 있다. 건강에 이로운 작은 금 조각을 담고 있는 물도 개발 가능한 상품이다. 시장에 이런 물에 대한 수요가 있다는 것은 말할 것도 없다.

　이러한 사업 계획은 전 세계적으로 비교 가능한 경험에 입각해 있기 때문에 가능성 조사를 할 필요가 거의 없다. 무에서 출발한 피지의 한 생수회사는 10년 안에 미국 시장에서 2억 달러 규모의 마진율을 갖는 틈새시장을 점유했다. 하와이에서는 일본 투자가들이 지하 600미터 아래에서 물을 끌어 올려 병에 담은 뒤 하루 20만 개를 일본으로 수출하고 있다. 이 생수는 해 뜨는 나라 일본에서 병당 10달러 상당에 판매되고 있다. 콜롬비아의 라스 가비오타스에서는 엄선된 유통 채널을 통해 지역 주민들에게는 무상으로 식수를 공급하고, 보고타 시에서는 생수를 팔아 수익을 올리고 있다.

광산 현장에서의 물의 관리는 비용 발생원이었던 것이 어떻게 수입원으로 바뀔 수 있는지 잘 보여주고 있다. 단지 지하 깊은 곳에서 암반수를 퍼 올리기만 하는 독립적 사업에 투자하면, 투자비용을 절대 회수하지 못할 수도 있다. 광산은 핵심 사업인 금광산업으로 이 비용을 부담하면 된다. 지역 주민들에게는 값싸고 안전한 식수를 제공함으로써 광산은 비용원을 수입원으로 전환시킬 뿐 아니라, 공해와 지반침하의 주범이라는 오명을 씻고, 사회적 책임을 다하는 당당한 기업임을 보여줄 수 있다. 이를 통해 국제사회에서 추락된 이미지를 개선할 수 있다. 사람들에게 조롱거리가 되어버린 '골드 마인gold mine'(탐욕적이고 환경에 무책임한 회사라는 의미 – 옮긴이)이라는 말이 훨씬 강력한 브랜드 자산이 된다.

## 전기 비용을 절약하기

물과 공기를 펌프로 퍼올리고, 갱을 냉각시키고, 얼음을 만들고, 원광을 운송하려면 광산에 막대한 양의 전기가 필요하게 된다. 그래서 광산의 본부에는 거대한 발전 시설이 설치되어 있다. 이런 상황에서 전기 비용을 절감할 기회들을 모색하는 것은 당연한 일이다. 광산은 앵무조개에서 영감을 얻은 제이 하먼의 수학적 모델을 적용하여 물이나 공기의 운반에 필요한 환기 시설, 믹서 또는 기타 기계들에서 20~30퍼센트의 에너지 절감 효과를 시험해볼 수 있는 가장 이상적인 환경이다. 여기에 쿠르트 할베르그의 소용돌이 기술을 시험해볼 수도 있을 것이다. 높은 온도를 조정하기 위해 깊은 갱 속에 설치된 얼음제조기는 습기를 머금은 엄청난 양의 액화된 공기입자와 싸워야 한다. 물에서 공기입자를 분리하기 위해 중력에 기초한 소용돌이 기술을 사용하면, 에너지 비용을 10~15퍼센트까지 줄일 수 있다. 게다가 물과 공기가 4천 미터의 높이를 오르내릴 때 발생하는 중력의 힘을 이용할 기회도 생긴다. 자연의 적응 기술에 기초한 다른 혁신기술들을 적용하여 전통적인 전구 대신 곰팡이와 오징어의 차가운 빛을 활용한다면 에너지를 절감하고 가스 폭발의 위험도 줄이게 된다. 간단한 화학반응으로 전기를 생산할 수 있다면 광산의 어두컴컴한 갱 속에서 석탄이나 중유로 발전시킨 전기에 의존할 필요도 없을 것이다.

## 공기의 흐름으로 전기를 만든다

물과 마찬가지로 광산 핵심 사업의 부산물인 기류를 통해 쉽게 추가수입을 발생시킬 수 있다. 진공으로 만들어진 기류는 고압상태로 광산의 갱을 빠져나간다. 초당 2천800세제곱미터의 엄청난 양의 공기가 대기로 방출된다. 이런 공기를 이용하기 위해 고래의 항력 감소 장치를 보유한 효율적인 풍차를 몇 대 사용하면 어느 정도 전기를 발전시킬 수 있다. 지하의 깊은 갱 속에 필요한 신선한 공기를 펌프질 해넣으면 방출 기류가 형성되고 이로 인해 진공 상태가 형성되어 12개의 터빈을 쉬지 않고 돌릴 수 있다. 에스콤사가 고압선으로 전기를 공급하기 위해 필요로 하는 투자비용과 비교하면, 갱의 출입구에 설치한 풍력 터빈 투자금의 회수율은 초기 투자비용의 50퍼센트를 능가한다. 이 비교 하나만 보아도 백업 디젤 발전기에 투자한다는 것은 정당화될 수 없다.

## 온도와 압력으로 전기를 만든다

광산 조업으로 발생되는 온도의 차이 또한 에너지원이 될 수 있다. 갱 속에서의 얼음 제조, 갱을 빠져나가는 뜨거운 공기, 그리고 땅속 깊은 곳으로부터 원광 운반 등의 작업이 극심한 온도 차이를 만든다. 적당한 거리에 열 교환기를 설치하는 것만으로도 이러한 온도 차이를 에너지로 전환할 수 있다. 열 교환기는 새로운 것이 아니다. 그러나 이 기술은 네덜란드나 독일의 오래된 탄광에서 지역 온수 사업으로 시행된 광산수 이용 계획을 제외하면 별로 적용된 적이 없다. 남아공에서 이제 정부 지원금까지 받아 싼 가격에 전기를 이용하던 좋은 시절은 지나갔다. 지금은 적극적으로 에너지 절약을 위해 노력해야 할 때다. 나노 기술을 이용하면 0.5도의 온도 차이로도 휴대전화를 작동할 수 있다. 그렇다면 광산의 섭씨 2.2도의 차이가 만들어낼 수 있는 에너지를 상상해보라. 유럽에서는 겨우 3도에서 5도 차이가 나는 곳에 기술적, 상업적으로 이러한 에너지 사업을 진행하고 있다. 어떻게 하면 4천 미터 아래에 있는 압전기적 가능성을 전력원으로 전환할 수 있을까? 열심히 생각해볼 것을 제안한다.

## 환경 치료

탄소배출권, 수익성, 환경 치료라는 설득력 있는 논리는 모든 에너지원에 적용할 수 있다. 바로 풍력 발전기, 열 교환기, 메탄 발전기 같은 것들 말이다. 소득 창출과 원가 절감을 고려할 때는 모든 가능성을 하나도 남김 없이 다 검토해보아야 한다. 실로 많은 방안들이 있다.

조 버그의 최대 금광회사 중 하나인 골드필즈는 근교에 자그마치 17만 5천 에이커의 땅을 소유하고 있다. 회사는 수년에 걸쳐 농업인구가 줄어들자, 더 이상 합리적인 생산성을 기대하기 어려운 농부들에게서 이런 땅을 구입했다. (엄청난 양의 물을 사용하는 광산업은 결과적으로 주변의 물 저장량을 고갈시킨다는 것을 기억하라.) 비록 이 땅의 일부가 상업적 목적의 장미농장으로 개발된 것은 골드필즈의 공로이긴 하지만, 사실 대부분의 땅은 바이오연료를 생산하는 데 이용될 수 있다.

남아공은 바이오디젤 생산을 지원하는 정책을 갖고 있어 생산자들에게 세제 혜택을 제공하고 있다. 물론 이것은 칭찬받을 일이나, 사람과 동물을 위한 농작물을 생산해야 하는 땅에 에탄올 생산을 위해 식물을 심는다는 것은 그 정당성 부족으로 비난받고 있다. 자국의 어린이들을 먹이는 일에도 힘겨운 나라에서 우선순위를 어디에 두어야 할지 잘 생각해보아야 한다. 식량을 생산해야 하는 땅이 연료 생산에 이용된다면, 결국은 식량 가격을 상승시키는 요인이 된다. 이것은 특히 사회 주변층 사람들에게 영향을 준다. 하지만 탄광 주변의 땅이 우라늄으로 오염되었다는 것을 잘 알고 있는 상황에서, 주변 땅들을 식량 생산에 이용할 수는 없다. 그런 땅은 장미농장이나 바이오디젤 생산을 위한 작물을 재배하는 데 안성맞춤이다.

이런 목적을 위해 만일 5만 에이커의 땅을 이용한다며, 2~4년 내에 선정된 품종에 따라서 10만에서 20만 톤의 바이오연료를 생산할 수 있다. 마찬가지로 물을 많이 소비하는 번식력 강한 유칼립투스나 블랙 워틀(Acacia auriculiformis) 같은 수종들을 뽑아버리고, 대신 기름을 추출할 수 있고 시간이 흐르면 지하수면을 재형성시키는 수종들로 대체해야 한다. 자연의 양분 순환생산 기능을 더 촉진시키려면 오염되지 않고 방사능 물질이 검출되지 않은, 기름을 뺀 바이오매스 위에 버섯을 재배할 수도 있다. 아니면 사용하고 남은 농작물에서 배출되는 메탄 가스를 포집하는 장치를 설치할 수도 있다. 이로 인해서 광산 주변 지역사회의 50퍼센트가 넘는 성인 실업률을 극적으로 줄일 수 있다. 이러한 사업을 추진하는 데 필요한 재원은 탄소배출권만으로도 충분히 충당될 수 있다. 최근까지 아무도 아프리카가 탄소배출권을 배당받게 될 것이라 생각하지 않았다. 광산업체들이 바이오디젤의 가능성을 추구하기로 결심만 한다면, 온실 가스 감소에 지대한 공헌을 할 새로운 장을 마련할 수 있다.

한 광산을 농장과 생물다양성을 회복하며, 바이오연료를 생산하고, 지역사회의 고용을 창출하고, 지역 자원과 혁신기술을 사용하여 에너지를 절감하는 경쟁력 있는 기업으로 전환한다면, '브랜드 가치'를 인정받는 기업이 될 것이다. 이것은 지역사회의 호의와 신뢰를 사기 위한 값비싼 광고 전략이 아니다. 오히려 매일 경비를 줄여 나가고 소득을 증대하기 위해 최선을 다하는 책임 있는 경영의 일부일 뿐이다. 관리자의 관점에서 보면, 경비를 절감하고 소득을 증대하는 과정

**치료 기반으로서의 광산**

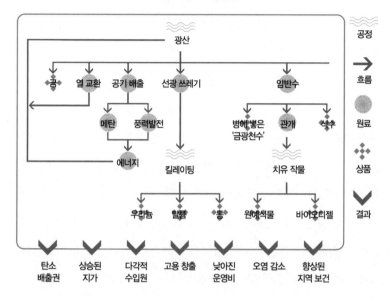

에서 발생하는 사회 자본은 금상첨화로 얻어지는 보너스다. 왜 그렇지 않겠는가? 만일 그러한 시스템이 기업 문화의 일부분이 된다면, 전형적으로 관리자의 시간을 차지했던 문제들은 더 이상 부담 요인이 아닌 소득 발생 및 효율적 자원 사용의 한 부분이 될 것이기 때문이다.

## 복합 원광에서 얻을 수 있는 것

자, 이제 우라늄이라는 민감한 문제를 다루어보자. 좋든 싫든 우라늄은 종종 금과 함께 발견된다. 탈륨과 구리도 원광 처리 과정에서 흔

311

히 발생하는 부산물이다. 이들은 '복합원광'으로 알려져 있다. 우라 늄 가격이 폭락하고 경쟁력을 상실하자 금광업체들은 우라늄 생산을 중단했다. 쓰레기로 변한 우라늄은 몇 십 년 동안 하천으로 방출되었 고 습지와 하천 바닥에 축적되었다. 어떤 환경 운동가들에 의하면, 우 라늄으로 인한 오염 위기는 극적인 수준에 도달했고 축적된 우라늄 제거 관련 비용만 해도 수억 달러는 족히 될 것이라고 한다. 과학적으 로 불확실하고, 들어갈 비용도 설명되지 않는다고 해서, 광산회사들 이 점점 커지는 의혹과 미래에 대한 책임, 잠재적으로 엄청난 비용에 대한 부담을 떨쳐버릴 수는 없다. 상장 기업이라면 이러한 위험을 통 보받은 즉시 이사회는 대손충당금을 확보해야 한다. 또, 이러한 위험 성에 대해 반드시 증권 감독기관에 통보해야 하며, 주가는 그 즉시 압 력을 받게 된다. 1960년대에 폴리염화비페닐PCB과 석면이 광범위하 게 사용되면서도 오염을 문제로 인식하지 않았던 시절을 기억해보 라. GE(미국)와 ABB(스위스)는 1960년대에 발생한 오염 관련 손해 배상청구에 대해 각각 5억 달러와 10억 달러의 배상금을 지불해야 했다.

방금 기술한 에너지와 수자원에 대한 기회들은 현실적인 것들이 다. 증권거래소에서 주가가 하락하면 회사 자산에 부정적인 영향이 올 수밖에 없다. 경영진들이 이런 사태를 피하고 싶다면, 지역의 하천 과 토양을 오염시킬 수 있는 우라늄의 잠재적 위험성에 대해 적극 대 처할 필요가 있다. 이러한 민감한 사항 때문에, 증권분석가들은 미래 에 발생할 수 있는 환경 정화 비용 및 부정적인 미디어의 보도가 주가에 미치게 될 영향 등을 미리 반영하여 현 주가를 하향 조정시키는 것이 상례다.

킬레이팅 기술은 이미 수십 년 동안 존재해 왔었다. 우라늄, 탈륨, 납과 같은 금속과 독성화합물을 분리시키는 접근법은 이미 잘 증명되어 있다. 킬레이팅은 금속을 불활성 상태로 만들기 위해 금속 이온과 리간드 결합을 시킨다. 이 분야의 선도 업체는 프라임 세퍼레이션스Prime Separations사다. 이 회사는 박테리아의 킬레이팅 기술을 응용할 방법을 개발하기 위해 일군의 엔지니어들을 모았다. 금속을 회수하는 다른 혁신기술적인 방법들, 즉 아주 미량으로 분산된 상태이기는 하지만, 구리를 회수하는 털목이버섯Auricularia Polytricha 그리고 납을 회수하는 제라늄Geranium spp의 능력에 기초한 기술들이 개발되었다. 이 것들은 현재 복합 원광을 처리하는 복합원광 제련소보다 100만 배 이상의 효율성을 갖고 있다.

광산 경영자들은 광산업이란 한정된 지하자원을 소모하는 것이기 때문에 영원히 지속될 수 없다는 것을 유념해야 한다. 지하에 매장된 금은 앞으로 50년 이내에 완전 고갈될 것으로 예측된다. 프라임 세퍼레이션스사의 기술은 금, 우라늄, 탈륨 또는 주기율표상의 어떤 금속이든, 순수한 형태로 판매 가능한 모든 금속을 지속 가능한 접근법으로 추출함으로써 광산회사에 혜택을 가져다줄 것이다. 특별히 향후 10년이나 20년 동안 보유하는 현금으로 선광 쓰레기나 주변의 습지에서 우라늄을 추출하는 과정에 자금을 댈 수 있다. 이를 통해 다음 세대가 경제활동을 하는 동안 토지와 지역사회를 재건할 것이며, 발생한 지 40년이나 된 사건에 대해 보상 책임을 져야 했던 GE나 ABB와 같은 회사들의 운명을 다시 반복하는 일을 막을 수 있을 것이다.

　박테리아로부터 배운 킬레이팅 기술은 중금속이나 크롬 4와 같은 중금속을 추출하는 것에만 한정되지 않는다. 베네수엘라나 부르키나파소의 금광처럼 물이 매우 부족한 곳에서는 프라임 세퍼레이션스사의 폐쇄 루프closed-loop 물 순환 방식으로 원광을 처리하는 기술이 필요하다. 이 기술로 인해 송수관 허가 및 설치 작업뿐만 아니라 인근 하천의 물을 트럭으로 운반하거나, 역삼투압 시설의 설치와 운영에 막대한 돈을 투자할 필요가 없어진다. 새로운 광산에서 탈륨을 생산하기 시작하면, 동일한 기술로 탈륨을 정제할 수 있다. 정제된 탈륨-203Thallium-203은 미국의 로스 알라모스 국립 실험실에서 킬로그램당 1천800달러에 판매되고 있다. 이것은 광산 쓰레기와 퇴적물을 지속적으로 여과해 얻어지는 실제적인 수입이다. 그리고 이것은 실질적으로 원가를 절감시키는 방법이기도 하다. 이 기술은 40년 후에 부담해야 할 환경 정화비 같은 것은 발생시키지 않는다. 단지 이로 인해 얻어지는 것은 상당한 부동산 가치를 보유한 대도시 인근의 땅이 될 것이다. 토지의 가치 상승은 라스 가비오타스 프로젝트에 주어진 실질적인 보상이었다. 남아공 금광의 경우에는, 상승된 토지가는 주가를 유지시켜주고 사회 자본을 누적시키는 아주 분명한 방법이다.

# 광산, 바이오 제련소

장기적 전망이 필요한 광산 경영은 그 자체가 하나의 장점이다. 광산을 시작했다고 해서 수입이 즉시 발생하는 것은 아니다. 탐사 허가를 얻은 시점부터 원광 처리에 대한 허가를 받고, 시장에 제품을 판매하기까지는 대략 10년 또는 그 이상이 걸린다. 회사는 광산이 폐쇄된 이후 미래의 지역사회 건설을 돕기 위한 현금을 보유하고 있어야 하며, 오염된 토지를 회복시키기 위해 법이 요구하는 대로 신탁기금을 조성해야 한다. 이런 의미에서 광산 경영자들은 현재의 시점을 갖고 미래를 경영해야 하며, 현실을 예리하게 직시하고 있어야 한다. 그러므로 요하네스버그로부터 불과 45분밖에 떨어지지 않은 곳에 40만 에이커의 땅을 소유하고 있다는 사실은 과거 어느 때보다도 지금 광산 주주들에게 많은 혜택을 안겨줄 수 있다는 가능성을 의미한다.

바이오 제련소로 다각적 소득원을 유추할 수 있는 산업 분야는 농업만이 아니다. 광산 역시 지역의 자원을 이용하여 동일한 혜택을 누릴 수 있다. 광산 주변의 경관을 오염되지 않았던 본래의 자연 그대로의 아름다운 상태로 회복시키려면 창조적인 재정 구조하에서 광산 쓰레기를 재사용하는 방법을 생각해볼 수 있다. 우라늄이 지표나 하천에 축적되기보다는 시장에서 판매되고, 지역의 역사와 문화 유산이 그대로 하나의 자산이 되는 그런 구조 말이다. 투자자들은 이러한 자산을 포함시켜 금광의 최종 자산 가치를 평가할 것이다. 그동안 아

315

무도 광산 주변의 땅의 가치를 진지하게 평가하지 않았다. 이런 것들은 회사의 대차대조표상에서도 가치로서 대접받지 못하고 있다. 광산회사가 소유한 토지란 비용만 발생시키는 것으로, 아무 가격이든 구매자만 나타나면 팔아 치워야 하는 부담스런 것으로 간주되어 왔다. 우라늄 오염의 위험이 있는 땅을 당신이라면 얼마를 쳐줄 것인가? 하지만 만일 그런 땅이 오염되지 않은 채 천연의 미 그대로를 간직하고 있다면 그 가치는 얼마나 되겠는가?

자신의 코앞에 있어도 알아보지 못하는 특별한 것들을 때로는 다른 사람이 일깨워주는 경우가 있다. 지하 4천200미터 아래에서도 조업이 가능한 금이나 우라늄 광산의 놀라운 기술을 일반에게 공개하는 동시에, 몇 년 안에 첨단 기술을 보유한 수자원 이용 및 전력 발전 시스템으로 전환할 수 있다면, 그 자체로도 수입을 발생시키는 하나의 잠재력 있는 관광자원이 될 수 있다. 요하네스버그는 아프리카에서 가장 활력이 넘치는 도시 중 하나다. 유네스코UNESCO가 문화, 자연, 산업의 현장들을 세계 유산으로 지정하는 것을 고려하면, 요하네스버그 주변의 금광, 천연의 자연환경, 지역사회의 역사는 분명 국제적으로 인정받기에 충분한 유산이다.

국가는 건전한 사회생태학적 정책을 실행하고, 적절한 국제환율을 유지해야 하며, 광산은 지속 가능한 경제적 기초를 쌓아야 한다. 이러한 조건들이 요하네스버그 주변의 광산 현장에서처럼 가능성을 갖고 활발하게 상호연관 된 적이 별로 없다. 단기적, 장기적 혜택의 가능성이 높다. 여기서 제안한 개념들 중 일부는 현존하는 기술에 기초한 것이고, 다른 제안들은 상상의 결과로, 아직 더 연구해야 한다. 광산들은 과거 비난의 대상이었고 지금도 여전히 정부 또는 민간 단체의 레이더에 걸려있다. 하지만 그 동일한 광산들이 이 장에서 우리가 지금 논의한 것처럼 긍정적이고 적극적인 빛으로 비춰진 적은 분명 한 번도 없었다. 이들은 사회에 공헌할 수 있는 상호 연결된 시스템이다.

가난한 사람들에게는 식수를 공급하고, 부자들에게는 금가루를 섞은 최고급 광천수를 팔며, 탄소배출권으로 추가 소득을 발생시키고, 지역에서 쉽게 얻을 수 있는 자원을 이용해 전력 수요의 상당부분을 자체 충당하고, 에너지와 식량 생산의 다양화를 통해 고용을 창출하고, 비전을 상실한 채 꿈조차 꿀 수 없는 요하네스버그 광산 지역 주민들에게 미래를 약속해 주는, 세계유산으로 지정까지 받은 광산은 과거의 유산이었던 오염문제를 해결하는 바로 그 순간부터 주가는 상승하고 대중으로부터 존경과 찬사, 감사와 칭찬을 받게 될 것이다.

## 재무 엔지니어링

이러한 기회들을 현금 흐름으로 전환하는데 재무전략가들의 도움도 필요 없고, 향상된 사회 자본 덕분에 사업 위험도가 감소된다는 사실을 이해하기 위해 사업분석가들의 도움을 받을 필요도 없다. 이 기회들을 실현하는데 이해가 필요한 것이 아니다. 필요한 것은 경영 문화의 변화이다. 오직 한 가지 문제에만 집중된 오늘날의 경영은 이제 핵심 사업을 뛰어 넘어 끝없이 확장되는 상호연결성에 초점을 맞추어야 한다. 앞으로의 최대 도전은 바로 이런 변화를 가져오는 일이다. 금광은 여전히 금광으로 남는다. 그러나 아웃소싱이 용이하며, 공급망 관리에 부합하는 다각적인 투입과 생산으로 추가 비용 절감, 실질 소득의 증가, 장기자본 이득 증가, 시장 자본의 증가, 현금 흐름 강화로 인한 사업 위험 감소, 그리고 위험을 포용하고 혁신할 수 있는 탄력적 구조의 기업이라는 기회들을 제공한다는 점에서 광산을 재검토 해야 한다. 바로 이러한 것들이 장기적인 비전과 미래 예측 능력을 보유한 시장 선두 기업들의 자질이다.

따라서 미래의 방법들은 이미 다른 곳에서 증명된 기술들을 벤치마킹하고, 모든 자산의 실제적, 미래적 가치를 적용한 발전된 재무 엔지니어링에 기반한 것이어야 한다. 분명한 과학과 경제적 타당성에 기초한 설득력 있는 주장은 이제 경영자의 결정과 주주들의 지지를 기다리고 있다. 러시아, 중국, 아프리카, 미국 그리고 라틴 아메리카의 광산업체들은 비록 부정적인 역사를 갖고 있더라도, 여전히 미래에 대한 희망과 진보에의 의지가 있다는 것을 보여줄 수 있다.

# CHAPTER 12
## 흐름으로 설계된 건물들

**THE BLUE ECONOMY**

다빈치의 노트를 보면 그가 도시를
그 안의 사람과 물건, 물, 쓰레기들이
도시의 건강을 유지시키기 위해
자유롭게 움직이고 흘러가야 하는 하나의
살아 있는 유기체로 파악했다는 것이 분명하다.
−카프라, 《레오나르도의 과학》

# 집 안에 생태계를 조성하다

둥지에서 견과류의 껍질, 조류의 세포막에 이르기까지 모든 생물들은 자신의 집을 짓는다. 살아 있는 모든 것들은 외부와 내부를 구분하는 섬세한 경계를 만든다. 모든 동물은 또한 각자 독특한 방법으로 생태 내적 안정을 추구하고, 온도와 습도를 조절하며, 에너지를 비축하고 건강과 생존을 보장받는 방법을 찾아낸다.

최근 인간의 주택이 꼭 더 나아진 것은 아니지만, 설계상 상당한 변화를 겪었다. 현재 우리가 살고 있는 주택의 물리적 구조는 단순한 피난처 이상이다. 현대의 주택은 우리에게 편의와 만족감을 주도록 설계되었다. 현대 인간은 진보와 편의로 더욱더 많은 전자제품과 자동기계의 구입이 필요한 도모티카domotica(전자기기, 자동기기 등이 주가 되는 가사의 관리를 자동화하는 시스템으로 가정, 가사 생활의 자동화 등을 말함 – 옮긴이)를 향해 표류하고 있다. 현대인들은 거의 대부분의 시간을 실내, 즉 집과 직장, 학교에서 보내고 있다. 우리는 하루 8시간을 수면에, 학교와 직장에서 8시간을, 그리고 나머지 8시간은 출퇴근과 집안 청소 및 기타 활동에 보내고 있다. 우리 인생의 3분의 1을 보내야 되는 주택은 건강과 안전을 염두에 두고 설계되어야 한다. 놀랍게도 이 건강한 주택 환경의 열쇠는 pH 농도가 쥐고 있다.

pH 농도 8.2인 대양은 지구상에서 생명의 요람 역할을 한다. 생태계와 생명을 만들어내는 힘은 알칼리 환경에서 번성한다. 그러나 실내와 옥외를 합친 인간의 환경은 대부분 매우 높은 수준의 산성화가 진행되고 있다. 화석연료의 과도한 사용과 매일 대기로 배출되는 엄청난 양의 이산화탄소가 공기를 산성화시키는 원인이다. 산업화된 곳이라면, 세계 어디에서건, 어떤 도시에서건 이런 환경에서 벗어날 수 없다. 농촌이나 해변가에 사는 사람들은 산성화의 영향을 조금 덜 받고 있는지 모른다. 만일 당신이 뉴욕, 로스앤젤레스, 런던, 파리, 상파울루, 뉴델리, 요하네스버그와 같은 대도시에 거주하고 있다면, 대기 중 pH 농도는 겨우 4.0 이상일 것이다. 하지만 pH는 수학의 로그로 측정된다는 것을 잊지 마라. 이는 pH 5.0으로 측정되었다는 것은 4.0보다 10배나 더 높은 것이며 6.0은 4.0보다 100배나 더 높은 것이 된다.

인간의 소화기관이 얼마나 놀라운 방식으로 기능하는지 살펴보자. 우리가 먹은 음식은 고도의 산성 환경인 위장으로 내려간다. 위 속에서 곡물과 야채, 고기, 기타 음식물들은 안전하고 신속하게 가장 기초적인 구성물로 분해된다. 영양분을 흡수한 뒤, 혈액을 통해 각 내장과 세포조직으로 영양분을 운반하는 기능을 맡은 소장 또한 인체의 위대한 면역 시스템의 일부다. 소장이 최적으로 기능하기 위해서는 알칼리 pH 상태가 필요하다. 마찬가지로 피로를 회복하고 재생하는 수면을 위해서 침실 내의 공기 또한 알칼리 pH를 유지해야 한다. 이를 위해서 우리는 주거 환경에서부터 생명과 건강을 돕는 환경을 만들어주는 공기와 물건들의 흐름에 대한 지식을 적용해야 한다.

시간을 내어 당신이 살고 있는 집 안의 공기 pH를 측정해보면 금방 도시의 공기가 산성이라는 것과, 실내를 환기시켜도 별로 좋아지지 않는다는 것을 알게 된다. 불행히도 환기를 하면 pH는 더 나빠진다. 당신이 아무리 기가 막힌 경치의 산 정상이나 바다가 보이는 곳에 살 수 있는 혜택을 누린다 해도 집과 사무실의 모든 가구와 집기들이 내뿜는 가스로 오염된 공기를 호흡하지 않을 수 없다. 한마디로 전반적인 환경 상태는 지극히 나쁘다. 종일 산성화된 공기를 마시면서, 먹고 마시는 음식의 산과 알칼리의 균형을 잡으려고 노력한들 무슨 소용이 있겠는가? 더욱 안 좋은 것은 자면서도 내내 산성 공기를 마신다는 사실이다. 우리가 블루이코노미의 수준을 높일수록 야외에서 마시는 공기는 덜 오염되고 덜 산성화된다. 실내가 보다 알칼리성이 되도록 주택의 설계와 건축은 변화되어야 할 것이다.

## 건물 설계와 주거 공간의 7가지 흐름

의사와 함께 건축가들은 잠재적으로 가장 '통섭화'된 사고를 한다. 그러나 이들 역시 경직된 지식의 상자라는 한계에서 벗어나지 못한다. 결과적으로 건축가들은 산성과 알칼리성의 문제는 화학자들만이 다루는 주제라고 결론짓는다. LEEDLeadership in Energy and Environmental Design 플래티넘 인증을 받을 만큼 가장 진보된 환경적 건축가들조차 건물 내 pH 농도 유지의 중요성을 인식하지 못할 수 있다. 건축학 교과 과정에서는 물리학과 수학이 대접받고 있는 반면 생명과학은 종종 주변으로 밀려나 있다. 탄탄한 수학과 생물학에 기초한 물리적 구조가 지구의 건강과 생활에 기초가 된다는 사실을 생각하면, 이런 현상은 유감스런 일이 아닐 수 없다.

건축가는 새로 지어야 할 건물의 시방서를 받으면, 건물 용적과 표면적을 기초로 건물의 크기와 기능을 결정한다. 가령 건물의 표면적은 침실의 수, 부엌과 거실의 연결 여부, 교실과 체육관의 조합, 일광욕실, 작은 부엌이 딸린 개방된 사무공간 등으로 구성된다. 어떤 건축가들은 태양의 위치를 고려하여 주택이 북반구에서는 남쪽을, 남반구에서는 북쪽을 향하도록 설계한다. 이것은 아주 당연한 일이며 대단한 창조성이나 복잡한 과학 지식을 필요로 하지 않는다. 더구나 생태계로부터의 영감 같은 것은 전혀 요구되지 않는다.

건물을 기능적 요구와 지역 규제법만을 만족시키는, 단순히 고정된 미학적 구조로 보아서는 안 된다. 또, 재생 가능한 자원 사용과 에너지 절약을 목표로 하는 것은 건물 설계의 첫 단계에 불과하다. 설계 개념에 반드시 포함시켜야 할 7가지 중요한 흐름이 있다. 공기, 빛, 물, 에너지, 소리, 물건 그리고 사람이다. 각각의 흐름들은 생존과 건강을 위한 생명증진의 제반 조건들을 제공하는 역동적인 균형에 영향을 미친다. 이 모든 흐름들의 추진력은 생명력을 향상시키는 것이다. 우리는 대부분의 시간을 실내에서 보내기 때문에 생존과 건강은 반드시 건물 설계의 첫 번째 우선순위가 되어야 한다. 우리가 살고 있는 거주 공간의 기능과 구성은 우리의 건강, 안락, 휴식을 결정짓는다.

공기 속에는 먼지와 같은 물질이 포함되어 있다. 물질에는 우리가 먹고 버리는 음식이 포함되며, 물에는 우리가 마시거나 사용하고 버리는 물이 포함된다. 물건들은 우리의 개인적인 환경과 편의성에 기여하는데, 이런 물건들의 흐름은 물질이 결정한다. 이런 것들 모두 우리의 생활 방식에 너무도 중요한 부분이며, 이런 것들로 인해 우리는 편안한 생활을 즐길 수 있다. 그런데 건축가가 건물을 설계할 때 이런 흐름을 고려하지 않는 것 같다. 실내에 쌓인 먼지로 인해 우리는 병에 걸릴 수 있다. 방치되어 부패한 바이오매스는 건강에 위험한 물질이며 버려야 될 쓰레기다. 오수는 하수도 물을 따라 누적된 박테리아를 화학적으로 처리하는 오수 처리 탱크로 운반된다. 무엇이든 포장되길 원하는 소비사회가 발생시킨 쓰레기들은 우리의 눈과 의식이 미치지 않는 곳에 있는 수많은 매립장에 터질 정도로 쌓여 있다. 이런 모든 것들이 말 그대로 '막다른 골목'에 당도했다. 흐름이란 방해받지 않는 연속적인 운동이다. 실내의 흐름을 방해하지 않고 향상시키고 싶다면, 우리는 편안하고 건강한 생활환경을 만들고, 비용을 절감하며, 에너지를 절약하는 다양한 혁신기술들을 이용할 줄 알아야 한다.

자연계에는 항상 흐름이 있으며, 모든 것을 흐름을 염두에 두고 설계한다. 고정된 상태에서는 아무것도 진화할 수 없으며, 모든 것들은 주변의 것들과 서로 주고받는 관계를 갖는다. 이러한 기본적인 자연의 설계 원리를 이해하면 연관이 없어 보이는 현상들과 물체들 간에 연결고리들이 보이기 시작한다. 이러한 깨달음을 통해 수백만 년 동안 자연계가 적용하고 모델로 삼았던 해결책들을 발견할 수 있다. 앞으로의 과제는 이러한 흐름을 염두에 두고 건축을 설계할 수 있도록 여러 요소들을 어떻게 서로 잘 엮어낼 수 있는지에 달려 있다. 그리고 기본적 필요에 부응하면서 보다 큰 효율성과 다양성을 위해 물리학과 지역의 가용자원을 이용하여 생태계를 모방하는 일이다. 우리가 이런 목표를 갖고, 건축가와 주택 디자이너들이 건강과 쾌적함을 우선으로 한다면, 보다 나은 균형과 창의적인 흐름을 쉽게 얻을 수 있을 것이다.

먼저 우리는 적절한 실내 pH 균형을 유지하고, 7가지 흐름들이 상호작용할 수 있도록 하는 동시에, 미적으로도 아름다운 물리적 공간을 설계하는 방법을 알아야 한다. 성공적으로 이러한 모든 흐름들을 포괄하는 설계 모델을 성공적으로 세우기만 하면, 우리는 전혀 새로운 차원의 쾌적함을 경험하게 된다. 구조는 환경과 조화를 이루어야 한다. 따라서 특별한 노력이나 높은 비용을 들이지 않고도 이상적인 지속 가능성을 성취할 수 있어야 한다. 그런 건물의 구조는 녹색건물 이상의 의미를 갖게 되며, 초가지붕이나 지속 가능한 것으로 인증된 목재를 사용하여 에너지를 절약하는 것 이상의 기능을 갖는다. 첫 번째 우선순위로 이러한 건물은 지역에서 구할 수 있는 자원 및 에너지원을 사용하여 지역의 건강과 자립에 기여할 수 있다. 이런 건물들은 물이나 공기와 같은 혜택을 무상으로 공급받기 위해 우리가 의존하고 있는 생태계와 인간 사이의 건강하고도 역동적인 균형을 따른다. 그러한 공간은 결국 삶의 질을 향상시킨다.

건물과 도시를 설계할 때 흐름이 얼마나 중요한지 처음으로 인식한 사람은 다빈치였다. 그의 설계는 이러한 다양한 흐름과 주변의 환경을 서로 연결할 필요성에 대한 놀라운 직관을 보여준다. 게다가 다빈치는 물, 쓰레기, 사람의 흐름에 기초한 도시의 설계를 상상했다. 《레오나르도의 과학The Science of Leonardo》이란 저술에서 카프라Fritj of Capra는 다음과 같이 쓰고 있다:

> 레오나르도는 건물을 통해 어떻게 동선이 흘러야 되는지 특별한 관심을 기울이고 있다. 그것은 내부뿐만 아니라 대문과 한쪽이 개방된 복도, 발코니를 통해 연결되는 주변의 임야까지 포함한다. 사실상 대부분의 그의 별장과 궁전은 정원을 집의 중심으로 설계했다. 이러한 설계는 건축물과 자연을 통합시키려는 그의 끊임없는 노력을 반영한다.

그는 건물 설계에 대한 자신의 유기적 견지와 건물의 통합적 기능에 대한 그의 특별한 관심을 확장하여 그의 선구적인 도시 설계에 적용했다. 1482년 역병이 창궐하고 있는 밀라노를 방문한 다빈치는 곧 이러한 파괴적인 결과를 가져온 원인이 밀라노의 한심하기 짝이 없는 위생 상태 때문임을 간파했다. 다빈치는 특유의 방식으로 주민들을 위한 적절한 주택을 건설하고, 동물 축사를 짓고, 정기적으로 거리를 물청소해야 한다는 대담한 제안을 했는데 그것은 즉 도시 전체의 재건설을 의미했다.

## 철저하게 현대적인 육아실

먼저 유아와 어린아이들을 위한 공간을 중심으로 건물 안팎의 흐름에 대해 관찰해보자. 가장 민감하고 다치기 쉬운 어린이는 또한 우리의 미래이기도 하다. 역동적이고 다양한 흐름은 성인들보다는 어린아이들에게 보다 쉽게 그리고 민감하게 영향을 미친다. 흐름들이 아이들에게 부적절하거나 부족하면, 아이는 건강을 해치고 질병에 걸릴 가능성이 훨씬 높아진다.

합판에 사용된 접착제에서 발생하는 포름알데히드로 가득 찬 방에서 하루 중 대부분을 자면서 보내는 어린아이를 상상해보자. 바닥재와 벽 페인트에는 화학물질로 만든 살균제와 곰팡이 방지제가, 밝은 색깔의 아동복 장난감에는 중금속이, 그리고 매트리스, 침구, 커튼, 카펫에는 브롬으로 만든 방화제가 들어 있다. 창문은 세 겹으로 된 유리문이고 자외선을 차단한다. 두꺼운 커튼은 빛을 차단하고, 두꺼운 카펫은 아이가 자고 있는 동안 소음을 줄여준다. 소음을 더욱 차단하기 위해 단단히 밀폐된 공간에서 에너지 절감을 위해 이중 단열과 냉난방된 실내공기를 재순환시키고 있다. 일회용 종이 기저귀와 유아용 위생 기구들에는 인공 향과 방부제가 들어 있으며, 화학 염료와 표백제로 칠해져 있다. 물에는 염소가 과다하게 사용되었으며 에어컨 필터에는 박테리아를 죽이는 화학물질이 있다. 침대 주변의 전기선으로부터 아기가 호흡하는 공기 속으로 작은 먼지입자를 날려 보내는 전자파가 발생된다. 플라스틱 장난감에서 나오는 인공적인 소음들과 함께 육아 감시기(자고 있는 아이가 이상이 없는지 감시하는 기기 - 옮긴이)에서는 라디오 전파의 잡음 소리가 들려온다.

육아실에 있는 것들은 개별적으로는 테스트를 거쳐 허가된 것임을 잊지 말자. 몇 개의 장난감에 있어서는 안 될 독소가 발견될 뿐 그 외 모든 것들은 인체에 해가 되었다는 기록이 없다. 그러나 이렇게 스트레스 높은 환경 속의 아이는 면역체계를 유지하기 위해 많은 에너지를 사용해야 한다. 아이는 체내 면역을 강화하고 건강한 아이가 되기 위해 사용해야 하는 에너지를 유독한 환경 속에서 스트레스를 처리하고 입을 수 있는 손상을 최소화하는 일에 사용하게 된다. 어린아이들에게 호흡기 질환이나 피부 발진 같은 병들이 빈번히 발생하고 있다는 통계적 사례들을 보면 안심할 수 있는 상황이 아니다. 그럼에도 불구하고 우리는 더욱 많은 문제점들을 안고 있는 시대를 향해 나아가고 있다. 비난받아야 할 대상을 꼭 집어 지적할 수는 없지만, 우리의 시스템에 문제가 있다는 것만은 확실하다. 흐름들의 단절이 합쳐져 이와 같은 건강 문제를 야기시킨다. 국가보건통계센터National Center for Health Statistics의 통계를 보면 이러한 현실에 압도당하지 않을 수 없다.

아이에게 편의와 보호를 제공하기 위해 완벽한 현대적 시설을 갖춘 육아실이 설계되었지만, 우리는 이러한 물건들이 건강과 안락을 최적화해야 하는 환경에 오히려 역행하고 있다는 사실을 알아야 한다. 우리에게 필요한 것은 전체 개념을 다시 생각하는 일이고, 면역체계에 스트레스를 주는 것이 아니라 그것을 강화시키는 생활환경을 만들 해결책을 강구하는 일이다. 도마뱀붙이나 홍합의 접착기술, 나미브 풍뎅이의 광학기술을 응용한 색깔을 이용하고, 조개, 해초들에게서 pH 농도를 조절하는 법을 배우고, 먹어도 안전한 화학물질로 만들어진 방화제를 생산하고, 보석풍뎅이로부터 화재경보기의 아이디어를 얻고, 에델바이스에서 자외선 차단제를, 오니아 파리로부터 소음 조절기를, 실크 폴리머, 조류 폴리에스터, 토마토 씨앗의 리코펜을 사용하여 아기를 위한 위생 제품을 만들어야 한다. 이외에도 많은 것들이 더 있다. 소용돌이 기술로 물속 박테리아를 살균하고, 퓨라논으로 박테리아의 생물막을 교란시키며, 체온과 외부 소음을 이용하거나 크리스털 결정에 압력을 가해 전선이나 고압선을 사용하지 않고도 전기를 만들 수 있다.

오늘날 도시 어린이들 중 25퍼센트가 알레르기와 호흡기 질환을 갖고 있다. 각종 화학물질로 가득 찬 전형적인 육아실이 아닌 다른 환경의 방에서 자는 어린이들은 면역체계에 해로운 환경에 대처하느라 과도한 스트레스를 받을 필요가 없기 때문에 질병에 잘 걸리지 않는다. 인공 소음, 화학물질, 먼지 등 탁한 공기를 만드는 요인이 제거된 환경에서 정상적으로 기능하는 면역체계의 보호를 받는 아이는 건강하게 자랄 수 있다. 우리는 자연이 고안한 해결책으로 생명을 최대한 잘 양육하는 방법에 대해 연구해야 한다. 더 이상 우리 자녀들의 건강을 위태롭게 해서는 안 된다.

## 공기와 빛의 흐름

예전에 사람들은 초가지붕과 아주 작은 창문이 있는 집에 살았는데, 창문은 유리로 되어 있지 않았다. 이러한 주거 환경에서는 공기의 흐름이 정상적이었다. 하지만 최근에는 특히 전기를 절약하기 위해, 많은 건물들이 공기의 출입을 막는 슈퍼 절연제를 사용해 건축되고 있다. 전기를 절약한다는 점은 좋지만, 공기의 흐름을 제거해버리는 것은 전혀 좋은 일이 아니다. 벽은 숨을 쉬지 못하고 지붕들도 잠을 자지 못한다. 건물 벽과 지붕을 절연하기 위해 사용된 화학 폼단열재들은 몇몇 상품을 제외하고 끊임없이 우리가 마시는 공기 중으로 산성 물질을 내뿜는다. 건물과 건축자재에 사용된 방화제 역시 문제점이 있는 것으로 널리 알려져 있다. 매트리스나 침대조차도 화학 방화제 사용을 허용해야 할 만큼 화재가 위험한 것은 사실이다. 물론 이런 화학물질은 이미 예전에 승인받았으며 대부분 검사에 합격한 것들이다. 일부는 발암물질을 포함하고 있는 것으로 추정되지만, 화재로 인해 사망할 위험이 화학물질이 건강에 끼치는 위험보다 훨씬 더 크기 때문에 문제로 인식되지 않는다. 이런 화학물질이 합쳐져 우리 모두는 건강에 위협이 되는 화학물질에 과도하게 노출된 환경 속에서 살고 있다. 매일 밤 자면서 우리는 전혀 필요 없는 화학적 칵테일을 흡입한다. 전기를 절약하면서도 지속적으로 공기 흐름을 유지할 수 있는 방법이 있다. 생태계는 수만 년 동안 이런 방법에 따라 진화해 왔다.

현재로서는 가스 배출과 박테리아 오염, 그리고 전하를 띤 먼지입자로 인해 실내에 누적된 화학물질의 양을 줄이려면 더 많은 공기를 건물 내로 흐르게 하는 것이 최상의 방법이다. 우리가 최소한 한 시간에 한 번 건물 전체가 환기되도록 설계할 수 있다면, 발암물질에의 노출을 최소화할 수 있다. 건물 외부로부터 차고, 덥고, 습한 공기를 끊임없이 흘러 들어오도록 하면 에너지 절감 효과가 크게 떨어질 수밖에 없다. 하지만 자연은 이 2가지 상반되는 효과들을 동시에 이루어 낸다. 우리가 자연으로부터 이러한 비결을 배울 수만 있다면 많은 혜택을 얻을 것이다.

건물 난방에 대한 보다 새로운 접근 방법 중 하나는 바닥 복사 난방 시스템이다. 바닥 밑에 깔린 파이프를 통해 순환하는 뜨거운 물은 공기를 직접 덥히는 기존 난방 시스템보다 훨씬 열효율이 높다. 이 방법은 비용도 덜 들고 설치도 간단한데, 토지 밑에서 썩고 있는 식물성 물질을 관찰하면서 아이디어를 얻은 한국의 과학자들이 개발한 것이다. 개미와 흰개미들은 모든 식물성 물질의 약 15퍼센트를 토지의 두 번째 층으로 운반한다. 그 다음 지렁이들이 땅에 공기를 섞어 넣고, 개미와 흰개미들이 곰팡이를 생산하면 식물성 물질은 더욱 부패된다. 식물은 썩으면서 뿌리 주변의 땅을 덥히고, 이 때문에 뿌리와 잎 사이의 삼투압 차이가 높아진다. 이 기술로 식물의 성장을 촉진하고 수확할 농작물의 맛을 향상시킬 수 있다.

한국 과학자들은 나무 바닥 또는 카펫 아래 설치할 수 있는 얇은

331

필름 같은 나노 사이즈의 탄소 섬유를 개발했다. 이 섬유는 단지 12 볼트짜리 태양열 전지로 섭씨 36.7도까지 주변 온도를 높일 수 있다. 이 장치는 일본과 한국의 온실에서 식물 뿌리의 온도를 덥히기 위해 처음으로 테스트 되었다. 이 장치는 농작물을 온실 재배하는 데 필요한 에너지를 70퍼센트까지 절감할 수 있는데, 현재는 주택 난방 시스템에도 이용되고 있다.

이 혁신기술은 작은 진보에 불과할지 모르지만, 이는 인터페이스 글로벌Interface Global사가 만든 생태학적 카펫 같은 제품의 효율을 높이기 위해 사용될 수 있다. 고무 또는 PVC로 만든 바닥 전체에 탄소 섬유망을 짜 넣은 카펫이 가장 발전된 버전이다. 미세한 탄소 섬유를 통해 전기적으로 연결된 카펫 타일은 창문에 부착된 염료 감응형 박막 태양 전지에서 에너지를 발생시켜 맨발로 다녀도 될 정도의 온도를 제공한다. 염료 감응형 박막 태양 전지의 직류전기가 제공하는 열은 2가지로 카펫 진드기를 공격한다. 첫째, 자외선 복사로 직접 진드기를 죽인다. 둘째, 카펫에서 발생한 온기로 바닥에 떨어진 음식물 조각, 빵 조각, 쓰레기 등이 건조되면 먹이가 제거되어 진드기가 번식하지 못하게 된다.

### 흰개미의 습도조절기

흰개미는 농부와 같다. 이들은 바이오매스를 땅속 깊은 곳의 곰팡이 농장으로 운반하는 완벽한 시스템을 구축했다. 이런 작업이 성공하기 위해서는 온도와 습도를 정교하게 조절해야 한다. 수 천 년간 흰개미들은 습도와 온도가 정확하지 않으면, 이상적인 성장 물질을 공급해도 곰팡이가 번식하지 않는다는 것을 터득했다. 흰개미 집의 온도는 섭씨 27도, 습도는 60퍼센트를 유지한다. 어느 곳, 어떤 기후에서도 흰개미들은 굴과 굴뚝을 뚫어 환기를 조절하는 방법을 익혔다. 흰개미들은 댈러스, 다카, 오슬로, 오사카 어느 곳이든 외부 온도 변화와 상관없이 성공적으로 자신들의 공기 조절 설비를 건축하고, 굴뚝과 터널의 색깔, 넓이, 길이, 높이만을 변경하여 공기의 흐름과 질을 조절할 수 있다.

덥혀진 공기는 상승하고 굴뚝을 통해 개미집을 빠져나가는데, 이때 내부는 진공상태가 된다. 덥든 차든 안으로 들어오는 외부 공기는 지하의 개미집으로 연결된 작은 터널들을 통해서 흐르게 된다. 외부 온도와 습도가 높으면, 굴뚝은 냉각되고 습기를 내보낸다. 만일 온도가 차고 건조하면, 굴뚝은 더워지고 습기를 흡수한다. 이것은 우리가 고등학교에서 배운 물리 법칙이다. 흰개미들은 외부의 기후 조건과 관계없이 개미집의 온도와 습도를 일정하게 유지하기 위한 굴뚝의 높이와 터널의 길이 및 깊이를 정확하게 안다. 개미들은 온도조절기나 전기, 펌프를 사용하지 않고도 수백만 년에 걸쳐서 이러한 능력을 습득했다. 인간이 거주환경의 내부 온도를 조절하기 시작한 것은 그다지 오래되지 않았다. 인간은 개미보다 훨씬 짧은 경험을 사용하여 이제 겨우 예측 가능하고 쾌적한 공기 흐름의 건물을 짓기 위해 수학적 모델을 이용하기 시작했다. 흰개미들의 본능적인 도구를 갖지 못한 우리는 불행히도 결코 고장 나는 일이 없는 놀라운 물리법칙을 무시하고 전기와 화석연료라는 추진력을 선택했다. 움직이는 부품으로 만든 모든 발명품들은 물리적 세계에서는 언젠가는 고장 나게 되어 있다. 흰개미는 어떠한 움직이는 부품을 사용하지 않고도 오랫동안 지속되는 해결책을 고안했다. 이것이 우리가 배우고 이용해야 하는 해결책이다.

## 살아 있는 필터

일단 공기를 건물 안팎으로 순환시키는 것이 첫 번째 중요한 단계다. 철저하게 공기를 정화하고 산소를 공급하기 위해 건물 안의 공기 흐름을 조절하는 것은 다음 단계다. 이를 위해서 우리는 물리학을 넘어 일반 생물학, 특히 식물과 미세조류에 대해 공부해야 한다. 먼지와 전하를 띤 입자를 응결시켜 땅으로 떨어뜨리는 내부 환경을 조성하는 것은 그리 어렵지 않다. 20년에 걸쳐 '르반데 필터Levande Filter' 라는 한 작은 회사는 우주선 내의 공기를 정화하기 위해 실시한 나사NASA 의 연구에서 영감을 얻어 새로운 방식의 공기 정화 기술을 개발했다. 라스 소펠트Lars Thofeldt 교수는 식물로 이루어진 필터 시스템을 개발했고, 1998년부터 그의 살아 있는 필터 시스템은 전 세계로 퍼져 나갔다. 건축가들과의 협력을 통해 설치된 이 시스템은 건물 내의 공기가 천장 근처에 전략적으로 배치한 150여 종의 다양한 식물들을 통과하도록 설계되었다. 이 아이디어는 우림 생태학에서 빌린 것으로, 우림은 생물다양성과 산소의 원천일 뿐 아니라, 그 자체가 거대한 자연 필터이기 때문이다. 아마존 우림은 멀리 아프리카에서 날아온 먼지입자들까지 포착해 응결시킨 다음 비로 만들어 땅에 떨어지게 한다. 떨어진 비는 또한 토지를 기름지게 한다. 살아 있는 필터 속에 있는 식물들 위로 고효율 LED 램프가 항상 켜져 있고, 그 위로 매 15분 간격으로 분무기를 이용해 물안개를 분사한다. 식물들 위로 떨어진 물안개는 물방울로 응결되면서 공기 중에 떠다니는 먼지입자와 독소물질을 포착해 정화시켜준다. 이렇게 하자 정말 놀라운 결과가 나타났다. 실내 공기가 산소는 풍부해지고 알칼리성을 띠게 된 것이다.

## 지하실 속의 곰팡이

건물을 폐쇄하고 단열 처리하면 건물에는 습기가 쌓인다. 길고 습한 여름 동안 지하실 단열재에 습기가 쌓이면 곰팡이가 자란다. 지하실처럼 공기 순환이 되지 않는 폐쇄되고 습도가 높은 공간은 온 집안을 공격하는 곰팡이가 자라기에 최적의 조건이다. 곰팡이는 호흡기 질환을 일으킬 수 있는 포자를 공기 중에 퍼뜨린다. 집의 구조가 나무로 되어 있다면, 건물과 사람 모두에게 위험하다. 한편 철 구조물을 사용한 집의 경우, 거주하는 사람의 건강만 위협을 받는다. 곰팡이 처리 회사들은 산화철로 벽을 처리한다. 그러면 곰팡이가 사라지기는 하지만 수년 동안 산화철로 처리된 벽으로부터 가스 상태의 화학 입자들이 방출된다. 이는 결코 흡입해서는 안 되는 물질이다. 이것은 '하나의 원인은 하나의 결과만을 가져온다' 는 피상적인 사고방식의 한 예다. 이런 일은 또한 의도하지 않은 결과라면 모두 배제하는 핵심 사업 전략의 어리석음을 상기시킨다.

반면 환기가 잘되고 빛의 모든 스펙트럼(자외선 복사를 포함한)이 지하실의 전 가구에 미치도록 건물을 설계한다면, 곰팡이의 서식 환경을 제거하고 건물을 청정하게 유지할 수 있다. 호흡기 문제를 일으키는 곰팡이 포자들은 적절한 통풍 장치로 건물 밖으로 내보낼 수 있다. 안데르스 나이퀴스트는 지하실 안으로 자연광을 비추기 위해 프리즘 광을 사용했다. 이 기술은 낮에는 조명을 공짜로 이용하게 해주며, 또한 해로운 곰팡이의 공격에 대해서는 일차적인 해결책을 제공해준다. 이것은 단순한 문제 해결 이상의 가능성이 있으므로 좋은 출발점이 된다. 세상은 서로 연결되어 있기 때문에 많은 다양한 참여자들에게 다각적인 혜택을 줄 수 있다. 이런 것들이 바로 기업들이 포착해야 할 기회들이다.

여기서 다시 pH의 역할이 나타난다. 벽과 바닥에 흔히 사용되는 자재들은 단열재, 흐름을 막는 벽들과 함께 실내 공기를 탁하게 하며, 이것이 곰팡이 번식의 원인이 된다. 지하실처럼 어둡고 공기의 움직임이 없는 조건에서 자라는 곰팡이는 산성 환경을 만나면 더욱 번성한다. 따라서 곰팡이의 성장을 저지하는 또 하나의 다른 접근법은 지하실의 pH 농도를 알칼리성으로 바꾸는 것이다. 곰팡이는 번식에 좋은 환경을 만나지 못하면 더 이상 번식하지 않는다. 바닥재와 벽에 바르는 페인트를 잘게 부순 조개껍질과 같은 탄산칼슘을 재료로 만들 수 있다. 석고 보드를 사용할 경우, 벽 단열재에 해초 성분을 섞어 넣을 수도 있다. 해초와 조개껍질은 쉽게 구할 수 있고, 저렴하며, 알칼리성이다. 이 2가지 재료로 만든 바닥재와 벽 단열재의 성능은 현재 사용되고 있는 기존 자재들의 기능성에 조금도 뒤지지 않는다.

우리가 환기, 빛, 알칼리성과 같은 환경 조건에 대해 이해하면 곰팡이가 서식하는 조건을 제거할 수 있고, 면역체계를 위협하는 독소물질에의 노출을 줄일 수 있다. 단열재를 곰팡이, 공기의 질, 건강 그리고 건강한 건물의 설계와 연결하는 방식이 바로 우리가 서로 다른 정보를 융합해 원하는 결과를 만들어내는 방법이다.

혁신기술적인 스웨덴의 MRD 건설회사의 창업자, 아케 마드Ake Mard는 지하실의 곰팡이 문제를 해결하기 위해 또 다른 접근법을 시도했다. 피츠버그 코닝Pittsburgh Corning사는 아케 마드의 회사에 사용하기 어려운 재생유리를 공급했다. 그는 이것으로 유리 거품 블록을 만들어 벨기에와 체코에서 건축 구조물로 사용했다. 사용된 재료는 공기(주로 이산화탄소)와 재생유리였으며, 이를 이용해 생산된 제품은 다양한 기능과 함께 하중을 견딜 수 있는 건축자재였다. 탄산 가스를 함유한 재생유리는 가볍고 단열효과가 있을 뿐 아니라, 산과 곰팡이에 대한 저항력이 있어 해충들의 공격을 받지 않는다. 이것이 바로 우리가 상상하는 미래의 경제다. 즉 가용자원을 이용하여 다각적인 혜택을 얻는 경제다. 이러한 건물 체계는 조립식 제품 하나로 4종류의 제품을 대체하는 효과가 있으며, 병 제조업자에게는 재생유리로 병을 생산해야 하는 부담을 없애준다. 여기서 다시 우리는 자연이 시스템 내의 다른 기여자들에게 양분을 순환생산 하는 방법을 목도하게 된다.

이 혁신기술은 스웨덴의 건축회사에서 분리되어 나온 미국 뉴멕시코의 어스스톤Earthstone 사의 사업 목표와도 상당히 부합된다. 어스스톤사는 1993년 앤드루 운거라이터Andrew Ungerleiter와 게이 딜링험Gay Dillingham이 지역사회에 파괴적인 노천광산이 들어서는 것에 반대해 세워졌다. 어스스톤사는 쓰레기 더미로부터 수거된 음료수 병을 이용하여 연마재(사포의 대용품), 소비자 청소용품(페인트 제거) 그리고 원예 용품(수경재배에서 유리 섬유를 대체함) 등을 제조할 수 있는 특허 기술을 보유하고 있다. 제품 디자인은 양분과 에너지를 순환생산 하는 자연적인 모델을 모방한 것이며, 이 회사는 이 제품으로 10년 동안 성공적인 시장 점유율을 자랑한다. 새 공장은 폐기된 유리의 공급처인 앨버쿼키 매립장 가까이에 위치해, 사용하는 에너지의 일부는 매립장 내의 바이오매스가 부패하면서 방출하는 메탄 가스로 충당되고 있다. 이 프로젝트는 과도한 쓰레기 발생으로 인한 나쁜 영향을 줄이고, 이용 가능한 자원을 사용해 경쟁력 있는 상품을 시장에 내놓는 산업적 해결책의 한 좋은 예가 된다.

## 삼중 유리창의 도전

유리에 대해 더 이야기해보자. 주택 소유자들은 에너지를 절약하기 위해서 이중 또는 삼중 창문에 투자한다. 종종 정부는 세금 혜택으로 이를 지원하기도 한다. 가격이 비싸기는 하지만, 삼중 유리창은 환경을 보호하고 비용을 절감하는 확실한 방법이다. 이는 소비자가 투자한 돈을 보상하기 위한 정부 자금을 마련하기 위해, 보다 더 큰 투자를 하는 지속 가능성 전략의 일환이다. 소비자는 종종 카펫, 벽걸이, 그림의 색이 바래는 것을 방지하기 위해 자외선 차단 필름이 코팅된 커튼이나 블라인드를 삼중 유리창과 함께 설치하기도 한다. 이미

언급했듯이 자외선을 차단하면 진드기는 더 잘 번식한다. 진드기 번
식을 막아주는 자연적인 억제요소가 제거되기 때문이다.

공기의 자연스런 흐름을 막는다는 것은 사물과 사물 간의 연결을
끊는 것이며 건물의 현실을 무시하는 행위다. 우리가 흰개미와 동일
한 접근법으로 건물의 환기문제를 해결하고자 한다면, 우리 앞에 무
수히 연결된 세계가 열릴 것이다. 공기의 흐름, 집 안 물건들의 구성,
공기와 벽의 pH는 모두 문제를 복잡하게 만들거나 방해하는 것이 아
니라 무엇인가에 기여하고 있는 것들이다. 이러한 도전을 해결하는
자연의 방법을 관찰하고 잘 활용하면, 부가적 비용 없이 진정한 지속
가능성을 성취할 수 있다.

## 물의 흐름

다음 단계에서 생각해야 할 것은 물의 흐름이다. 우리는 건물에서
물을 어떻게 사용하고 있는가? 예외 없이 학교와 사무실, 가정에서
물이 가장 많이 사용되는 곳은 부엌과 욕조, 화장실이다. 우리는 현대
적 건물 내의 빛과 공기의 흐름은 방해하면서도 찬물, 더운물, 미지근
한 물, 오물을 위한 다양한 배수관들을 설치하는 등 물의 흐름을 지나
치게 강조한다. 이상하게도 우리는 배설물을 처리하기 위해 식수를
사용한다. 우리의 신체는 양분을 얻기 위해 위장, 신장, 간, 쓸개, 소
장으로 구성된 복잡한 시스템을 이용한다. 우리는 기본적으로 밸브

가 달린 하나의 파이프를 통해 물과 단단한 음식물은 위장으로 보내고 공기는 허파로 보낸다. 그리고 이것을 밖으로 배출할 때는 2개의 통로로 하나는 물을, 다른 하나는 고체와 액체를 내보낸다. 이런 시스템은 매우 효율적이다.

생명에 필수적인 식수가 모든 이에게 충분히 공급되는 것은 아니다. 우리가 오물을 버리기 위해서 식수를 사용하는 것은 서로 연결되어 있는 전체의 모습을 보지 못하기 때문이다. 물은 지구에서 가장 귀한 자원 중 하나다. 많은 곳에서 식수는 배럴당 100달러의 석유보다도 비싸다. 우리가 깨끗한 식수를 쉽게 얻을 수 있다고 해서 식수를 화장실 물로 사용해도 될까? 그것도 충분치 않아서 우리는 식수에 유독한 화학물질과 염소로 살균 처리한 화장지를 섞어 넣는다.

우리는 소변이 뭐 그렇게 대단한 액체인가 하고 생각할 수 있다. 소변 속에는 칼륨이 풍부한데, 심장의 혈액의 흐름을 조절하는 핵심 영양소 중 하나다. 하지만 칼륨은 몸 안에서는 독소이기 때문에 체내에 축적하지 않는다. 따라서 식사를 통해 들어온 칼륨이 체내에 축적되면, 바로 밖으로 배출시킨다. 로마제국 시대에는 황제만이 소변을 세척제로 사용하기 위해 시민들의 거주지에서 소변을 수거할 수 있는 권리를 갖고 있었다.

대변은 다른 문제다. 동물종 중 배설물을 일부러 물속에 떨어뜨리는 경우는 거의 없다. 하지만 플라밍고만은 예외다. 플라밍고의 똥은 조류를 성장시키고, 조류는 새우들의 먹이가 되며, 새우는 새들에게 영양분을 공급하게 한다. 인간의 소화기관이 대소변을 분리하는 데는 충분한 이유가 있다. 먼저 대변과 소변이 섞이면 불쾌한 냄새가 난다. 현재의 하수 처리 방식은 대소변을 엄청난 양의 식수와 섞어 하수도를 통해 흘려보내며, 이는 다시 하수처리장으로 운반된다. 이곳에서 물속으로 엄청난 양의 공기를 펌프질 하면 박테리아의 성장이 촉진되고, 박테리아는 유기물을 먹어 치운다. 이 모든 과정에는 엄청난 비용이 든다. 만일 우리의 몸이 하듯이 대변과 소변을 분리수거 하여 이것을 공기의 흐름으로 신속하게 건조시킬 수만 있다면, 악취도 제거할 수 있을 것이다.

이것이 바로 스웨덴의 우팔사 대학의 과학자, 매츠 볼가스트Matts Wolgast 박사가 고안한 건조 분리식 변기다. 다른 대안으로는 중력을 이용하는 소용돌이 시스템이 있으며, 이 방법으로도 신속하게 대소변을 분리시킬 수 있다. 대합이 진화시킨 물 정화 시스템이나 권총새우가 고안한 물 정화 방법 모두 고려해볼 만한 시스템이다. 그러나 배관을 사용하지 않는 이러한 방법들은 현대식 건물에서는 거의 찾아볼 수 없다. 대장균이나 비브리오 콜레라와 같은 박테리아가 창궐하는 중앙 하수 처리 시설에서 대소변을 처리하기 위해 엄청난 양의 물을 사용할 필요만 없다면, 우리는 이러한 병원체와 관련된 위험을 제거할 수 있을 뿐 아니라, 유해 박테리아를 제어하는 데 드는 엄청난 양의 독성 화학물질도 필요 없게 된다. 하수 처리를 위해 화학 살균제를 사용하면 질병의 위험이 줄어들기는 하지만, 하수처리된 폐수는 어떤 용도에도 사용될 수 없는 물이기 때문에 오랜 기간 많은 비용을 들여 폐수를 회복시키지 않으며 안 된다.

스웨덴의 라가베르그 학교의 모든 화장실은 생태계의 논리로 오물을 처리한다. 수세식 화장실이 법으로 규정되어 있지만, 일단 물과 함께 변기를 빠져나간 오물은 간단한 소용돌이 기술을 통해 즉시 고체와 액체로 분리된다. 고체는 폐열을 이용해 건조시킨다. 이 과정에서 모든 병원체, 기생충, 인체에서 빠져나온 항생제와 호르몬이 사람과 환경에 해로운 영향을 주기 전에 파괴된다. 학창시절 동안 이러한 학습 환경에 매일 노출된 어린이들은 지속 가능한 방법으로 관리되는 오물 처리 시스템의 공통된 논리를 저절로 습득한다.

우리는 물이란 어디에선가 풍부한 수원지에서 발원하여 송수관을 통해 필요한 곳이면 어디든지 보내지는 것으로 생각한다. 도시에는 효율적인 상수도 급수 시설들이 있다. 콜로라도 강에서 로스앤젤레스까지 물을 송수하는 수천 마일의 송수관을 상상해보라! 상수도원을 보호할 목적으로 북쪽의 주에 오물처리 탱크를 설치하는 데 뉴욕 주가 대규모의 자본을 투자한다고 상상해보라! 자, 이제는 빗물에 대해서 생각해보자. 빗물은 도시에 매설된 하수도관을 통해 모아진 다음 그냥 배수된다. 물 가격이 상승하고 있는데도 콜로라도 주는 주민들이 집에서 빗물을 탱크에 저장하는 것을 법으로 금지할 수 있다. 어떻게 이런 일이 가능한가? 어떻게 빗물을 그대로 하수 시스템 속으로 버려지도록 내버려두는가? 이제는 빗물을 우리의 가장 소중한 자원으로 생각할 때다. 탄생 전에 우리의 99퍼센트는 물이었다. 성인의 몸은 80퍼센트 이상이 물로 이루어져 있다. 우리는 매일 물을 연료로 먹고 생존한다. 우리는 물의 흐름을 인식하지 못했기 때문에 물을 그런 식으로 처리해 왔다. 고정된 사고방식의 틀을 깨고 나와 다음과 같은 질문을 던져보자. "지구상 어디에 가장 많은 물이 사용되지 않은 채로 있는가?" 그곳은 바로 하늘이다.

물에 대한 수요를 충족하기 위해 우리가 최우선적으로 해결해야 할 일은 빗물을 받아 저장하는 일이다. 모든 거리와 모든 건물에는 펌프나 화학물질 대신 중력의 힘으로 빗물을 모아 바로 사용할 곳으로 전달하는 빗물 집수구역을 설정해야 한다. 뉴욕의 마천루든 콜롬비아의 농장이든 저장된 빗물로 건물 입주자들을 위한 충분한 양의 물을 공급할 수 있다.

한번도 대기 중에 있는 습기를 모으는 것이 중요한 해결책으로 고려된 적이 없다. 그러나 우리는 가장 건조한 생태계 속에서도 생존하는 지역의 동식물에 관한 연구를 통해 대기 중에서 물을 수확할 수 있는 다양한 방법들에 대해서 새로운 통찰을 얻을 수 있다. 나미브 사막 풍뎅이(Onymacris unguicularis)는 친수성 표면과 공수성 표면의 상호작용을 통해 대기 중에서 물을 모은다. 호주의 마인 개구리(Cyclorana maini)는 몸무게의 30퍼센트에 해당하는 물을 흡수한 다음 고치 속에 저장한다. 가시 악마 도마뱀(Moloch Horridus)은 삼투압을 이용하여 신체 내부 저수지에 습기를 축적시킨다. 사막 식물인 웰위치아 미라빌리스는 대기 속의 습기를 응결하는 데 사막 풍뎅이와 비슷한 방법을 사용한다. 선인장의 가시는 소나무와 안데스 고산지대의 대나무 종인 구아두아 대나무Guadua angustifolia처럼 대기 중에서 습기를 빨아들인다. 카나리아 군도의 엘 이에로El Hierro 섬 정상 주변에서 자라는 가뢰Garoe(Ocotea foetens) 월계수는 안개에서 물을 얻는데, 때로는 이것이 폭포처럼 나무에서 흘러내리기도 한다.

에어컨을 관찰한 적이 있다면 계속해서 물이 뚝뚝 떨어지는 것을 보았을 것이다. 비슷한 식으로 대형 건물의 옥상에 설치된 냉각탑의 표면에는 증기가 땀처럼 응결된다. 대기 중에 얼마나 많은 수분이 포함되어 있는지 알고 싶은가? 그렇다면 습기를 머금은 공기가 대형 건물의 옥상으로 빠져나오면, 친수성과 공수성이 교차하는 바둑판 무늬 위를 통과시켜보라. 이를 통해 건물의 꼭대기 층에서 지하실까지 매분 100세제곱미터의 물줄기를 만들 수 있다. 냉각탑에서 나오는 공기의 흐름을 연구하면, 흥미롭게도 건물의 꼭대기에서 아래로 물을 흘려보낼 수 있는 기회를 얻을 수 있다. 이 기술을 사용하면 에너지가 절감된다. 중력을 이용하면 펌프가 필요 없고 동시에 물 사용도 준다. '높은 곳'에 있는 물은 펌프가 필요 없기 때문에 자본 투자 경비가 절감된다. 이것은 경제적 위기의 시대에 상당히 매력 있는 사업안이다. 적은 투자로 많은 것을 얻기 때문이다.

레오나르도 다 빈치는 물에 대해 많은 연구를 했다. 그는 물, 강의 흐름, 소용돌이, 나선형 소용돌이, 다양한 난류 패턴들에 매혹되어 이

344

것들을 연구했다. 다빈치는 흐르는 물에 작용하는 두 개의 원리적 힘인 중력과 점도를 발견했다. 그의 난류에 대한 연구의 중심에는 소용돌이가 있다. 21세기의 오스트리아의 과학자이며 삼림 감독관인 빅토르 샤우베르거Viktor Schauberger는 소용돌이에 대해 창의적 접근을 시도했다. 이미 말했듯이 소용돌이는 물을 정화시키는 능력이 있다. 이 능력을 쉽게 건물 설계와 연결시켜볼 수 있다. 냉각탑에서 모아진 물은 화장실 용수, 유리창 세척, 바닥 청소에 이용한다. 이 물이 소용돌이 관을 통과하여 산소가 첨가된 다음, 내부 압력으로 정화된 뒤, 아래층으로 보내진다. 건물의 매층에서 사용된 물은 다시 정화되어 지하실로 보내진다. 이는 물을 효율적으로 활용하는 차별화된 방법임이 분명하다.

화장실 물은 소용돌이를 통과하면서 고체와 액체로 분리되고, 10층에서 1층까지 사용한 물은 화장실 용수로 열 번은 더 재사용할 수 있다. 화장실은 사무용 건물에서 가장 많은 양의 물을 사용하는 곳이므로, 소용돌이 시스템을 사용하면 물과 에너지 둘 다 절약할 수 있다. 연꽃의 물리학이나 전복이 껍질의 내벽을 청결하고 빛나게 유지하는 능력에서 영감을 받은 재질을 벽에 사용한다면, 건물 외벽을 청소하기 위해 물이나 화학약품이 필요 없게 되며, 물이 더욱 절약된다. 건물의 유지 관리비 항목에서 고가의 유리창 청소기계 비용은 없어진다. 이러한 해결책들이 과연 현실에서 이루어질 수 있을까? 그것은 우리 자신에게 달려 있다. 식물과 곤충들은 이런 해결책들의 효과를 증명했고, 그중 많은 부분이 모방되었다. 소금쟁이의 발에 있는 방수제는 물기가 전혀 스며들지 않을 만큼 효과가 대단하다. 이런 이유로 소금쟁이는 물 위를 걸어 다닌다. 이러한 놀라운 해결책들은 사막에서 수백만 년의 세월을 거치면서 정교하게 발전되었고, 이러한 물리법칙은 단 한 번의 예외도 없이 늘 성공적으로 적용되어 왔다. 이들의 능력에 비하면, 댐을 만들어 펌프로 산에서 물을 퍼올리는 우리의 복잡한 시스템과 엄청난 투자가 필요한 역삼투압 담수화 기술은 마치 공룡시대의 기술처럼 보인다.

습기를 머금고 있는 공기의 흐름을 물리 화학적으로 이해하게 되면 우리는 다양한 기회들을 얻을 수 있다. 이런 법칙들을 배우는 것은 어렵지 않지만, 이를 실제 적용하는 경우는 드물다. 친수성과 공수성의 성격을 동시에 갖는 바둑판 무늬의 표면을 예로 들어보자. 이를 말로 설명하는 것도 어려울 뿐 아니라 이런 기술의 유용성을 교실 내에서 증명하기란 더욱 어렵다. 냉각탑에서 분출되는 엄청난 양의 수분을 함유한 공기를 바둑판 무늬의 표면 위로 흐르게 한다. 정방형 판의 일부는 '물을 싫어하는' 성질을 가지며 다른 일부는 '물을 좋아하는' 성질을 가지고 있다. 물을 싫어하는 표면은 이 증기들이 증발해버리기 전에 작은 물방울들을 밀어낸다. 밀려난 물방울들은 다시 물을 좋아하는 표면 위에서 응집되어 물줄기들을 이루고 중력에 의해 아래로 떨어져 건물 옥상에 설치된 물탱크에 저장된다. 건물에 필요한 모든 물을 이 정도의 물로 충족할 수는 없다. 그럼에도 불구하고 이 아이디어는 우리가 과거에는 생각지 못했던 상당한 양의 물의 원천을 발견하게 해준다. 이렇게 습도가 높은 공기를 소용돌이를 통해 빠져

나가도록 냉각탑을 설계한다면, 바둑판 무늬 없이도 공기로부터 물을 '응집'시킬 수 있다. 와트레코Watreco사는 엘 이에로 섬에 이러한 원리를 응용한 첫 번째 시설을 설치했다.

　우리가 이러한 혁신기술을 완벽하게 설계할 수만 있다면, 이를 송수관 내에서 이루어지는 소용돌이의 세척능력에 대한 최신의 연구 결과와 결합시킬 수 있다. 생산과 소비 모델을 재설계하고 시간과 노력을 들여 전체 시스템을 재구성하게 되면, 세계적인 물 부족 현상을 극복할 해결책을 찾을 수 있다. 이러한 혁신기술들을 일단 적용하기만 하면, 즉시 비용을 절감하고 세계 대도시 주민들의 물 부족으로 인한 고통과 불편을 경감시켜 줄 수 있다.

　캘리포니아 주는 지난 수십 년간 물 부족으로 고통받아 왔다. 하지만 주의 바다의 차가운 기류와 내륙 사막의 뜨거운 공기가 만나 생기는 격심한 온도차로 발생하는 습기로 물을 생산할 수만 있다면, 이로 얻어지는 최대의 경제적 혜택은 토지 가격의 상승이다. 한때 아무 가치 없는 불모지로 여겨졌던 라스 가비오타스 땅이 지금은 우림 회복으로 인해 원래 토지가치보다 3천 배나 오른 사실을 기억해보라. 풍부한 물과 같은 평범한 것 하나로 땅의 가치가 오를 수 있다는 것은 부동산 가격이 평가절하 되거나 투기의 대상이 되고 있는 요즘의 현상에 대한 통쾌한 역전이 아닐 수 없다. 식수와 같은 기본적 필요를 충족시키는 좋은 땅은 늘 좋은 가격을 유지하기 때문이다.

## 열섬 효과

뉴욕, 보스턴, 갈메스톤, 차차눙가의 찌는 듯한 여름 더위 속에서 건물 내의 냉방장치는 완전 가동 중이다. 외부로부터의 뜨거운 공기가 이 냉각 시스템 안으로 밀고 들어오면, 습기를 잔뜩 머금은 뜨거운 구름이 빌딩을 에워싼다. 건물 안의 에어컨이 더욱 찬 공기를 만들어 내면 낼수록, 더욱 뜨겁고 습한 공기가 건물 외부에 만들어진다. 건물들이 주변의 공기를 붙잡고 있기 때문에 건물에 근접한 공기는 뜨겁고 습하다. 이렇게 달구어진 습한 공기를 냉각시키려면 더욱 많은 에너지가 필요하고 건물 주변은 일종의 열섬이 된다. 이 열섬이 절정에 이르면, 레지오넬라균의 활동도 최고조에 이른다. 레지오넬라 병은 겨울철이 아닌 여름철에 발생하는 병이다. 온도가 상승하면 생물막은 더욱 두꺼워지고, 그 결과 건강의 위험도 증가한다. 냉온방 효과의 손실을 막기 위해 건물 출입에 회전문을 이용하면 결과적으로 저기압이 형성되지 않아 실내 공기는 정체된다. 더 많은 사람들이 이 밀폐된 건물 안으로 들어갈수록, 안에서는 더 많은 열이 발생한다. 이것이 바로 열섬 효과다.

성인 한 명당 한 시간마다 60와트의 에너지를 생산한다. 난방과 냉방에 사용되는 에너지는 또한 추가의 열을 발생시킨다. 1천 명을 수용한 회의실에서는 60킬로와트시의 에너지를 생산하며, 이렇게 발생된 열을 냉각시키기 위해서는 비례적으로 더욱 많은 에너지가 필요하다. 안데르스 나이퀴스트가 설계한 스웨덴의 라가베르그 학교 체육관은 이 문제를 아주 독창적인 접근법으로 해결했다. 자연적으로 발생하는 공기의 흐름과 교내 스포츠 행사가 한창 진행되고 있을 때 발생되는 열 총량에 기초한 안데르스의 설계는 더욱 많은 사람이 행사에 참석할수록 건물은 더욱 시원해지도록 만들었다! 이것이 바로 실제로 작동하는 체계적인 접근법을 활용한 설계다!

건물의 설계는 예상치 못한 문제들을 발생시킨다. 따라서 해결책들은 경비와 에너지를 절감하고, 건강상의 위험을 낮추면서 동시에 다양한 목적에 부합되어야 한다. 자연의 전체 시스템이 제공하는 해결책을 모방한 혁신기술들은 바로 이러한 적은 자본과 관리비로도 에너지 효율성을 높일 수 있는 건강한 건물을 만들어준다.

## 소리의 흐름

탄생 전, 태아는 대부분 물로 구성되어 있다. 양수를 통해서 울리는 소리들은 우리에게 분명히 영향을 끼쳤다. 사실상, 몇몇 소아과 의사들은 임산부들에게 클래식 음악이나 그레고리안 성가 또는 티베트 승려들의 염불 소리를 들으라고 권한다. 소리가 태아의 지능 발달에 도움이 된다는 생각이다. 알렉산더 라우터와서Alexander Lauterwasser는 획기적인 연구를 통해 소리의 파동이 일정량의 물을 예측 가능한 모양으로 만들어준다는 사실을 실험으로 증명했다. 소리는 파장이고 파장은 압력을 일으킨다. 모든 음파는 각기 다른 수준의 주파수를 가지고 있다. 라우터와서는 금속판 위에 물방울을 떨어뜨리고 음원에서 소리를 발생시켰다. 음파가 물방울을 진동시키자 물이 움직이기 시작했다. 다른 압력을 갖는 다른 음파는 다른 복잡한 운동을 일으켰다. 이런 운동은 예측 가능했다. 즉 특정한 파장은 고정된 표면장력에서 물방울의 특정한 움직임과 모양을 만들었다. 파장의 미세한 차이는 복잡하고도 리드미컬한 운동의 변화를 가져왔다.

우리는 경험을 통해 유쾌한 소리를 들으면 마음이 진정되지만 불쾌한 소리는 짜증을 일으키거나 듣는 이를 아주 견딜 수 없게 만든다는 것을 안다. 우리는 졸졸거리는 시냇물이나 파도 소리가 들려오는 바닷가에 살면 어떨지 상상할 수 있다. 고속도로나 기찻길 옆에 살거나 일할 경우, 소음에 대한 인식이 무의식 수준으로 내려가 자연스럽게 소음 환경에 적응하게 된다.

건물과 같은 무생물조차도 소음을 발생시키기 때문에, 일상 환경 속에서 소리의 흐름을 조절하는 혁신기술적인 방법을 강구하면, 소음이 우리에게 미치는 영향을 줄일 수 있다. 과학자들은 병코 돌고래와 고래의 유선형 몸체가 물이나 바람의 소용돌이가 발생시키는 압력을 효율적으로 전환시키는 방법에 대해 연구했다. 비슷한 방법으로 소리의 에너지 잠재력을 포착한 다음, 소형 압전기 변압기를 사용하여 이를 전기 에너지로 변환하면, 작은 배터리가 들어가는 휴대폰과 같은 기계를 작동시킬 수 있는 충분한 에너지를 얻을 수 있을 것이다. 건물 주변의 고속도로를 통행하는 차량의 소음을 차단하려고 하는 대신 소음을 에너지로 바꿀 수 있다. 따라서 소음 제거의 물리적인 해결책은 또한 에너지 절약으로 이어지게 된다.

## 에너지의 흐름

건물에 필요한 에너지 비용은 두 가지 요소에 달려 있다. 그것은 수요와 공급이다. 이 장과 이 책 전체에서 설명하는 사례들은 더 적은 비용으로 더 많은 결과를 가져오는 해결책들로 에너지를 극적으로 절감하는 방법을 제시했다. 사실상, 현재 제시된 혁신기술들만 이용해도 체육관에서부터 육아실에 이르기까지 모든 건물에 필요로 되는 전기 수요를 75~80퍼센트까지 줄일 수 있다. 여기에 우리는 오징어나 곰팡이의 기적적인 차가운 빛, 연꽃의 자정 능력, 참치의 열 보존 능력을 더할 수 있다. 또, 사막에서 사는 물고기도마뱀의 마찰 제거 기술을 이용하여 마찰을 줄이거나 극복하지 못해 발생하는 추가의 에너지를 절감할 수 있다. 앞서 언급했듯이, 에너지 절감을 위한 이 모든 기술과 방법들은 실현 가능한 것이고 현재 사용하고 있는 많은 물질들처럼 우리의 건강에 해를 끼치는 일은 없다. 이것만으로도 훌륭하다. 하지만 우리는 이보다 더 잘할 수 있다.

공급 라인으로 눈을 돌려보자. 이미 언급했듯이 건물은 자체적으로 전기를 생산할 수 있는 엄청난 잠재력을 갖고 있다. 소리나 소음이 발생시키는 압력은 전자제품, 경보장치, 컴퓨터 네트워크, 승강기 그리고 냉난방 장치를 갖춘 현대적 건물이 필요로 하는 전기 수요를 충당하기에는 부족하다. 그러나 우리는 가장 작고 보잘것없는 양이라도 나름대로 전체를 위해 기여하고 있는 자연계를 다시 한 번 모방해야 한다.

우리는 쉽게 태양 에너지를 선택하는 경향이 있다. 특히 잎들이 햇빛에 반응하는 것에서 영감을 얻은 염료 반응 태양 전지와 같은 신기술을 선택할 수 있다. 우리는 배터리를 이용하여 전기를 저장하지만, 사실 배터리를 제조하려면 고온 처리가 필요한 원광석이 필요하고, 결과적으로 에너지의 저장이라는 원래 목적과는 반대로 전반적인 연료 소비를 증가시킨다. 가장 쉽게 얻을 수 있는 발생 장치가 가장 큰 에너지원이 되어야 한다. 그렇다면 건물의 경우 그러한 에너지원은 아마도 건물의 구조 설계만으로도 발생시킬 수 있는 구조적 압력과 장력이 될 것이다. 우리는 이 책 전체를 통해 중력이라는 위대한 힘에 대해 언급해 왔다. 건물을 설계할 때 이 힘을 사용하지 않을 이유가 무엇인가?

건물의 구조를 재설계하면 크리스털 같은 결정이나 실크, 사탕수수 위에 각 층의 기초를 놓을 수 있다. 나노 규모의 결정과 10층 규모의 건물에서 중력으로 얻어지는 압전기 총량은 6천 킬로와트시에 달한다. 이 정도라면 그다지 나쁘지 않다. 석영 에너지원을 매층마다 특히 매 기둥 밑에 정확하게 설치하면, 전체 건물에 필요한 전기 생산이 가능하고, 그만큼 전선의 필요도 줄어든다. 따라서 구리와 광산의 필요도 줄게 된다. 이러한 새로운 건물 구조의 건축 기법에 대한 승인 절차를 밟고 실행에 옮기는 데는 한 세대면 충분하다. 이를 뒷받침할 이론이 과학적으로 증명되면 보수적이며 위험 부담을 싫어하는 건축 회사들도 더 나은 기술을 채택할 것이고, 건물에 대한 투자비와 유지비도 줄어들 것이다. 게다가 구조물을 세우기 위한 강화 콘크리트에 대나무를 혼합하면 건물의 에너지 절감 효과가 상승될 뿐 아니라, 대나무가 흡수한 탄소가 시멘트에서 배출되는 가스를 상쇄시키고, 결과적으로 이산화탄소를 제거할 수 있다. 이제 우리는 정말 진지한 이야기를 하고 있는 것이다.

아직 응용되지 않았지만, 두 번째로 잠재력이 있는 에너지원은 얼룩말처럼 국지적 돌풍을 이용하는 것이다. 모든 대형 건물들은 지역의 기후에 영향을 주며, 강한 기류를 형성한다. 하지만 건물의 외벽 색깔을 주의 깊게 선택하는 것만으로도 이러한 강한 바람을 줄일 수 있다. 즉 태양 빛을 단지 반사만 하는 것이 아니라 외벽 색깔의 명암에 적절한 변화를 주면 외벽 온도를 식혀주고 국지적 통풍을 일으키게 된다. 풍력 터빈은 소음을 너무 많이 발생시키고, 또한 도시 안에는 바람이 별로 불지 않기 때문에 풍력 터빈을 설치하는 의미가 없다. 하지만 프랭크 피시의 캐나다 기업 웨일파워사의 미니 사이즈 풍차를 설치하는 것은 가능하다. 웨일파워사는 고래의 지느러미에서 영감을 얻어 바람의 항력은 줄이고 양력은 증가시키는 선구적인 풍력 터빈을 개발했다. 햇빛이 비추는 곳과 그늘진 곳 사이의 온도 차이로 인해 건물의 양쪽에 바람이 발생한다. 이를 이용하면 항상 직류 전기를 생산할 수 있다. 단순한 풍력을 사용한 엔진은 배터리 사용을 줄여주고, 건물 자체가 만들어내는 바람을 이용하여 전기를 제공할 수 있다. 시장에는 효율적일 뿐 아니라 인체공학적으로 설계된 풍력 터빈 들이 많이 있다. 공기 중에 소용돌이를 만드는 플로디자인FloDesign사 의 월터 프레스가 개발한 터빈이 그 가운데 하나다.

이것은 강력한 에너지원이다. 전형적인 10층 건물에는 약 천 개의 작은 환기 장치가 설치될 수 있다. 풍차의 날을 직선적인 항공기 프로 펠러 날이 아닌 소용돌이를 닮도록 설계할 수 있다면, 시간당 50킬로 와트시의 전기를 생산할 수 있다. 전력 공급 면에서 추가적인 보너스 가 되는 것이다. 만일 플로디자인사의 터빈을 채택한다면, 전기뿐만 아니라 물도 동시에 얻어낼 수 있다.

건물 입주자 각 사람은 시간당 60와트의 전기에 상당하는 에너지 를 방출하고 있으며 이를 에너지원으로 사용할 수 있다. 프라운호퍼 연구소는 인체와 센서 사이의 0.5도의 온도 차이로 에너지를 생산할 수 있는 기술을 개발했다. 만일 이 기술이 상업적으로 개발된다면, 우 리는 지속 가능성에 한 단계 더 접근한 건물을 설계할 수 있다. 건물 내에 사람이 많을수록 건물은 에너지를 덜 사용하게 된다. 하루 8~10시간 동안 천 명을 수용한 건물은 근무시간 중 시간당 약 60킬 로와트의 전기를 만들 수 있다. 이 전기를 효율적으로 변압하면, 건물 내의 모든 컴퓨터에 필요한 전기를 공급할 수 있다. 이 기술은 실험실 단계에서 이미 가능한 것으로 판명되었다. 이 기술은 장차 대형 사무 용 건물에 실현될 것이며, 충분한 양의 추가적 소규모 에너지를 공급 하여 국지적으로 소비할 수 있을 것이다. 진보적인 건축가라면 건물을 설계할 때 소리, 압력 온도 및 미세 기류氣流 등과 같은 에너지원을 포함시켜 최적의 에너지 생산과 적용을 실현하려 할 것이다. 이 모든 것들은 이미 과학적으로 입증되었다. 다음 단계에서 필요한 것은 이러한 일련의 혁신기술들을 하나의 통합된 설계 속에 포함시키려는 기업가적 노력이다.

## 사람과 물건의 흐름

시스템 엔지니어와 도시 기획자, 디자이너들은 사람과 제품의 동선動線에 대해 상당히 자세히 연구해 왔다. 우리는 공항과 쇼핑센터에서, 소비재의 배달과 처리 과정에서, 상품의 운송과 사람의 이동에서, 상품과 서비스, 오락과 교육의 소비 과정에서 효율성과 최적의 흐름을 얻기 위해 노력해 왔다. 이러한 흐름들을 이미 논의한 다른 흐름들과 연결시키면, 우리는 실제로 식량을 생산하는 건물을 설계할 수 있다. 대체로 습하고 따뜻한 욕실은 버섯 재배를 위한 적절한 장소가 될 수 있다. 곰팡이만으로 음식 쓰레기 속에 있는 녹말 성분을 플라스틱으로 전환할 수 있다. 지붕 위에 정원을 조성하여 그곳에서 필요한 야채와 과일을 재배할 뿐 아니라 건물 외벽의 온도와 에너지 소비를 낮출 수 있다. 양분을 재활용하고 식량 확보를 증대시키도록 설계된 건물들은 식량을 제공하며 가벼운 운동을 할 수 있는, 활기가 넘치면서도 편안한 휴식 공간을 제공한다. 비엔나의 탁월한 천재 건축가인 프리덴슈라이히 훈데르트바서Friedensreich Hundertwasser는 이미 그런 건축물을 설계했다.

이탈리아 토리노의 슬로푸드와 캘리포니아 버클리의 에코 리터러시(생태학 배움) 센터Center for Ecoliteracy는 도시환경 속에 학교 정원을 조성하는 일에 적극적으로 참여해 왔다. 이제 우리는 이러한 업적을 능가하는 자급자족의 환경을 만들 기회를 갖게 되었다. 200만 인구가 살아가는 브라질의 수도 브라질리아는 오스카 니메이어Oscar Niemeyer의 환상적인 설계 덕분에 도시의 야채와 과일 수요의 90퍼센트 이상을 도시 내에서 해결한다. 편의성과 지속 가능성을 최우선으로 하여 건물의 동선과 주변 공간의 접근 및 배분을 고려해 설계한다면, 우리는 자체 수요를 충분히 충당할 수 있는 물과 양분을 생산할 수 있다. 사용하고 버려진 쓰레기는 각 지역에 보관되었다가 다시 양분의 형태도 우리에게 돌아오는 순환 흐름에 합류시킬 수 있다. 이것은 순환과 재순환을 반복하면서 모든 자원을 남김없이 이용하는 자연의 우아한 순환생산 방식이다. 또, 모두의 필요를 만족시키는 자연의 완벽한 통합 시스템이다.

## 학교, 지속 가능성의 배움터

학교는 흐름을 활용할 방법을 배울 수 있는 이상적인 시험장이다. 초등학교 1학년부터 고등학교를 졸업할 때까지 아이들은 약 2만 시간을 교실에서 보낸다. 많은 사람들은 이 엄청난 시간을 적절히 보내지 못했다고 느낀다. 우리가 자녀들에게 요구되는 엄청난 시간투자와 인내를 생각한다면, 비용 절감이 학교와 교실을 설계할 때 결정적 요인이 될 수는 없을 것이다. 최고의 원칙은 최적의 학습과 참여를 유발하는 건강한 환경을 조성하는 것이 되어야 하지 않겠는가? 이러한 원칙의 가치는 얼마나 될까? 이 책은 단지 문제의 표면만 다루었다. 그럼에도 불구하고 유지비가 덜 드는 건강한 환경의 학교 건물을 지을 수 있는 선택안들은 많다. 바로 이 책에서 제시한 수십 가지의 과학적 통찰들을 이용한 선택안들이다. 또, 이것은 우리의 삶의 방식을 바꾸는 문제이기도 하다.

건강을 위한 제반 조건들은 재정적 이윤이나 원가 절감의 입장에서 계산되어는 안 된다. 학교 건물들은 건강과 지속 가능성의 원칙들을 실천하는 이상적인 장이며, 이러한 원칙들이 공공의 이익에 기여하고 있음을 공개적으로 보여주는 전시장이기도 하다. 물리학, 생물학 및 화학 분야의 100개가 넘는 핵심 개념들이 가시적으로 그리고 기능적으로 통합된 학교 건물과 운영을 상상해보라.

이렇게 분명하게 전시된 과학적 원리들을 매일 관찰하면서 학생들이 사물과 사물을 서로 연결 짓는 모습을 상상해보자. 학생과 교사는 혁신기술과 친해질 기회를 갖게 되며 이런 것들을 매일 접하면서 겉으로 들어난 기능 뒤의 과학을 배운다. 학교 자체가 하나의 살아 있는 실험장이다. 학습한 것을 실제로 경험하면 쉽게 지식을 습득할 수 있다. 이러한 학교 구조는 지속 가능성을 향해서 사회를 선도해 나간다.

새로운 기술들에 의해 자극받은 어린이들은 미래의 혁신가나 기업가가 될 것이 분명하다. 바로 이것이 신구 기술 간의 분명한 차이다. 이것은 상상한 것이 바로 현실이 되는 미래를 향한 뜀틀이기도 하다.

　이러한 건물 내부에서는 간단하고 실용적인 기상학과 기체 흐름의 기본 원리를 결합시켜, 외부 압력과 온도가 변할지라도 내부 온도 및 습도는 일정하게 유지되도록 한다. 고효율의 LED 전등은 100여 종의 식물들에게 밤낮으로 빛을 비추어주고, 지붕에서 모아진 빗물을 이용하여 매 15분 간격으로 이 식물들에게 물을 뿌려준다. 건물 내로 들어오는, 또는 건물 내에서 발생되는 먼지입자와 공기오염물질은 이러한 물 분사를 이용하면 낮은 수준을 유지할 수 있고 결과적으로 호흡기 질환의 발병 위험을 감소시킨다. 전등에는 수은이나 화학 물질을 사용하지 않고도 흰 색깔을 만들어내는, 풍뎅이로부터 영감을 받은 케라틴이 칠해져 있다. 불가피하게 사용해야 하는 금속들은 킬레이팅 박테리아로 재생하기 위해 저장해 둔다. 내벽은 으깬 조개껍질 성분으로 만들고 건조된 해초로 벽 속을 채워주어 실제적이고도 효율적인 알칼리성 환경을 조성하고, 곰팡이를 억제하며, 습기를 흡수하고, 소음을 차단한다. 건물 내의 자연스런 공기 흐름은 이런 성분들 위로 지나가면서 습도를 안정시키고 pH를 알칼리성으로 유지한다. 창문을 통과해서 들어오는 자외선은 카펫 속의 진드기의 번식을 억제한다. 탄소 섬유로 만든 카펫 타일들은 창문에 부착된 염료 감응형 박막 태양 전지판으로 얻은 에너지를 사용하여 전기적으로 연결되어 있다. 이 카펫은 실내를 따뜻하게 해주고 진드기를 제어할 수 있도록 적절한 건조도를 유지시켜준다.

여기 소개된 혁신기술들에 기초한 자세하고 결정적인 디자인 계획을 실천하기 위해서는 어느 한 가지 기술에 통달하는 대신, 자연스럽게 국지적 환경과 통합된 전체 시스템에 대한 통찰이 요구된다. 이것이 생태계의 재생 가능한 적응 능력과 한 종의 천재성과의 차이점이다. 생태계는 단순히 몇 가지의 법칙으로 환원될 수 없다. 전체는 항상 개별적인 구성원들의 총합 이상이기 때문이다.

## 모두를 위한 주택

콜롬비아 보고타 출신인 시몬 벨레즈Simon Velez와 인도네시아 발리에서 활동하고 있는 린다 갈런드Linda Garland의 개척자적인 설계 작품을 언급하지 않고는 이 장을 끝낼 수 없을 것 같다. 어떤 다른 것보다도 이들은 가장 지속 가능성이 높고, 값싸며, 재생 가능한 매력적인 주택을 설계하고 건설하는 일에 대나무 소재를 활용하여 괄목할 만한 성과를 거두었다.

성분만 놓고 볼 때, 대나무의 상대적인 힘은 상식을 뛰어넘는다. 대나무의 놀라운 적응력은 장력과 압축력을 최대한 이점이 되도록 사용하는 데서 나온다. 대나무는 나무가 아닌 풀이지만, 대나무의 섬유질을 건축이나 제지에 이용하면, 그 어떤 섬유질보다 질이 뛰어나다. 그러나 대나무만 칭찬하기보다는 아마亞麻와 삼도 뛰어난 섬유질을 갖고 있음을 말하고 싶다. 어쨌든 대나무는 기술적 기능성에 있어서 최고다. 대나무는 강철과 콘크리트를 대체할 수 있다. 미국에서만도 2천 종이 넘는 대나무는 점차 증가하는 건축자재의 수요를 쉽게, 생태학적으로, 값싸게 충족시킬 수 있는 잠재력을 갖고 있다. 20세기말, 대나무는 전 세계적으로, 특히 열대지역의 수십억 인구가 선호하는 건축자재였다.

1997년 교토의정서가 조인된 이후, 일본 최대 시멘트 공급업체인 타이헤이요Taiheiyo사의 마사츠구 다니구찌Masastugu Taniguchi 이사는 시멘트를 사용하여 탄소 배출량을 줄이는 방법을 강구했다. 콘크리트 강화재로 사용되는 물질은 채광되어 고압·고습 상태에서 제조된 것으로 수 세기 동안 지구의 표면에 상처를 남겼다. 타이헤이요는 대나무 섬유질로 이 문제를 해결했다. 어떠한 첨가물이나 화학제를 사용하지 않고 단순히 대나무에 시멘트 무게만큼(용적상 50/50, 또는 75/25)의 압력을 가해, 중립적인 탄소 배출을 갖는 시멘트 판에 사용되는 대나무는 자카르타 외곽에 위치한 공장 근처의 5천 에이커의 땅에서 재배되며 지속 가능한 방법으로 수확되고 있다.

혁신기술적인 건축가인 렌조 피아노Renzo Piano와 시게루 반Shigeru Ban은 대나무로부터 영감을 얻어 대나무의 아름다움과 성능에 기초한 놀라운 건축물을 만들었다. 우리 시대의 위대한 대나무 건축가인 마에스트로 시몬 벨레즈는 대나무가 현대 사회의 가장 엄격한 건축 규정이라고 할 수 있는 독일 건축 규정을 만족시킬 수 있다는 것을 증명했다. 세계에서 가장 큰 대나무 건축물은 콜롬비아의 마니잘레스에 세워진 제리 대나무 정자ZERI Pavilion로 벨레즈가 설계했다. (그 이후 독일의 2000년 세계 엑스포 대회에서 대나무로 만들어진 전시관이 세워졌는데, 가장 인기 있는 건물이었다.) 건물이 세워진 뒤 지진이 두 차례나 있었지만 지붕에서 타일 몇 장 떨어진 것 외에는 아무런 피해가 없었다.

대나무의 왕은 구아두아 앤구스티폴리아Guadua angustifolia다. 에스파냐 군대가 콜롬비아, 페루, 에콰도르의 고산지대를 정복했을 때, 이들은 빽빽하게 자란 대나무 정글을 도보로 통과해야 했다. 에스파냐 정복자들은 고향의 가족들에게 보낸 편지에서 이 대나무의 놀라운 생명력에 대해 언급하고 있다. 그들은 안데스 문명의 원주민들이 전투에서 대나무를 방어용 무기로 사용했는데, 대나무 창이 얼마나 빠르게 자신들의 몸을 관통하는지 그것은 마치 아무런 힘을 가하지 않은 것처럼 보인다고 전했다. 식민지 개척자들은 또한 지진이 자주 발생하는 남미 지역에서는 유럽식의 목재와 돌을 사용하면 건축물이 오래가지 못한다는 것을 배웠다. 이들은 시몬 벨레즈가 대나무의 특성을 표현하듯, "건물들은 땅의 리듬에 따라서 춤을 추지 않으면 안 된다."는 것을 어렵게 배웠다. 그것이 바로 대나무가 하는 일이다. 흔들리는 땅과 함께 대나무는 멋진 춤을 춘다.

남미 지역에서 커피와 가축 농장을 위한 공간을 확보하기 위해 이 20미터 높이의 '풀' 이 베이자, 베인 대나무는 곧 지역 주민들이 선호하는 건축자재가 되었다. 200년 전, 식민지 시대에 지어진 이 건물들은 지진으로 인한 모든 충격을 견뎌내고 지금까지 건재하다. 이러한 라틴 아메리카에서의 경험은 아시아에서도 확인되었다. 3천 년이 넘는 세월 동안 세계에서 가장 오래된, 대나무로 만든 대형 정자가 만주에 서 있다.

대나무는 지진에 견디는 것이 아니라 땅의 움직임을 그대로 따라간다. 또, 혼란스러운 상하좌우의 압력을 견디기 위해서 십자十字 묶음으로 보강해줄 필요도 없다. 재미있게도 대나무의 속은 비어 있다. 대나무 건물은 건물 벽의 경사도가 안쪽으로 기울어 있는 한 충분히 지탱할 수 있는 탄력을 갖고 있다. 수직 각도에서 경사를 85도만 주어도 지붕 위의 타일이 움직이지 않을 정도의 탄력성을 보인다. 20세기 후반의 건축 설계 및 시공 분야에서 CAD/CAM(컴퓨터 지원 설계 - 옮긴이)으로 설계된 모든 건물이 90도 각도라는 것은 사실은 참으로 안타까운 일이다. 그 결과 지진으로 땅이 흔들릴 때마다 인명과 재산의 피해를 보고 있지 않은가.

저명한 브라질의 대나무 장인, 루치오 벤타니아Lucio Ventania는, "대나무 구조물은 직사광선을 피하고 물 위에 있지 않는 한 영원히 서 있을 것이다."라고 말했다. 따라서 대나무 건물은 하중을 지탱하고 있는 대나무 기둥을 물과 태양, 즉 하늘 아래 가장 파괴적인 힘으로부터 보호하기 위해 커다란 처마를 만들도록 설계해야 한다.

대나무는 열대서식지 밖의 사람들에게는 발견되지 않았다. 세계 최대의 삼림 연구소가 위치한 스웨덴과 미국의 북서 지역에서도 야생 상태의 대나무는 한 그루도 발견할 수 없다. 따라서 열대지역을 포함하여 전 세계의 임업 산업의 초점은 온대 지역에서 자라는 유칼립투스나 소나무와 같은 수종에만 맞추어져 있었고 대나무의 재생 가능성에 대해서는 접근조차 하지 않았다. 대나무의 지속 가능한 성장 습관과 건축자재로서의 특성이 널리 알려지면 대나무는 전 세계에 걸쳐 혁신기술적인 건물 프로젝트를 위한 영감의 원천이 될 것이다.

대나무를 사용해서 모든 사람을 위한 경제적인 주택문제를 해결할 수 있다. 안데스 고지의 93제곱미터 땅이면 한 채의 대나무 집을 짓기에 충분하다. 자이언트 대나무인 구아두아 앤구스티폴리아를 심으면, 3년 후 60개의 대나무 기둥을 수확할 수 있다. 이 정도 건축자재면 후미에 공기가 잘 통하도록 멋진 발코니와 층계가 있는, 건평 60제곱미터의 이층집을 지을 수 있을 만큼 충분하다. 그 이후로도 집 한 채를 더 지을 수 있을 만큼 충분한 대나무를 수확할 수 있을 것이다.

시몬 벨레즈의 주택은 집 뒤에 흰개미 언덕으로 사용되는 커다란 계단을 포함하고, 건물을 안정시키기 위한 육중한 지붕, 그리고 편안한 분위기를 위해 넓은 발코니를 설치하도록 설계되었다. 건물 어디에도 90도 각도는 없다. 지진 발생 시 갑작스런 붕괴를 방지할 수 있는 매우 안전한 설계 구조다. 지진의 충격에 버티는 건물을 짓는 대신에, 대나무와 특별한 조임 방식은 지진 발생 시 미친 듯이 움직이는 땅과 함께 움직이도록 설계되었다. 채광은 놀랍도록 잘되어 실내는 밝고 공기는 신선하다. 거대한 처마는 대나무 구조물이 자외선이나

363

빗물에 손상되지 않도록 보호한다. 빗물이 집 주위를 돌아 흐르도록 설계되었고, 빗물은 대나무의 표면에 전혀 접촉하지 않고 바로 식수 저장 탱크 속으로 흘러 들어간다. 바람이 불면 집이 흔들리기는 하지만 허리케인이 불어온다 해도 날아가지 않는다.

건축에 사용할 수 없어 쓰레기로 취급되던 대나무는 숯으로도 만들 수 있다. 숯을 생산하는 과정에서는 역겨운 가스가 발생된다. 콜롬비아 아르메니아의 안토니오 기랄도는 일본의 전통적인 양생법과 유사한, 숯에서 나오는 가스로 대나무를 양생시키는 방법을 개발했다. 먼저 가스를 커다란 방으로 흘려보낸다. 그러면 약간의 압력하에서 7미터 길이의 대나무 기둥은 대나무 숯에서 나오는 연기로 양생된다. 흰개미와 곰팡이의 공격으로부터 대나무를 보존하기 위해 인체에 해가 되는 유독물질을 사용하는 대신, 대나무 자체의 화학성분을 사용한다. 오염물질의 부정적인 흐름이 대나무를 보존하는 긍정적인 흐름으로 바뀔 뿐 아니라 건강에 해로울 수 있는 오염물질을 대체하고 있는 것이다. 이런 방식으로 건축자재를 생산하는 것은 양분과 에너지를 순환생산 하는 자연계를 모방한 것이다. 뉴멕시코의 피큐리스 푸에블로에서도 소각시키려 했던 직경이 작은 대나무에 동일한 치료법을 적용했다.

# 모든 흐름을 잡아라

공기, 빛, 물, 에너지, 소리, 사람 그리고 물질의 흐름이 우리의 물리적 공간에 끼치는 영향을 깨닫게 되면, 이러한 흐름들을 유기적으로 적용하고 이용할 수 있는 구조를 고안할 수 있다. 이는 진정한 기능성, 비용절감 그리고 아름다움을 얻으려 할 때 우리의 집과 사무실, 학교를 어떻게 지어야 하는지에 대해 매우 실질적인 통찰력을 우리에게 제공한다.

모험심이 있는 사업가들은 지속 가능한 건물이라고 해서 비용이 더 들어갈 필요가 없다는 것을 보여주었다. 자세히 연구되고 기록된 과학계의 실제적인 응용 방법들을 통해 지속 가능성을 향해서 나아갈 수 있는 새로운 가능성들이 열렸다. 녹색 건물 설계에 헌신한 건축가들은 가능성을 현실로 바꾸는 능력을 갖고 있다. 대중의 요구와 상식은 정부 관계자들이 관련 규정을 변경하고 견고한 과학 위에 서 있는 혁신기술들의 통합을 허용하는 산업표준을 마련하게 할 것이다. 우리의 사회 전체가 이러한 혁신기술을 받아들이면 가족, 거주 공간, 직장 환경 등의 건강과 위생 상태가 향상될 것이다. 또한, 자연의 창의성으로부터 영감을 받은 미래의 기업들을 창출하게 될 것이다. 참여자 모두가 조금씩 기여하며, 쓰레기 속에서 자원을 발견하고, 가진 것으로 필요한 것을 생산하면서 끊임없는 풍요의 순환을 일으키는 하나의 생태계처럼 우리도 그렇게 기능하는 사회를 이룩할 수 있다.

## 통합적인 자연에서 영감을 받은 건물 설계의 50가지 기술들

| 생태계 기술 | 종들이 공헌한 것 |
| --- | --- |
| 물, 토지를 생산하는 대나무 가치 체인 | 적조를 이용한 살균제 |
| 양분과 에너지를 순환생산 하는 펄프–단백질 | 도마뱀붙이, 홍합, 새조개로부터 접착제 |
| 소용돌이 기술을 이용한 물 정화 | 연꽃의 스스로를 덥히는 능력 |
| 대기에서 물 수확 | 연꽃의 자정 능력 |
| 먹을 수 있는 방화제 | 물을 만드는 웰위치아 미라빌리스 |
| 철을 대체한 실크 | 고래에서 영감을 얻은 전기 |
| 이산화탄소에서 건축자재 | 온도 조절을 위한 얼룩말의 흑백 무늬 |
| 강둑의 물 정화 | 토마토와 에델바이스의 자외선 차단 |
| 피보나치 유체 역학 | 선인장 가시의 공기에서의 물 흡수 능력 |
| 생물 전기 시스템 | 사막 도마뱀의 마찰 제거 능력 |
| 식물들의 공기 정화 능력 | 벌들의 방수 능력 |
| 탄소 섬유 난방 뿌리 | 항력을 감소시키는 고래 지느러미 |
| 식품 쓰레기에서 플라스틱 | 잠자리의 집중 태양 전지 |
| 물 또는 공기관을 사용하는 분리 | 적외선 감지 능력을 가진 비단벌레 |
| 군집 지성을 통한 교통체증 관리 | 대합의 물 여과 |
| 염소를 사용하지 않은 흰색 | 전기 고기의 절연체 |
| 일산화탄소와 이산화탄소로부터 폴리머 플라스틱 | 악마 도마뱀의 표면열 감소 및 물 만들기 |
| 색소를 사용하지 않은 컬러 | 해조를 이용한 소음 흡수 |
| 염료 감응형 태양 전지 | pH를 바꾸는 조개껍질 |
| 흰개미의 냉온방 | 오징어와 버섯의 냉광(열 없이 빛을 내는) |
| 박테리아로 금속 추출하기 | 폭격수 풍뎅이의 분사기 |
| 누에 배설물로 토양 회복하기 | 전기 고기에 기초한 생물 배터리 |
| | 병코 돌고래의 항력 감소 능력 |
| | 참치의 열 보존 능력 |
| | 오니아 파리의 소음 조절 |
| | 고래의 수중 정보 전달 |

# CHAPTER 13
# 블루이코노미를
# 순환생산 시키기

## THE BLUE ECONOMY
지구는 모든 이의 탐욕은 아니더라도
모든 사람의 필요를 충족시키기에
충분한 것을 제공한다.

−마하트마 간디|Mahatma Gandhi

# 막다른 골목에서 빠져나오기

경제적 성공의 필수 요건으로 여겨지는 예측 가능성은 그 뜻과는 달리 우리의 행동의 결과를 예측할 수 없도록 우리를 교묘히 속인다. 핵심 역량에 대한 집착, 직선적인 계산, 과학적 추상에 대한 의존 때문에 공급망의 끝에서 기다리고 있는 소비자들에게 도달하려면 많은 운송과 에너지 소비가 필요한 독점적 경제모델을 세우게 된다. 보다 철저한 공급망 관리와 시간을 엄수하는 생산 라인은 소비자에게 더 많은, 더 값싼 제품을 배달하는 전 지구적이며 상호의존적 경제를 만든다. 자유무역이 경제 성장의 엔진이며 세계 모든 사람들에게 보다 큰 효율성을 가져다주는 도구로 여겨지고 있다. 방부제에 절은 과자를 선적하고, 냉동된 프랄린(설탕에 견과류를 넣고 졸여 만든 것)을 항공으로 운송하고, 오렌지주스를 탱크에 채우는 일은 이러한 논리를 조금 더 확장한 것에 불과하다. 그러나 이러한 논리로는 결코 차세대의 모든 경제 참여자들에게 식량과 직업을 제공할 수 없다. 실업과 빈곤만이 그들에게 유일하게 남는 경제 지표가 될 것이다.

전통적으로 제철 과일은 일 년 중 특별한 시기에 필요한 미량 영양소를 제공한다. 해마다 가을 추수기가 돌아오면 아메리카 원주민들은 위뜰라꼬체huitlacoche(옥수수버섯 – 옮긴이)를 먹었다. 이것은 옥수수를 먹고 자라는 송로버섯과 유사한 진균류인데 면역체계를 강화시켜주며, 다가오는 겨울철을 대비하도록 도와준다. 하지만 위뜰라꼬체

버섯은 제철에 먹어야 효과가 있음에도 불구하고 지금은 연중 먹을 수 있는 별미가 되었다. 실제로 우리의 입맛은 우리 문화의 마케터들과 미디어에 의해 유혹되고 교육된다. 마케팅을 "소비자들이 원하는 것을 공급하라."라는 필립 코틀러의 말대로 정의한다면, 우리가 원하는 것이 무엇인지 신중하게 생각해야 한다. 욕망은 채워주지만 기본적 필요를 무시하는 상품에 대한 지나친 자극은 사람들로 하여금 더 많은 가처분소득을 얻는데 열중하게 만든다. 우리는 이것이 파괴적인 길을 따라가는 지속 불가능한 시스템이라는 것을 보지 못한다. 이것은 탄소를 배출하고, 생물다양성을 상실하고, 재생 불가능한 원자재를 낭비적으로 소비하며, 독성 화학물질에 지나치게 의존하는 세계로 향해 가는 길이다. 이것은 해결책이 없는 막다른 골목이다.

## 호기심을 일으키는 구불구불한 길

이 책 전반을 통해 우리는 경제학적 그리고 생태학적 막다른 골목에서 빠져나오기 위해 자연계에서 찾을 수 있는 최상의 아이디어들을 검토해보았다. 우리는 성공적으로 벤치마킹해 실행된 모델들을 검토했으며, 다른 가능성들도 조사해보았다. 우리는 몇 가지 혁신기술들을 서로 엮거나 한 묶음으로 만들어보는 것도 고려해보았다. 도처에서 우리는 많은 사람들이 꿈꾸는 것 이상으로 물질적 효율성과 생산성을 증대시키는 동시에 더 많은 일자리를 창출할 수 있는 엄청난 잠재력을 발견했다. 우리는 지금까지 생산성의 증가란 오직 일자리를 줄여야만 생기는 것으로 믿어 왔기에 이는 진실로 놀라운 발견이다. 자연은 인간보다 현명하며 결핍으로 보이는 것을 충분한 것으로, 더 나아 풍요로운 것으로 전환한다. 자연의 다섯 영역에서의 에너지와 양분의 끊임없는 순환은 수많은 규모의 생산 단위에서 필요로 하는 모든 것을 공급해 준다. 결과의 극대화에 초점을 맞춘 우리의 시스템은 한편으로는 결핍으로, 다른 한편으로는 빈곤으로 향하는 데 반해 생태계는 항상 모두에게 줄 수 있는 것을 충분히 갖고 있다.

생태계의 모든 참여자들은 양분, 에너지, 기본적인 필요에 부응하는 능력에 따라 각자 자신이 줄 수 있는 것을 내놓는다. 모든 것들은 진화하며 위기가 닥쳐오면 적응한다. 자연계에서는 아무도 너무 오랜 기간 동안 방관자로만 남아 있을 수 없다. 자연환경 속에는 판을 지배하는 주도 세력이란 없다. 자연에는 작은 참여자들을 위한 여지가 훨씬 더 많다. 30미터까지 자란 나무는 자신의 성장능력을 믿고 300미터까지 계속해서 자라겠다고 결정하지 않는다. 만일 그렇게 한다면 물리적 힘들이 나무를 파괴한다. 기업은 하나라도 더 제조하면 원가는 더욱 낮아진다는 믿음으로 규모와 시장 점유라는 맹목적인 경주를 정당화하며 끝없는 경비 절감 전략을 추구한다. 힘의 집중에 기초한 '성장' 은 부지불식간에 부수적인 파괴를 가져오며, 전체 시스템에 영향을 주어 탄력성을 상실하게 하고, 변화에 반응하지 못하도록 만들어버린다.

생태계는 양분과 에너지의 끊임없는 순환생산으로부터 혜택을 입는다. 이 지칠 줄 모르는 에너지의 흐름으로 생명은 번창하고 적응한다. 분명한 결핍 상태가 발전하여 충분 상태로, 심지어는 풍요의 상태로 전환된다. 자연계에는 식량이 풍요해지자마자, 몇몇 종들이 번창하거나 또는 새로운 종이 출현한다. 쓰레기는 양분 순환 흐름 속으로 편입되어 다른 생명체의 식량이 된다. 가령 나무의 경우, 낙엽은 땅속 박테리아, 개미, 지렁이들에게 식량이 되지만 이들의 배설물은 다시 나무의 영양분으로 전환된다.

자연계는 화학에 대해서는 다른 접근법을 갖고 있다. 먼저 주 용해제는 물이다. 물은 인간이 발명한 어떤 촉매제보다도 전체 시스템에 훨씬 부드럽게 작용한다. 둘째로 두 분자 간의 결합은 주로 비공유 결합이기 때문에 분해되기가 쉽다. 이들은 분해되어 다른 분자 속에서 다시 사용될 수 있다. 자연의 화학 엔지니어들은 '열고–닫는다' 의 개념을 활용한다. 이것은 분해하고, 분리하고, 다시 통합하는 능력이며 이로 인해 전체 시스템은 고도의 물질적 효율성과 에너지 효율성을 갖는다. 새끼들을 위한 보다 강력한 거미줄을 만들기 위해 어미 거미는 단순히 사용한 거미줄을 먹고 소화시켜 폴리머를 아미노산으로 환원시킨 다음 이를 재사용하여 새 거미줄을 만든다.

종종 혼돈과 동일시되는 비선형 모델은 자연계를 뒷받침하는 원리다. 사실상 자연계 속의 거의 모든 것들은 비선형의 길을 따른다. 1977년 노벨 화학상 수상자인 벨기에의 과학자, 일리야 프리고진Ilya Prigogine은 그의 책 《신동맹La Nouvelle Alliance》에서 이러한 자연적 관계를 '소산 구조dissipative structures' 로 묘사한다. 우리는 무엇이든 직선이나 90도 각도를 유지하고자 하는 욕망이 있으며, 이로 인해 인간이 제조한 대부분의 물건들은 에너지 효율이 매우 떨어진다. 두 점 사이의 최단거리는 직선일지 모르지만 자연은 가장 빠르고 에너지 효율적인 길은 소용돌이 모델이라는 것을 증명해주고 있다.

자연계를 모방하려면 우리의 생산과 소비 시스템을 조정해야 하며, 비선형 모델이 제공하는 명백하고도 놀라운 사실들에 매료되어야 한다. 그렇다고 해서 모든 것이 예측 불가능하다는 것은 아니다. 물리학의 법칙들은 여전히 우주 안에서 적용된다. 이는 하나의 창의적 기술로 다각적인 결과를 가져오는 상호작용적인 힘과 숨겨져 있는 연결점들을 찾아야 함을 의미한다. 이러한 점은 집을 연결해주는 수많은 작은 터널을 만들고 놀라운 정확성으로 온도와 습도를 통제하는 흰개미의 능력을 통해서도 증명되었다. 흰개미들은 자신들이 모든 것들이 어떻게 서로 작용하고 있는지를 정확하게 이해하고 있음을 보여준다. 이러한 복잡한 관계들, 그리고 겉보기에는 혼란스러운 상호작용들의 궁극적인 결과로서 흰개미들은 자신들이 만든 지하 환경 속에서 성공적으로 곰팡이를 재배하고 결국에는 식량을 확보할 수 있다. 지역의 가용자원을 이용하여 흰개미는 자신들의 기본적 필요를 채워주는 놀라운 시스템을 만든다. 흰개미들은 식물의 뿌리 주변의 온도를 높여주어 식물의 성장을 높이고, 식물은 대신 흰개미들에게 나뭇잎을 제공한다. 그리고 다시 흰개미들은 이 나뭇잎들을 잘게 씹어 버섯 농사의 재료로 사용한다.

우리는 공생, 즉 어떻게 종들이 전체 시스템의 공동 목적을 이루기 위해 서로 협력하고 있는지에 대해 배울 필요가 있다. 라스 가비오타스에서 성취한 재생은 소나무와 균근류의 공생관계를 이해함으로써 가능했다. 생태계 내에서 자연의 힘들이 어떻게 자원을 가장 효율적으로 이용하여 항상 진화하고 있는지 이해하게 될 때, 우리는 종종 우리의 무지의 결과로 당하게 되는 재난을 극복할 수 있는 자연적인 재생 능력을 터득하게 될 것이다. 자연은 현금 흐름을 계산하지 않는다. 우리가 우리의 이익을 위해 모든 것을 돈으로 환산하는 일에 정신이 팔려 있을 때, 자연은 단백질, 식수, 에너지 자원, 방어체계와 같은 단위로 가장 잘 측정되는 다각적 소득 흐름을 만들어낸다. 자연은 통합된 이익의 흐름을 계산하여 더 좋은 것을 생산한다. 그러한 시너지 효과는 무상으로 이용할 수 있는 풍요하고 오염되지 않은 물과 공기 같은 공동의 혜택을 가져다준다. 만일 경쟁이 심한 사업에 참여한 기업가들이 그러한 결과를 자신의 목표로 삼는다면, 이들은 계속해서 공동의 혜택을 창출하며, 동시에 거대한 사회 자본을 이룩할 수 있다. 성공을 국민총생산으로 측정하는 대신, 부탄과 같은 나라처럼 국민 행복 지수로 측정하게 될 것이다.

직선형 경제모델은 모든 것에 시장가치를 부여한다. 생산 라인으로 들어가는 모든 것의 원가를 계산하고, 생산된 모든 제품에 들어간 경상비를 계산하며, 비용을 발생시키는 부서는 아웃소싱을 통해 이윤을 창출하는 부서로 바꾸어버린다. 이러한 계산법은 근본적으로 중복되는 것을 제거한 뒤에 남는 모든 것들을 합산하는 통합의 논리를 따른다. 이런 식의 회계법은 같은 회사 내 부서 간 발생하는 시너지 효과를 무시한다. 또, 공짜라고 생각되어 경제적 가치가 없다고 판단되는 공동의 것들을 회계 대상으로 여기지 않는다. 핵심 사업의 논리적 틀 밖에 있는 사회에 부과된 외부 비용도 고려하지 않는다. 또, 이런 식의 회계는 핵심 사업의 일부가 아니라는 이유로 타당성을 검토하지 않기 때문에 상실한 기회들의 가치도 반영되지 않는다. 가장 흔히 일어나고 있는 일은 지구가 회복될 수 없을 정도로 착취되고 있다는 것, 그리고 이 모든 문제에 대한 책임이 자신들에게 전가되고 있는지도 모르는 미래 세대들에게 모든 비용을 떠넘기고 있다는 현실이다. 그리고 수정하고자 하는 어떠한 진지한 노력도 없이 기후변화는 계속 진행되고 있다는 것이다.

기업들은 이윤을 극대화하고 시장 점유를 확보하기 위해서 최저의 생산원가로 생산할 수만 있다면 어느 곳에서든 물건을 생산하려 한다. 이 과정에서 지역사회에 미치게 될 사회적 비용은 전혀 고려하지 않는다. 산업 및 정책 결정은 결코 완전 고용을 가능한 옵션 중 하나로 간주하지 않고 있다. 반면에 자연은 완전 고용을 지향한다. 자연에서는 아무것도 고용되기에 너무 어리거나 너무 나이가 많은 법이 없다. 생태계는 분명히 혁신기술, 협력, 인내, 끈기를 미덕으로 삼고 있지만, 레드이코노미에서의 시장 주역들은 자신들에 의해서 실행되지 않았거나 이해에 도움이 되지 않으면 어떠한 변화에 대해서도 무관심하다. 잘 조직된 생산 라인과 판패 조직을 갖고 있는 시장의 리더들은 현재의 시장 질서, 수입의 흐름 그리고 물론 자신들이 받을 보너스를 위태롭게 하는 어떠한 변화에 대해서도 치열하게 저항한다.

우리는 종들과 생태계가 과거 수많은 재해에 맞서 왔으며, 새로운 또는 엄청나게 변화된 환경에 적응하기 위해 재빨리 진화해 왔다는 사실을 종종 잊어버린다. 이것이야 말로 이산화탄소와 소위 온실 가스라는 다른 문제에 대한 우리의 접근법이 되어야 할 것이다. 우리가 단지 이산화탄소만 생각하고 전체 시스템을 고려하지 않는다면, 우리는 진정한 해결책을 간과하고 있을 가능성이 높다. 미세조류로 생물연료를 생산하기 위해 이산화탄소를 수확하는 것은 단순하지만 다각적 수입을 창출하는 뛰어난 해결책이다. 이 해결책은 끊임없이 수확할 수 있으며, 광-바이오 정제에서 탄소계 가스들을 재활용할 수 있고, 황산 없이도 폴리에스테르를 생산할 수 있다. 만약 반대로 우리가 이것이 야기하는 가스와 문제들만 생각하고 공학적 해결책을 찾기로 한다면, 핵폐기물이나 막대한 양의 이산화탄소 폐기물을 깊은 바닷속에 던져 넣는 것이 명쾌하고 논리적인 방법으로 보일 것이다. 그것이 비록 납세자들에게 엄청난 비용 부담이 될지라도 말이다. 생태계의 다양한 해결 능력을 단지 이산화탄소 방출량 감소와 같은 단순한 도식으로 축소하여 이해하고 있을 때만이 이러한 값비싼 해결안들을 선택할 수 있을 것이다. 이것은 위험요소를 관리하고 새로운 장기적 방안을 마련할 기회를 박탈해버린다. 그리고 사람들은 장기적인 파급 효과를 예측할 수 없고 그저 임시변통에 매달려 허둥지둥하게 된다.

변화를 지극히 정상적인 것으로 인식하는 진화의 모델에서는 유연성 역시 불변의 법칙이다. 자연 시스템은 단순하지만 복합적인 알고리즘을 이용해 진화하기 때문에, 필연적인 변화에 잠재된 위험요소들이 완화된다. 바로 자원과 에너지를 절약하여 더 많은 생명, 더 다양한 종들이 시스템 안에서 번성하고 자신들의 회복력을 시스템에 적용할 수 있도록 돕는 것이다.

생태계의 힘에 영감을 받은 사업 기회는 블루이코노미의 목적들을 보여준다. 우리 앞에 드러난 것들은 각 종의 천재성 그 이상이다. 각 부분보다 전체의 능력이 훨씬 뛰어나다. 자양분과 에너지를 끊임없이 순환생산 하는 이 놀라운 생태계를 지탱하는 이 세상은 빈곤과 불행, 불평등과 낭비를 근절하기 위한 도전을 받아들일 능력 또한 갖추고 있다. 자연의 뛰어난 모범에서 얻어진 100가지의 혁신기술에만 주목해도, 우리는 다음 10년 안에 최대 1억 개의 일자리 창출을 꿈꾸어볼 수 있다.

전 세계 기업가들이 창조성과 결단력을 갖도록 영감을 주자. 그들은 새로운 경제를 건설할 다양한 기회를 이러한 혁신기술들 속에서 찾아낼 것이다. 우리가 우리의 관심과 시각을 변화시켜 자연의 위대한 업적에서 영감을 찾는다면, 우리는 가능성에서 충분한 실행 능력으로, 생산량에서 생산의 질로, 규모의 경제에서 범위의 경제로 나아가며, 푸른 행성을 위한 푸른 경제, 곧 블루이코노미를 창조할 수 있을 것이다.

# 질적 비교

| 자연의 MBA – 풍요 | 핵심 사업의 MBA – 부족 |
| --- | --- |
| 1. 모든 이들이 자신의 역량을 다할 수 있는 일자리가 있음. | 실업은 시스템의 일부임. |
| 2. 수많은 소규모의 공헌자들과 사업 기회가 존재함. | 몇몇에게만 힘이 집중됨. 거대 다국적 기업이 곧 규칙임. |
| 3. 모든 것이 활용됨. : 양분과 에너지가 순환생산 됨. | 매우 적은 부분만 활용되며, 나머지는 버려짐. – 매립지에 던져지거나 소각장에서 무조건 태워버림. |
| 4. 예측이 가능한 물리학이 최우선의 에너지원이 됨. | 우선적으로 재생 불가능한 화석연료를 사용함. 기후변화는 필연적임. |
| 5. 물이 주요 용해제로 이용됨. 화학은 제한적으로 이용되며 차선책임. | 화학 의존도가 높음. 공유결합을 위해 유독한 용해제를 이용함. |
| 6. 생물종은 시간과 장소에 따라 달라짐. 생물학에는 언제나 예외가 존재함. | 결과는 표준화되고 예측화됨. 생물학은 복제됨. |
| 7. 끊임없는 변화는 진화의 토대임. | 근본적 변화를 거부함. 혁신기술을 파괴적인 것으로 간주함. |
| 8. 지역적으로 이용 가능한 것을 활용함. | 집중화된 생산 방식으로 인해 전 세계에서 자재를 가져옴. |
| 9. 잘 드러나진 않지만 모두의 기본적 필요가 충족됨. | 많은 이들이 부를 누리지만 또한 많은 이들이 소외됨. |
| 10. 모든 모델들은 거의 예외 없이 일직선이 아님. | 모든 것은 일직선으로 설계됨. |
| 11. 모든 물질은 시간에 따라 분해됨. | 공유분자결합으로 일회용 상품조차 분해되지 않음. |
| 12. 모든 것은 연결되어 있으며, 공생하며 진화함. | 모든 것이 독립적임. 금융분야를 제외하면 시너지는 권장되지 않음. |
| 13. 깨끗한 공기와 물은 충분하며 무료임. | 모든 것 심지어 물과 같이 필수적인 것도 이익을 위해서라면 판매됨. |
| 14. 한 가지 시도로 여러 참여자들을 위한 다양한 수익을 창출할 수 있음. | 단일 프로젝트는 곧 원래 시도자와 지배적인 참여자들을 위한 단일 현금 유입을 의미함. |
| 15. 위험요소는 분담됨. | 위험요소가 혁신기술을 가로막음. |
| 16. 자원과 에너지는 최대한 활용되며, 이에 따른 과세조치는 없음. | 과세를 통해 부를 재분배함. |
| 17. 시스템을 최적화함. | 하나의 성공적인 요소만 극대화됨. |
| 18. 풍부한 다양성이 존재함. | 표준화가 곧 법칙임. |
| 19. 부정적 요소는 긍정적 요소로 진환됨. | 부정적 요소를 완화하기 위해 비싼 대가를 치름. |
| 20. 범위의 경제에 기반함. | 규모의 경제에 기반함. |

블루이코노미를 순환생산 시키기

377

# EPILOGUE
## 꿈의 실현

## THE BLUE ECONOMY
What a wonderful world
푸른 하늘과 흰 구름들이 보이네요.
밝은 축복의 낮, 어둡고 신성한 밤.
그리고 혼자 생각하죠. 이 얼마나 아름다운 세상인가.
−로버트 티엘Robert Thiele & 조지 데이비드 위스George David Weiss 작곡
−루이 암스트롱Louis Armstrong 노래

1994년 ZERI(Zero Emissions Research Initiative) 재단은 농장의 커피 펄프 쓰레기를 이용하여 인간을 위한 버섯을 재배하고 남은 세균으로 동물 사료를 생산하는, 선구적인 펄프-단백질 프로그램을 시작했다. 농장에서 소비자까지 모든 과정을 인정받는 데 거의 10년이라는 연구 기간이 걸렸다. 20개의 과학지들이 '펄프-단백질' 프로그램의 중추적 역할을 담당했다. 콜롬비아와 짐바브웨의 수십 개의 마을에서 1만 명이 넘는 사람들이 버섯 재배라는 단순하고 지속 가능한 방법에 자신들의 생계를 의지하며 살아가고 있다. 인도의 마을들에서는 이 기술을 활용하여 수년간의 굶주림과 영양실조를 극복하고 식량을 자급자족할 수 있게 되었다. 2008년 한 해에만 탄자니아, 콩고, 남아프리카, 카메룬, 모잠비크, 미국에 교육프로그램이 도입되어 농부들은 이 시스템을 활용할 수 있도록 교육받고 있다.

"커피는 섬유소와 카페인이 풍부하여 버섯 재배에 알맞은 세균이 된다."고 에밀리오 에체베리Emilio Echeverri 전 콜롬비아커피연합회 부회장은 설명한다. 에체베리는 펄프-단백질 프로그램이 처음 시작될 때부터 지원해 왔으며, 나중에 커피 재배 지역인 칼다스 주의 주지사로 선출되었다. 버섯은 카페인이 포함된 세균에서 참나무세균보다 약 3배가량 빨리 자라기 때문에 중국과 다른 지역에서는 참나무 숲을 보호하곤 한다.

카르멘자 자라밀로는 1978년에 양송이버섯 재배 연구를 시작했다. 나는 1994년 콜롬비아커피연합회의 지원을 받는 펄프-단백질 장려

연구프로그램과의 연계를 통해 그녀를 만나게 되었다. 그녀는 6년간 버섯 재배를 연구했으며, 검토된 전문가들의 논문 여러 편을 영어와 에스파냐어로 발표한 뒤 이 사업의 목표 달성을 위해 최선을 다해 왔다. 그녀는 콜롬비아 마니잘레스에 자신의 버섯농장을 시작하고 정

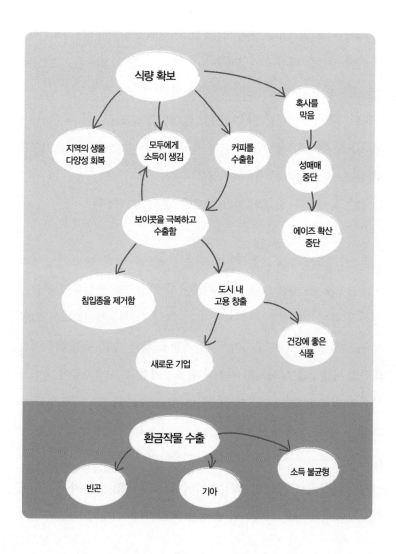

말로 많은 사람들을 교육시켜 왔다. 프란체니드 페르도모와 같은 카르멘자의 학생들은 이제 전문가가 되어 다른 이들을 교육시키고, 지식의 순환생산을 통해 식량을 확보할 수 있도록 그들을 돕고 있다.

동시에 5년 동안 매일 땅콩 한 접시로 버텨야 했던 짐바브웨의 고아 소녀 치도 고베로는 열두 살에 버섯 재배법을 배웠다. 그녀는 몇 달 만에 빈곤을 벗어나 자급자족할 수 있게 되었다. 치도는 짐바브웨 무타레의 아프리카 대학에서 2년을 보낼 수 있는 특별한 기회를 갖게 되었다. 대학 원예연구실의 마거릿 타그위라Margaret Tagwira의 지도 아래 치도는 완벽한 버섯 조직 배양 지식을 갖출 수 있었다. 치도가 '그린 섬green thumb(원예에 재능이 탁월한 사람을 가리키는 말 – 옮긴이)'이라는 것은 확실했다. 그녀의 손만 닿으면 식량으로 변한다.

폴 카체프Paul Katzeff는 캘리포니아 멘도치노의 땡스기빙커피 Thanksgiving Coffee사의 설립자로, 미국에서 처음으로 공정무역 인증을 받은 커피를 판매하는 사회기업가다. 그의 회사는 캘리포니아 기업으로는 처음으로 에티오피아에 7만 5천 그루의 숲을 조성하여 이산화탄소 배출량을 상쇄시킨 기업이다. 또, 기업 소유의 차량에 바이오디젤을 원료로 이용한 첫 번째 기업이기도 하다. 카체프는 제리ZERI가 개발한 펄프-단백질 개념을 SCAA(미국스페셜티커피협회)와 커피 비즈니스에 종사하는 다른 동료들에게 소개했다. 카체프는 "우리는 항상 환금작물과 지역 발전 사이에 끼어 꼼짝할 수 없었다. 하지만 이제 환금작물에서 나온 쓰레기가 식량을 제공한다. 이것이 바로 우리가 추구해야 할 경제모델이다."라고 말했다.

## 캘리포니아에서의 성공

2008년 경제위기 이후, 제리zeri 재단은 빠르고 실질적인 해결책으로 커피 찌꺼기를 이용하여 버섯을 재배할 것을 제안했다. 그리고 MCCDC(마린시티 지역개발조합)의 마키니 하산Makini Hassan 이사장은 이 아이디어를 적극 환영했다. 그녀의 주장은 확실했다. 모든 자세한 사항을 알게된 뒤 그녀는 "우리는 이 일을 해야 합니다."라고 외쳤다. "캘리포니아의 실업률이 11퍼센트에 달하고 있습니다. 우리는 지금 당장 고용을 창출해야 합니다."

2009년 4월 치도 고베로와 카르멘자 자라밀로는 조지아 주 애틀랜타에서 열린 SCAA 컨퍼런스에서 연설할 기회를 가졌다. SCAA 컨퍼런스는 제리zeri 재단에 2009년 지속 가능성 대상을 수여하기도 했다. 그후 그녀들은 바로 지역 커피숍에서 나온 커피 찌꺼기로 이상적인 버섯 재배 세균을 생산하는 과정을 보여주기 위해 샌프란시스코로 떠났다. 그들은 소살리토와 밀벨리 사이의 도시 지역인 마린시티로 자신들의 전문지식을 나누어 주었다. 마키니 하산 이사장의 반응은 그야말로 열정적이었다. "사회적 기업으로서 젊은이들이 수익을 창출하고, 시장의 필요에 부응하고, 치도 고베로와 같은 현장 기업가로부터 이렇게 뛰어난 지속 가능한 생산방법을 배울 수 있는 기회는 많지 않다."고 그녀는 말했다.

치도와 카르멘자는 유씨버클리 하스 경영대학원의 우수 학생들인 니킬 아로라Nikhil Arora와 알렉스 벨레즈Alex Velez가 처음으로 230킬로 그램 상당의 커피 찌꺼기에 버섯종균을 접종하고, BTTR 벤처스사를 시작할 수 있도록 도왔다. 그들은 기업가로서 지속 가능한 사업행위를 통해 지속 가능한 수익을 창출하기 위해 노력하는 것이다. "열악한 환경의 짐바브웨와 콜롬비아에서 가능했다면, 캘리포니아에서도 성공할 것은 틀림없다."고 아로라는 결론내렸다. 그녀는 벨레즈와 함께 베이 에리어에서 이 비즈니스 모델을 시작하기 위해 고소득의 컨설팅 직업을 포기했다. "정말 좋은 것은, 커피 찌꺼기는 스팀과 끓는 물 외에 어떤 것도 첨가되지 않았다는 것이다. 이것은 이 재료가 이미 살균되었으며, 버섯 세균을 준비하는 데 드는 에너지 비용의 80퍼센트가 줄어든다는 것을 의미한다."고 벨레즈는 설명했다.

원자재는 무상이며, 에너지 요구량은 아주 적고, 상품 수요는 어마어마하다. 이런 모든 장점들 덕분에 이 젊은 사업가들은 시장 가격보다 낮은 가격으로 버섯을 제공할 수 있으며, 따라서 시장 점유율도 높아질 것이다. 더욱이 카페인 때문에 버섯이 더 신속히 자실체를 만들어내면 현금 유동성이 높아져, 다른 경쟁 버섯 재배농들보다 버섯을 더 많이 생산할 수 있다. 버섯 재배 후 남는 세균은 풍부한 단백질 덕분에 훌륭한 비료가 되거나, 닭이나 염소 또는 뉴멕시코 피큐리스 푸에블로의 선구적인 프로젝트처럼 아메리카 들소의 먹이로 이용될 수도 있다. 하지만 샌프란시스코의 베이 에리아에는 이런 가축들이 거의 없으므로 이런 남은 세균들은 지역 공원의 퇴비로 쓰이게 될 것이다.

## 커피, 침입 식물들, 그리고 지역의 생물다양성

세 번째 기회가 다가왔다. 나는 마린컨트리 해변을 따라 위치한 골든 게이트 레크리에이셔널 파크 내의 유기농 농장 슬라이드 랜치의 찰스 히긴즈Charles Higgins 이사를 만났다. 만난 지 얼마 되지 않아 우리는 함께 펄프-단백질 프로젝트를 이 해변을 따라 확장하기로 했다. 공원 서비스의 목표 중 하나는 침입 외래종들을 제거하는 것이다. 하지만 이런 사업에는 많은 시간과 자본이 필수적이다. 그러나 산 라파엘 근처의 이퀘이터 에스테이트 커피 앤드 티Equator Estate Coffees & Teas 사에서 공급받은 커피 찌꺼기와 이런 침입종 식물들을 섞으면 버섯을 생산할 수 있다. 깎은 풀이나 부러진 나뭇가지, 옥수수 속대 등을 이용하여 성공적으로 버섯을 재배했던 치도는 그곳의 침입종 식물들을 보고 "정말 천국에 온 것 같네요. 짐바브웨에서는 단 한 번도 이렇게 풍부한 바이오매스를 가져본 적이 없어요."라고 말했다.

단지 2주 동안 재배장을 시험 운영하자 펄프-단백질 모델의 가능성을 확인할 수 있었다. '8~10곳의 커피숍만 있으면 재배장 한 곳을 충분히 구성할 수 있다."고 아로라는 말했다. 베이 에리아에 800만 명이 살고 있다는 것을 감안하면 닭고기를 이용하는 것처럼 쉽게 버

385

섯을 단백질 공급원으로 이용하게 만들 수 있다. 동시에 이 사업은 높은 수입과 수천 개의 일자리를 창출하고, 저렴하면서도 질 좋은 식품을 공급한다. BTTR사는 250개의 고용 창출을 목표로 하고 있다. 제한선은 없다. 하지만 미국에서 커피 찌꺼기만으로 창출될 수 있는 고용은 5만여 개로 추정된다. "왜! 뜸 들이고 있는가?"

최근 뉴스위크는 아로라와 벨레즈를 최고의 25세 이하 젊은 기업가들 중 하나로 선정했다. 또한 세계 전역의 아주 기본적인 수준에서 사업과 혁신기술을 실현하는 프로젝트나 소기업을 찾아 심사하는 BBC 월드 챌린지에서는 그들을 2위로 선정했다. 이 사업은 정말로 영감적인 비즈니스 모델이다.

25달러씩 하는 제철 야생버섯은 철이 아니면 이용할 수 없다. 하지만 커피 찌꺼기와 침입종 식물들의 혼합물과 벨레즈와 아로라의 사업적 접근법을 통해 일 년 내내 야생버섯을 먹을 수 있게 될 것이다. 이러한 접근법을 통해 매립 쓰레기와 메탄 가스 생산을 줄이고 소비자들에게 자신들의 뒤뜰에서도 지속 가능한 해결책을 찾을 수 있다는 것을 알려줄 수 있다.

밀 벨리에서 잠깐 거주하는 동안 나는 무어 우즈에 자주 들르곤 했다. 나는 그곳에서 종종 진균류임이 분명한 생물들이 놀라울 정도로 다양하게 서식하고 있는 것을 관찰했다. 제리ZERI 재단에서는 지역 삼림지에 서식하는 토종버섯을 많이 연구해 왔다. 그리고 이런 연구들 덕분에 미국 최초로 '주립 버섯종균은행'이 뉴멕시코에 세워졌다. 미국에서 나에게 지도받은 최초의 학생 중 한 명인 린다 테일러Lynda Taylor가 이 종균은행 사업을 시작했다. 미국인들이 점점 더 건강한 식품 섭취의 중요성을 인식하고 있는 시기에 단백질과 필수 아미노산이 풍부하고 콜레스테롤과 중성지방산은 거의 없는 버섯은 그야말로 최고의 상품이다. 이미 다른 곳에서 생산 계획은 증명되었으며, 베이 에리어의 BTTR 벤처스의 사업을 통해 전국 생산을 위한 토대가 마련될 것이다.

## 부당한 보이콧을 극복하기

치도와 카르멘자는 미국에서 고용 창출 계획을 위한 일들을 끝마치자 모두 고국으로 돌아갔다. 마린시티에 머무는 동안 치도는 그 지역의 한 교회에 나갔는데, 그곳에서 신도 중 한 명에게서 "미국이 마음에 듭니까?"라는 질문을 받았다. 그녀는 그렇다고 답은 했지만, 짐바브웨에서 달성해야 할 사명 때문에 돌아가고 싶다는 말을 덧붙였다. 자연을 조력자로 고아 소녀들을 교육시키고 그들이 식량을 확보하고 자급할 수 있도록 돕겠다는 맹세 때문이다. 미국에서의 마지막 날 치도는 헬렌 러셀Helen Russell과 브루크 맥도넬Brooke McDonnell을 만났다. 그들은 여사장이 운영하는 캘리포니아 산라파엘의 커피 도매업체, 이쿼이터 에스테이트 커피 앤드 티의 공동 창업자다. 이 만남에서 '치도의 블렌드Chido's Blend'라는 새로운 아이디어가 만들어졌다.

10년 만에 처음으로 미국이 짐바브웨산 프리미엄 커피를 구매하는 것이다. 수년간의 보이콧이 끝나고 이제 짐바브웨 농부들은 자신들의 프리미엄 커피를 미국 소비자들에게 판매할 기회를 갖게 될 것이다.

이 계획은 발전 과정에 관계된 모든 사람들에게 권리를 부여한다. 짐바브웨의 커피 농장들은 주변의 어려움에 처한 고아들을 교육시키는 데 참여할 때만 '치도의 블렌드' 라는 브랜드 이름으로 수출할 기회를 갖게 된다. 이 환금작물은 이제 보다 많은 고용 기회를 창출하는 수출 상품이 되었다. 커피 찌꺼기를 버섯으로 바꾸고, 버섯에서 나온 쓰레기는 동물 사료로 이용함으로써 식량을 확보할 수 있다. 소녀들, 특히 고아 소녀들이 식량을 확보할 수 있게 되면 소녀들이 혹사당할 위험도 줄어들게 된다.

'치도의 블렌드' 의 첫 구매자들에게 《희망의 미래, 불안정한 세계에 보내는 한 아프리카 고아의 메시지The Future of Hope, A Message from an African Orphan to a World in Turmoil》라는 제목의 치도에 관한 책을 무료로 나누어 주었다. 지난 15년간 마치 떠돌이처럼 아무 곳에서나 지친 몸을 눕혀야 했던 그녀는 이 책을 1천 부를 판매한 수익금으로 드디어 자신의 집을 지을 수 있게 되었다. 사실 치도는 두 번째 집을 짓고 있다. 첫 번째 집은 버섯을 위한 집이었기 때문이다! 커피 판매는 점점 좋아지고 있으며, 치도는 언젠가 쿠푼다 마을에 자신의 집뿐만 아니라 그 마을의 다른 고아들이 서로에게서 배울 수 있도록 다른 집을 지을 때 경제적으로 도울 수 있을 것이다. 치도의 꿈은 버스를 타고 다른 아프리카의 커피 농장으로 여행을 떠나는 것이다. 버스가 멈추는 곳마다 그녀는 같은 제안을 할 것이다. "만약 여러분이 주변의 고아 소녀들이 교육을 받을 수 있도록 도와준다면 우리는 당신이 미국 시장에 접근할 수 있도록 돕겠습니다." 치도는 이렇게 말한다. "우리는 고아 소녀들을 교육시키는 방법을 알고 있습니다. 나도 가진 것이라 곤 굶주림과 내 어린 남동생과 눈먼 할머니를 먹여 살려야 한다는 열망 외에 아무것도 없었던, 그들과 같은 고아였으니까요"

치도는 다음 10년간 아프리카 전역의 수천 명의 고아 소녀들에게 손 내밀기를 원한다. 혹사당하는 고아들이 있는 한 결코 이 일을 멈추지 않겠다고 맹세했다. 그들이 간절히 원하는 것은 마실 물이 있는 우물과 흙으로 지은 집, 그리고 자신들이 먹을 채소를 기르기 위한 작은 땅이 전부다. 그들은 혹사를 조용히 감수할 수밖에 없다. 그들을 혹사시키는 것은 종종 그들의 친척들이다. 고아들은 지참금을 내줄 아버지도, 어머니도 없기 때문에 대부분 결혼도 하지 못한다. 고아들이 몇 년 동안의 혹사를 견디다 결국 성적 노예가 되는 경우가 너무 많다. 그러나 고아 소녀들이 자신의 가족들을 먹여 살릴 수 있는 기술을 습득한다면, 지참금 따위는 필요도 없게 될 것이다.

이런 경험들을 통해 우리는 이 세계가 모두 연결되어 있다는 것을 깨닫게 된다. 자연계의 모든 존재는 다른 존재와 연결되어 있다. 우리는 이를 현대사회 속에서도 찾아볼 수 있다. 점점 거세지는 무역 보이콧이 환금작물의 수출과 연결되며, 환금작물의 쓰레기는 식량 확보와 연결되어 아프리카뿐만 아니라 미국의 도시 한가운데서도 고용을 창출한다. 식량 확보를 통해 자립과 자급이 가능해진다. 의존성을 제거함으로써 혹사의 전제조건들을 제거하고, 건강과 번영의 조건들은 증진시킬 수 있다. 이 모든 것이 미국 소비자들이 이퀘이터 에스테이트에서 몇 파운드의 '치도의 블렌드' 커피를 구매함으로써 가능한 일이다. 이것은 개인의 소비가 머나먼 곳의 경제에 미치는 영향을 분명하게 보여주는 예다. 마찬가지로 짐바브웨 고아 소녀들과 생태학적 사고를 가진 사업가들에 대한 치도의 멘토로서의 역할은 어떻게 한 개인의 행동이 많은 사람들의 삶에 영향을 끼치는지 확실히 보여주고 있다.

우리는 이렇게 작은 성공들로 다른 사람이 보다 큰 것을 성취할 수 있도록 영감을 주고, 어디에 있건 각자가 자신의 삶을 통해 블루이코노미에 기여하는 것의 의미와 중요성을 깨닫게 되기를 희망한다. 블루이코노미는 모두의 기여를 수용한다. 블루이코노미는 모든 기여를 활용하고 모든 참여자들에게 이익을 주면서 끝없는 혁신기술과 진화를 순환생산 한다.

## 제리ZERI에서 100까지

나는 1996년 진정한 지속 가능성을 촉진할 수 있는 발전의 전략적 수단을 조사하고, 상상하고, 발견하기 위해 제리ZERI 재단을 설립했다. 나는 계속해서 개인들과 기업, 심지어 국가들의 멘토로서 일하고 있다. 나는 그들이 자연이 성취하는 완벽함을 깨닫고 블루이코노미가 이 행성의 사람들과 환경에게 역동적이면서도 지속 가능한 성공을 가져다줄 것이라는 것을 이해하도록 돕고 있다. 나는 현재 부탄(인도 북동부 히말라야 산맥 속의 작은 왕국 - 옮긴이)과 카나리아 제도의 엘 이에로 섬에서 블루이코노미의 범주 아래에서 지역의 경제 성장을 돕는 멘토로서 일하고 있다. 점점 더 증가하고 있는 환경적 혁신기술들을 이용한다는 것은 개발도상국들이 선진국들의 실수를 똑같이 겪지 않고도 만연한 가난과 오염, 질병을 근절할 수 있다는 뜻이다. 부탄과 같은 나라나 카나리아 제도의 엘 이에로 같은 섬은 사회의 방향을 지속 가능성으로 돌릴 침투 전략에 착수할 수 있을 것이다.

엘 이에로의 주민들은 위성 발사대나 전파탐지소의 설치 제안을 거절했다. 그들은 가장 중요한 기준에 맞는 대안을 찾아 왔다. 그들은 미래 세대들에게 많은 기회를 제공할 수 있는 지속 가능한 미래를 공급하고자 했다. 그들은 이 책이 설명하고 있는 100가지 혁신기술 중 19가지를 선택했다. 공공 및 민간 부문에서 2011년 말까지 엘 이에로 섬 전체가 물과 에너지를 자급할 수 있도록 하기 위해 필요한 자금을 모았다. 농부들은 7년 안에 모든 작물들을 유기농과 지속 가능성의 표준에 따라 재배하고, 농업 폐기물들은 버섯 재배에 활용하고, 재배 후 남은 세균은 동물 사료로 이용하는 데 동의했다. 이반카 밀렌코빅도 이 목표를 위해 지원을 아끼지 않기로 했다. 또, 10년 안에 섬 안의 모든 차를 전기 차로 바꾸고 이에 필요한 에너지는 자이언트 켈프

giant kelp(대형 해초의 일종 – 옮긴이)처럼 움직여 파도에서 에너지를 얻는 장치를 이용하기로 했다. 필요한 투자비용은 이미 산출되었으며, 핵심적 자금들은 이미 보장받은 상태다.

부탄에서의 접근법도 이와 비슷하다. 최근 방문을 통해 히말라야의 작은 나라가 앞으로 20년 안에 지구 온난화로 인해 주요 에너지원인 빙하를 이용한 수력 발전을 이용하지 못하게 될 것이 확실해졌다. 이 원시의 아름다움을 간직한 땅은 쓰레기와 소비주의로 인해 스트레스를 받아 왔다. 국가 지도자들과의 상담을 통해 나는 다가올 미래를 위한 확실한 경제적 기반을 세워줄 15가지의 혁신기술을 골랐다. 이 혁신기술들을 살펴보면, 모든 플라스틱 쓰레기들은 바이오플라스틱으로 전환될 것이다. 생사生絲 재배와 수확을 통해 건강 분야에 새로운 산업을 창출하면서 동시에 농토를 기름지게 유지할 것이다. 소형 터빈으로 지역의 풍부한 에너지원인 바람을 이용할 것이다. 정부는 건물 디자인과 건축이 지속 가능성의 에너지 절약형 건물이 될 수 있도록 지원을 아끼지 않고 있다. 스웨덴의 뛰어난 건축가인 안데르스 나이퀴스트 역시 이 사업을 지원하고 있다. 정말 주목할 것은 이런 기회들이 확실해지자마자 기업가들과 투자자들이 나타났다는 것이다.

나는 이 책이 설명하고 있는 혁신기술들 중 하나에 영감받아 태어난 새로운 사업 모델을 소개하는 웹방송을 시작(2010년 2월에 시작함)했으며, 이를 매우 기쁘게 생각한다. 이 방송을 통해 100가지 혁신기술을 매주 하나씩 100주 동안 소개하게 될 것이다. 그리고 이 토론은 전 세계 지역민들에게 지역의 언어로 보급될 것이다. 이런 전자 강의를 통해 진지하게 블루이코노미를 향해 나아가고자 하는 사람들에게 보다 많은 정보와 자원을 공급하게 되길 희망하고 있다.

아직은 이런 성공과 모험들이 작아 보이지만 전 세계적으로 10년 간만 노력해도 엄청난 변화를 이룰 수 있을 것이다. 점차 많은 지역과 국가들이 사람들에게 힘을 주고 지역사회를 떠받치는 이런 지혜로운 해결책들과 혁신기술들을 받아들이기 시작했다는 것에는 의심의 여지가 없다. 새로운 시도가 시작되고 사람들이 자신들의 성공을 나누고 있는 이 시대에 많은 이들이 이제 다음 단계를 위한 확신을 가질 수 있을 것이다. 에스파냐의 하비에르 모랄레스Javier Morales와 부탄의 틴리 코덴Thinley Choden이 자신들에게 성공을 가져다줄 새로운 아이디어들을 실행하기로 결심했던 것처럼, 다른 수많은 사람들도 이와 비슷한 비전과 힘을 가지고 앞으로 나아갈 것이다. 우리는 이런 계속되는 노력이 보다 큰 어떤 것을 성취하도록 다른 사람을 설득하고, 전 세계 모든 곳의 개인들이 각자의 삶을 통해 블루이코노미에 기여하는 것의 의미와 중요성을 깨닫게 되기를 희망한다. 블루이코노미는 모두의 기여를 필요로 한다. 블루이코노미는 모든 기여를 활용하고 모든 참여자들에게 이익을 주면서 끝없이 혁신기술과 진화를 순환생산 한다.

우리는 경제원칙이 곧 사회원칙이라는 것을 기억해야 한다. 마찬가지로 사회원칙이 곧 경제원칙이 된다. 우리 경제와 사회, 그리고 우리 행성의 환경적 성공은 블루이코노미의 풍요를 성취하고자 하는 공동의 노력에 달려 있다.

부록 1
# 자연에서 영감받은 100가지 혁신기술 도표

## 생태계처럼 에너지를 순환생산 함

| 혁신기술 순위 | 잠재적 기회 | 연구/사업 지역 | 개발자 | 생물종 |
|---|---|---|---|---|
| 1. 우림 회복 | 물, 식량, 연료, 탄소 배출량, 생계 보장 | 라스 가비오타스 | 파올로 루가리 | 캐리비안 소나무, 균근 |
| 2. 통합 농법과 식품 처리 | 지역에서 재배하고 가공한 식품, 수질, 바이오연료, 도시 정원 | 손가이, 베냉 | 갓프리 나무조 신부 | 구더기 |
| 3. 펄프로 단백질을 생산 | 버섯, 바이오연료, 동물 사료, 수출 작물, 지역 식품 | 홍콩, 콜롬비아, 세르비아, 짐바브웨 | 슈팅 창, 카르멘자 자라밀로, 이반카 밀렌코빅, 치도 고베로 | 식물, 버섯, 동물 |
| 4. 이산화탄소로 생물연료 | 이산화탄소 포집, 식량, 바이오연료, 바이오플라스틱 | 리오그란데 도 술 대학, 브라질 | 조지 알베르토 비에이라 코스타, 루치오 브루쉬 다 프라가 | 스피루리나 (Arthrospira platensis) |
| 5. 순환생산 양조장 | 맥주, 버섯, 빵, 소시지, 바이오연료, 물 | 나미브; 미국, 일본, 스웨덴 | 조지 찬, 짐 루더스 | 식물, 동물, 버섯, 조류, 박테리아 |
| 6. 토지를 재생하는 실크 | 강철과 티타늄 대체, 의료 기기, 면도날에서 화장품까지 다양한 소비재 | 옥스퍼드 바이오메터리얼스, 영국, 독일 | 프라츠 볼라스 | 누에, 황금 거미 |
| 7.대나무 주택 | 주택, 토지, 종이 재활용, 물, 난민들 | 마니잘레스, 콜롬비아; 발리, 브레멘 대학, 독일 | 시게루 반, 사비네 보데, 시몬 벨레즈, 캐롤리나 살라자르 오캄포, 린다 갈란드, 잉 흐 클라우스 스테펜스 | 대나무 (Guadua angustifolia) |
| 8. 빠르고 저렴한 건축을 위한 건축자재 | 재생 가능한 건축자재로 종이를 활용하며, 응급 대피소에 적합 | 일본 | 시게루 반 | 나무 섬유소는 어떤 것이라도 가능함. |
| 9. 생태학적 폐수 처리 시스템 | 물, 곰팡이, 바이오가스, 비료 | 존 토드 에콜로지컬 디자인, 미국 | 존 토드 | 식물, 조류, 버섯, 물고기, 박테리아 |

| 혁신기술 순위 | 잠재적 기회 | 연구/사업 지역 | 개발자 | 생물종 |
|---|---|---|---|---|
| 10. 식품 추출 방화제 | 농업 폐기물 재활용, 건강증진 제품, 광업 | 틀룰쉬텍 AB, 스웨덴; 디플라모 AB, 스웨덴 | 메츠 닐슨 | 감귤류 과일 껍질, 포도 찌꺼기 |
| 11. 재활용이 불가능한 유리를 건축자재로 | 다목적 건축자재, 소비재와 농업 상품 | 어스스톤, 미국 MRD AB, 스웨덴 피츠버그 코닝, 유럽 | 앤드루 운거라이터, 게이 딜링험, 아케 마드 | 실리카 규조 |
| 12. 우림과 같은 공기 흐름 | 수목원, 공기 정화, 에너지 절약, 실내 디자인 | 라반데 필터 AB, 스웨덴, | 크리스터 스웨딘, 라스 테오펠트 | 우림 생태계 |
| 13. 자외선 차단 | 착색, 화장품, 건강 등을 위한 다양한 재료들 | 나무르 대학, 벨기에 옥스퍼드 대학, 영국 | 장 폴 빅네론, 앤드루 파커 | 에델바이스와 토마토 |
| 14. 음식물 쓰레기 전분을 플라스틱으로 | 바이오플라스틱, 매립 쓰레기 감소, 동물 사료, 바이오연료 | 규슈 공업대학, 일본 | 요시히토 시라이 | 곰팡이 (Rhizopus oryzae) |
| 15. 나무를 식량으로 | 숯, 버섯, 동물 사료, 건축용 나무 보호 | 피큐리스 푸에블로, 뉴멕시코, 미국; 콜롬비아 | 린다 테일러, 로버트 하스펠, 안토니오 기랄도 마야 | 나무, 진균류, 동물 |
| 16. 초원의 바이오연료 | 관광, 바이오연료, 생물 다양성 | 랜드 인스티튜트, 미국 | 웨스 잭슨 | 기름을 함유한 식물과 열매 |

**무로 유를 대체함**

| | | | | |
|---|---|---|---|---|
| 17. 배터리 없는 세상 | 전기, 의료장비, 게임과 장난감, 의류, 신발 | 프라운호퍼 연구소, 독일; 콜롬비아 | 피터 스파이즈, 조지 레이놀즈 | 온혈 동물 |
| 18. 제련 없애기 | 순수한 금속, 에너지 효율성, 생태적 쓰레기 처리, 광산업 | 프라임 세퍼레이션스, 미국 | 헨리 콜신크시, 로버트 쿨리 | 박테리아 |
| 19. 유독성 화학약품을 대체하는 물리학 | 식수, 살충제 대체, 얼음 제조, 관개, 블렌딩 시스템 | 와트레코, 스웨덴 | 쿠르트 할베르그, 오베 모텐슨 | 중력에 의해 생성되는 소용돌이 |
| 20. 냉장고의 필요를 없앰 | 백신, 의약품, 식량 보존 | 케임브리지 바이오스터빌러티, 영국(뉴코) | 브루스 로저 | 물곰, 재생고사리 |
| 21. 풀 없이도 잘 붙는다 | 소비재와 산업에 적용 | 벨크로, 미국 | 조지 드 메스트럴 | 도꼬마리 |
| 22. 무 살균제 | 농업, 오일과 가스, 식품 처리, 소비재, 의료, 의약품, | 커먼웰스 바이오테크놀로지, 미국; 벤처파마, 중국 | 피터 스타인버그, 스테판 크젤레버그 | 적조 (Delicea Pulchra) |
| 23. 삼투작용 없이 물 재생하기 | 식수, 열섬효과 감소, 에너지 효율성 | 키네틱, 영국 | 앤드루 파커 | 나미브 사막 풍뎅이 |
| 24. 비누 없이 세척하기 | 건축, 페인트, 자동차 디자인, 판유리 디자인 | 본 대학, 독일 | 빌헬름 바르틀로트 | 연꽃 |

| 혁신기술 순위 | 잠재적 기회 | 연구/사업 지역 | 개발자 | 생물종 |
|---|---|---|---|---|
| 25. 마찰 없는 운동 | 기계, 차, 가재도구, 마이크로 전자기기 등의 기계적 마찰 | 베를린 기술대학, 독일 | 인고 레첸베르그, 압둘라 레가비 | 모래물고기 도마뱀 |
| 26. 안료 없이 색깔 내기 | 화장품, 페인트, 크리스털, 섬유 | 옥스퍼드 대학, 영국 | 앤드루 파커 | 새들과 풍뎅이 |
| 27. 프레온 가스 없이 추진력 얻기 | 의료, 화장품, 안정 장비, 광산업 | 리즈 대학, 영국 | 앤디 매킨토시 | 폭격수 풍뎅이 |
| 28. 기계 없이 실내 공기 조절하기 | 부동산 개발, 주택, 학교, 사무용 거물, 공공 건물, 양로원, 산업 단지 | 에코사이클 아키텍츠, 스웨덴 | 안데르스 나이퀴스트 | 얼룩말, 흰개미 |
| 29. 뿌리에서 발생하는 열 | 바닥 난방, 원예, 수목원 | 대한민국 | 서영석 오태성 | 식물이 분해되면서 뿌리를 덥힘 |
| 30. 이산화탄소 배기 가스에서 탄산칼슘을 | 시멘트 사업, 화력발전소, 제련, 세라믹 | 씨오투 솔루션스, 캐나다 | 노만 보이어 실비에 고디에 | 자연 탄산 가스 |
| 31. 알루미늄 포장 없애기 | 식품, 음료, 의약품, 화장품 | 퀸즈랜드 대학, 호주 | 레베카 크램프 | 호주사막개구리 |
| 32. 열 없이 세라믹 만들기 | 마이크로 전자기기, 엔진, 에너지 효율 서비스 | 캘리포니아 대학 | 로버트 리치 | 전복 |
| 33. 화학약품 없는 종이 | 종이, 소비재(예: 쓰레기 봉투, 종이 제품), 단열재 | 로렌스 버클리 네셔널 래버러터리, 미국 | 스티븐 추 | 흰개미 |
| 34. 수은 없는 빛 | 조명(특히 광산 내에서) | 마린 바이오로지컬 래버러터리 우즈 홀, 미국 | 로저 핸론 | 해파리와 곰팡이 |
| 35. 용해제 없애기 | 모든 종류의 화학제 | 벨그라데 대학, 세르비아 | 이반 빌로체빅 | 적조 (Dinoflagelattes) |
| 36. 무통 주사 | 당뇨병 치료, 백신, 동물 치료 | 오카노 코쿄, 일본; 터루모 메디컬 | 마사유키 오카노 | 모기 |
| **기반 기술** | | | | |
| 37. 구더기 치료법 | 도살장, 식품, 의료 | 어드밴스드 젤 테크놀로지스, 영국 | 스티븐 브리틀랜드 | 구더기 |
| 38. 수질 정화 | 마이크로 전자기기, 식품 처리, 응급 시 물 공급 | 아쿠아포린, 덴마크 | 피터 아그레 | 아쿠아포린 또는 단백질 세포 |
| 39. 흑연을 사용한 수질 정화 | 도시 및 산업 물 처리 시스템 | 마라타다 대학, 오랑가바드, 인도 | U.H. 메인 | 대합 |
| 40. 수질 정화 | 하수 회복 | 플로리다 대학, 미국 | 루돌프 셰프란 | 낙엽송 |
| 41. 수질 정화 | 마이크로 전자기기, 의약품, 분무 | 트벤테 대학, 네덜란드 | 마이클 버슐루이스 | 권총 새우 |

| 혁신기술 순위 | 잠재적 기회 | 연구/사업 지역 | 개발자 | 생물종 |
|---|---|---|---|---|
| | 화학물, 화장품, 식품 및 음료 | | | |
| 42. 규조토를 사용한 충격 조절 | 건축 및 광산업 | 알프렛 베그너 인스티튜트, 독일 | 크리스천 함 | 규조토 |
| 43. 일산화탄소 및 이산화탄소로 플라스틱 생산 | 마이크로 전자기기, 디자이너 플라스틱, 식품 포장 | 노보머, 미국 | 제프리 코츠 | 감귤류 |
| 44. 조류에서 폴리에스테롤 생산 | 화장품, 식품 포장, 나노스케일 폴리머 | 리오 그란데 도 술 대학, 브라질 | 미셸 그렉 드 모라이스 | 스피루리나 |
| 45. 전기 고기에서 바이오 배터리 | 소형화되고 휴대 가능한 전자제품 | 버지니아 의대, 미국 | 마이클 엔 세리단 | 얼룩 전기 가오리 |
| 46. 에너지 보존을 위한 알고리즘 | 가정의 실내 온도 조절, 농업(온실) | 아들레이드 대학, 아이와테 대학 | 로저 세이머, 아나 · 마리아 안기오이, 키큐카추 이토 | 개화식물 |
| 47. 납 포획 | 쓰레기 처리, 수질 정화, 마이크로 전자공학, 자동차 배터리 재생 | 식물세포 기술 실험실, 구엘프 대학, 캐나다 | 프라빈 사세나 | 황색 제라늄 |
| 48. 동 포획 | 전선, 색소, 전자제품 쓰레기, 자동차 재생, 토질 회복 | 펑기 퍼펙티, 미국 | 폴 스타메츠 | 목귀버섯 |
| 49. 피보나치 코드 난류 적용 | 환기, 액체 혼합, 수질정화, 컴퓨터 냉각 | 팍스 사이언티픽, 미국 | 제이 하먼 | 앵무조개 |
| 50. 풀, 너트, 볼트를 사용하지 않은 접착제 | 항공기 및 자동차 산업 | 브리티시 에어로 스페이스, 영국 | 스태니슬라브 곱 | 도마뱀붙이 |
| 51. 포름알데히드를 사용하지 않은 접착제 | 목재 가공, 다중 포장 | 오레곤 주립 대학; 콜롬비아 삼림 제품, 미국 | 케이창 리 | 홍합 |
| 52. 천연 항생제 | 식품 가공, 청소용품, 퍼스널 케어 | 노스이스턴 대학, 보스턴, 미국 | 킴 루이스 | 매자나무 열매 |
| 53. 조류 독감 방역 | 건물 관리(공공 장소), 공기 정화, 냉난방 | 버지니아 공대, 미국 | 존 코울맨 | 독수리 |
| 54. 황열병 방역 | 학교, 병원, 식당과 같은 공공건물 위생 관리 | 리버풀 대학, 영국 | 앤드루 에번스 | 아시아 들소 |
| 55. 항곰팡이 화학물 | 건물 관리, 식품 가공, 목재 가공, 농업화학 | 홍콩 중국 대학 | T.B. 웅 | 붉은 강낭콩 |
| 56. 물의 응결 | 농업 및 관개 시스템, 장식식물, 사무용 건물 관리 | 베네수엘라 과학기술원 | 어네스토 메디나 | 선인장 가시 |

| 혁신기술 순위 | 잠재적 기회 | 연구/사업 지역 | 개발자 | 생물종 |
|---|---|---|---|---|
| 57. 탈염 | 도시 상수 공급, 긴급 수원 확보, 해운, 오일, 가스 | 영국 남극 측량, 영국 | 앤드루 랜킨, 에릭 올프 | 펭귄 |
| 58. 소금막 | 해변지역 식수 공급, 해운 | 브리티시 콜롬비아 대학, 캐나다 | 다니엘 모스퀸 | 폴리네시안 박스 과일 |
| 59. 공기로부터 식수 공급 | 건물 관리, 농업 | 옥스포드 대학, 나미브 대학 | 케토 므시제니 | 웰위치아 미라빌리스 |
| 60. 자정 표면 | 위생 도기 제품 | 이낙스, 일본 | 에밀레 이시다 | 전복 |
| 61. 세라믹 합성 | 엔진, 마이크로 전자공학 | 캘리포니아 산타 바바라 대학, 미국 | 허버트 와이트 | 글리세라 벌레 |
| 62. 윤활유 | 에어백과 같은 마이크로 전자기기 시스템 (MEMS) | 비엔나 공대, 오스트리아 | 일제 게베슈버 | 규조토 |
| 63. 백색 착색 | 음식, 화장품, 화학, 플라스틱, 종이 | 엑스터 대학, 영국 | 피터 부쿠식 | 다색 풍뎅이 |
| 64. 하중에 견디는 포장 | 포장, 전자공학 | 케이스 웨스턴 대학, 미국 | 크리스토프 웨더 | 해삼 |
| 65. 늘어날 수 있는 포장 | 음료, 연료 용기, 액체 상태의 화학물질 | 지중해 습지 보존 연구소, 프랑스 | A. J. 크리벨리 | 펠리칸 |
| 66. 방수 | 바이오 플라스틱, 물병, 건축자재(지붕) | 데본 농업 대학, 영국 | 글린 존스 | 벌 |
| 67. 제지 생산을 위한 목질 가공 | 일회용 소비자 종이 제품, 단열재 | 러시아 과학원 | 블라디미르 즈벨로프 | 백색 곰팡이 및 박테리아 |
| 68. HIV 테스트 키트에 사용되는 청색 광 | 의료기기 | 비콘 바이오 테크놀로지, 미국 | 프레드 미첼 | 심해갑각류 |
| 69. 건물용 배관 | 건축업 및 도시계획 | 스플릿비전 AB, 스웨덴 | 본 벨란더 | 인간의 호흡기 및 소화기관 |
| 70. 박막 태양 전지 | 섬유, 온실, 건물, 화학산업(부식방지제 대체물질) | 폴리테그 드 로산네, 코나카, 영국 | 미카엘 그뢰첼, 앨런히거 | 식물의 나뭇잎 |
| 71. 집중 태양 에너지 | 물 가열, 발전 | 산타 바바라 캘리포니아 대학, 미국 | 루크 리 | 잠자리 |
| 72. 열 보전 | 섬유, 수중 엔지니어링 | 플로리다 대학, 미국 | 브라이언 맥넵 | 참다랑어 |
| 73. 항력 감소 | 풍력, 항공, 자동차 설계 | 웨일파워, 캐나다 | 프랭크 피쉬 | 돌고래 및 고래 |
| 74. 공기역학적 효율 | 자동차 설계 | 머시디스 벤츠, 독일 | 클라우스 마텍 | 거북복 |
| 75. 반도체 에너지 | 경보 시스템 | 임피리얼 칼리지, 영국 | J.W. 밀뱅크 | 지의류 |
| 76. 바이오 촉매 | 화학, 식품 가공 | 엑스터 대학, 영국 | 크리스토퍼 에번스 경 | 해조류 |

| 혁신기술 순위 | 잠재적 기회 | 연구/사업 지역 | 개발자 | 생물종 |
|---|---|---|---|---|
| 77. 파도 에너지 | 운동 에너지, 해변 지역 개발 | 바이오파워, 호주 | 팀 피니건 | 대형 미역 |
| 78. 교통 혼잡 관리 | 통신, 교통 및 줄 서기 관리, 자동차 GPS | 과학대학, 뮤니히, 독일 | 다랴 포피프 | 곤충의 무리 지능 |
| 79. 자동 난방 | 농업(원예 및 온실) | 칼그리아리 대학, 이탈리아 | 아나 마리아 앤조이 | 아룸 속 식물 |
| 80. 동결 방지 | 자동차, 식품 모전, 의약품 | 퀸즈 대학, 캐나다 | 버지이아 워커 | 갈색거저리 |
| 81. 실리콘 축적 | 전기, 화장품 | NT·MTD, 러시아 | 빅터 비코프 | 해면 |
| 82. 굴절 없는 렌즈 | 광학, 전자제품, 보안장치 | 하버드 대학, 케임브리지, 미국 | 조안나 아이젠버그 | 거미불가사리 |
| 83. 칩의 자기조립 | 마이크로전자기기, | 레겐스부르그 대학, 독일 | 닐스 크뢰거 | 규조 |
| 84. 전도성 | 의료기기, 이동마이크로 전자기기, 바이오센서 | 웨일 트레킹 리서치, 콜롬비아 | 조지 레이놀즈 | 고래 |
| 85. 전도성 젤 | 의료기기, 이동 마이크로전자기기 | 마린 바이오로지칼 랩 우즈 홀, 미국 | R. 더글라스 필드 | 상어 |
| 86. 박막 렌즈 | 봉안 시스템, 원격감시 장치, 교통 통제 | 케이스 웨스턴 대학, 미국 | 애나 힐트너 | 문어 |
| 87. 적외선 렌즈 | 소방 안전, 방위산업, 부엌 도구 | 본 대학, 독일 | 헬무트 쉬미츠 | 보석 풍뎅이 |
| 88. 공항 보안 | 보안 시스템, 교통 통제 | 스미스 애드 코 (파란), 미국 | 토니 맥켄로 | 박쥐 |
| 89. 음파탐지기 | 보청기, 보안 시스템, | 코넬 대학, 뉴욕 미국 | 론 호이, 론 마일즈 | Ormia ochracea(파리) |
| 90. 음향 렌즈 | 도청기, 보안시스템, 공스증 | 산타크루즈 캘리포니아 대학 미국 | 제임스 아로얀 | 분홍 돌고래 |
| 91. 소리 전달 | 의료기기 및 청각보조기 | 스탠포드 대학, 미국 | 캐이틀린 오코넬 | 코끼리 |
| 92. 광학 섬유 | 조명, 통신 | 하버드 대학, 미국 | 조안나 아이젠버그 | 해면 |
| 93. 수중 데이터 전송 | 통신, 오락 | 베를린 기술대학, 독일 | 루돌프 바나쉬 | 돌고래 |
| 94. 방수 | 피부관리, 화학, 섬유, 신발 | 본 대학, 독일 | 즈데넥 체르만 | 소금쟁이 |
| 95. 방습제 | 건물관리, 의료, 식품 보존 | 바스 대학, 영국 | 줄리엔 빈센트 | 사막 바퀴벌레 |
| **생각할 거리** | | | | |
| 96. 말라리아 | 의약품 대체 | 캔터베리 대학, 뉴질랜드 | 히메나 넬슨 | 점프 거미 |
| 97. 방사선 저항, DNA 복구 | 화장품, 성형외과, 약품, 방사선 대체 | 파리 대학, 프랑스 | 니콜라스 류리 | 데이노쿠코스 라디오두란스 박테리아 |
| 98. 충격 흡수 | 자동차, 승강기, 지진다 발지역 건물 설계 | 카나자와 대학, 동경 일본 | 유하치 오다, 게니치 사카노 | 딱다구리 |
| 99. 체지방 감소 | 보건, 식품가공 | 텍사스 대학, 미국 | 첸 치 리 | 동면 동물 |
| 100. 위산 감소 | 약품, 기능 식품 | 아들레이드 대학, 호주 | 마이클 타일러 | 위주머니 보란 개구리 |

부록 2

# 경쟁력 있는 비즈니스 모델에 영감을 제공하는 100가지 혁신기술

당신의 꿈을 향해 확신을 갖고 전진하라.
당신이 꿈꾸어 온 인생을 살라.
−헨리 데이비드 소로Henry David Thoreau

이 프로젝트의 취지는 우리가 직면한 현재의 경제적, 환경적 문제에 적용할 가장 적절하고도 우아한 해결책들을 자연에서 찾고 그것을 그려내는 것이었다. 이 책을 위해 시행했던 연구들을 통해 우리는 도래하는 비즈니스 모델과 새로운 경제 시스템에서 발생할 변화들을 자세히 검토할 수 있었다. 미시적 경제 변화와 새로운 거시적 경제 현실은 수백 개의 작은 기회들로부터 나온다. 이 목록은 독자들에게 진정한 실현 가능성을 보여주는 관련 사례들에 관한 전반적인 개관을 제공하기 위해 작성되었다. 많은 사례들 중 100가지를 선택하기란 무척 어려운 일이었다. 하지만 더 적은 투자로 다양한 필요에 부응하는 능력을 기준으로 100가지 혁신기술을 선택할 수 있었다.

첫 번째 혁신기술 그룹은 양분과 자원, 에너지를 순환생산 하며, 핵심 사업 방식보다 효과적으로 더 높은 수익과 고용, 사회 자본을 창출하는 기술들이다. 이것들은 다양한 활동을 효율적으로 통합해 모든 이가 자신의 능력을 최대한 발휘하게 하고, 누군가의 쓰레기가 다른 이의 양분이 되게 하는 생태계의 원칙을 모방한 구체적인 사례들이다. 경제 용어로 하자면 이러한 통합과 순환생산은 값비싸고 부족한 자원이 저렴하고 풍부해진다는 뜻이다. 이것은 질이 가장 낮은 상품이나 자원만을 값싸게 이용할 수 있는 지금의 현실을 쉽게 뛰어넘을 수 있다. 블루이코노미가 제안할 수 있는 최고의 역량은 사람들이 가장 필요로 하고 원하는 것들을 저렴하게 그리고 풍부하게 만드는 것이다. 이러한 결과를 얻으려면 협력과 비전, 인내, 그리고 유연성이 필요하다. 완전 고용, 무상으로 이용할 수 있는 필수품들, 높은 사회경제적 수준이라는 성과들은 우리 사회 전체를 성공적이며 건강하게 만들 것이다.

두 번째 혁신기술 그룹은 단순히 현 산업계의 널리 이용되는 자재들(종종 유독하거나 재생 불가능한 자재들)의 필요를 제거함으로써 현재의 표준 비즈니스 모델을 전환하는 혁신기술들이다. 이 그룹은 20개의 사례를 포함하고 있다. 이 사례들에는 정말로 중요한 산업활동을 위한 가능성들이 들어 있다. 이 혁신기술 목록은 200개의 경제 분야에 영향을 줄 것으로 추정된다. 사업적으로는 소규모로 시작하여, 특정 틈새시장을 공략하고, 지역적으로 일하게 될 것이다. 하지만 모든 경제 분야에 영향을 끼칠 만큼 그 적용 범위가 넓은 사례들이다.

세 번째 혁신기술 그룹은 가능성들을 분류하는 데 신선한 영감을 제공한다. 독립적으로 개발된 가능성일지라도 협력과 공생을 통해 더욱 큰 결과를 얻을 수 있는 기술들로 특히 고용 창출 면에서 보다 큰 잠재적 영향력을 갖고 있다.

그리고 마지막 그룹에서는 우리에게 꿈을 주는 몇 가지 간략한 영감적 사례들을 소개한다.

우리는 각각의 그룹이 가진 고용 창출 능력을 평가했다. 현재까지 100가지 혁신기술들은 약 2만여 개의 일자리를 창출했다. 열정적인 기업가들과 전문가들이 견실한 프로젝트에 이 100가지 혁신기술들을 적용하기만 한다면 10년 안에 1억 개의 직·간접적인 추가 고용이 창출될 것이다. 커피나 실크 같은 사업은 고용 창출에 크게 기여할 것이며, 다른 사업들의 고용 창출 능력은 이보다는 적더라도 보다 뛰어난 지속 가능성을 가져올 것이다. 블루이코노미를 통해 우리 모두에게 유익이 되는 협력과 기여가 가능할 뿐 아니라 점진적(또한 비선형인) 진화 역시 가능하게 된다.

## 생태계처럼 자원, 양분, 에너지를 순환생산 하다

첫째로 설명하고 있는 사례들은 고용 창출 측면에서 가장 뛰어난 잠재력을 갖고 있다. 이러한 사례들은 다양한 필요에 재빨리 반응하며, 경쟁우위를 뛰어넘는 다각적 이익을 창출하고, 현금 유입을 실현하고, 심지어 사회 자본까지 축적한다. 이 사례들은 이미 전 세계적으로 실행되고 있으며, 새로운 동향의 조짐을 분명히 보여주고 있다. 이것들은 자원과 양분, 에너지를 끊임없이 순환생산 하는 생태계로부터 영감을 받았으며, 풍부하게 공급되는 중력 에너지와 태양 에너지의 도움을 받는다. 비록 다른 사례들도 많았지만 초판에서는 100가지의 사례만 포함시켰다. 이 100가지 사례들은 바로 우리의 개인적 경험에 초점을 맞추어 선정된 것이기 때문에 장기적 잠재력을 평가할 수 있었다.

이 사례들을 통해 창출된 고용의 규모는 매우 인상적이다. 우리의 예상치가 10분의 1로 줄어든다 해도 여전히 그 영향은 엄청나다. 각 프로젝트와 사업은 우리 행성의 자원 한계를 넘지 않는 범위 내에서 발전해 나간다. 모든 문제를 한 번에 해결할 수 있는 방안은 없다. 이러한 상황에서 각 사례들은 투자되는 모든 것에서 가치를 창출하고, 아무것도 낭비하지 않는 생태계의 시스템을 모방하는 다양한 접근법들을 묘사하고 있다. 사실 여기서 소개하는 프로젝트와 사업들을 충분히 설명하려면 각 사례별로 한 권씩 책이 필요할 정도이다.

| | |
|---|---|
| **혁신** | 라스 가비오타스Las Gaviotas |
| **혜택** | 우림 회복 사업 |
| **개발자** | 파올로 루가리Paolo Lugari (콜롬비아) |
| **연도** | 1984년 |
| **잠재 고용** | 잠재 고용 1천500만 개 |

450년간의 화전농법으로 불모의 땅이 되어버린 사바나 지역 2만 에이커에서 시작하여 파올로 루가리는 콜롬비아 비차다 지역 라스 가비오타스를 신록의 풍요로운 우림지역으로 변모시켰다. 1984년 시작된 이 장기적인 시도는 카리브 소나무와 균근의 공생관계를 활용함으로써 성공할 수 있었다. 평화의 오아시스 라스 가비오타스에서 서식하는 다양한 식물 250여 종들 중 90퍼센트가 아마존 토착종으로 아름다운 생물의 다양성을 보여주고 있다. 또 물, 송진, 생물연료를 통해 현금이 유입된다. 이 지역의 유일한 교통수단인 자전거를 이용하는 지역민들은 정기적인 운동으로 건강이 좋아지고 있으며, 식수를 무상으로 공급받는다. 라스 가비오타스 개발은 주택, 의료, 에너지, 생계, 식량 확보에 긍정적인 영향을 끼쳤으며 사회 자본 또한 증대시켰다. 가장 최근 조사에 따르면 가비오타스는 직·간접적인 고용을 통해 2천 명을 부양하고 있다. 콜롬비아의 1천500만 에이커 상당의 비슷한 땅에 이를 적용하면 창출 가능한 일자리는 100만 개로 늘어

난다. 만약 이 모델이 베네수엘라나 브라질, 페루 같은 나라의 2억 에이커의 땅에 적용 된다면, 1천500만 개의 일자리를 창출함과 동시에 일본의 연간 탄소 배출량을 상쇄시 킬 수 있다.

| | |
|---|---|
| **혁신** | 손가이 센터Songhai Center |
| **혜택** | 식량과 의료 보장 |
| **개발자** | 갓프리 나무조 신부Father Godfrey Nzamujo(베냉의 포르토노보) |
| **연도** | 1986년 |
| **잠재 고용** | 5만 개(아프리카), 500만 개(전 세계) |

손가이 센터는 1986년 나무조 신부에 의해 시작되었다. 그는 아프리카 도시 근교 지역 에서도 통합 농법과 식품 처리 센터가 가능함을 보여주었다. 식량 확보 프로젝트는 양 분과 에너지의 순환이라는 성공적인 모델을 따랐다. 주요 상품인 식품의 지역 판매와 수출 판매를 통해 현금이 유입되는 동시에 바이오 가스를 활용하여 전기 사용량을 줄 인다. 토착 식물과 번식이 너무 왕성한 식물들, 생물 쓰레기들을 이용하는 처리장과 수 처리 시설 덕분에 지역민들의 위생상태는 훨씬 증진되었다. 도살장에서 나온 모든 동 물 쓰레기들을 이용하여 구더기 농장에서 양분을 순환생산 하며, 구더기들은 메추라기 와 물고기들의 먹이로 이용된다. AGT(Advanced Gel Technologies) 같은 혁신기술 적인 의료 관련 회사에 싼값에 구더기 효소를 공급함으로써 추가적인 수익을 창출할 수 있다. 다시 한 번 우리는 깨끗한 물과 식량, 의료, 에너지 공급에 긍정적인 영향을 끼 치는 순환생산 모델을 목격하게 된다. 이는 지역에서 고용을 창출하고 상당한 사회 자 본을 쌓아가고 있다. 2009년 250명이 직·간접적으로 손가이 센터에 고용되어 있다. 아프리카의 모든 도살장 근처의 비슷한 시설에서 5만 개의 일자리를 공급할 수 있다. 전 세계적으로는 이 방법을 통해 500만 개의 일자리를 창출할 수 있으며, 이 모델은 모 든 사람들에게, 심지어 부족함이 없는 사람들에게조차 매우 훌륭한 상품과 서비스를 제공할 것이다.

| 혁신 | 펄프로 단백질을 생산 |
|---|---|
| 혜택 | 식량 확보 |
| 개발자 | 카르멘자 자라밀로Carmenza Jaramillo(콜롬비아), 슈팅 창Shuting Chang(홍콩), 이반카 밀렌코빅Ivanka Milenkovic(세르비아), 치도 고베로Chido Govero(짐바브웨) |
| 연도 | 1992년 |
| 잠재 고용 | 5천만 개(커피 쓰레기) |
| 잠재 고용 | 1억 개(커피와 차, 옥수수, 짚, 과수원 가지치기 쓰레기, 옥잠화) |

세니카페CENICAFE의 요청으로 카르멘자 자라밀로는 커피 쓰레기를 이용한 펄프-단백질 프로젝트에 착수했으며 과학적으로 이를 실현시켰다. 이 시도는 커피 농장의 버려진 바이오매스를 이용하여 식품을 생산함으로써 식량을 확보하는 것이었다. 커피에 대한 연구는 1994년 홍콩 중문 대학의 슈팅 창 교수의 선구적인 노력을 기반으로 시작되었다. 그는 커피 쓰레기 세균을 이용하여 참나무 톱밥 세균에서 생산되는 만큼 버섯을 생산했다. 벨그라데 대학의 이반카 밀렌코빅 교수는 연구를 통해 버섯 재배 후 남은 세균은 질 좋은 동물 사료로 이용될 수 있다는 것을 밝혀냈다. 버섯과 동물성 단백질은 모두 지역의 식량 확보에 도움을 주며, 수출을 통해 가처분소득을 올릴 수 있다. 치도 고베로가 이끄는 짐바브웨의 프로그램을 확장하면 고아들은 빈곤과 혹사에서 벗어날 수 있다. 세계 전역의 모든 커피 농장에서 생태계의 방식대로 자양분을 순환생산 한다면 5천만 개의 잠재적 고용을 창출할 수 있다. 그리고 이 프로그램이 차 농장과 사과 과수원으로까지 확대된다면, 잠재적 고용 창출은 2배로 증가해 1억 개가 된다. 이로써 생산할 수 있는 식품의 양은 현재 양식어업을 통해서 생산하는 양 이상이 될 것이다.

| 혁신 | 이산화탄소-미량 영양소, 생물연료 |
|---|---|
| 혜택 | 식량과 연료 확보 |
| 개발자 | 조지 알베르토 비에이라 코스타Jorge Alberto Vieira Costa(브라질), 루치오 브루쉬 다 프라가Lucio Brusch da Fraga(브라질), 미켈레 그레퀘Michele Greque(브라질) |
| 연도 | 1995년, 2007년 |
| 잠재 고용 | 250만 개 |

이산화탄소로 미세 영양소와 생물연료를 생산하는 프로그램은 1995년 리오그란데에 자리 잡은 브라질 연방대학의 알베르토 비에이라 코스타와 루치오 브루쉬 다 프라가 교수 팀이 브라질연방은행으로부터 자금을 지원받아 착수한 사업이다. 이 프로그램은 지역 농부들에게 지역 호수에서 나오는 쓰레기를 이용하여 스피루리나 재배법을 가르치는 것이다. 이를 통해 농부들에게 꼭 필요했던 현금 수입이 들어오게 되었다. 또, 스피루리나로 저소득 가정에 영양을 보충함으로써 영양 부족 현상을 제거할 수 있었다. 이 프로그램은 이후 지역의 화력발전소 설비를 이용하여 조류 바이오디젤을 생산하는 데 필요한 이산화탄소를 수확하는 데까지 확장해 나갔다. 이 시험 공장은 2007년 가동을 시작했다. 다시 한 번 우리는 식량과 의료, 에너지, 심지어 에스테르까지 생산하고, 지역에 고용을 창출하는 긍정적인 영향력을 확인할 수 있다. 최근 계산에 따르면 이 사업을 통해 연구직 포함, 약 100개의 일자리가 창출되었다고 한다. 화력발전 시설을 활용하여 바이오디젤을 생산하는 것은 산업 생산 모델에 생태계의 방식을 논리적으로 적용한 것이다. 만약 전 세계의 화력발전소에서 발생되는 이산화탄소를 조류 바이오디젤을 재배하는 데 이용한다면, 추가로 250만 개의 일자리가 창출될 것이다.

| | |
|---|---|
| **혁신** | 통합적 바이오시스템 양조장 |
| **혜택** | 식량, 에너지 |
| **개발자** | 조지 찬George Chan(나미비아), 짐 루더스Jim Lueders(미국) |
| **연도** | 1995년, 2002년 |
| **잠재 고용** | 100만 개 |

나미브 쑤메브의 통합적 양조 시스템은 1995년 조지 찬 교수가 베르너 리스트와 나미브 대학과 제휴하여 나미브 양조장의 협조 아래 시작되었다. 양조장 폐기물에서 출발한 이 기발한 시스템은 자연의 다섯 왕국을 모두 통합하여 자양분을 순환생산 하면서 가축 사육과 버섯 생산, 물고기 양식, 바이오 가스 생산을 통해 양조장의 수익을 증가시켰다. 나미브 양조장은 2003년 사탕수수 발효음료의 수요 저하로 문을 닫아야 했다. 물도 없고 혹독한 겨울 날씨의 사막지역에서도 필요한 원칙들을 구할 수 없었다. 하지만 이렇게 매우 어려운 상황 속에서도 필요한 원칙들을 철저히 벤치마킹함으로써 이 시스템은 성공할 수 있었다. 이 실험적 시스템은 스톰 양조장(캐나다, 뉴펀들랜드, 세인

트존스), 그레이트 레이크스 양조장(미국, 오하이오, 클리블랜드), 시나노 양조장(일본, 나가노), 비스비 양조장(스웨덴, 고틀란드), 마이에로프(독일, 베스트팔렌, 노르트라인, 오트베르겐) 등 전 세계의 맥주 양조장의 원칙을 적용했다. 2009년 여름 와일드우드 양조장의 양조 전문가 짐 루더스가 몬태나 스티븐빌에서 최종적으로 결정된 안들을 시작했다. 이 순환생산 모델은 특별히 식량과 재활용 용수를 공급하고, 고용을 창출하고 빵, 버섯, 소시지를 지역 시장에 판매하여 부가 수입을 올렸다. 남아 있는 소규모의 양조장을 통해 창출될 수 있는 일자리는 250개로 추정된다. 전 세계 양조장들이 쓰레기를 양분으로 순환생산 한다면, 최소한 100만 개의 추가적 고용이 창출될 것이다.

| 혁신 | 토지를 위한 실크, 옥스퍼드 바이오머티리얼스Oxford Biomaterials |
|---|---|
| 혜택 | 토양 비옥도, 금속의 대체물 실크 |
| 개발자 | 프리츠 볼라스Fritz Vollrath(영국) |
| 연도 | 1992년 |
| 잠재 고용 | 1천250만 개 |

옥스퍼드 대학 동물학과의 프리츠 볼라스 교수는 티타늄 같은 고기능성 금속 대신 실크를 이용할 수 있음을 입증했다. 1992년 사이언티픽 아메리칸에 발표된 그의 논문은 누에에서 뽑아내는 실크를 새롭게 활용할 수 있는 발판이 되었다. 볼라스와 그의 팀은 오직 물과 압력만을 이용하여 누에 실크를 황금거미의 방법으로 재가공했다. 그들은 옥스퍼드 바이오머티리얼스사와 그 계열사를 통해 시장에 도입된 의료장비의 포트폴리오를 작성했다. 만약 가정용품에 사용되는 스테인리스나 티타늄만이라도 실크로 대체할 수 있다면, 현재의 생산능력으로는 감당하지 못할 정도로 실크 수요가 늘어날 것이며, 동시에 매립지에 축적되는 광물의 양도 줄일 수 있을 것이다. 뽕나무 잎을 먹고 자라는 누에를 키우기 위해 빈 땅에 뽕나무를 많이 심으면 이를 통해 음식, 에너지, 일자리를 공급할 수 있을 뿐 아니라 토양도 다시 살아난다.(7장 참고) 이 기술은 아직 초기 단계이지만 의료분야에는 이미 적용 가능성이 증명되었고, 곧 소비재로 영역을 확장할 것으로 보인다. 실크 생산이 주요한 경제 동력이 되면서 뽕나무 농장 25만 에이커에서 삼림 재조성과 토지의 재생, 실크 가공을 통해 얻어지는 일자리는 앞으로 10년 안에 125만 개까지 늘어날 수 있다. 실크 100만 톤이 생산되면, 농업과 제조업을 아우르

는 이 분야를 통해 1천250만 가정의 생계를 보장할 수 있다.

| 혁신 | 대나무 주택 |
|------|-----------|
| 혜택 | 주택, 토지, 물, 종이 재활용, 난민들 |
| 개발자 | 시게루 반Shigeru Ban(일본), 사비네 보데Sabine Bode(독일), 시몬 벨레즈Simon Velez(콜롬비아), 캐롤리나 살라자르 오캄포Carolina Salazar Ocampo(콜롬비아) |
| 연도 | 1995년 |
| 잠재 고용 | 1천만 개 |

시게루 반은 대나무의 형태적, 구조적 힘을 본딴 건축 시스템을 창조했다. 대나무에 착안한 이 시스템은 재활용 종이를 활용하는데, 쓰레기에서 나온 섬유소를 이용하여 건축에 필요한 원자재를 공급한다. 독일 하노버에서 개최된 2000년 세계 엑스포대회에 설치된 일본 전시장은 시게루가 직접 디자인했으며 재료는 종이였다. 이 건물 설계는 재난을 당한 이재민들을 위해 비용이 적게 들면서도 튼튼한 임시 숙소를 짓는 데 쉽게 적용될 수 있다.

대나무는 빠르게 증식하는 열대 식물로 건물 구조용 자재로서 뛰어난 잠재력을 가지고 있다. 이 식물을 이용하면, 개발도상국의 주택 공급에 긍정적인 영향을 줄 것이다. 내구성과 기능성에 있어 대나무는 강철과 강화 시멘트와 견줄 수 있을 정도다. 하지만 강철이나 시멘트에 비해 대나무는 훨씬 저렴하고, 이용이 쉬우며, 빠르게 다시 증식한다는 장점이 있다. 또, 생태학적으로는 탄소를 상쇄시킨다는 장점도 있다. 대나무 수요가 늘면 훼손되어가는 열대 지방에 숲을 재조성할 수 있다. 이를 통해 토양의 침식을 줄일 수 있으며, 나중에는 오히려 풍부한 토양이 생겨날 것이다. 또한 대나무의 수분 저장 능력 덕분에 넉넉한 지표수를 얻을 수 있다.

시몬 벨레즈는 대나무 건축의 마에스트로라 불린다. 독일 베르멘 대학의 잉흐 클라우스 스테펜스Ing Klaus Steffens 교수의 아이디어를 활용하여 벨레즈와 그의 팀은 독일의 사비네 보데와 콜롬비아의 캐롤리나 살라자르 오캄포와 함께 독일 하노버 2000년 세계 엑스포에서 제리ZERI 재단의 전시장을 디자인하고 설치했다. 이 전시장은 대나무, 재활용 시멘트, 구리, 테라코타 반죽, 일반 시멘트, 그리고 대나무 섬유 패널을 활용해 지어졌다.

| | |
|---|---|
| **혁신** | 통합적 폐수 처리 시스템 |
| **개발자** | 존 토드John Todd(미국) |
| **연도** | 1986년 |
| **잠재 고용** | 25만 개 |

존 토드 에콜로지컬 디자인John Todd Ecological Design사의 존 토드는 도시 및 산업 폐수를 정화하기 위해 식물과 조류, 박테리아를 모두 이용하는 통합적 폐수 처리 시스템을 디자인했다. 이 기술은 오늘날 흔히 '리빙 머신Living Machines'이라 불리는 기술로 발전했다. 이 기술은 유기 오염 물질을 영양분으로 전환한다. 2001년 존 토드와 그의 동료들은 자신들의 사우스 벌링턴 오수 처리장에 버섯균을 첨가하여 낮은 비용과 에너지로 가동되는 시스템을 완성시켰다. 이 시스템은 자연이 4가지 왕국에서 얻는 이익을 통합한다. 오수를 처리하는 과정에 활용되는 다른 혁신기술들로는 소용돌이를 이용한 박테리아 정화, 콜로이드흑연과 조개를 이용한 여과, 권총새우의 정화 기술, 대머리 사이프러스 나무의 물 정화 기술 등이 있다. 현재 JT 에콜로지컬 디자인JT Ecological Design사는 12명의 직원을 고용하고 있다. 그러나 생물학적인 공정과 자연의 여러 가지 기술들을 함께 적용함으로써 오염수를 자원으로 전환하는 이 시스템은 세계적으로 커다란 가능성을 갖고 있다. 이 산업을 통해 앞으로 10년 안에 25만 개의 일자리를 창출할 수 있을 것으로 추정하고 있다.

| | |
|---|---|
| **혁신** | 트룰쉬테크ABTrulstech AB |
| **혜택** | 식품 추출 방화제 |
| **개발자** | 매츠 닐슨Mats Nilsson(스웨덴) |
| **연도** | 2004년 |
| **잠재 고용** | 2천 개 |

트룰쉬테크사는 식품 성분의 방화, 내연제를 공급하는 최초의 기업이다. 매츠 닐슨은

크레브스 사이클에 대한 이해를 기초로 유독성 재료를 대신할 제품들을 구상했다. 감귤류 껍질이나 와인 찌꺼기 추출 성분으로 방화제를 생산할 수 있게 됨으로써 녹색화학은 이제 체계를 갖추게 되었다. 이 기술은 쓰레기를 현금으로 만들 수 있을 뿐 아니라 섬유, 인테리어 제품, 자동차 부품에서 산불 방제, 광산 폭발 위험 감소까지 다양한 시장에 적용될 수 있다. 이렇게 가격 경쟁력이 높은 식품추출 화학물은 신생기업인 디플라모Deflamo AB에서 생산하고 있다. 디플라모사는 현재 12명의 직원을 고용하고 있다. 유독 물질을 식품 추출 물질로 대신하는 이 사업을 통해 앞으로 몇 천 명을 고용할 수 있을 것이다.

| | |
|---|---|
| **혁신** | 어스스톤Earthstone |
| **혜택** | 농업, 주택 공급 |
| **개발자** | 앤드루 운거라이터Andrew Ungerleiter(미국) |
| **연도** | 1993년 |
| **잠재 고용** | 5만 개 |

앤드루 운거라이터와 게이 딜링험은 현재의 가정용, 공업용 연마재의 대체 제품을 생산하는 어스스톤사를 설립했다. 현재의 연마재는 노천광에서 채굴되는데, 재활용되지 않는 유리성분을 함유하고 있다. 운거라이터는 녹색, 갈색, 흰색 등의 유리를 녹인 물에 이산화탄소를 주입하여 구조재료structural material로 만들었다. 어스스톤사의 시설은 뉴멕시코 주 앨버쿼키의 시립 매립장에 세워졌다. 어스스톤사에서 소비하는 에너지의 상당량은 매립지 안의 바이오매스가 분해되면서 발생하는 바이오 가스로 충당한다. 이렇게 재활용된 유리들은 농업이나 수많은 산업재 및 소비재에 사용되는 유리 섬유를 대신할 수 있다.

MRD AB(스웨덴)사는 아케 마드Ake Mard의 혁신적인 건축 기술을 바탕으로 재활용되지 않는 유리를 건축 구조 자재로 바꾸고 있다. 아주 작은 공기 방울을 포함하고 있는 이 가벼운 자재는 돌말이라는 미세조류의 구멍이 많고 단단한 세포벽으로 이루어진 껍질을 본떠 만들어졌다. 이 상품은 신속한 건축을 위한 조립식 상품으로 시장에 출시되고 있는데, 특히 추운 환경에서 효과적인 건축자재다.

피츠버그 코닝 유럽Pittsburgh Corning Europe(발포유리 단열재 제조업체)사와 같은 기업들은 건축과 소비재 부문에서 유리 재활용 제품을 통해 이미 400개의 일자리를 창출했다. 만약 이 기술로 모든 유리를 재활용할 수 있다면 매립되는 쓰레기 양을 줄이고, 에너지 효율적인 건축자재를 생산하며, 노천광 채굴을 줄이는 동시에 5만 개의 일자리가 추가로 창출될 것이다. 이 시스템은 재활용되는 유리의 양을 늘리고, 유리병 제조사가 재활용 유리를 운송하고 살균하는 데 드는 추가 비용을 줄여준다. 이 시스템을 통해 전 세계적으로 창출될 수 있는 잠재 고용의 수는 10만 개에 달한다.

| | |
|---|---|
| **혁신** | 공기 정화와 종 다양성 |
| **개발자** | 크리스터 스웨딘Christer Swedin(스웨덴, 미국) |
| **연도** | 1998년 |
| **잠재 고용** | 1만 개 |

라스 투포드가 개발하고 크리스터 스웨딘사가 상품화한 르반데 필터Levande Filter AB 또는 리빙 필터즈Living Filters(스웨덴)는 먼지에서부터 전하를 띤 탄소, 심지어 일산화탄소에 이르기까지 공기 중의 부유물을 우림 생태계의 모델을 이용해 제거한다. 리빙 필터 시스템은 건물 내의 공기를 정화하기 위해 다양한 종류의 많은 열대 식물들과 우림의 강우降雨와 비슷한 습도조절 시스템을 이용한다. 사무실이나 학교, 공항에서도 우림의 최적의 공기 순환과 안개를 통한 습도 조절 효과를 활용할 수 있다. 이 시스템에 필요한 에너지 비용과 유지비용은 매우 낮아서, 사무용 건물에서 흔히 실내를 장식하기 위해 이용하는 식물들에 드는 비용과 비슷하다. 리빙 필터 시스템은 특히 호흡기 질환의 원인이 되는 것으로 알려진 전하를 띠는 입자를 효과적으로 제거할 수 있다. 리빙 필터를 많이 사용함으로써, 리빙 필터의 설치와 유지를 위해 많은 일자리가 생겨날 것이다. 또, 건물 환경 개선뿐만 아니라 다양한 생물종을 감상할 수 있는 추가적 이익까지 주어진다. 세계 전역에서 증가할 화원을 포함해 최대 고용 잠재력은 1만 개로 추정된다.

| 혁신 | 음식 쓰레기를 자외선 차단제로 |
|---|---|
| 개발자 | 장 폴 빅네론Jean Pol Vigneron(벨기에) |
| 연도 | 1994년 |
| 잠재 고용 | 2천 개 |

토마토 껍질로 만든 자외선 차단제는 나무르 대학University of Namur의 장 폴 빅네론 교수의 혁신적인 연구 결과로, 과도한 태양광 노출을 막아주는 제품 개발에 새로운 방향을 제시하고 있다. 이 제품은 빅네론 교수가 에델바이스를 연구하면서 맨 처음 발견한 사실을 기초로 하고 있으며, 자연 물질을 이용하여 강렬한 태양광을 피할 수 있는 비결을 보여주고 있다. 앤드루 파커 교수는 또한 이와 별개로 가장 싸고 안정적으로 공급할 수 있는 자외선 차단제는 토마토 껍질에서 나온다는 연구 결과를 얻었다. 이 물질은 토마토 소스와 케첩을 만들 때 나오는 엄청난 쓰레기를 이용하여 쉽게 얻어질 뿐 아니라, 현재 자외선 차단제로 널리 쓰이는 티타늄옥사이드보다 낮은 가격으로 이용할 수 있다. 이를 통해 수천 개의 일자리 창출이 가능하다.

| 혁신 | 음식물 쓰레기 전분을 플라스틱으로 |
|---|---|
| 개발자 | 요시히토 시라이 교수Yoshihito Shirai(일본) 제프리 코츠Geoffrey Coates(미국), 미켈레 그레퀘Michele Greque(브라질) |
| 연도 | 2000년, 2004년 |
| 혜택 | 쓰레기를 플라스틱으로 |
| 잠재 고용 | 1만 개 |

규슈 기술원의 요시히토 시라이 교수는 음식 쓰레기 전분으로 플라스틱의 제조가 가능한지 연구했다. 옥수수가 많은 개발도상국에 식량을 공급하는 매우 중요한 식품이라는 점을 고려하여 옥수수 전분은 이용하지 않았다. 그는 옥수수가 원료인 바이오연료나 플라스틱 때문에 옥수수 가격이 오르면, 식품으로 이용할 수 있는 옥수수가 줄어들면서 더욱 많은 사람들이 기아에 시달리게 될 것을 알았다. 시라이 교수는 그가 사는 지역인 기타-큐슈 식당에서 나온 음식물 쓰레기를 균류를 이용하여 상온에서 폴리락트산

으로 전환하는 방법을 고안했다. 일본에서는 매립지에 들어가는 비용이 매우 높기 때문에 이러한 바이오플라스틱은 경제적으로 성장할 가능성이 높다. 시라이 교수의 실험연구를 통해 2004년 시험공장이 건설되었고 지금까지 운영되고 있다. 바이오플라스틱 생산량이 늘어나면 음식물 쓰레기 매립 양도 크게 줄어들 것이다. 또, 바이오플라스틱 생산 후 남은 것들은 동물의 사료로 이용할 수 있다.

한편 미국의 노보머는 유니레버사와 DSM사에서 투자 자금을 받아 일산화탄소와 이산화탄소에서 추출한 물질로 플라스틱을 제조하는 방법을 개발 중이다.

브라질의 미켈레 그레퀘 드 모라이스는 식품(스피루리나)과 바이오디젤(조류 오일)의 부산물인 조류 추출물로 폴리에스테르를 생산하는 방법을 연구 중이다. 성공적인 연구 결과를 얻게 되면 한창 발전 중인 이 분야를 확실히 활용할 수 있게 될 것이다.

| 혁신 | 나무를 식량으로 |
|---|---|
| 개발자 | 린다 테일러Lynda Taylor와 로버트 하스펠Robert Haspel(미국) |
| 연도 | 2001년 |
| 잠재 고용 | 4만 개 |

린다 테일러와 로버트 하스펠은 전문 과학자가 아니다. 그들은 개선을 위해 최선을 다하는 적극적인 시민들이다. 매년 건기 때마다 뉴멕시코나 콜로라도, 캘리포니아 지역에서는 대형 산불이 일어난다. 산타페 북부의 피큐리스 푸에블로 지역에서 린다와 로버트는 산불 방지를 위해 제거된 가는 나뭇가지를 다른 곳에 활용하는 프로젝트에 착수했다. 그들은 이 나뭇가지들을 이용하여 질 좋은 상품들을 생산하고 판매함으로써 수입을 창출할 수 있음을 보여주었다. 가는 나뭇가지들은 2가지 상품의 원료가 될 수 있다. 나뭇가지 중 일부는 금속 화물 컨테이너로 만든 오븐 속에서 숯으로 변신한다. 안토니오 기랄도 마야의 기술을 이용하여 숯을 생산하는 과정에서 나오는 연기를 활용하면 건축자재용 나무를 보존할 수 있다. 숯이나 건축에 적합하지 않은 나무들은 잘게 부순 뒤 버섯균을 주입해 나무 벌채 장비와 트럭들이 남긴 자국 위에 뿌려 놓는다. 그러면 버섯은 수확하고, 남은 세균은 푸에블로 지역의 아메리카 들소 떼들의 먹이로 이용

할 수 있다. 그렇게 몇 년의 과정이 지나자, 뿌리 덮개가 분해되면서 장비 자국들이 사라졌다.

뉴멕시코 주로부터 자금을 지원받아 실행되고 있는 이 양분의 순환생산은 미국 원주민 거주 지역을 경제적으로 개발하는 데 주요 동력이 되었던 카지노 도박장을 대체할 잠재력을 갖고 있다. 이 전략이 모든 산불 위험 지역에 적용되면, 숲을 보호하는 동시에 식량과 일자리까지 확보할 수 있다.

| | |
|---|---|
| **혁신** | 바이오연료 |
| **혜택** | 에너지 |
| **개발자** | 웨스 잭슨Wes Jackson(미국) |
| **잠재 고용** | 1만 개 |

미국 랜드 인스티튜트Land Institute의 웨스 잭슨은 미국 중서부 대평원의 다년생 식물들을 이용하면 옥수수를 단일 재배해 얻을 수 있는 에너지보다 더 많은 양의, 자연적으로 발생하는 바이오연료를 얻을 수 있음을 알아냈다. 이것은 아직까지 하나의 개념일 뿐이고, 상업적으로 적용되거나 지적 재산을 창출하지는 않았다. 하지만 이 개념의 과학적 기반과 세부적 논리는 석유 생산이 이미 정점에 달한 이때, 어떻게 우리의 산업사회가 기본적인 에너지 수요에 대해 적극적으로 대처할 수 있을지, 그 근본적인 사고의 전환으로 우리를 초청한다. 이 대평원의 다양한 생물종 중에는 기름을 함유하고 있는 식물들과 과일들이 있다. 이러한 식물들이 제공하는 지질脂質과 기름의 수확량을 늘리기 위해 관개灌漑도 유전자 조작도 필요 없다. 이 접근법은 이미 잘 자리 잡힌 자연의 시스템에 의지하고 있기 때문에 옥수수나 콩, 다른 경작물에서 얻어지는 바이오연료를 빠르게 대체할 수 있다. 이렇게 해서 생겨난 투자금으로 진정으로 재생 가능한 자원에서 생산되는 바이오연료 생산을 지원할 수 있을 것이다.

## 무로 유를 대체하다

경제계에서는 합리적인 수준의 원자재 소비의 필요성에 대한 많은 논쟁이 있다. 생태계를 반영함으로써 얻어진 혁신기술들에 대해 깊이 숙고하면, 종종 우리가 꼭 필요하다고 여겨 왔던 것이 자연에서는 전혀 필요치 않음을 깨닫게 된다. 바로 이러한 이유로 오늘날 시장 표준이 되는 것들이 사실은 전혀 필요치 않다는 것을 보여주는 혁신기술들에 우리가 지면을 할애하는 것이다. 이 혁신기술들은 우리의 시장 수요에 대한 대응 방식에 내재되어 있는 고비용과 부수적 피해 같은 부정적인 요인들을 감소시킬 수 있다는 것을 보여준다.

이 혁신기술들 중 여럿이 일반적인 것들이며, 수많은 종들에서 비슷한 결과를 얻을 수 있는 기술들을 발견할 수 있다. 하지만 그들은 같은 결과라도 다른 기술을 이용해 성취할 수 있음을 보여준다. 때문에 이 책의 100가지 혁신기술 목록에 따로 기재되어 있는 기술들을 한꺼번에 설명하려 한다. 이 혁신기술들은 결과적으로 우리에게 보다 적은 원자재로 시장의 필요에 부응하는 방법을 환상적으로 보여주고 있다. 원자재 감소는 더 많은 수요를 불러올 뿐이라는 개념의 악명 높은 반등효과는 결핍의 전제 위에 기반하고 있기 때문에, 이 책에서 소개하는 혁신기술들에는 적용되지 않는다.

'대체효과'는 규모의 경제의 역학과 논리까지 변화시킨다. 우리가 목격한 바대로 사라져야 할 원자재들은 직업병과 환경에 위협이 되는 주된 요인이며, 집중적인 관리와 세심한 처리가 요구된다. 그러나 무로 유를 대체한다는 것은 기업가들에게 오염도 없고, 독성도 없는 시장경쟁력을 갖춘 상품을 개발할 수 있도록 기회를 열어준다. 또, 이 개념은 '더 적은 투자로 더 많이 생산'하는 논리를 동반하며, 고용에도 반드시 긍정적인 영향을 끼친다.

| | |
|---|---|
| **혁신** | 배터리 없는 세상 |
| **혜택** | 에너지, 건강, 광산업 |
| **개발자** | 피터 스파이즈Peter Spies(미국), 조지 레이놀즈Jorge Reynolds(콜롬비아) |
| **연도** | 1986년 |
| **잠재 고용** | 5만 개 |

독일의 프라운호퍼 연구소의 피터 스파이즈는 배터리를 대체하기 위해 배터리 없이 작동하는 에너지 시스템을 연구 중이다. 그는 체열과 목소리의 압력파pressure wave로 전

력을 얻는 휴대전화와 같은 전자기기들을 고안하고 있다.

조지 레이놀즈는 배터리 없이 작동하는 모니터링 장비 등의 의료기기들을 개발하고 있는데, 페이스메이커를 대신할 이러한 장비들 덕분에 수술이 필요 없게 되었다. 그는 고래들이 전기를 발생, 전도시키는 방법에서 영감을 얻었다. 배터리와 전선이 필요 없는 이러한 생산과 소비 모델 덕에 더 이상 엄청난 쓰레기의 강이 형성되지 않을 수 있다. 생태계처럼 물리학을 이용하는 이러한 혁신기술들은 광물 수요를 줄이며, 비용과 에너지를 절약할 수 있다. 이러한 혁신기술들을 적용하려면 우리가 사용하는 기기들, 심지어 장난감까지도 다시 디자인해야 한다. 전기어電氣魚 역시 우리에게 지의류가 반도체를 이용하여 에너지를 공급하는 것처럼 단열과 바이오배터리에 대한 아이디어를 제공한다.

| | |
|---|---|
| 혁신 | 제련 없애기 |
| 혜택 | 에너지, 광산업 |
| 개발자 | 헨리 콜신크시Henry Kolesinksi(미국), 로버트 쿨리Robert Cooley(미국) |
| 연도 | 2002년 |
| 잠재 고용 | 5만 개 |

폴라로이드사의 연구원이었던 헨리 콜신크시와 로버트 쿨리는 현재 프라임 세퍼레이션스사의 사장으로 박테리아의 방법을 이용하여 18종류의 금속을 킬레이트화 함으로써 금속 채굴이나 제련을 필요 없게 하는 박막薄膜 기술을 개발했다. 오염의 원인이 되는 4억 톤에 달하는 전자제품 쓰레기가 이 기술에 필요한 원자재다. 쓰레기 처리 시설에 설치되어 있는, 기존의 원광 분쇄 공장에서 버려진 CD플레이어, 휴대전화, 전자회로 등을 70미크론 크기의 분말로 만든 다음 킬레이팅 기술로 금속을 추출할 수 있다. 이를 통해 매립지의 유독성 쓰레기들을 줄일 수 있고, 낮은 에너지 비용으로 순수 금속을 얻을 수 있으며, 에너지 소비를 현격히 줄일 수 있다. 처리 시설이 매립지 가까이에 위치하게 될 것이므로, 현재의 공정처럼 자재를 현장으로 운송할 필요도 없다. 이 기술은 또한 이러한 유독성 쓰레기들이 기후변화에 미치는 영향도 현격히 감소시킬 것이다. 제라늄이나 털목이버섯을 이용하여 납이나 구리를 모으는 방법도 있지만 프라임

세퍼레이션스사가 개발한 박막을 통한 킬레이트 공정만큼 광범위하게 적용될 수 있는 기술은 없다. 전자제품 쓰레기 재활용을 집중화하지 않고 여러 곳에서 실행하기 때문에 건축자재와 소비재에 활용되는 유리 재활용 산업만큼이나 많은 고용을 창출할 것이다.

| | |
|---|---|
| **혁신** | 화학약품 없애기 |
| **혜택** | 에너지, 건강 |
| **개발자** | 쿠르트 할베르그Cuet Hallberg(스웨덴), 제이 하먼Jay Harman(미국) |
| **연도** | 1997년 |
| **잠재 공용** | 25만 개 |

빅토르 샤우베르거의 선구적인 작업에 영감을 받은 쿠르트 할베르그는 자신이 고안한 소용돌이의 수학적 모델을 이용하여, 물속에 공기를 채우거나 반대로 공기를 제거하기 위해 중력과 소용돌이 구조를 이용하는 다양한 제품을 개발할 수 있었다. 그는 사실 유독한 화학제품 대신에 물리학을 활용한다. 너무나 다양한 적용이 가능한 이 기술 덕분에 수많은 소비 및 산업 시스템을 개혁할 수 있을 뿐 아니라, 건물 내의 물 소비나 쓰레기 처리, 관개, 얼음 생산, 살균, 부식 방지, 그 외 수 많은 분야에 대한 우리의 생각 자체를 변화시킬 수 있다.

할베르그의 기본 아이디어에 호주 발명가인 제이 하먼(미국)의 독자적인 노력이 더해지면서 이 기술은 더욱 완벽해질 수 있었다. 제이 하먼은 팍스 사이언티픽사에서 피보나치 코드를 기초로 소용돌이를 모방한 시스템을 디자인했다. 50개 경제 분야에서 사업 기회를 보유하고 있는 그의 혁신기술이 널리 적용된다면 엄청난 고용 창출의 기회가 생겨날 것이다

| | |
|---|---|
| **혁신** | 냉장고 없이 백신 보존하기 |
| **혜택** | 에너지, 건강, 식량 |
| **개발자** | 브루스 로저Bruce Roser(영국) |
| **연도** | 1998년 |
| **잠재 고용** | 1천 개 |

브루스 로저는 미세 완보동물과 재생고사리를 관찰한 뒤 냉장 보관 없이 백신을 보존하는 방법을 개발했다. 이 기술이 개발되기 전에는 전기 서비스가 없는 지역에 사는 아이들에게 생명을 구할 백신을 전달할 때, 백신을 안전하게 옮기기 어려웠을 뿐 아니라, 비용도 2배가량 더 들었다. 케임브리지 바이오스터빌러티가 처음으로 상품화한 이 기술은 식품 가공에 이용되는 동결건조 장비를 백신 생산 과정에도 이용하기 때문에 더욱 가치 있다. 이 혁신기술로 에너지 요구량과 이산화탄소 방출량을 현격히 줄이면서 건강을 증진시킬 수 있으며, 동시에 식품 보존에도 이 기술을 적용하면 더 많은 미래 수익을 창출할 수 있다.

개발도상국에서 백신을 보다 쉽게 이용할 수 있도록 하는 것이 케임브리지 바이오스터빌러티사가 추구하는 최우선 사항이었지만 임상실험을 위한 자금을 마련하지 못했다. 때문에 특허 포트폴리오는 새로운 투자자에게 판매되었으며, 백신을 더 잘 운반하고, 이산화탄소를 줄이는 이 기술은 재무 부서의 승인을 기다리고 있다. 이 혁신기술을 통해 제조 분야에서 추가적인 고용이 창출될 것이다. 절감된 비용이 다른 인도주의적인 활동을 위한 자금으로 쓰인다면 그보다 더 이상적일 수는 없을 것이다.

| | |
|---|---|
| 혁신 | 풀 없이도 잘 붙는다 |
| 혜택 | 재료 효율성 |
| 개발자 | 조지 드 메스트럴George de Mestral(스위스) |
| 연도 | 1958년 |

조지 드 메스트럴은 풀 없이도 잘 접착되는 다양한 제품을 개발해 왔다. 이 접착제들은 마치 지퍼와 같이 붙었다 떨어졌다 할 수 있으며, 제품의 수명도 더 오래간다. 도마뱀붙이에서 아이디어를 얻어 탄생한 제품이 이런 제품들의 뒤를 잇고 있다. 도마뱀붙이 테이프는 이미 이론적으로 증명이 되었으며, 테스트도 거쳤으나 아직 시장에 출시되지 못했을 뿐이다.

시장에 출시된 비슷한 제품으로는 포름알데히드 성분이 없는 접착제가 있는데, 홍합에서 아이디어를 얻은 이 제품은 콜롬비아 포레스트 프로덕츠사가 상품화에 성공했다.

풀이나 그 대안 상품이 노동 집약형 상품이 아니기 때문에 이러한 제품들이 노동시장에 미치는 영향은 미미하다. 그러나 유독성 성분을 줄인다는 면에서 볼 때 이러한 제품들이 가져다주는 유익은 상당하다.

| | |
|---|---|
| **혁신** | 무無 살균제 |
| **개발자** | 피터 스타인버그Peter Steinberg (호주) |
| **연도** | 1995년 |

시드니 뉴사우스웨일스 대학의 피터 스타인버그(뉴욕에서 태어나고 자라긴 했지만)는 태즈먼 해Tasman Sea(호주 남동부와 뉴질랜드 사이의 바다 – 옮긴이)에서 자라는 붉은 빛깔의 해초 델리체아 풀크라Delicea pulchra를 관찰하다가 이 식물의 표면 구조에 박테리아 생물막이 없다는 것을 발견했다. 그는 호주에 살고 있던 스웨덴 출신 과학자 스테판 크젤레버그와 함께 이 식물이 단순히 박테리아간의 상호 통신을 방해함으로써 박테리아에서 자유로울 수 있다는 것을 연구를 통해 확인했다. 박테리아들은 서로 통신할 수 없게 되면 숙주를 그다지 공격하지 않는다.

이 혁신기술을 통해 항생제와 살균제가 필요 없어진다. 또, 돌연변이를 촉진하여 산업 화학물질과 현재의 약품들로도 치료가 불가능한 박테리아를 양산하는 현재의 대다수 의약품들의 훌륭한 대체품이 될 것이다. 이제 우리는 농업, 소비재, 산업재, 의료 장비, 의약품 등의 분야에 적용할 수 있는 기반기술을 보유하게 되었다. 이 기술은 나스닥 상장 기업인 커먼웰스 바이오테크놀로지Commonwealth Biotechnologies Inc사가 상품화했는데, 중국 기업 벤처파마VenturePharma사가 함께 하고 있다. 왜냐하면 이 활성성분은 당국으로부터 새로운 분자로 승인을 받아야 하는데, 이런 승인 절차가 가장 어려운 도전이기 때문이다. 바로 이런 점이 특허기술이 시장에 도달하는 과정 중 큰 장애가 되어 왔다.

현재 널리 사용되고 있는 지독한 화학약품들을 자연에서 얻은 영감들로 대체할 수 있는 다른 뛰어난 기술들도 있다. 이런 기술에는 매자나무 열매를 원료로 한 항생제나 진균들이 생산하는 살균제, 황열병 모기의 방충제, 붉은 강낭콩에서 추출한 항진균 물질 등이 있다. 혁신기술이 흔히 그렇듯이 일반적인 생각이나 우리가 기대하는 바와는 달리 생물종들은 매우 중요 능력들을 가지고 있다. 어떤 사람들은 독수리가 질병을 퍼트 린다고 주장하지만 독수리 자신들은 결코 조류독감에 걸리지 않는다. 아마도 그들만의 비밀이 있을 것이다. 그것이 항체 때문이든, pH 수치 때문이든 아니면 다른 알려지지 않은 어떤 특징 때문이든 간에 언젠가는 그 이유가 밝혀지고 활용될 수 있을 것이다.

| 혁신 | 삼투작용 없이 물 재생하기 |
|---|---|
| 혜택 | 물, 에너지 |
| 개발자 | 앤드루 파커Andrew Parker (영국) |
| 연도 | 2001년 |
| 잠재 고용 | 10만 개 |

세계 전역에서 이용 가능한 수자원이 점차 줄어들고 있다. 세계 인구의 대다수가 해안 지역에 살고 있는데, 그들에게 가장 확실한 해결책은 해수를 담수로 재생하는 것이다. 하지만 담수화 과정이 매우 에너지 집중적이라는 데 문제가 있다. 옥스퍼드 대학 동물 학과의 앤드루 파커는 나미브 풍뎅이를 연구할 때만 해도 삼투압 과정 없이 물을 재생 할 수 있는 효과적인 방법이 있다는 것은 미처 깨닫지 못했다. 처음 나미브 풍뎅이를 관 찰할 때 파커는 공기에서 물을 포획하는 방법을 배웠지만, 그것은 이미 선인장이나 가 시악마 도마뱀, 웰위치아 미라빌리스 같은 다른 많은 생물들이 성공적으로 발전시킨 기술이었다. 공기 중의 물을 모으면 펌프가 아닌 중력에 의해 필요한 곳에 모아진다. 이 기술을 이용하면 강줄기를 바꾸거나, 댐을 건설하거나, 삼투압 장비를 설치할 필요가 없기 때문에 많은 에너지를 절약할 수 있다.

이러한 기술들은 맹그로브 나무의 생태계나 태평양 바다 위를 몇 달씩 떠다녀도 소금 이 침투하지 않는 바다독나무 열매Polynesian box fruit(열대지방 해변에 서식하는 독성이 있는 나무의 열매로 야자열매와 비슷한 모양임 – 옮긴이)의 비결과 같은, 다른 담수화 방법들과 융합될 수 있을 것이다. 펭귄은 바닷물을 그냥 마신다. 펭귄의 눈 밑에는 바닷 물 속의 소금을 제거하는 선腺이 있다. 여기에는 단순한 물 재생을 뛰어넘는 가능성들 이 있다. 종들의 지혜에서 출발한 혁신기술들을 이용하면 도쿄나 런던, 시카고와 같은 대도시에서 흔히 발생하는 열섬현상을 완화시킬 수 있으며, 이산화탄소 배출량 역시 크게 줄일 수 있다. 잠재 고용 수 역시 상당하다. 이 기술을 최대한 적용한다면, 현재 이용되는 모든 기술들을 대체할 수 있으며, 동시에 세계 전역의 심각한 물 부족 문제에도 보다 잘 대처할 수 있다.

| 혁신 | 비누 없이 세척하기 |
| --- | --- |
| 혜택 | 물, 자재 효율성 |
| 개발자 | 빌헬름 바르틀로트Willhelm Barthlott(독일), 에밀레 이시다Emile Ishida(일본) |
| 연도 | 1993년 |
| 잠재 고용 | 10만 개 |

본 대학University of Bonn의 네에스 연구소의 빌헬름 바르틀로트는 자연 기술 선구자이자 훌륭한 기업가로서 명성을 얻었다. 그의 연구를 통해 연꽃이 비누를 전혀 사용하지 않으면서 자신을 정화하는 방법을 이해할 수 있게 되었다. 자연의 그 어떤 종도 정화를 위해 계면활성제를 사용하지 않는다. 연꽃의 경우, 연잎의 물리적 구조 덕분에 먼지입자들이 오랫동안 연잎에 달라붙어 있을 수 없지만, 입자가 붙었더라도 작은 이슬방울들이 즉시 먼지입자들을 쓸어낸다. '연잎 효과'라 불리는 이 기술은 현재 100여 가지의 상품에 적용되었으며, 독일 스토Sto AG사가 1999년부터 그 선봉에 서고 있다.

자정 능력이 있는 전복의 내부에는 결코 오물이 쌓이지 않는다. 일본 도쿄 대학 교수 에밀레 이시다는 일본의 가정용 도자기 회사인 이낙스INAX의 상품 개발에 전복의 자정 능력을 적용했다. 이 혁신기술을 통해 화학약품 사용을 줄일 수 있었으며, 그 결과 수원水原의 오염도 줄일 수 있었다. 비록 고용 잠재력은 크지 않지만 원료 생산성이 높다는 것이 이 기술의 큰 장점이다.

| 혁신 | 마찰 없는 운동 |
| --- | --- |
| 혜택 | 에너지, 광산업 |
| 개발자 | 잉고 레첸베르그Ingo Rechenberg와 압둘라 레가비Abdullah Regabi(독일) |
| 연도 | 2004년 |
| 잠재 고용 | 2만 5천 개 |

잉고 레첸베르그는 베를린 과학 대학의 압둘라 레가비 엘-카야리의 도움을 받아 윤활제나 볼베어링, 다이아몬드 분말 없이도 마찰을 줄이는 데 성공했다. 그는 모래물고기 도마뱀이 열을 발생시키지 않으면서 말 그대로 모래 사막을 헤엄쳐 다니는 것에서 영감을 얻었다. 케라틴으로 이루어진 도마뱀의 피부가 마찰을 거의 발생시키지 않고도 움직일 수 있게 하는 원동력이다. 이 영감을 통해 규조로 만든 윤활제보다 에너지 효율성 면에서 훨씬 뛰어난 제품을 제작할 수 있을 것이다. 세계 총생산의 1퍼센트가 마찰 때문에 사라지는 것으로 추정된다. 마찰 문제를 해결하기 위한 현재의 방법들은 모두 화석연료나 고온 처리된 광물에 의존하고 있다. 그러나 이 영감은 생체공학의 새로운 세대를 열기 위한 발판을 마련해주고 있다. 볼베어링이나 윤활제, 공업용 다이아몬드 생산 과정은 매우 자동화되어 있기 때문에 이 기술을 적용한다 해도 고용 손실은 많지 않을 것이다. 수많은 구동부품에 적용될 수 있는 마찰 없는 운동은 우리의 일상에 커다란 가능성을 제공한다.

| 혁신 | 안료 없이 색깔 내기 |
|---|---|
| 혜택 | 에너지, 광산업, 건강 |
| 개발자 | 앤드루 파커Andrew Parker(영국) |
| 연도 | 1998년 |
| 잠재 고용 | 2천 개 |

앤드루 파커(옥스퍼드 대학)는 자연의 물리학에 기반 한 다양한 광학적 활용 방안들을 개발했는데, 이를 통해 주로 중금속에서 추출되는 안료를 더 이상 사용할 필요가 없어진다. 색소 없이 색깔을 내는 것은 페인트 산업에 새로운 지평을 열게 될 것이다. 페인트 산업의 확고한 시장 지위와 규제 체계 때문에 이 산업은 페인트 산업보다는 화장품 산업에 먼저 적용될 것으로 보인다. 광학 효과를 확실히 통달하게 되면 이미 성공적으로 활용되고 있는 지폐의 보안 시스템에도 적용할 수 있다.

테이진Teijin사(브랜드 네임은 Morphotex®임)와 BASF사는 이미 색소는 없지만 색깔은 있는 섬유 제조라인을 마련했다. 아직까지는 색소 시장에 새로운 기준을 창출할 대형 마케팅은 없었다. 흰색이라는 하나의 광학색소로 색소만 대신할 수 있는 것이 아니다.

우리 눈이 흰색을 인식하는 방식을 이해하게 되면 세제와 종이 제조에 주로 이용되는 화학물질 벤젠고리benzene ring를 대신할 광학적 표백제로 광학색소를 이용할 수 있을 것이다. 이 기술은 본래 있던 색깔 시스템을 다른 기술로 대체하는 것이기 때문에 고용 창출 면에서는 큰 효과를 기대할 수 없다.

| | |
|---|---|
| **혁신** | 프레온 가스 없이 추진력 얻기 |
| **혜택** | 에너지, 자재 효율성 |
| **개발자** | 앤디 매킨토시Andy McIntosh(영국) |
| **연도** | 2004년 |
| **잠재 고용** | 2천 개 |

리지 대학(영국)의 앤디 매킨토시는 폭격수 풍뎅이에게서 영감을 받아 추진 가스 문제를 해결할 기계장치를 고안했다. 오존층에 엄청난 피해를 주는 염화불화탄소CFCs(프레온 가스)를 대체하면서 우리는 산업적 해결책이 무엇인지 재정의 할 특별한 기회를 얻게 된다. 해로운 가스들을 좀 덜 해로운 가스로 대체하는 것 역시 화학적 해결책일 뿐이다. 이 기반 기술은 의약 분야에 가장 먼저 적용될 수 있다. 바로 즉시 약물을 스프레이 해주어야 하는 천식이나 낭포성 섬유증 환자에게 도움이 될 것이다. 또, 이 기술로 보다 효과적인 자동차의 연료 분사 시스템을 개발하여, 불완전 연소로 인해 방출되는 유독성 가스의 양을 줄일 수 있다.

이 기술은 아직 시장에 도입되지 않았다. 스웨덴의 기업가 라스 우노 라손의 적극적인 투자로 추진 가스를 대체하는 다양한 적용 사례들이 나오게 될 것이다. 이것은 어떻게 물리학이 이미 존재하는 물리적 동력으로 화학을 대체하여 같은 효과를 내는지 보여주는 또 하나의 좋은 예다. 화학약품을 제거한다고 해서 큰 고용 기회가 생길 것이라 기대하기는 어렵다. 하지만 다시 생각해보면 의료기기를 설치하기 위해 더 많은 노동력이 필요하며, 점차 물질 집중도도 낮추어질 뿐 아니라 '그냥 버리기'의 개념도 근절시킬 수 있다. 이 기술을 해초에서 얻은 항생 제품과 결합하면 의학 분야에 적용될 수 있으며, 소용돌이 기술과 함께 연료 분사 시스템에 이용될 수 있다.

| 혁신 | 기계 없이 실내 공기 조절하기 |
|---|---|
| 혜택 | 에너지, 건강 |
| 개발자 | 안데르스 나이퀴스트Anders Nyquist(스웨덴) |
| 연도 | 1990년 |
| 잠재 고용 | 1만 개 |

안데르스 나이퀴스트는 북극권 바로 아래 지역에 살고 있지만 관찰과 추론을 통해 얼룩말과 흰개미의 지혜를 이용하면 냉난방 시스템이 꼭 필요치 않다는 것을 깨달았다. 1950년대 아프리카로 장기 여행을 떠난 벤트 와르네는 흰개미 집의 앞선 건축 기술을 보고했다. 그는 '봉투 주택'을 짓기 위해 정확한 공기의 출입을 관리할 수 있는 그의 많은 지식을 활용했다. 안데르스 나이퀴스트는 세계 전역에서 성공적으로 적용되고 있던 와르네의 경험을 확장시켰다. 콜롬비아 라스 가비오타스 지역 병원(외부 도움 없이 지역의 라스 가비오타스 팀이 설계했음)과 일본 다이와 하우스 사무 빌딩, 짐바브웨 하라레 지역의 쇼핑센터(아룹사가 설계함)는 모두 건강하고 에너지 효율적인 공기 흐름을 얻기 위해 흰개미에게서 아이디어를 얻었으며, 그중 어떤 건물은 얼룩말의 지혜를 이용하기도 했다. 이런 건물들 중 여럿은 값비싼 냉난방 시설 없이도 성공적인 결과를 얻을 수 있었으며, 어떤 건물은 다른 지원 시스템과 공기펌프(아룹)를 설치하기도 했다. 얼룩말 효과의 특이점은 지붕 위에 미세한 돌풍을 만들어내 외부 열기를 제거함으로써 화학약품에 찌든 단열재의 수요를 줄인다는 점에 있다. 이러한 온도, 습도 조절 시스템이 널리 보급되면 주요 에너지 시스템 공급업자들의 판매 실적이 감소할 것이다. 하지만 에너지 절약과 건물 이용자들의 건강증진이라는 이점들로 인해 보다 생산적인 투자와 상품을 위해 자원을 이용하게 될 것이다.

| 혁신 | 뿌리에서 발생하는 열 |
|---|---|
| 혜택 | 에너지, 식량, 건강 |
| 개발자 | 서영석, 오태성(대한민국) |
| 연도 | 2001년 |
| 잠재 고용 | 5만 개 |

서영석과 오태성은 개미와 흰개미가 땅속에 저장해 놓은 식물 조각들이 장기간에 걸쳐 토양을 비옥하게 하는 풍부한 영양성분을 공급할 뿐 아니라 분해 과정에서 방출되는 열로 인해 토양 역시 따뜻해진다는 것을 관찰했다. 그들은 곧 식물의 뿌리가 있는 곳을 따뜻하게 하면 삼투성이 높아지며, 동시에 식물이 얼지 않게 할 수 있다는 것을 깨달았다. 그들은 이 지식을 바로 공기를 덥히는 대신 땅을 덥히는 온실 효과 시스템에 활용했다. 이 방법을 활용하면 온실의 공기를 덥힐 필요가 없기 때문에 에너지 소비도 줄일 수 있다.

2007년 이 기술이 일본에 처음 소개되자, 토마토와 딸기 재배농들은 이 기술을 재빨리 받아들였다. 얇은 탄소 섬유를 이용하여 완벽한 난방 효과를 얻을 수 있게 되자, 이 기술의 적용 범위는 농업 분야를 넘어섰다. 비교적 저렴한 비용으로 이용할 수 있는 이 기술은 플라스틱 관 속의 액체를 이용하는 온돌난방 시스템의 대안으로 자리 잡았다. 섬유소와 탄소망의 혼합물이 고무 카펫과 합쳐지면 염료 감응형 박막 태양 전지에 연결될 수 있다. 이 바닥 난방 전략을 통해 에너지 소비를 최소 3분의 2가량 줄일 수 있다. 이 기술에 사용되는 에너지원이 태양이기 때문에 탄소 발자국은 줄어들고 안락함은 증대된다. 파나소닉사는 이 기술을 일본에서 상품화하기로 결정했다. 겨울철 추위가 그다지 혹독하지 않은 데 비해 난방비는 너무 높은 지역에서 이 바닥 난방 시스템을 설치하면 보다 많은 사람들이 겨울을 따뜻하게 날 수 있을 것이다. 이 혁신기술은 태양광 집열판 설치와 비슷한 수준의 상당한 고용을 창출할 것으로 보인다.

| 혁신 | 배기 이산화탄소에서 탄산칼슘을 |
|---|---|
| 혜택 | 에너지, 자원 효율성 |
| 개발자 | 노만드 보이어Normand Voyer, 실비에 고티어Sylvie Gauthier(캐나다) |
| 연도 | 1998년 |
| 잠재 고용 | 1만 개 |

노만드 보이어와 실비에 고티어의 연구로 이제 더 이상 시멘트를 제조하기 위해 탄산칼슘을 캐낼 필요가 없어졌다. 효소를 이용하여 탄산 가스를 확보하는 방법을 고안하여 탄산칼슘 제조에 이용되는 순수한 이산화탄소를 얻을 수 있었다. 탄산 가스는 화력

発전소뿐만 아니라 심지어 시멘트 제조 과정에서도 얻을 수 있다. 토론토 증권거래소 상장 기업인 씨오투 솔루션스는 온실 가스를 순환생산 소비하는 이 기술과 공학적 솔루션을 판매하고 있다. 노보머사는 일산화탄소와 산업활동의 부산물인 이산화탄소를 판매와 재활용이 가능한 자원으로 바라보는 또 다른 기업이다.

이산화탄소라는 자원은 화력발전소의 굴뚝에서 얻어지기 때문에 이제 더 이상 많은 비용을 들여 탄산칼슘을 채굴할 필요가 없어졌다. 이 기술은 작은 산업 규모로 테스트를 받았으며, 이제 시장에 도입될 준비를 마쳤다. 발전소나 시멘트 공장, 소각로 그리고 이와 유사한 시설들을 재정비할 때 기존의 설비에 이 새로운 기술을 적용해야 한다. 정부(이 경우는 특히 캐나다)의 장려책으로 이 기술이 시장에 훨씬 널리 도입될 수 있다. 이 기술은 초기 재정비 과정과 제조, 운송 과정 부분에서 확실히 많은 고용 기회를 창출할 것이다.

| 혁신 | 알루미늄 포장 없애기 |
|---|---|
| 혜택 | 에너지, 자원 효율성 |
| 개발자 | 레베카 크램프Rebecca Cramp(호주) |
| 연도 | 1977년 |

오늘날 식품과 음료 산업은 얇은 알루미늄 포일 포장을 이용하여 상품의 신선도를 유지하고 소비자들의 마음을 끈다. 과자와 커피에서부터 감자칩과 주스에 이르기까지 포장만 벗기면 바로 먹을 수 있는 수많은 식품들은 철 성분이 전혀 포함되지 않은 이 금속으로 포장되어 판매된다. 알루미늄 포장이 매우 편리하고 효과적이긴 하지만 알루미늄 포일을 제조하는 데 많은 양의 에너지가 소요된다. 그보다 더 나쁜 것은 알루미늄 포장 대부분이 한 번 사용된 뒤 매립지로 내던져진다는 것이다.

퀸즈랜드 대학 생명 과학부의 레베카 크램프는 호주 사막에 사는 개구리를 연구하면서 알루미늄이 필요 없는 새로운 형태의 포장 방식에 대한 아이디어를 얻었다. 그녀는 가장 흔하고 풍부한 단백질 중 하나인 케라틴 성분의 얇은 막을 이용한 액체 포장 시스템을 개발했다. 이 방법은 매우 간단하면서도 금속을 필요로 하지 않는다. 개구리에게서 빌려온 비법에 펠리컨의 확장 능력을 더하고, 해삼처럼 빨리 굳어져 외부 압력에 대항할 수 있는 포장시스템이 만들어진다면 우리는 포장에 대해 전혀 새로운 개념을 갖게 될 것이다. 여기에 꿀벌들처럼 방수 기능을 첨가하거나 포장 디자인의 개념을 건축에까지 확대할 수 있을 것이다. 현재의 알루미늄 사업 분야의 고용은 줄어들 것이며 새로운 혁신기술 시스템이 그 자리를 대신할 것이지만 추가 고용은 예상되지 않는다. 하지만 이 기술을 통해 환경 부담을 줄이고 채광과 이산화탄소 방출량을 감소시킬 수 있다.

| | |
|---|---|
| **혁신** | 주변 온도에서 생성되는 세라믹 |
| **혜택** | 에너지, 자원 효율성 |
| **개발자** | 로버트 리치Robert Ritchie(미국) |
| **연도** | 1977년 |
| **잠재 고용** | 3천 개 |

로버트 리치는 미국 캘리포니아 주립 버클리 대학 재료공학부의 석좌교수다. 그가 발견한 것은 자연 상태에서 세라믹은 주변 온도와 압력에서 생성되는 반면, 산업 세라믹을 생산하기 위해서는 고온과 고압을 필요로 한다는 것이다. 전복과 붉은 지렁이glycera worm는 모두 주변 온도에서 엄청난 강도의 세라믹을 합성한다. 반대로 산업 세라믹은 높은 온도와 압력이 없으면 만들어지지 않는다.

자연의 세라믹은 에너지 요구량이 한정적이고 이용되는 설비도 적기 때문에 아주 작은 규모로도 만들 수 있다. 이를 이용하면 특수 세라믹을 생산하는 수백 개의 소규모 사업을 창출할 수 있다. 이러한 특수 세라믹은 전자 산업 분야에서 수요가 높은데, 그 중에서도 현재 떠오르는 시장인 나노 기기 부분이 특히 그렇다. 주변 온도에서 생산되는 고성능 세라믹은 유명한 방탄 세라믹인 케블라Kevlar™보다도 강하다. 따라서 에너지를 절약하면서 환경에 끼치는 악영향은 적고 소비자들에게는 보다 질 좋은 상품을 공급할 수 있다.

| 혁신 | 화학약품 없는 종이 |
|------|------------------|
| 혜택 | 에너지, 자원 효율성 |
| 개발자 | 스티븐 추Steven Chu(미국) |
| 연도 | 2004년 |
| 잠재 고용 | 25만 개 |

스티븐 추는 오바마 정부의 에너지부 장관이다. 초기에 그는 로렌스 버클리 국립 연구소를 위해 일했다. 그는 나무 처리 과정에서 흰개미와 박테리아의 공생관계를 연구했다. 그의 연구를 기반으로 화학약품 없이 종이를 제조하는 기술이 탄생했다. 산업계는 생산의 복잡성과 위험성에 대한 해결책으로 식물에서 펄프를 추출하는 방법을 내놓았다. 하지만 이 접근법을 이용하면 환경에 피해를 주는 현재의 펄프 추출과정을 다른 식으로 전환할 수 있다. 종이를 제조하는 과정에서 잘게 부순 나뭇조각을 산성 용액에 담근 뒤 섬유소가 아닌 것들은 모두 화학적으로 태워버린다. '흑액' 또는 블랙리커라고 불리는 남은 용액은 엄청난 유독성 때문에 일반적으로 소각한다. 헤미셀룰로오스나 목질소는 박테리아를 끌어들이지 않아 충치를 일으키지 않는 나무 설탕인 크실란xylan이나 크실리톨xylitol(크실란은 자일란으로, 크실리톨은 자일리톨로도 불린다 – 옮긴이)로 전환될 수 있는데도 불구하고 모두 버려진다. 흰개미와 백색부후균, 박테리아의 방법으로 나무에서 종이를 생산하면 이산화탄소를 재활용하게 되면서 기후변화를 줄이는 효과도 얻게 된다. 이 기술에는 소규모의 종이 생산이 더 알맞기 때문에 종이 수요가 급격히 증가하는 동시에 자동화와 대량화로 실직이 늘고 있는 중국과 인도와 같은 나라들에서 상당한 고용을 창출할 수 있다. 1995년에서 2004년까지 중국에서는 무분별한 공장 오염을 해결하기 위해 1만 개의 제지 공장이 문을 닫아야 했다. 우리는 종이 제조를 위해 소나무나 유칼립투스 나무를 단일 재배하는 대신, 대나무나 짚을 원재료 사용하면서 더 많은 고용을 창출할 수 있을 것이다.

| 혁신 | 수은 없는 빛 |
|---|---|
| 혜택 | 에너지, 자원 효율성, 건강 |
| 개발자 | 로저 핸론Roger Hanlon(미국) |
| 연도 | 2004년 |
| 잠재 고용 | 15만 개 |

현재 에너지 효율성이 높은 전구를 생산하는 데 소량의 수은이 사용된다. 심지어 에너지 절약형 소형 형광등도 에너지를 절약하기 위해 이 중금속을 필요로 한다. 건강하고 지속 가능한 사회를 목표로 하는 사회에서 방출되면 그 영향을 되돌리기 어려운 수은을 이용한다는 것은, 그것이 아무리 소량이라도 결코 허용될 수 없다. 이것이 바로 수은 없이 밝은 빛을 낼 방법을 찾아야 하는 이유다. 매사추세츠 주 우즈랜드 해양생물연구소의 로저 핸론은 해파리와 오징어, 진균이 빛을 내는 방법을 연구하다가 칼슘에 의해 빛이 생성된다는 것을 발견했다. 칼슘은 전기 스위치의 역할을 하는데, 단백질을 활성화시켜 빛의 형태로 에너지를 방출하게 한다. 이 밝은 빛과 에너지는 중금속이 아닌, 우리 주변에 풍부한 재생 가능한 원료를 이용한다. 하지만 흰색은 화학약품을 추가해서가 아니라 광학 효과를 통해 얻을 수 있다. 특히 심해에서 이런 방식으로 발생되는 밝고 푸른빛을 찾아볼 수 있는데, 이런 푸른 빛은 경화 접착제처럼 많은 곳에 적용할 수 있다.

흰개미에게서 아이디어를 얻은 종이 제작의 경우와 마찬가지로 제조 과정에서 수은과 같은 유독성 물질을 제거함으로써, 기업 창출과 지역 생산을 촉진할 수 있다. 이를 통해 다각적 효과를 얻을 수 있으며, 수은을 제거함으로써 사회적 부수 비용의 절감이라는 중요한 효과도 거둘 수 있다.

| 혁신 | 용해제 없이 해결하기 |
|---|---|
| 혜택 | 건강 |
| 개발자 | 이반 빌로체빅Ivan Vilotijevic(세르비아) |
| 연도 | 2005년 |
| 잠재 고용 | 15만 개 |

이반 빌로체빅은 벨그라데 대학과 메사추세츠 기술연구소에서 연구하고 있다. 그는 홍조류인 와편모조류의 촉매 작용을 연구하면서 현재 산업에서 화학 용매제의 역할을 언젠가는 물로 대신할 수 있는 기막힌 아이디어를 얻었다. 산업 생산과정에서 용매는 반응 속도를 높이고 빠른 결과를 얻기 위한 필수적인 요소로 여겨진다. 조류는 물을 용매로 이용하여 에스테르를 생산하는 반면, 산업계는 폴리머 제조를 위해 주로 황산에 의존한다. 사실 자연계는 거의 모든 화학적 반응에 물을 이용하여 매우 훌륭한 결과를 얻는다. 물을 이용하면 화학 용매를 이용하는 작업장 내에서의 상해 위험도 제거할 수 있을 뿐 아니라, 환경 피해도 줄일 수 있다. 또, 점차 집중 생산의 경향도 줄이고, 제조업에 다양성을 불러오는 동시에 고용의 질 역시 높일 수 있다.

| 혁신 | 아프지 않은 주삿바늘 |
| --- | --- |
| 개발자 | 마사유키 오카노Masayuki Okano(일본) |
| 연도 | 2004년 |

오카노 코교사의 사장 마사유키 오카노는 '금속 세공의 마술사'로 알려져 있다. 그는 모기 주둥이의 모양을 본떠 아프지 않은 주삿바늘을 고안했다. 이전의 주삿바늘은 스테인리스 스틸을 아주 얇은 원뿔형으로 가공한 것인데, 끝이 뾰족하고 물이 새지 않는 원뿔형 실린더를 만들기 위해 심용접seam welding(용접기술의 일종 – 옮긴이)을 해야 했다. 터루모사가 제작하는 오카노 사장의 나노패스 33 주삿바늘은 이제 아프지 않은 피하 주삿바늘의 표준이 되었다. 나노패스 33은 특히 수백만의 당뇨환자들에게 인기가 높아서, 자연에서 아이디어를 얻은 상품 중 두 번째로 많이 사용된다(첫 번째는 벨크로암Velcro™).

## 지속 가능성을 촉진하는 기반 기술들
혁신기술의 세 번째 그룹은 이미 시장에서 성공을 거두고 있는 혁신적인 사업에서부터 아직은 상업적인 성공을 거두지 못했지만 뛰어난 아이디어를 포함하고 있는 기술들이다. 핵심은 이러한 기술들을 다른 기술들과 함께 융합하여 시너지 효과를 내고 그것을 전략적인 시장 우위로 전환하는 것이다.

독자들은 이 부분의 마지막에 소개되고 있는 개구리가 이미 멸종되었다는 것을 알게 될 것이다. 이것이 바로 우리 현대 사회의 현실이다. 너무 서두르다 보니 우리가 의도하지 않았던 결과를 일으키게 되고, 수백만 년의 진화를 거쳐 발전시켜 온 자연계의 해결책들을 배울 기회를 놓치고 만 것이다.

| | |
|---|---|
| 혁신 | 수질 정화─아쿠아포린Aquaporin |
| 혜택 | 물, 건강, 에너지 |
| 개발자 | 피터 아그레Peter Agre(미국), 앤드루 랜킨Andrew Rankin, 에릭 볼프Eric Wolff(영국) |
| 연도 | 2003년 |
| 잠재 고용 | 30만 개 |

존스 홉킨스 말라리아연구소(미국)의 피터 아그레는 아쿠아포린 발견을 인정받아 2003년 노벨 화학상을 수상했다. 아쿠아포린은 세포막에 존재하는 단백질로 세포막 사이를 통과하는 수분 분자들의 출입을 1초당 1조 단위로 조절한다. 그의 연구 결과로 물의 이동 경로에 대한 생화학, 생리학, 유전학적 연구의 기반이 놓여졌다. 덴마크 기업 아쿠아포린Aquaporin은 이 개념을 실제로 보여줄 수 있는 적용 사례들을 2011년 처음으로 시장에 내놓을 계획이다. 수질 정화에 아쿠아포린을 이용하는 것은 매우 실용적인 적용이기 때문에 장기 투자를 한다면 분명히 수익을 얻을 수 있다.

박테리아에서 동식물에 이르기까지 수백 종의 생물들이 수질 정화 능력을 갖고 있다. 펭귄 역시 뛰어난 수질 정화 능력을 갖춘 생물종 중 하나다. 앤드루 랜킨과 에릭 볼프는 영국 남극조사단을 위해 특별한 임무를 띠고 남극을 탐험했는데, 거기서 그들은 눈 밑에 있는 선線으로 염분을 제거하는 펭귄의 능력에 매혹당했다. 펭귄의 선은 인간의 신장과 비슷한 역할을 하지만, 훨씬 더 효율적으로 기능한다. 자연의 이러한 경이로운 예들을 연구함으로써 우리의 기본적 필요들을 충족할 잠재적 해결책들을 찾을 수 있다. 역삼투 방식의 대체 기술들을 통해 전 세계 사회와 산업을 위한 수입과 고용을 분명히 창출할 수 있다.

| 혁신 | 건축용 파이프와 관 |
|---|---|
| 혜택 | 건강, 에너지, 자원 효율성 |
| 개발자 | 보른 벨란더Bjorn Bellander(스웨덴) |
| 연도 | 1990년 |
| 잠재 고용 | 500개 |

보른 벨란더는 인간의 호흡기와 소화기가 영양분과 폐기물을 다루기 위해 투입과 생산의 채널링 메커니즘을 건설적으로 활용하는 방법을 관찰했다. 사실 인간의 호흡기와 소화기는 고체나 액체, 기체가 이동하는 관들을 통합해 이용한다. 이러한 관찰에 기초하여 벨란더는 건물 내의 유입량과 처리량, 유출량을 조절하고 분배하는 데 필요한 파이프와 관, 선들을 매우 효과적으로 단순화시킨 밸브들을 디자인했다. 오늘날 그의 디자인은 스플릿비전Splitvision AB사(스웨덴)에서 스플릿 박스Split Box™ 라는 상표명으로 시장에서 판매되고 있다. 이 전반적인 기술은 가정에서 공기 순환과 온수 공급에 드는 에너지와 오수를 처리하는 데 드는 에너지를 동시에 절감시켜준다. 자재, 노동, 에너지 요구량이 모두 절약된다. 이 제어 장치의 생산, 설비, 유지를 통해 창출될 일자리의 수는 이 기술로 인해 사라진 일자리 수를 메울 수 있으며, 더욱이 수입은 더 높을 것이다.

| 혁신 | 박막 태양 전지 |
|---|---|
| 혜택 | 에너지, 자원 효율성 |
| 개발자 | 미카엘 그뢰첼Michael Graetzel(스위스), 앨런 히거Alan Heeger(미국) |
| 연도 | 2003년 |
| 잠재 고용 | 50만 개 |

1991년 폴리테그 드 로산네의 미카엘 그뢰첼은 식물의 잎 색소로 에너지를 생성하는 태양 전지를 개발하고 특허를 받았다. 그뢰첼의 기발한 접근법은 엄청난 에너지 투입을 요구하는 광전지에서 다른 패러다임으로의 전환을 불러오고 있다. 그의 태양 전지는 생산이 간단하고 저렴하며 에너지 효율적이다. 산타 바바라 캘리포니아 대학 교수이자 2000년 노벨 화학상 수상자인 위대한 연구가 앨런 히거는 이 기술의 판매권을

보유한 코나카Konarka사를 통해 이 상품을 시장에 출시하는 것을 도왔으며, 그 자신의 노하우와 특허 기술들을 함께 적용하도록 하고 있다. 코나카는 영국 웨일스에 있는 설비를 이용하여 최대 능력을 발휘하고 있다.

태양 에너지 활용법은 매우 다양하게 발전하고 있다. 잠자리에 착안한 집광형 태양력 발전(분산되는 성질을 가진 빛을 수집하는 기술 – 옮긴이)은 에스파냐 기업 아벤고아Abengoa가 벤치마킹한 기술로 아벤고아사는 기술 확장을 위한 주요 계획들을 세우고 있다.

이런 기술들은 미래 시장을 점령하고, 광전지 산업을 대체할 것이 분명하다. 박막 태양전지 단위는 점점 더 소형화될 것이며, 집광형 태양력 발전 시설은 대형화될 것이기 때문에 전체적인 고용 창출 수에는 변화가 없다.

| 혁신 | 열 회수를 통한 에너지 절약 |
| --- | --- |
| 혜택 | 에너지, 자원 효율성 |
| 개발자 | 브라이언 맥냅Brian McNab(미국) |
| 잠재 고용 | 5만 개 |

플로리다 대학 생물학과 교수 브라이언 맥냅은 남극대륙에서 사하라 사막으로, 열대 우림에서 심해에 이르기까지 세계 어떤 환경에서도 살아가는 생물종의 다양성과 놀라운 메커니즘의 변화를 연구하는 생태 생리학에 심취해 있다. 그는 어려움을 극복하고 살아남기 위한 유기체의 물리적, 화학적, 세포적 반응을 설명하기 위해 에너지 생산을 연구했다. 동물들은 위기에 대처하기 위해 신진대사를 조절한다. 어떤 종은 삼투성이나 전환, 내부 열을 이용한다. 참다랑어는 화씨 68도의 온도 차이까지 견딜 수 있다. 참다랑어는 혈액과 아가미 사이에 항류 열교환 장치counter-current heat exchanger라는 열 차단 장치를 가지고 있다. 산업계의 열 회수율은 95퍼센트인 데 반해, 에너지를 순환생산 하는 자연계는 99퍼센트에 이른다. 이것은 오늘날 사용되는 대부분의 열기를 이용하여 다시 현장에서 열기와 냉기를 생산할 수 있으며, 전기로 전환할 수 있다는 것을 의미한다. 열기 전환이라는 이 참신한 접근법은 비즈니스의 미래이며, 자연히 고용 창출

로 이어질 것이다.

| | |
|---|---|
| **혁신** | 에너지 절약을 위한 알고리즘 |
| **혜택** | 에너지, 자원 효율성 |
| **개발자** | 로저 세이머Roger Seymour(호주), 아나 마리아 안기오이Ana Maria Angioy |
| | (이탈리아), 키쿠카추 이토Kikukatsu Ito(일본) |
| **잠재 고용** | 2만 개 |

아들레이드 대학 동물학자인 로저 세이머는 식물의 열 생산을 연구한다. 식물들은 물리적으로 열을 생산하는데, 꽃들로 눈을 녹일 수 있을 만큼 생산량이 매우 많다. 지금까지 발견된, 열을 발생시켜 자신을 따뜻하게 하는 모든 식물 세포는 재생기능을 갖고 있다. 데드호스아룸릴리dead-horse arum lily는 그중 가장 뛰어난데, 많이 알려진 연꽃보다도 더 뛰어나다. 이 꽃을 심으면 온도가 섭씨 10도까지 떨어져도 꽃을 유지하는 온도인 섭씨 30~35.5도를 유지할 수 있다. 식물들과 냉혈동물들이 이용하는 물리적, 생화학적 방법을 이용하면 사람들의 열관리 방식을 바꿀 수 있다. 이러한 동식물들이 제공하는 수십 가지의 방법을 연구하여 새로운 특허를 내고, 생태계처럼 다양한 필요에도 부응할 수 있을 것이다. 이와테 대학의 키쿠카추 이토는 시간과 빛에 따라 조정되는 식물난방 시스템의 알고리즘으로 특허를 받았다. 이 기술은 이미 시대에 뒤떨어진, 60년 된 하니웰 에어컨디셔닝(미국의 오래된 냉난방 회사 - 옮긴이) 알고리즘을 쉽게 대체할 것이다.

| | |
|---|---|
| **혁신** | 항력 감소로 양력 증가시키기 |
| **혜택** | 에너지, 소음공해 |
| **개발자** | 프랭크 피쉬Frank Fish(캐나다), 팀 피니건Tim Finnigan(호주) |
| **잠재 고용** | 1만 개 |

펜실베이니아 웨스트 체스터 대학의 프랭크 피쉬 교수는 고래들이 항력(어떤 물체가 유체 속을 운동할 때 운동 방향과는 반대쪽으로 물체에 미치는 유체의 저항력 - 옮긴이)을 줄이는 방법을 관찰했다. 그는 풍력발전에서 양력(유체 속의 물체가 수직 방향으

로 받는 힘 – 옮긴이)을 높이기 위해 고래들이 항력을 낮추는 방법을 이용할 수 있다고 생각했다. 그는 풍동실험wind tunnel tests을 통해 비행기나 풍력발전기의 일직선의 매끈한 몸체와 비교했을 때, 울퉁불퉁한 혹등고래의 발이 항력을 줄이고 양력을 증가시키는 데 더 뛰어나다는 것을 밝혀냈다. 토론토에 위치한 피쉬 교수의 회사 웨일파워Whalepower에서 시장에 출시할 상품들을 개발 중인데, 이런 상품들을 통해 풍력 터빈에서 전형적으로 발생하는 소음공해를 줄일 수 있다. 양력은 높이면서 항력을 줄이는 이와 비슷한 적용들이 개발 중에 있다. 이런 기술들을 통해 보다 효율적인 에너지 생산 시스템을 갖출 수 있을 것이다.

메르세데스–벤츠 자동차는 해양에 사는 노랑복어Ostracion cubicus의 반직관적인 모습에 착안하여 차를 디자인했다. 반면 사초에 사는 오징어 모양의 자동차의 경우 공기역학적이지 않다. 하지만 노랑복어와 복어를 본뜬 자동차의 경우 복어의 구조적 완전성과 낮은 체질량을 결합하여 에너지 소비와 기동성, 안정성에 있어 최고의 효과를 얻는다.

또 다른 새로운 혁신기술은 자이언트 켈프giant kelp가 간만의 차로 인해 유발되는 파도의 움직임을 포착하는 능력을 연구함으로써 이루어졌다. 호주 시드니의 신생기업 바이오파워 시스템스BioPower Systems는 파도와 조수의 유동적인 움직임에서 에너지를 모아 그것들을 전력 규모의 계통 연계형 재생 에너지로 전환하는 모듈식의 장치를 고안했다. 바이오웨이브bioWAVE™ 와 바이오스트림bioSTREAM™ 이라는 이름의 이 장치들은 해수면의 바로 밑에서 물결에 따라 자유롭게 움직인다.

에너지 효율성과 생산성 측면에서 이러한 혁신기술들은 현재의 것들을 훨씬 능가할 것이며, 앞으로 도래할 다양한 종류의 에너지원들의 단지 일부분일 뿐이다. 이런 기술은 안내자로서 사업 기회를 창출할 다른 기반 기술들이 대형 에너지 생산 시스템의 독점을 줄일 수 있도록 돕고, 진화가 항상 그래 왔던 것처럼 지역적 필요를 충족할 경쟁력 있고 다양한 지역 시스템을 보장할 것이다.

| 혁신 | 광학 |
|---|---|
| 혜택 | 에너지, 소음공해 |
| 개발자 | 조앤나 아이젠버그Joanna Aizenberg(미국) |

모스크바 대학에서 물리 화학을 전공한 조앤나 아이젠버그는 해면이 광섬유보다 빛을 더 잘 전달하는 유리섬유를 만들어내는 방법에 대해 새롭고도 광범위한 지식을 갖고 있다. 해면이 만들어내는 섬유는 매듭을 지을 수 있을 만큼 섬세하다. 이 연구의 핵심은 이 자재의 다양한 기능에 있다. 광 전달 외에도 이 유리섬유는 엄청난 장력을 가해도 대단한 유연성을 유지할 수 있다. 아이젠버그는 심해라는 환경적 특성상 지역적인 것을 이용해야 하기 때문에 해면의 화학은 매우 단순하다는 것을 발견했다. 그녀의 연구로 정보통신산업의 탄소 발자국을 완전히 혁신시킬 수 있게 되었다. 광섬유를 생산하려면 고온과 산성 화학이 필요하지만, 해면은 주변 온도와 알칼리 화학을 이용하여 유리섬유를 생산한다. 현재 널리 퍼져 있는 광섬유 대신 유리섬유가 사용될 것이기 때문에 새로운 고용은 창출되지 않겠지만, 에너지 절감과 소음공해의 감소라는 이점이 있다. 우리가 물속에서 높은 정확성과 속도로 통신할 수 있는 돌고래의 능력을 이해하고 이 분야에 적용한다면 더욱 효과적일 것이다.

| 혁신 | 해양생물의 광학 |
|---|---|
| 혜택 | 에너지, 소음공해 |
| 개발자 | 조앤나 아이젠버그Joanna Aizenberg(미국) |
| 잠재 고용 | 3천 개 |

조앤나 아이젠버그는 연구 범위를 거미불가사리brittle star까지 확장했다. 거미불가사리는 주변 온도에서 수차收差(상을 맺을 때 한 점에서 나온 빛이 광학계를 통한 다음 한 점에 모이지 않아 영상이 빛깔이 있어 보이거나 일그러지는 현상 - 옮긴이)를 최소화하고, 빛의 강도는 최대화하면서, 초점이 잘 맞고, 특정 방향에서 오는 빛을 잘 감지하는 완벽한 바이오렌즈를 만들어낸다. 이 기술을 이용하면 첨단 전자제품 제조에 이용되는 세라믹이나 반도체의 결정을 보다 잘 조절할 수 있다. 이러한 세라믹이나 반도체들은

모두 생물무기화 과정을 통해 제조된다.

자연의 디자인에 영감을 받은 광학은 상을 모으는 과정을 전환할 수 있는 거대한 잠재력을 갖고 있다. 이러한 새로운 재료들은 전통적인 렌즈 시스템보다 훨씬 작고 가벼운 렌즈만으로도 같은 효과를 보여준다. 가장 최근의 예로 문어의 눈에서 아이디어를 얻어 탄생한 단일 렌즈와 감시 시스템에 이용되는 삼중 렌즈 광각廣角 시스템을 들 수 있다.

이러한 렌즈들은 핑크 돌고래들이 개발한 음향 렌즈까지 범위가 확장될 수 있다. 물속에서 사는 돌고래들은 시야가 잘 확보되지 않기 때문에 끽끽하는 날카로운 음파를 사용하는데, 멜론이라는 기관에서 조절된 음파를 쏘면 반향되는 소리를 활용한다. 돌고래의 바이오소나(음파)가 효과적인 것은 멜론이 주변의 물과는 다른 밀도의 지질로 가득 차 있어 마치 음향 렌즈와 같은 역할을 하기 때문이다.

우리가 이러한 자연에서 영감을 받은 기술들을 개발하고 또 융합하여 실질적인 해결책들을 만들어낸다면, 각각의 기술들이 서로를 보완하면서 매우 다양하고 실용적인 상품과 서비스를 창출할 수 있을 것이다.

| | |
|---|---|
| **혁신** | 코끼리 발을 이용하면 더 잘 들을 수 있다. |
| **혜택** | 건강 |
| **개발자** | 캐이틀린 오코넬-로드웰Caitlin O'Connell-Rodwell |

스탠퍼드 의과대학원의 연구원 캐이틀린 오코넬-로드웰은 소리를 이용한 코끼리들의 의사소통을 연구하다가 그들이 두 종류의 다른 소리를 이용한다는 것을 발견했다. 하나는 공기를 통해, 다른 하나는 마치 지진파처럼 땅을 통해 전달된다. 땅을 통해 전달되는 진동은 공기의 경우보다 대략 2배 정도 더 멀리 간다. 특히 코끼리들이 발을 굴러서 만들어내는 진동파는 20마일 이상 절달될 수 있다. 코끼리들은 이런 진동신호를 이용하여 효과적으로 의사소통할 수 있다. 오코넬-로드웰의 연구 성과는 보청기 디자인과 공학에 혁신을 불러올 것이다. 이 혁신적인 잠재 기술을 온도의 차이로 작동하는 초소형 배터리와 결합하면 미국에서만 250만 달러 상당의 보청기기들을 구입하는 청각 장

애인들의 바람을 들어줄 수 있을 것이다.

| | |
|---|---|
| 혁신 | 실리카 생산 |
| 혜택 | 에너지, 자원 효율성, 비용 절감 |
| 개발자 | 닐스 크뢰거Nils Kroger(독일) |
| 잠재 고용 | 7만 개 |

독일 레겐스베르그 대학의 규조 생물학자 닐스 크뢰거는 규조에서 실리카(화학조성 SiO로 표시되는 무수규산광물無水珪酸鑛物의 총칭 – 옮긴이)를 형성하는 단백질을 최초로 밝혀냈다. 그는 이 단백질을 연구하면서 실리카 구球가 시 단위가 아닌 분 단위로 생성된다는 것을 알아냈다. 이 기본 연구에 조앤나 아이젠버그의 연구가 더해졌다. 그들의 연구를 통해 초소형 전자기기 산업과 정보통신 산업에 지속 가능성을 불러올 방법을 얻게 될 것이다. 특정한 방식에 따라 규조처럼 자가 조립하는 칩은 현재의 물질 및 에너지 집중도 높은 산업을 대체할 적은 독성, 적은 쓰레기, 적은 에너지라는 대안적 방법이 될 것이다. 해면으로 보완된, 자가 생성하는 실리카는 러시아의 신생기업 NT-MDT사가 상업화하고 있다. 이 혁신기술을 통해 통합적 전자회로 산업의 투자비용과 운영비용을 재정의할 수만 있다면, 투자비용뿐만 아니라 환경 부담도 줄어들 것이다.

| | |
|---|---|
| 혁신 | 음향 |
| 혜택 | 에너지, 소음공해 |
| 개발자 | 론 호이Ron Hoy(미국), 론 마일즈Ron Miles(미국) |
| 잠재 고용 | 1천 개 |

코넬 대학의 론 호이와 론 마일즈는 브라질 오미아 파리Brazilian ormia fly를 연구하면서 파리가 소리의 방향을 포착한다는 것을 알아냈는데, 이러한 능력은 현재의 보청기에는 없는 것이다. 파리는 굶주린 귀뚜라미에게서 도망치기 위해 역학과 음향을 결합했다. 이 능력을 파악하고 조지 레이놀즈의 무無배터리 기술과 함께 적용한다면 체계적으로 소리를 파악하는 능력을 갖춘 최상의 보청기를 만들 수 있을 것이다. 보청기뿐만 아니라 압력으로 전기를 생성하는 기술과 오미아 파리의 음향기술을 합치면 현재의 모델과

완전히 차별화된, 뛰어난 기능의 소형 가전제품을 시장에 선보일 수 있을 것이다.

박쥐들은 보다 향상된 공항 보안 기술에 대한 유용한 아이디어를 제공한다. 아일랜드의 국립 마이크로 전자공학 연구 센터와 독일의 프라운호퍼 연구소와 함께 아일랜드의 부품 업체인 파란 테크놀로지Farran Technology사는 단지 금속이 아닌 모든 물체의 이미지를 볼 수 있는 보안용 이미지 시스템을 개발했다. 타다Tadar 카메라(실제로 브라질 타다리다 박쥐의 이름을 딴 이름이다)는 3밀리미터의 파장을 이용하는데, 박쥐가 무엇인가로 덮인 의심스러운 물건을 파악해내기 위해 사용하는 방법에서 배운 기술이다. 박쥐가 어둠 속에서 먹이인 곤충의 위치를 파악하기 위해 사용하는 고주파 신호를 이용하면 구름이나 안개를 통과해 볼 수 있다. 타다의 센서는 어떤 물체에서 자연적으로 발생하는 에너지나 반향되는 에너지를 감지하는데, 파장은 몸에 전혀 해롭지 않다. 신체에서 방출하는 자연 방사선과 숨겨진 물건과의 온도 차이thermal contrast를 이용하면 그것이 금속이든, 비금속이든, 플라스틱이든, 액체든 간에 찾아낼 수 있으며, 그 물체에서 나오는 주파수 응답을 통해 선명한 이미지를 보여주기 때문에 그 물체의 정체를 파악할 수 있다.

비단벌레(Melanophila acuminata)의 능력을 이용하면 보다 신속하게 반응하는 화재 경보 시스템을 고안할 수 있다. 캐나다 곤충학자 윌리엄 조지 에번스William George Evans의 과학적 관찰에 따르면, 이 곤충의 몸통 아래쪽에 있는 매우 작은 구멍들이 최대 50마일 떨어진 곳에서 발생한 화재의 불꽃에서 방출되는 적외선을 감지할 수 있다고 한다. 독일 본 대학의 과학자들은 이 능력을 적용한 센서를 개발하기 위해 비단벌레를 연구하고 있다. 최적의 디자인과 기능성을 갖추기만 한다면 상업적, 군사적, 소비적 적용이 가능하다. 하지만 그보다는 저렴한 산불 경보 장치를 제작하는 것이 그들의 목표다.

| | |
|---|---|
| **혁신** | 온도 조절 |
| **혜택** | 에너지, 자원 효율성 |
| **개발자** | 버지니아 워커Virginia Walker(미국), 브랜든 브라운Brandon Brown(미국) |
| **잠재 고용** | 2천 개 |

캐나다 온타리오 킹스턴에 있는 퀸즈 대학과 함께 버지니아 워커와 그녀의 연구 팀은 지속 가능한 방법으로 부동액을 생산함으로써 에너지 효율성에 대한 새로운 접근법을 내놓았다. 갈색거저리(Tenebrio molitor)는 현재 시장 기준인 글리콜 부동액보다 수백 배 뛰어난 단백질을 생산한다. 글리콜은 석유 계열의 독성 물질인데 반해 갈색거저리는 아미노산만 있으면 그만이다.

샌프란시스코 대학의 브랜든 R. 브라운은 연구를 통해 상어는 가까운 곳에 있는 먹이를 찾기 위해 미세한 온도 차이도 감지하는 특별한 젤을 생산한다는 것을 발견했다. 상어는 먹이의 위치를 알아내기 위해 미세한 온도 변화를 충분한 전압량을 가진 전기로 변환하는 전기 센서를 발전시켰다. 브라운은 상어가 섭씨 1도만 변해도 300마이크로볼트의 전기를 생산할 수 있다는 것을 알아냈다. 이런 젤은 새로운 에너지원으로서 연구해볼 가치가 충분히 있다. 이 정도의 기능을 갖춘 젤과 단백질이라면 산업계에 혁신 기술적인 방법들과 적절한 해결책들을 제공할 것이다.

| | |
|---|---|
| 혁신 | 수자원 관리 |
| 혜택 | 물, 에너지, 자원 효율성 |
| 개발자 | 줄리언 빈센트Julian Vincent(영국, 미국) |
| 잠재 고용 | 2천500개 |

바스 대학의 줄리언 빈센트는 영국에서 생체모방공학의 일인자로 여겨진다. 그의 폭넓은 전문지식은 현악기부터 사막바퀴벌레까지 망라한다. 사막바퀴벌레(Arenivaga investigata)는 수요가 공급을 초과할 때는 방습 능력을, 반대로 공급이 수요를 초과할 때는 증발 능력을 갖고 있다. 물거미와 소금쟁이도 이와 유사한 능력을 보유하고 있다. 두 생물 모두 털과 다리를 완벽한 방수성 왁스로 덮고 있기 때문에, 표면을 깨뜨리지 않고 물 위를 걸어 다닐 수 있는 것이다. 이런 곤충들이 보여주는 정확도 높은 기술을 통해 특히 마이크로 전자공학 산업과 최근 떠오르고 있는 MEMS(Micro-Electronic and Mechanical Devices) 개발에 적용할 해결책들을 만나볼 수 있을 것이다.

| 혁신 | 교통 관리 |
|---|---|
| 혜택 | 에너지 |
| 개발자 | 다르야 포피브Darya Popiv(독일) |
| 잠재 고용 | 2만5천 개 |

교통정체는 길 위의 사람들의 스트레스와 긴장만 유발하는 것이 아니다. 교통정체는 경제적, 생태학적으로도 부정적인 영향을 끼친다. 뮌헨 과학 대학의 다르야 포피브는 곤충 무리의 지혜에 대해 광범위한 연구를 시행했다. 그녀는 교통의 흐름과 차들 간의 상호작용이 곤충 무리의 지혜를 모델링 한 매개변수와 들어맞는다고 주장했다. 그녀의 모델은 캐나다 캘거리 대학의 리카도 호어Ricardo Hoar와 조앤 페너Joanne Penner가 개발한 SuRJE(Swarms under R&J using Evolution) 트래픽 시뮬레이션을 활용한다. 곤충 무리의 지혜가 이 소프트웨어에 적용되었다. 그녀는 곤충 집단에서 개체간 의사소통에 이용되는 화학물질인 페로몬을 알고리즘에 적용했다. 강력한 페로몬에 대한 신체의 반응은 제동등이나 방향신호등, 가속이나 감속과 같은 시각적, 지각적 신호에 필적한다.

또 다른 적용 사례들도 있는데, 예를 들어 스키장 리프트를 기다리는 줄을 줄이는 것이다. 간단해 보이는 상업용 소프트웨어를 통해 이 기술을 상업적으로 적용하면, 이익을 창출할 수 있을 뿐 아니라 고소득의 직업도 상당량 발생시킨다.

## 생각해봐야 할 문제들

지금까지 설명한 사례들은 혁신기술을 가속화하고, 모두의 기본적 필요에 부응하는 자연 기술들의 시스템과의 병합을 통해, 우리의 경제 시스템과 비즈니스 모델들을 전환할 수 있는 능력을 보유하고 있다. 이러한 사례들의 잠재 고용 수는 1억 개에 조금 못미치는데, 상당한 수가 아니라 할 수 없다. 이제 마지막으로 설명할 사례들은 우리를 둘러싼 놀라운 종의 다양성을 보존하지 못하고 모두에게 자연이 이익을 주기 위해 선택한 방식인, 우주의 힘에 의한 리듬에 따라 종들이 진화할 수 있도록 그들을 내버려두지 않는다면, 앞으로 어떤 일이 벌어질 것이며, 우리가 어떤 것을 놓치고 말 것인지에 대한 경고이다.

| | |
|---|---|
| **혁신** | 충격 흡수 |
| **혜택** | 안전 |
| **개발자** | 주하치 오다Juhachi Oda, 겐이치 사카노Kenichi Sakano(일본) |

2002년 다비스 캘리포니아 대학의 이반 슈왑Ivan Schwab 교수는 처음으로 딱따구리는 어떻게 두통을 피할 수 있을까 하는 의문을 가졌다. 그후 일본의 조류학자들이 딱따구리의 부리와 두개골, 몸을 완전히 연구한 뒤, 그들은 긴 부리를 가진 이 새의 천재성을 깨닫게 되었다. 딱따구리의 부리 뒤쪽에는 액체로 가득 찬 주머니가 있는데, 이 액낭은 딱따구리가 먹이를 찾거나 둥지를 짓고, 소리를 낼 때, 계속해서 나무를 쪼아대느라 생기는 충격을 흡수하는 역할을 한다. 가나자와 대학의 주이치 오다와 도요다 자동차의 겐이치 사카노는 딱따구리의 경이로운 능력을 깨닫고, 새로운 자동차 충격 흡수장치를 고안했다. 이 기술은 자동차 이용자들에게 안전과 편안함을 제공하지만, 새로운 고용 창출로 이어지지는 않을 것이다. 하지만 지구상의 뛰어난 종들에 대해 더욱 경외심을 갖게 할 것이다.

| | |
|---|---|
| **혁신** | 방사능 피해 복구 |
| **혜택** | 건강 |
| **개발자** | 니콜라 류리오Nicolas Leulliot(프랑스) |

파리 남부 대학의 니콜라 류리오 교수는 스위스 취리히 대학의 동료들과 함께 데이노코쿠스 라디오두란스(Deinococcus radiodurans)라고 명명된 박테리아를 발견했는데, 이 박테리아는 방사능에 대한 저항력이 있을 뿐 아니라 방사능으로 인한 피해를 복구할 수 있는 능력까지 갖추고 있다. 사람의 내장 속에 서식하는 대표적인 박테리아인 대장균은 단지 몇몇 DNA 세포 연결에 발생한 피해를 복구할 수 있는 반면, 데이노코쿠스 라이오두란스는 500여 가지의 손상을 복구할 수 있다. 우리가 살펴본 바와 같이 자기 복구 능력은 자연계의 독특한 특징 중 하나다. 생명의 힘은 어떤 실수나 예상치 못한 피해라도 마치 부러진 뼈나 상처를 치유하듯이 복구할 수 있다. 박테리아가 DNA를 복

구하는 속도와 강도를 다 연구하기 위해서는 수년 또는 수십 년까지 걸릴 수 있다.

| 혁신 | 탄수화물이 아닌 지방을 태운다 |
|------|-------------------------------|
| 혜택 | 건강 |
| 개발자 | 첸 치 리Chen Chi Lee(미국) |

첸 치 리는 텍사스 대학의 분자생물학자로 전 미 해군 수석 과학자였던 존 P. 크레이븐의 주장이 사실이라는 것을 확인시켜주었다. 크레이븐은 잠깐의 휴면이나 휴지 상태만으로도 탄수화물을 연소하는 대신 지방을 연소하도록 인간의 신진대사를 바꿀 수 있다고 주장했다. 어떤 동물들은 에너지를 유지하기 위해 밤이 되면 체온과 활동성을 정상보다 떨어뜨린다. 크레이븐은 자신의 가설을 입증하기 위해 밤에 자신의 손목과 발목에 얼음 팩을 감아서 초과된 체지방을 감소시키는 데 성공했다. 한편 리는 일시적 휴면 유도를 위해 복합 인산염을 사용할 것을 제안했다. 화학적으로 일시적인 휴면을 유도하면 몸은 저장되어 있던 지방을 끌어다 쓴다. 이것은 고혈압과 당뇨, 관상동맥 질환을 자연적으로 치료하는 방법이 될 것이다.

| 혁신 | 말라리아 근절 |
|------|---------------|
| 혜택 | 생물종의 다양성을 존중하기 |
| 개발자 | 시메나 넬슨Ximena Nelson(뉴질랜드) |

뉴질랜드 크라이스트처치 지방의 캔터베리 대학의 시메나 넬슨은 동아프리카점핑거미East African jumping spider가 좋아하는, 말라리아균을 가득 보유한 먹이를 구별하는 거미의 감각계를 관찰했다. 이 5밀리미터 크기의 거미는 매우 날카로운 안력을 갖고 있는데, 인간보다 모기를 잘 구별하고 매우 뛰어난 정확성으로 공격한다. 점핑거미의 시력을 더 연구하면 거미의 색깔 지각 능력을 어떻게 자외선 범위로 확장할 것인지, 또는 유리를 포함하여 말 그대로 어떤 지형에서도 기어오를 수 있는 거미의 능력을 이해할 수 있을 것이다.

| | |
|---|---|
| **혁신** | 위산 |
| **혜택** | 건강 |
| **개발자** | 마이클 타일러Michael Tyler(호주) |
| **연도** | 1985년 |

아들레이드 대학의 마이클 타일러는 수백만 명의 건강에 영향을 끼치는 위산 과다증에 대한 실질적인 해결책을 보유한 것으로 확실시 되던 위주머니보란개구리gastric brooding frog의 멸종으로 인한 과학적 손실에 대해 설명한다. 이 멸종된 개구리는 수컷이 알을 수정시키면 암컷이 그 알을 삼켜버리는 매우 독특한 종이다. 알을 둘러싼 젤리 속의 특수한 성분이 어미의 위산 분비를 중단시킨다. 알을 부화시키는 동안 어미는 아무것도 먹지 않는다. 위주머니보란개구리가 멸종되지만 않았다면 연구를 통해 산을 좋아하는 박테리아로 인한 질환들을 효과적으로 치료할 수 있었을 것이다. 이러한 손실을 바라보면서, 우리는 최소한 우리 행성에 서식하는 생물종들의 다양성을 존중하고 지원하며, 회복시켜야 함을 깨달아야 할 것이다.

저탄소 녹색성장의 미래
# 블루이코노미

**발행일** 2010년 06월 15일 초판 1쇄

**지은이** 군터 파울리
**옮긴이** 이은주, 최무길
**발행인** 정해운
**발행처** 가교출판

**디자인** Design Group All
**편집진행** 서수은
**관리지원** 장원희

서울시 성북구 성북동 184-37 2층(136-825)
**전화** 02-732-0598 **팩스** 02-765-9132
www.gagio.co.kr

Copyright ⓒ 가교출판, 2010, Printed in Korea
ISBN 978-89-7777-184-0 03320

이 도서의 국립중앙도서관 출판시도서목록(CIP)은 e-CIP 홈페이지(http://www.nl.go.kr/ecip)에서
이용하실 수 있습니다.(CIP제어번호: CIP2010002053)
• 이 책의 저작권은 가교출판에 있으므로 무단 전재와 복제를 금합니다.
• 저자와의 협의에 의하여 인지를 생략합니다.
• 잘못된 책을 바꾸어 드립니다.

*책과 마음을 잇겠습니다. 가교출판

# THE
# BLUE
# ECONOMY